한국 미술치료학

한국 미술치료학

장연집, 문리학, 한경아 편저

Σ 시그마프레스

한국 미술치료학

발행일 | 2017년 9월 25일 1쇄 발행

편저자 | 장연집, 문리학, 한경아
발행인 | 강학경
발행처 | **(주)시그마프레스**
디자인 | 이상화
편 집 | 문수진

등록번호 | 제10-2642호
주소 | 서울특별시 영등포구 양평로 22길 21 선유도코오롱디지털타워 A401~403호
전자우편 | sigma@spress.co.kr
홈페이지 | http://www.sigmapress.co.kr
전화 | (02)323-4845, (02)2062-5184~8
팩스 | (02)323-4197

ISBN | 978-89-6866-942-2

이 도서의 국립중앙도서관 출판시도서목록(CIP)은 서지정보유통지원시스템 홈페이지(http://seoji.nl.go.kr)와 국가자료공동목록시스템(http://www.nl.go.kr/kolisnet)에서 이용하실 수 있습니다. (CIP제어번호:CIP2017024239)

차 례

【제10장】
미술치료사의 자기돌봄 체험 연구

제5부 미술치료학과 질적연구

【제11장】
미술치료학과 연구

【 제12장 】
미술치료학에서 다루어진 질적연구

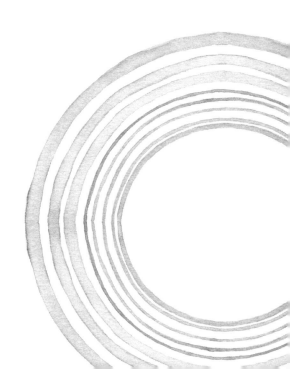

머리말

〰〰〰
〰〰〰
〰〰〰

미술치료는 2000년대부터 국내 대학원 과정을 통해 전공 개설이 활성화되면서 과학적인 학문적 정체성을 세우고 현장에서 요구하는 전문가를 배출해 오기 시작하였다.

본 저서는 국내 대학원에서 미술치료학 전공의 석·박사학위 과정이 새로운 전공으로 개설됨에 따라, 이 과정을 밟아 온 재학생들이 학위 과정에서 다룬 공부와 실습 그리고 졸업 후 미술치료사로서 현장의 전문가가 되어 가는 과정에서 겪은 생생한 체험 내용을 다루고 있다.

국내외 전공 서적에서는 시도된 적이 없는 미술치료학 전공 관련의 전문자 체험은 S전문대학원 미술심리치료학 전공 석·박사학위 과정생과 석·박사학위를 취득한 졸업생 중 일부가 참여하여 이루어졌으며, 시기적으로는 2001~2016년 사이의 내용들이다.

자연의 이치를 보면 알 수 있듯이 무엇이든 어느 날 갑자기 만들어지는 것은 없다. 보이든 보이지 않든 저마다의 원인과 과정을 가지고 있다. 학문이나 그것을 다루는 전공자도 마찬가지다. 대학원에 입학하여 미술치료학 전공자가 되고, 논문을 제출하여 학위를 취득하고, 졸업 후 현장의 전문가가 되거나 강사나 교수가 되기까지 이들 전공자들이 보여준 성장과 발달의 여정 속에는 한국의 미술치료학 전공 1세대를 만들기 위해 동분서주하면서 모든 열정을 쏟고 이끌어준, 다양한 전공을 배경으로 미술치료를 다루어 온 0세대 교수진들의 관심과 기대가 매우 압축적으로 자리 해 있다.

한국의 대학원에서 미술치료학 전공의 역사는 곧 20년을 바라보는 시점에 와 있다. 타 학문들과 비교해 보면 상대적으로 그 역사는 매우 짧다. 그러나 이 시기

동안 0세대 역할을 해 온 교수들은 전공이 구조적인 틀을 갖추고 실제적인 측면에서 최적의 충분함을 갖추도록 토대를 다지면서 엄청난 수고를 말없이 축적해 왔다. 이들의 역할은 국내 대학원 과정의 개설과 함께 시작되었으며, 이제 0세대 교수들은 은퇴의 시기를 맞이하고 있다.

한국의 대학원 과정에서 다루기 시작한 미술치료학 전공의 역사 또한 마찬가지다. 1999년부터 개설되기 시작하여 2017년 현재까지 총 28개 대학원이 전공을 개설해 놓고 있으나, 1999년 이전에도 국내의 경우 미술치료와 유사한 활동은 있어왔다.

그 시기를 본 저서에서는 1970년대부터 2000년대까지 지난 40여 년으로 잡고 있다. 오늘날의 미술치료와 유사한 활동들이 부분적이지만 다양한 전공에서 다양한 전공자들에 의해 다루어져 왔고, 2000년대 초반만 해도 이들의 연구물들은 대학원 미술치료학 전공자가 수행해 놓은 양보다 압도적으로 많았다. 이 시기는 오늘날 미술치료학에서는 언급되고 있지 않다. 그러나 그런 시기가 다루어지지 않았다고 하여 그런 시기가 없었다는 것은 아니다.

이 시기를 한국 미술치료의 여명기로 보는 것은 어색하지가 않다. 본 저서에서는 지난 40여 년간 다루어진 연구물들을 분석해 다루지는 않았으나, 저자가 임상 현장에서 체험한 내용 중 일부분은 간략하게 기술해 놓고 있다. 이 시기는 오늘날 한국의 대학원 미술치료학 전공이 급성장할 수 있는 토대가 되었다.

학부 과정에는 개설된 적이 없는 미술치료라는 전공이 한국의 대학원 과정에 최초로 개설된 시기는 1999년이다. 그리고 2013년까지 국내에 있는 3개 유형의 대학원인 전문대학원, 일반대학원, 특수대학원을 통해 28개 대학원에서 미술치료학 전공을 개설하였고 이는 2017년까지 변동이 없다. 물론 대학원마다 전공 개설 시기와 기준이 다르더라도 한국의 대학원 미술치료학 전공의 역사라는 측면에서 볼 때, 전공 개설로부터 초창기를 어떠한 기준으로 잡아 보는 것이 좋을지에 관하여 여러 측면에서 생각해 보았다.

예를 들어 전공자들이 대학원에 입학하고 졸업하여 취업을 해서 현장과 학계의 초보 전문가로 자리를 잡은 시기까지를 초창기로 볼 수 있을까? 아니면 본 저서를 위해 체험 자료를 제출해 준 전공자들의 경우는 자신들의 대학원 시절 삶의 이야기에서부터 시작하고 있고 자료 제출의 마감을 2016년 졸업생까지로 잡고 있는데, 그 시기가 좋을까? 아니면 대학원에서 전공 개설이 최대화된 시기로 보이는 2013~2017년 기간을 잡아 보는 것이 좋을까? 초창기를 20년 정도로 잡고, 1999~2019년도까지를 한국 대학원의 미술치료학 전공의 초창기로 볼 수도 있겠다. 이들을 종합해 보면 전공의 초창기에 해당하는 시기는 2016년 정도까지로 잡아도 무리는 없을 것 같고 그 부근의 시기는 과도기에 해당될 것이다. 그렇게 본다면 본 저서는 전공의 역사라는 시각으로 바라볼 때 한국의 대학원 미술치료학 전공의 초창기 자료에 해당한다.

대학원 미술치료학 전공의 경우, 본 저서에서는 초창기를 1999~2016년으로 잡고자 한다. 이 시기는 전공이 대학원 과정을 통해 근거 기반의 과학적 연구들을 토대로 학문적 정체성과 전공자의 정체성을 공고히 하고, 나아가 학문적으로 경쟁력을 갖추기 위해 노력해 온 시기에 속한다. 전공명은 2000년대 초반에는 대부분의 대학원에서 미술치료로 불렸으나, 오늘날은 대부분의 대학원에서 미술치료학이라는 표기를 쓰고 있다.

전공의 표기에는 상징적이고 함축된 의미가 담겨 있으므로, 글자 하나가 첨부된다고 해도 매우 큰 변화를 가져오게 된다. 이에 대해서는 본 저서에서도 매우 신중하게 접근하고 있다.

본 저서는 크게 5부로 나뉘어 있다. 제1부 **한국의 미술치료학**에서는 대학원 미술치료학의 특수성을 토대로, 석사학위와 박사학위 과정에서 다루고 있는 오늘날의 미술치료학을 조명하고 있다. 특히 학문적 정체성을 재조명하고 모호함을 밝혀 명료한 전공 관련의 다양한 표기를 찾는 것이 전공의 경쟁력 구축을 위해 요구되는 기본 사항임을 다루고 있다. 제2부 **대학원 교육과정과 미술치료 유형**에서는, 대학원 석사학위 과정과 박사학위 과정에서 다루고 있는 교육과정과 학업 체험을 다루고 있다. 그리고 이에 더하여 미술치료의 유형과 개인 및 집단 미술치료를 다루고 있다. 제3부 **대학원 과정에서의 현장실습과 슈퍼비전**에서는 석·박사학위 과정생의 현장실습과 슈퍼비전을 나누어 다루고 있다. 제4부 **미술치료에서의 미술**

과 **자기탐색**에서는 미술치료에서 다루어지고 있는 미술에 관한 개념과 미술치료의 환경, 매체 및 기법을 다루고 있다. 그리고 미술치료사를 위한 자기탐색과 미술작업, 자기돌봄의 체험을 다루고 있다. 제5부 **미술치료학과 질적연구**에서는 미술치료학 전공에서의 연구와 수행된 질적연구들을 다루고 있다.

미술치료학 전공 관련 체험 자료들을 다루고 있는 본 저서는 다음과 같이 용어를 통일하여 썼다. 하나는 전공의 표기를 미술치료학으로 통일한 것이다. 현재 전공의 표기는 대학원마다 조금씩 상이하여 미술치료, 미술치료학, 미술심리치료, 미술심리치료학 등 매우 다양한 명칭을 사용하고 있다. 이 모두를 미술치료학이라는 한 가지 표기로 통일해 다루고자 하는 것은 본 저서의 독자들이 이들 표기로 인해 가질 수 있는 혼란을 최소화하기 위함이다. 제1장에서는 미술치료학에서의 '학'을 강조하기 위해 '미술치료學'이라는 표기를 사용하고자 한다. 다른 하나는 미술치료학 전공자이면서 질적연구자라는 정체성으로 인해 경험과 체험이라는 용어가 유사한 내용으로 동시에 자주 언급되고 있는데, 앞에서와 같은 이유로 경험이라는 표현보다 더 깊이 내려가 진실로 경험한 것을 다룬다는 의미에서 '체험'이라는 용어로 통일하여 사용하고자 한다.

본 저서에서는 한국 미술치료의 여명기를 1970년대부터 2000년대까지 40년 정도로 잡고 있다. 그리고 대학원에서 다루어지기 시작한 미술치료학 전공의 역사 중 초창기를 1999년부터 2016년 졸업생까지로 잡고 있다. 초창기란 전공이 새로 개설된 경우 전공자 1세대가 배출된 시기로 생각해 볼 수 있다.

본 저서는 국내 대학원 미술치료학 전공자들이며 역사적 시각으로는 1세대에 속하면서 초창기에 접한 체험과 체험 연구의 자료들을 다룬다는 의미를 지니고 있다.

다룬 내용들 중에는 대학원 입학 이전에 준비 과정에서 접했던 미술치료, 대학원 입학 후 대학원 과정에서 다루어지는 교육과정과 전공을 익혀 가는 과정, 미술치료학 전공자가 갖추어야 할 기본 역할, 미술치료학 전공 석·박사학위 취득까지 전 과정에서의 체험, 그리고 다양한 현장에서의 실습과 실습지에서 체험한 다양하고 생생한 내용들이 담겨 있으며, 학위 논문을 준비하는 과정에서 연구자로서의 체험 내용도 담겨 있다. 아울러 미술치료사로서 자격을 갖추기 위해 졸업생들이 미술치료사가 되어 가는 과정에서 체험한 생생한 글과 연구물도 실었다. 이들 자료를 수집한 구체적인 시기는 2010년부터 2016년까지 7년 동안이다. 그러나 수집된 자료의 내용 속에는 그 시기 이전의 체험 내용도 담겨 있다.

본 저서를 준비하는 과정에서 모아진 이 자료들은 대학원 과정에서 다룬 한국 미술치료학 전공이 어떻게 자리를 잡으려고 노력해 왔는지 그 발자취를 모두 보여주고 있다. 한국의 대학원 과정에서 다루고 있는 미술치료학 전공에 대한 역사이자 전공의 오리엔테이션 자료 역할도 할 수 있는 본 저서는 한국의 대학원 미술치료학 전공을 올바로 소개하고 이해할 수 있는 기회를 제공할 것이다.

동시에 국내에서 미술치료를 다루기 원하는 현장은 크게 4개 영역으로, 이들 현장에서는 미술치료 실습이 요구되어 수행되고 있기는 하지만, 현장에서 만나게 되는 정신건강 분야의 전문인들은 미술치료학에 대해 이해가 충분하지 않은 상황을 자주 접하고 있다. 따라서 미술치료학 전공의 매우 다양한 현장실습지를 운영·관리하는 이들을 위해서도 본 저서는 미술치료학을 올바로 소개하는 역할을 할 수 있다고 본다.

한국에서 다루고 있는 최신의 미술치료학 전공과 전공자들에 대해 알고 싶다면, 누구든 읽어 보라고 추천할 만한 내용들을 담고 있는 본 저서가 기존의 전공 서적에서는 전혀 다루지 않은 체험 자료들로 구성되어 있어 도움이 될 것이다. 체험 자료라는 표기에는 이들 자료 제공자들이 미술치료학 전공자이면서 동시에 질적연구자들이라는 의미가 담겨 있다. 그리고 체험 자료가 공개되기 위해서는 반드시 동의를 얻은 이후에 사용하게 되어 있다. 이에 본 저서 속에 담긴 모든 내용과 그림 자료들은 일일이 모두 동의서를 받았으며, 체험 자료의 제공자들이 기꺼이 자신들의 자료가 공개되는 것을 허락한 것은 한국의 대학원 미술치료학의 성장 발전을 진정으로 원했기 때문이다.

본 저서 속에 있는 그림 자료 중 미술 재료와 작업한 크기의 표기가 일관성을 갖추고 있지 않은 것은 제출자의 요구를 반영한 것이다. 또한 참여자가 익명 처리를 원하는 경우가 있어 일괄적으로 익명 처리(부록 1 참조)를 하고 있다.

본 저서에는 학회에 제출되었던 원고를 사용한 경우도 있다. 이 같은 경우 모두 해당 학회로부터 출판 허가를 받고 사용하였으며, 동일한 연구라 해도 본 저서에 적합하게 수정 보완한 연구도 있다. 그리고 12장에서 질적연구 자료를 총 5편으로 구성하였으나, 그중 두 편—주의력 결핍 과잉행동 장애 초등학생을 대상으로 집단 미술치료를 수행한 미술치료사의 체험연구(임하연), 소진을 보고하는 미술치료사의 미술관 경험에 대한 해석학적 현상학 연구(김은진)—은 해당 학회의 허가를 받지 못해 편집 과정에서 제외하였다.

오늘날 대학원에서 다루고 있는 미술치료학을 가까이에서 접할 수 있도록 구성한 본 저서는 미술치료학 전공의 재학생, 졸업생은 물론이고, 대학원 입시 준비생, 현장의 미술치료사, 한국 미술치료학을 알고자 하는 타 전공생, 그리고 정신건강 전문인, 미술치료를 접하는 다양한 현장과 기관에 계신 분들, 한국 미술치료학에 관심을 가지고 있는 모든 분들에게 추천하고 싶다.

이제 한국의 대학원 과정에 개설된 미술치료학 전공이 보다 발전적인 학문이 될 수 있도록 전공자들 간의 협력뿐만 아니라 타 학문 전공자들의 흐름을 다루어 동서의 철학, 과학, 영성을 입체적으로 함께 다루는 통합 비전을 위한 준비를 해야 할 시점이다.

본 저서가 완성되기까지 미술치료학 전공 석·박사 전공생들이 방대한 글과 그림 등의 자료를 제공해 주었다. 모든 자료들을 빠짐없이 책에 넣고자 하였으나 지면의 제약상 체험을 대표하는 글과 그림들을 선정하여 본 저서에 담은 아쉬움이 크다. 본 저서를 위해 글과 체험, 그림 등의 자료를 기꺼이 제공해 준 S전문대학원 표현예술치료학과 미술심리치료학 전공의 참여자들(부록 1 참조)에게 깊은 감사의 마음을 전한다.

그리고 본 저서의 출간을 허락해 준 (주)시그마프레스의 강학경 사장님, 모든 분들에게 진심으로 감사함을 전한다.

2017년

편저자 대표 張蓮集

한국의 미술치료학

미술과 치료라는 용어가 합쳐져 표기된 미술치료는 그동안 미술 매체를 매개로 시각 언어를 다루는 치료로 정의되어 왔다.

제1부에서는 대학원 과정에서 다루어지는 미술치료 전공은 최소한 미술치료학으로 부르는 것이 적합함을 다루고 있다. 이에 제1장으로만 구성되어 있는 이 부분에서는 미술치료학 전공이 경쟁력을 갖추기 위해 요구되는 구조적인 측면에서의 주요 부분을 점검하고 있다.

서구의 미술치료는 지난 1940년대부터 시작되었고, 현장의 미술치료사는 적지 않으나 이에 비해 소수의 대학원에만 미술치료학 전공이 개설되어 있다. 반면에 한국 미술치료의 여명기는 지난 1970년대부터 시작되었고, 오늘날 현장의 미술치료사는 증가하고 있으며, 28개의 대학원에 미술치료학 전공이 개설되어 있다.

단시간 내에 양적으로 압도적인 증가를 해 온 한국의 미술치료학은 이제 전공의 미래를 위해 학문적 정체성과 전문가 정체성을 보다 굳건히 해야 한다. 동시에 국제 미술치료학의 발전을 위해서도 기여와 나눔을 수행해야 할 시점에 와 있다.

이에 전공 중 불투명하거나 미분화되어 있는 부분은 개념과 의미를 보다 명료히 하여 변경과 보완이 이루어지도록 해야 한다. 이 같은 노력은 미술치료학만이 지니고 있는 강점과 고유성을 찾도록 이끌며, 타 학문 분야와의 협업을 통해 시너지를 낼 수 있는 부분 역시 개발해내도록 이끈다. 아울러 현대인이 정신건강을 유지 · 증진하도록 성별과 연령에 관계없이 미술치료의 새로운 유형을 개발해내는 관련의 연구가 축적되어야 한다.

제1장에서는 한국 미술치료학이 지니고 있는 잠재성을 무한대로 진화시켜 나가는 바람을 가지고 통합적 비전을 구상해 보고, 미래의 시작을 열어주는 토대가 되고자 한다.

제 **1** 장

한국 미술치료學의 과거와 현재, 그리고 미래 추이 [(1)]

장연집

1. 한국 미술치료의 여명기

지난 1970년대부터 2000년대 초반까지 다양한 전공자들에 의해 미술치료 유사 활동이나 연구가 다루어져 왔다. 예술 분야에서 다루어지는 순수한 미술을 포함 하여, 정신건강에 관심이 있는 다양한 전공자들은 그 전공의 입장에서 그림이나 그림 검사 연구와 활동을 수행하였고, 시간이 흐르면서 자료가 축적되어 왔다.

이 같은 관심과 흔적은 각자가 소속된 전공 영역에 자리한 동시에 미술치료라 는 새로운 학문이 대학원 과정을 통해 전공으로 자리하게 되면서 이 부분을 조명 하는 기회를 얻게 되었다.

그동안 드러나지 않았던 이들 부분에 빛을 넣어 그 자리를 긍정적으로 다루어 보고자 하는 것은 한국에서의 미술치료가 오늘날과 같이 활성화되어 학문으로 자리하게 된 것이 어느 날 갑자기 이루어진 것이 아니라고 보기 때문이다. 한국 이라는 이 땅에서는 다양한 현장에서 미술치료 유사 활동에 관한 요구가 먼저 있

---

(1) 제1장은 '한국 미술치료學의 과거와 현재 그리고 미술심리치료學'(장연집, 2015, 한국심리치료학 회지, 7(2), 105-126)을 토대로 하고 있다. 여기에 다루어진 내용은 본 저서에 적합하게 내용을 크 게 수정 변경하였고, 본 연구물의 사용은 한국심리치료학회로부터 출판 허가를 받았다.

어 왔고 그 활동은 신선하였으며 진지하게 이루어져 왔다.

현장에서 요구되어 온 미술치료와 대학원에서 미술치료를 전공으로 개설한 이 두 시기를 연결지어, 본 저서에서 전자를 여명기로 표현하면서 지난 40여 년 이상의 기간에 빛을 넣어 보고자 하는 이유는 대학원에서 새로운 융합 전공으로 개설되기 시작한 미술치료가 어느 날 갑자기 만들어지거나 외국에서 수입된 것이 아니라 이 땅에서 다양한 전공자들에 의해 구술 언어로 표현하는 것에 어려움을 갖고 이행 공간을 제공하거나 그것을 간접적으로 다룰 수 있는 방법을 지속적으로 모색해 온 기간에 담긴 의미가 있다고 보기 때문이다.

여명기 동안 이루어진 미술치료 유사 활동이나 연구에 대해 보다 체계적인 자료 수집이 이루어진다면 이 부분을 훨씬 잘 살려낼 수 있겠지만, 현재는 필자가 개인적으로 당시 대학병원 정신과 내에서 임상심리 분야의 실습(당시 임상심리 전공의 실습은 물론 인턴이라는 명칭은 달지 않고, 실습은 1:1로 이루어졌으며, 정신과 스태프들이 모여서 이루어지는 사례 회의에도 참석을 요구하였다)을 통해 체험한 내용의 일부를 다루어보고자 한다.

1970년대 초반, 국내 정신의학자들 중에는 극히 소수지만 유럽에서 정신과 환자들의 그림이나 미술작품을 전시해 놓은 박물관을 소개하면서 관심을 기울이고 관련 소식을 전해준 분들이 계셨다.

그리고 1970년대 중반, Y대학병원 정신과 임상심리학자셨던 양원숙 교수님께서는 당시에도 오늘날과 같은 심리검사를 사용하고 계셨다. 당시에는 투사적 그림 검사 중 인물화 검사가 사용되었는데, 교수님은 이에 더하여 다른 대학병원 정신과에서는 다루지 않았던 집-나무-사람(House-Tree-Person, HTP) 검사를 포함하여 다양한 그림 검사를 사용하신 유일한 분이었다(Wadeson, 2008, 역자서문 참조). 그리고 E대학교의 김재은 교수님은 당시 인물화 검사와 예술로서의 그림을 다루는 것에 큰 관심이 있으셨으며, 나의 석사학위 과정 지도교수님이셨던 김태련 교수님께서도 당시 투사적 그림 검사 중 독일의 나무 그림 검사와 아동용 주제 통각 검사(Children Apperception Test, CAT) 등에 관심을 보이셨다.

지도교수님의 소개로 당시 Y대학병원 정신과 임상심리학자였던 양원숙 교수님을 뵙고 접하게 된 투사적 그림 검사인 HTP 검사는 당시 필자에게 깊은 인상을 남겼으며 교수님으로부터 임상심리학자로서의 자세를 갖추는 데 큰 영향을 받게 되었다. 이는 1979년 초등학교 아동을 대상으로 한 석사학위청구논문의 주제를 잡는 계기로 연결되었다. 그 과정에서 수백 장의 HTP 그림을 접하게 되었고, 독일의 나무 그림 검사에도 관심을 갖게 되었으며, 청소년 정신과 환자들의 그림을 다룬 다양한 외국 도서를 구입하면서 그림 검사에 대한 관심을 키워 나갔다.

1970년대 후반 다양한 그림 검사에 관심을 갖고 있던 필자는 S대학병원 당시 정신과 임상심리학자였던 김중술 교수님의 지도하에 현장실습을 하게 되었다. 그곳에서는 당시 투사적 그림 검사 중 인물화 검사는 사용하고 있었지만 HTP 검사는 사용하지 않았다. 양 교수님께서 정신과 환자들의 심리검사에서 HTP 검사를 사용하고 계신다는 소식을 듣고 관심을 보이셨고 그 이후 HTP 검사를 사용하신 것 같으나 시기는 정확히 기억이 나질 않는다. 다른 한편, 1970년대 후반 S대학병원 정신과 입원 병동에는 환자들의 지루함을 달래기 위해 미술시간이 마련되어 있었다. 당시에는 미술대학을 졸업한 미술선생님이 이를 자연스럽게 다루고 있었으며 이야기를 나누었던 기억이 난다. 당시 다른 대학병원 정신과 입원 병동에서는 음악시간이 아니라 음악치료라는 시간을 마련하여 실시하고 있었다. 투사적 그림 검사는 임상심리학자들만 관심을 보인 것은 아니다. S대학병원 소아정신과 홍강의 교수님께서도 당시 동적 가족화 검사(Kinetic Family Drawing, KFD)의 국내 연구 프로젝트를 생각하시고 계신다는 소식을 김중술 교수님으로부터 전해 듣고 홍 교수님을 소개해 주시어 만나 뵙는 기회를 가진 기억이 난다. 이 프로젝트는 1980년대 초반 저자의 유학과 겹쳐 부득이하게 참가할 수가 없어 그 이후의 소식은 알지 못한다.

저자는 1980년대 유학 중 투사적 그림 검사 워크숍을 접할 기회를 가졌고 정신과 환자들의 미술작업을 전시해 놓은 박물관을 방문하였으며 당시에는 낯설게 느껴졌던 미술치료라는 제목의 연구물을 접하는 기회를 갖긴 하였다. 그러나 당시에는 개인적으로 미술치료보다는 예술로서의 미술에 큰 관심을 가지고 있었다.

귀국하여 1990년대 초반에는 투사적 그림 검사인 움직임이 들어간 KHTP

(Kinetic HTP, 1995)와 KFD(1994)를 번역하고 관련 연구(1996, 1999)를 수행하였다. 그리고 1990년대 후반에는 1년의 연구년 기간 동안 초청교수로서 임하면서 전반부는 프랑스 스트라스부르 루이파스퇴르대학교 심리학과에서 정신분석 공부를 하고, 후반부는 영국 런던의 골드스미스대학교에서 여성학 기반의 미술치료학을 연구하고 싶어서 출국하였으나, 특히 후반부의 계획은 건강 문제로 만족스럽게 심화되지 못한 아쉬움을 갖게 되었다.

HTP, KHTP, KFD 등의 투사적 그림 검사는 오늘날 임상심리학 전공에서 투사적 그림 검사류로 사용하고 있다. 이들 투사적 그림 검사는 동시에 미술치료學 전공에서도 미술 그림 검사 도구로 사용되고 있다. 그러나 동일한 명칭의 그림 검사라고 해도 이 검사의 사용 태도와 범주는 전공에 따라 동일하지는 않다. 즉 미술치료의 경우 이들 그림 검사류는 심리학에서 투사적 그림 검사로만 다루어지는 것과는 달리 좀 더 소중하게 다루어지고 있으며, 평가 도구로서만 사용하는 것이 아니라 미술치료의 회기 내에서 그림 도구로 사용하는 것이 크게 다른 부분이다.

어쨌든 환자나 내담자들이 다룬 그림이나 작업, 그리고 그림 검사의 반응을 잘 읽어내려면, 우선은 수많은 그림이나 작업, 그림 검사를 다루어봐야 한다. 그리고 일반인을 대상으로 한 그림이나 작업, 그림 검사의 반응은 이들을 다루어내는 데 기본이 되고 도움이 된다.

최근에는 특히 투사적 그림 검사의 해석 시 정신분석적 접근의 상징 해석을 기피하는 경향이 있지만, 개인적으로는 이 부분을 함께 포함하여 공부하는 것이 좋을 것이라는 생각을 하고 있다.

이와 같은 내용은 여명기 동안 다양한 전공자들이 보인 그림 관련 관심들 중 극히 일부에 해당하는 것이다. 정신건강 분야에서 다루어진 지난 40여 년간의 이와 같은 미술 관련 관심은 오늘날에도 임상심리학자, 정신의학자, 미술치료 주제 관련 다양한 연구자들에 의해 계속 이어지고 있다.

그 속에서 예술로서의 미술, 미술의 치유적 속성과 기능, 투사적 그림 검사 등의 연구 주제가 예술, 인문학, 사회과학, 의학 전공 연구에 의해 다루어졌다. 이들의 활동과 이들이 수행한 연구들은 자신들의 전공 기준으로 평가되었을 것이다. 따라서 같은 현상을 놓고도 다양한 전공자들이 수행한 연구나 활동은 각기 다양한 표현과 표기를 사용하였을 것이다.

이들 전공자들은 당시 어떠한 제한도 받지 않고, 책임과 연계되는 윤리라는 것 역시 다루어지지 않았을 것이다. 이들이 다루어 놓은 다양한 미술 관련 활동이나 유사 활동은 2000년대 초반까지 미술치료學 전공자가 수행해 놓은 연구보다 그 양이 더 많았다.

뿐만 아니라, 이들 다양한 전공의 연구자들이 다루어 놓은 연구는 갓 태어난 미술치료學 전공자의 연구보다 심도 있게 관련 부분을 다루어 놓은 연구도 적지 않은 것으로 알고 있다. 그들은 오늘날 미술치료 전공자의 시각으로 보면 분명 타 전공자들이다. 그들이 내렸던 미술치료 유사 활동의 내용들과 세부 관심사는 그들의 시각이다. 그 시각은 오늘날의 미술치료 전공자와 같을 수도 있고 다를 수도 있다. 그리고 본 저서에서는 지난 40여 년간 다루어진 엄청나게 다양한 연구 주제를 분석해 놓고 있지는 않지만 이들이 다루어 놓은 연구 주제들은 광범위하고 깊으며 그 수도 많다는 것을 알고 있다.

어쨌든 한국의 대학원 미술치료 전공은 기존의 다양한 학문들이 거쳐 온 길과는 달리 이처럼 다양한 전공자들의 관심이 먼저 형성되었다. 미술치료 유사 활동을 필요로 한 다양한 현장들이 먼저 마련되었고 이 같은 부분에 관심을 기울인 연구자들로부터 실제적인 활동과 연구가 먼저 수행되었다. 게다가 대학원에 미술치료라는 전공이 생기기 이전부터, 다양한 전공에서 학부 과정이나 대학원 과정을 통해 미술치료 강의를 개설하기도 하였다.

또한 미술치료에 관심을 갖고 다양한 학문의 전공자들이 주축이 되어 학술 활동의 장(場)인 학회 활동(한국임상예술학회, 1982; 한국미술치료학회, 1992)도 활성화되기 시작하였다. 이들의 기여는 한국에서 대학원 과정의 미술치료 전공을 개설하도록 이끈 여명기 활동으로 보기에 충분하다.

2. 대학원 과정에 개설된 미술치료學

국내 대학원 석사학위 과정 미술치료 전공은 1999년부터 대학원에 개설되기 시작하였다. 2001년에는 국내 최초로 석사학위 과정뿐만 아니라 박사학위 과정도 개설되었다.

국내의 대학원 유형은 교육부 기준에 따라 크게 일반대학원, 전문대학원(이곳엔 대학원만 가지고 있는 단설 대학원도 포함되어 있다), 특수대학원으로 분류된다. 2017년 현재 국내 대학원 유형의 분포는 일반대학원 유형이 7%, 전문대학원 유형이 7%, 그리고 특수대학원 유형은 86%를 차지하고 있다(한경아, 장연집, 2013; 교육통계서비스 http://kess.kedi.re.kr/index).

대학원의 유형(2)은 각기 다른 교육 목표와 교육 내용 및 교육 연한을 지니고 있다. 그중 일반대학원과 전문대학원은 석사학위 과정의 경우 4학기 중심으로 30~36점의 이수를 요구하는 교과과정을 운영하며, 수업은 주간에 3학점 중심으로 이루어지고, 반드시 논문 제출이 요구된다. 그리고 이들 대학원의 경우에는 박사학위 과정의 개설이 가능하다. 반면 특수대학원은 이와는 좀 다른 구조를 취한다. 우선 국내의 특수대학원에 개설되어 있는 미술치료學 전공의 명칭을 살펴보면 미술치료가 네 가지 정도의 상이한 분야에서 접근하는 것으로 구분해볼 수 있는데, (1) 보건, 보완대체, 재활 중심의 접근, (2) 사회교육, 문화, 디자인, 예술 중심의 접근, (3) 상담 중심의 접근, 그리고 (4) 교사들을 위한 교육 중심의 접근(3)이다. 예를 들어 교사들을 위한 교육대학원에서 다루는 미술치료학의 경우는 야간에 교육이 이루어지고, 원칙적으로는 2학점 중심(오늘날 일부 특수대학원에서는 강의를 3학점으로 운영하고 있는 곳도 있다)의 5개 학기를 운영하며, 논문 졸업자의 경우에는 30학점의 이수를 요구한다. 그리고 학위 과정은 석사학위 과정

---

(2) 대학원 유형에 따라 동일한 전공의 명칭을 사용한다고 해도 학문적 정체성과 전공자의 정체성은 대학원의 선택에 따라 달라질 수 있다.

(3) 2017년 현황을 분석해 보면 국내 특수대학원은 네 가지 전공으로 세분화되며, 이들 중 보건, 보완대체, 재활 현황 중심의 특수대학원은 25%, 사회교육, 문화, 디자인, 예술 중심의 특수대학원은 36%, 상담 중심의 특수대학원은 14%, 그리고 교사들을 위한 교육 중심의 특수대학원은 11%로 조사되었다.

까지만 개설이 가능하다.

대학원의 유형은 미술치료 전공의 세분화된 유형을 다루어내는 데 커다란 영향을 주게 된다. 그럼에도 불구하고 본 저서에서는 이 같은 구조적인 차이와 상관없이 미술치료 전공을 개설해 놓고 있는 대학원 과정에서 공통적으로 공유가 가능하다고 여겨지는 주요한 내용을 다루고자 한다.[4]

2000년대 초반, 대학원에 개설된 이 새로운 전공은 대부분의 대학원에서 미술치료 전공이라는 표기를 사용하였다. 동시에 2000년대 초반 국내에서는 미술치료라는 표기는 누구든 쉽게 사용이 가능하여 무분별하게 사용되었다. 미술 전공자가 미술치료를 한다고 하는 말도 쉽게 들려 왔다. 미술치료와 전혀 관계가 없는 사람도 사용하고, 미술치료 워크숍 참여 경험만을 가지고 미술치료를 수행한다고 하는 경우도 있다. 마치 정식으로 학문적 과정을 밟지 않아도 가능한 표기처럼 누구든 사용하였다.

기능 중심(術)으로 접근하든 학문 중심(學)으로 접근하든 새로이 등장한 전공임에도 불구하고 질서도 없고 윤리도 없는 듯 미술치료라는 표기가 학문적 정체성이 없이 마구 사용되면서 사이비와도 구별이 되지 않는 상황이 급증하였다.

이에 근거 기반의 과학적 연구를 토대로 미술치료를 다루는 대학원 과정에 개설된 미술치료의 경우에는 學이라는 표기를 사용해야 함을 인식하게 되었다. S전문대학원의 경우는 개원 후 8년이라는 긴 숙고의 시간을 통해 기능 중심(術)의 표기에서 학문 중심(學)의 표기인 미술치료學이라는 표기를 정식 전공의 명칭으로 사용하게 되었다.

제1장에서는 대학원 과정에서의 미술치료는 학문적으로 접근한다는 것을 다시 한 번 강조하기 위해 한문으로 표기하고 있다. 2017년 현재 국내 28개 대학원에서는 대부분 전공에 學이라는 표기를 사용하고 있다.

미술치료學 전공의 입시 경쟁력은 대학원의 유형에 상관없이 모든 대학원에서 매우 높은 상황을 유지해 오고 있다. 입시 경쟁력이 높다는 것은 관심을 받고 있

---

[4] 내용은 2000년 국내 최초로 미술치료학 전공의 석·박사학위 과정을 개설한 S전문대학원을 기준점으로 잡고 있다.

는 전공이라는 의미이다.

그러나 미술치료學 전공의 경우, 입시 경쟁력이 곧 학문적 경쟁력과 등식의 관계를 가진다고 말하긴 어렵다. 그 이유는 첫째, 전공이 학부에서는 개설되지 않은 석사학위 과정에서부터 개설되었다는 특수 상황을 들 수 있다. 둘째, 개설 대학원의 유형이 학문적 경쟁력을 말하려면 일반대학원과 전문대학원의 비율이 월등히 높아 거의 100%가 되어야 하는데, 이들을 합하면 7%씩 14%가 되어 이미 비율에서 학문적 경쟁력을 다루기에는 역부족 상태에 놓여 있다. 반면 특수대학원의 비중이 86%로 월등히 높아 경쟁력을 말하기에는 구조 자체가 취약한 상태에 있다. 이 같은 전공의 구조적 취약성은 대학원과 교육부가 함께 만들어 놓은 상황이다. 다시 말해 미술치료學의 학문적 경쟁력은 기존의 학문 분야가 학부에 기반을 두고 일반대학원이나 전문대학원에서 학문적 경쟁력을 고취해 가는 것과는 달리 구조적 취약점을 지니므로, 이 부분의 해결점을 찾아내야 한다. 해결점의 모색 없이는 전공의 모든 경쟁력을 보장할 수 없다.

이같이 어려운 상황에서, 대학원 석사학위 과정 2년 동안 학문적 경쟁력의 기본을 갖추도록 사활을 걸며 이 새로운 전공을 다루어내는 극히 일부이자 유일한 대학원도 있다. 즉 교육 목표, 교과과정, 훈련의 깊이 및 강도, 강조점 등 모든 측면을 이상적으로 운영해 오는 대학원으로, 국제적인 기준에서 보아도 대학원의 교과과정 운영과 학생 지도가 철저하여 국내외 미술치료學 전공의 발전에 큰 기여를 할 가능성을 지닌 전문대학원이 있다. 이 전문대학원의 활동은 국내 대학원 미술치료學 전공의 모델이 될 수 있는 독보적인 것으로, 국내 대학원 미술치료學 전공의 상징성을 지닌 곳으로 여겨도 될 것 같고, 이 전문대학원에서의 활동 내용은 국내 모든 대학원과 공유해도 좋을 듯하다.

2000년대 초반에는 잘 드러나지 않던 대학원의 학문적인 활동은 학위 논문이 축적되고 학회의 발표와 연구물들이 쌓이면서 서서히 대학원의 모습을 드러내기 시작하였다. 이제는 각 대학원의 학문적 수위와 관련된 많은 부분들이 어느 정도 파악이 가능하도록 노출이 된 상태이다.

어쨌든 한국 미술치료學 전공의 학문적 경쟁력을 언급해 보기 위해서는 이 전공을 개설해 놓은 대학원에서 최소 두 가지 측면을 주지하고 있어야 한다. 하나는 앞으로 미술치료學 전공을 개설할 대학원의 유형은 일반대학원과 전문대학원에 한해야 한다는 것이다. 현재는 유일하면서도 상징적으로 S전문대학원이 전공의 학문적 경쟁력을 위해 고군분투해 나간다고 하더라도 생명력에 해당하는 그 불씨가 너무 규모가 작아서, 앞으로 미술치료學 전공에서 다루어야 할 내용이 엄청나게 많이 쌓여 있기 때문에 온전히 지탱할 힘을 지니게 될지 의문이다. 따라서 앞으로는 국내에 전공을 개설한 모든 대학원이 함께 머리를 맞대고 경쟁력 고취를 위한 출구를 찾아내야 한다. 둘째, 엎친 데 덮친 격으로 국내에 사이비 교육기관이나 사이비 자격증을 남발하는 무자격 기관들의 급증을 28개 대학원이 연대하여 적극적으로 초반에 막아내야 한다.

3. 미술치료學 전공의 학문적 정체성

S전문대학원에 개설된 미술치료 전공의 경우는 개원 후 8년 정도를 보내고 나서야 미술치료에 學이라는 표기를 붙이는 것이 학문적 완성도를 높이기 위해 반드시 필요하다는 생각을 하기에 이르렀다. 이에 2009년부터 미술심리치료學 전공이라는 표기를 사용하고 있다.

표기가 아주 작은 부분으로 여겨질 수 있다. 그러나 학문적 정체성을 압축한 것이므로, 전공자 교육에서는 큰 차이를 만들어내는 시작점이 된다. 특히 學이라는 표기는 과학적인 학문으로서의 정체성을 드러내준다. 상대적으로 學이라는 표기를 사용하지 않고 미술치료라는 표기를 지닐 때에는 이는 기능 중심의 술(術)이라는 의미를 함축하는 것이 된다. 이에 대학원 과정이라면 당연히 미술치료學이라는 표기를 사용하는 것이 바람직하다.

학문으로서의 정체성에 관한 이 같은 고민은 서구의 연구에서는 찾아보기 힘들다. 그들은 학문 정체성의 기준을 철학에 묻거나, 조작적 정의를 통해 다루는지는 모르겠다. 한국의 경우 學이라는 표기를 사용하게 되면서 서서히 정통과 사이비를 구분 짓게 해 주고, 주류와 비주류를 구분하는 데 도움을 줄 수 있다고 생각한다.

이 같은 이점도 있지만 수고스러움도 뒤따른다. 수고스러움이란 미술치료學이라는 표기를 사용하게 되면 대학원은 다음과 같은 세 가지 질문에 답을 할 수 있어야 한다는 것을 의미한다.

첫째, 미술치료學의 학문적 분류는 어디에 소속시킬 수 있는가? 이는 학문적 분류의 표기를 묻는 것으로, 이는 대학원의 유형에 따른 영향을 받기도 하므로 부분적으로는 선택에 관한 문제가 된다.

학문적 분류를 다루기 위해서는 미술치료學이라는 용어의 표기와 교과과정을 살펴보는 것이 용이하다. 미술치료에서 미술이라는 표기에 무게 중심을 두게 되면 치료는 형용사의 역할로, 미술치료學은 예술학 관련의 전공 분야로 생각하게 된다. 반면 뒷부분인 치료라는 표기에 무게 중심을 놓게 되면 미술은 형용사적인 역할을 하게 되며 미술치료學 전공은 치료 관련의 전공이 된다.

그리고 국내 대학원 석사학위 과정에 개설되어 있는 미술치료學 전공의 교과과정을 살펴보면, 대부분의 대학원에서는 미술 관련 교과목보다는 심리학이나 심리치료 관련 교과목 비중이 상대적으로 매우 높다. 그러나 대학원 석사학위 과정에 설치되어 있는 미술치료學 전공의 학문적 비중이 예술학 분야에 소속된다고 보는 대학원도 있다. 국내의 경우 이는 사회교육, 문화, 디자인, 예술 중심의 특수대학원 유형으로 36%를 차지하고 있다. 아마도 이들의 미술치료學 전공은 사화과학이 아니기 쉽다. 어쨌든 국내 대학원 미술치료學 전공은 심리치료 관련 교과목 개설과 운영에 상대적으로 높은 비중을 두고 있는 상황이다.

미술치료學은 미술 매체를 활용하여 이루어진 시각 언어를 다루는 치료를 하는 학문(장연집, 2014)으로 정의되어 왔다. 이 같은 정의에서 치료를 하는 학문이라는 표기는 실제로 물리적인 치료를 의미하는 것인지 아닌지를 구별하기 힘든 불투명함과 모호함을 지니고 있다. 2000년대 초반에는 문제가 되지 않았지만 이제는 치료라는 표기가 명료해져야 학문적 분류를 정확히 표기할 수 있기 때문에 이 부분은 심도 있게 다루어져야 한다.

미술치료學 전공자 중에는 괴로울 때에는 편하고 싶어서 예술 쪽으로 가고 싶어 하고, 막상 전공의 경쟁력을 다루고자 할 때에만 심리치료라는 표기를 사용하고 싶어 하는 사람들도 있다.

이에 분명히 해둘 것은 대학원 미술치료學의 학문적 정체성은 학문적으로 치료가 심리치료를 의미하는 것으로 수용이 될 때 심리학과 연계되어 있는 사회과학의 학문에 속하게 된다는 점이다. 그렇다면 전공자의 정체성 역시 사회과학도이다.

둘째, 미술치료學 전공은 과학적인 연구방법을 사용하며, 연구 수행을 중요시하는가? 미술치료學이라는 표기 속에는 근거 기반 연구방법론의 적용과 연구 수행을 중요하게 여긴다는 의미가 담겨 있다(장연집, 2014). 대학원 석사학위 과정을 통해 미술치료學 전공의 학위를 취득하기 원하는 전공자라면, 미술치료學 분야에서 근거 기반의 과학적 연구 수행이 가능하다는 것을 의미한다. 근거 기반의 과학적 방법이란 과학적인 연구방법을 사용한 연구들을 토대로 한다는 것이다.

상담학의 경우를 보면 기존의 상담학 연구는 주로 양적연구에 치중되어 있었다. 그러나 이 같은 제한점을 발견하고, 이를 보완하기 위해서는 내적 체험과 의미에 관심을 보이고 연구 결과보다 연구 과정 자체에 지대한 관심을 보이는 질적연구의 필요성과 장점을 활용하는 움직임과 함께 질적연구가 상담학의 이론과 실천의 통합에 큰 기여를 할 수 있을 것으로 평가하고 있다(김현아 외, 2013).

다시 말해 오늘날 대부분의 학문에서는 연구방법론으로 양적연구 또는 질적연구 또는 통합적 연구방법을 다룬 근거 기반의 연구를 다루고 있다. 대학원 미술치료學도 같은 흐름과 기준을 따른다는 것이다.

달리 말해 보면 인기가 있고 관심을 끄는 특정 주제가 있다고 해도 과학적인 근거나 기반을 갖추고 있지 않다면 이들 부분을 다루는 것에는 매우 신중한 입장을 지닌다는 것이다. 또 다른 식으로 표기해 본다면 멋진 기술인 術은 필요한 것이기는 하지만 대학원 학위 과정에서는 학문적인 접근인 學을 우선시한다는 것이다.

미술치료學에서 학위청구논문을 다루기 위해 연구방법론을 적용한다는 것은, 미술치료를 학문으로 접근하고 이에 합당한 심사 과정을 거쳐 학위를 수여한다는 것이다. 근거 기반 위에서 확증된 연구방법을 사용하여 수행된 전공자들의 연

구는 대학원 석사학위 과정의 마지막 부분을 장식하는 학위청구논문을 통해 유
감없이 그 능력을 발휘하는 기회를 만나게 된다.

셋째, 전공은 이론과 실제의 균형을 최적으로 잡고 교과과정을 설치·관리하
고 있는가? 미술치료學으로 표기를 사용하는 경우, 전공에는 이론과 현장이 직결
되어 있기 때문에 실제로 이 질문은 현장실습과 슈퍼비전의 운영 및 관리가 철저
하게 활성화되고 있는지를 묻는 것이다.

미술치료學에서 다루는 현장은 미술치료의 구조화된 정도, 미술치료사의 주
도성 수준 등이 포함되어 있는 치료 목적에 따라 임의적으로 분류할 때 임상미술
치료, 기관미술치료, 의료미술치료, 일반인을 위한 미술치료로 나눠 볼 수 있다.
이 같은 유형의 분류는 대학원에서 다루어지고 있는 미술치료學의 교과과정, 대
학원이 강조하는 부분, 대학원 유형에 따라 강조하는 현장의 선택과 실습 현장의
활성화, 훈련의 목적과 같은 행정적인 분류의 용이성을 지니고 있을 뿐만 아니
라, 수강자가 자신의 유형들 중 어떤 유형에서 보다 자유롭거나 부족한 점을 느
끼며, 어느 유형의 훈련이 더 요구되는지, 어떤 유형의 실습지를 선택하기 위해
기본적으로 어떤 교과목을 이수해야 하는지 등 전공의 전체적 상황을 용이하게
파악, 운영 및 관리하는 데 효율성을 가지고 있으므로, 미술치료學 전공을 관리
하는 교수나 행정가들뿐만 아니라 재학생 및 졸업생에게 유용한 기준이 된다(장
연집, 2013).

미술치료의 네 가지 유형에 따른 현장실습은 내용과 준비도가 달라지게 되며,
슈퍼비전의 내용 또한 달라지게 된다. 그리고 이는 대학원의 유형으로부터도 영
향을 받게 된다.

다시 말해 대학원의 유형이 일반대학원인지, 전문대학원인지, 특수대학원인지
에 따라 교육 목표는 상이해지고, 교육의 강도와 강조점 역시 다를 수 있다. 따라
서 미술치료 현장을 다루어낼 수 있는 네 가지 세부 유형 관련의 세부 교과목 설
치는 매우 중요한 부분이다. 대학원은 이들 네 가지 세부 유형 관련의 교과목 설
치를 하는 것이 이상적이지만 이들 중 부분적으로만 개설이 가능하다면, 어떤 상
황이든 이들 네 가지 유형을 상호 비교하고 수강자 자신이 현재 어떠한 유형에

관심을 두고 있는지, 그 이유는 무엇 때문인지 등을 다루어 보는 안목을 갖도록 기초 교과목을 통해 이 부분을 다루어야 한다.

현재 미술치료의 현장을 최소 네 가지 세부 유형으로 분류하고 있지만 이는 임의적인 것이기는 하다. 그리고 추후에는 추가되는 유형도 생겨날 수 있다. 이 같은 유형의 분류가 필요한 것은 무엇보다도 전공을 통합적으로 보고 세부적으로도 볼 수 있도록 이끌어 줌으로써, 이론과 현장이 연결되어 있는 하나이고 교육과 훈련 역시 전공자가 다루어야 할 기본적인 부분임을 손쉽게 알도록 해주기 때문이다. 동시에 다루고 있는 미술치료의 유형에 대한 오리엔테이션과 요구되는 자세 등이 전체적 맥락에서 어디에 위치해 있는 것인지를 볼 수 있도록 이끌어 준다. 즉 미술치료라는 방대한 내용 중 일부분을 다루고 있다는 현실감을 갖도록 이끌어주는 큰 이점을 지니고 있다.

이에 미술치료學 전공자에게 미술치료의 네 가지 유형 분류는 미술치료學의 이해를 위한 첫걸음이 될 수 있다.

4. 미술치료學 전공자가 갖춰야 할 기본 역할

미술치료學은 이론과 실제의 양 날개가 동시에 움직이도록 하는 전공이다. 석사학위 과정에 입학하면서부터 이론과 현장의 실습은 쉬지 않고 지속적으로 4학기 동안 다루어지고 이에 부가하여 자율적으로도 부족한 부분을 메워 가면서 다양한 교과과정들이 살아 숨 쉬도록 순환시키려면 석사학위 과정 2년 동안은 개인적으로 여유 있는 시간을 갖기란 거의 불가능하다. 이에 미술치료學 전공의 대학원 과정은 최소 4개 학기를 요구하지만, 현실적으로는 3회의 방학도 학기로 여기면서 공부를 해야 하는 상황이다.

최근 대학원 미술치료학 전공의 입시 지원자들 중에는 전공에 대한 사전 정보를 철저히 갖추고 학부 과정에서부터 대학원 석사학위 과정의 입학을 준비하는 경우가 있다. 그 같은 경우는 학부 과정에서부터 미리 심리학 관련 강의들을 수

강하고 학점 관리 등을 철저히 하여 지원하고 있다. 그리고 미술치료에서의 치료는 심리치료이므로, 학부 과정에서부터 임상심리학이나 심리검사 교과목을 이수하고 투사적 그림 검사에 관심을 가지고 지원하는 경우도 적지 않다. 물론 이와 반대로 입학 후 4개 학기 내내 전문 용어를 제대로 익히는 데조차 어려움이 있고 정체성 혼란으로 어려움을 겪는 학생도 있다.

최근에는 학부 과정을 설치한 대학교도 있기는 하지만, 미술치료學은 여전히 대학원 과정에서부터 개설되고 있는 전공으로, 미술치료學이라는 전공의 전공자에게 기본적으로 갖추기를 요구하는 역할은 네 가지이며 대학원 석사학위 과정에서 다루어지는 교과과정은 이들 네 가지 역할을 갖추도록 요구하는 것이다. 이는 연구자-교육자-평가자-현장 실무자(researcher-educater-evaluater-practitioner)라는 모델이다. 이들을 간단하게 기술해 보면 다음과 같다.

첫째, 연구자 역할이란 학위 논문을 제출하여 심사를 받고 학위를 취득하는 과정에서 요구되는 것이다. 학위 논문을 중심으로 살펴보면 연구 계획서 발표의 준비, 연구방법론, 양적 · 질적 · 통합적 연구의 수행 능력 등이 기본적으로 요구된다. 그러나 진정한 연구란 학위 논문과 관계없이 다루고자 하는 주제를 중심으로 졸업 후 자발적으로 쌓아가는 것을 말한다.

둘째, 교육자 역할이란 미술치료라는 것에 대한 물음이 왔을 때 질문자의 수준과 요구에 적합하게 가장 명료하고도 간결하며 깊이 있게 설명을 해 줄 수 있는 능력을 표현한 것이다. 예를 들어 국내 실습 현장에서는 미술치료를 요구하면서도 미술치료에 대한 이해가 충분하지 않아 실습생들이 당황스러워하는 경우도 적지 않다. 이들은 미술치료에 대해 자신들 나름의 생각을 가지고 있을 수 있으므로 이들이 설명을 필요로 한다면 아주 간단하게라도 다루어 줄 수 있어야 한다. 물론 이는 미술치료의 정의, 역사, 미술치료학, 미술치료의 세부 유형과 특수성 등을 다룰 수 있는 기초 능력과 함께 국내외 미술치료學의 역사, 한국 미술치료學 현황 분석, 미술치료學에 대한 비전 제시 등에 관해 언제 어디서나 상대의 요구에 맞춰 적합하고 유용하게 설명을 할 수 있는 충분한 내용과 태도 그리고 준비를 갖추고 있어야 가능하다.

셋째, 평가자의 역할은 다양한 미술심리검사의 장점과 제한점, 개발 가능성 및 수행 능력, 미술치료 회기 관리 능력 등을 다루어내는 것이 이 역할에 속한다.

넷째, 현장 실무자의 역할은 전공생들이 가장 관심을 두는 부분이다. 이는 입학과 동시에 이론을 다루고 현장과 연계되어 있는 실제 부분으로 대학원 과정에서는 졸업 직전까지 다루게 된다. 흔히 네 가지 유형의 현장실습과 각 유형과 맞물리는 교과목 슈퍼비전, 그리고 개인적으로 대학원을 넘어 슈퍼비전을 받아 보려는 노력 등이 요구된다.

석사학위 과정은 전공자가 갖추길 바라는 네 가지 기본 역할을 훈련시키는 장(場)을 마련한 것으로 볼 수 있다. 그리고 이는 졸업 후에도 전공자로서 역할을 지속해 가는 경우 평생 살아가면서 스스로 익혀가는 것으로, 전문인이 되면 당연히 통합적인 하나로 무르익어가는 경험을 갖게 될 것이다.

미술치료學은 미술치료 현장에서의 실천을 통해 완성된다. 실습 현장에서는 미술치료사, 환자나 내담자, 그리고 미술이라는 세 가지 변인 사이의 관계가 쉽게 노출된다. 미술치료는 삼각 구도 속에서 일어나는 관계를 다루게 되는데, 그중 미술이라는 꼭짓점 부분은 기능의 측면으로 볼 수 있다. 그리고 나머지 두 꼭짓점은 사람이다. 미술치료학에서 가장 중요한 변인으로 여기는 것은 미술치료 사이다.

미술치료學 전공자는 어떤 생각을 가지고 학부에 없는 새로운 전공을 선택하게 되었을까? 전공이 대학원 과정에 개설되면서 뜨거운 관심과 각광을 받게 된 이유는 무엇 때문인가? 학부에는 없는 전공인데, 전공의 미래 경쟁력과 비전을 무엇이라고 보고 선택했는가? 전공을 하기 위해 학문적 측면에서 기본적으로 준비를 한 것은 어떠한 것인가? 대학원 진학이라는 선택을 하도록 이끈 가장 주된 것은 무엇인가? 전공 선택 시 어떤 부분이 가장 매력적으로 느껴진 것인가? 미술치료사가 되고자 한 이유는 무엇인가? 자신은 어떤 인성을 지니고 있다고 생각하는가? 자신은 심리적으로 불안정한 사람인가? 부모와의 관계가 좋았는가? 자신의 자존감 수준은 어떠한가? 미술과 심리학이란 것이 자신에게 어떻게 느껴지는가? 공부를 해서 무엇을 하고 싶은가? 예술로서의 미술과 미술치료에서의 미술의 공통점과 차이점은 무엇인가? 내가 세상을 보는 세계관과 나의 인간관은 어떻게 말할 수 있는가? 정신병리란 것에 대한 나의 생각은 어떠한가? 심리학과 심리치료 이론은 잘 이해하고 있는가? 정확한 정보를 모으고 철저한 준비를 하고 책임지는 행동을 하는가? 도덕관과 윤리관에 대해서 어떤 생각을 가지고 있는가?

대학원 입시면접에서 새로이 출현한 전공을 선택하여 미술치료사가 되려는 배경과 관련하여 위와 같은 질문들을 하게 된다. 이 같은 질문 속에는 새로운 전공, 시대 흐름, 비전, 준비도, 경쟁력, 인성과 같은 부분이 뒤섞여 있는데 물론 이들을 다 갖추고 석사학위 과정에 입학하지는 않는다. 그러나 생각을 해 보아야 한다. 각자의 기준점을 가져 보기 위해서이다.

미술치료學 전공자의 학문적인 정체성과 교육, 그리고 현장실습을 통한 훈련 등은 대학원 과정을 통해 다루어지게 된다. 반면, 전공을 하기 위한 준비로서 사람이 지니고 있는 인성과 관련되어 있는 인간관, 가치관, 세계관, 도덕관, 윤리감, 책임감 등은 대학원 과정을 밟아가기 위해 스스로가 자율적으로 갖춰야 할 중요한 부분이다.

미술치료學에서의 상수는 미술치료사이다. 미술치료사는 네 가지 유형의 현장에서 각기 다양한 연령과 성별의 내담자를 만나게 된다. 당연히 미술치료學을 선택한 이유는 사명감, 사회적 책무, 삶의 미션, 그리고 사회·시대적 변화의 흐름 등과 분리되지 않는다.

새 시대에는 언뜻 관계가 없어 보이는 아이디어를 결합하여 뭔가 새로운 것을 창조해내는 것과 관련되는 창의성, 다른 사람과 공감하고 미묘한 인간관계를 잘 다루며 자신과 다른 사람의 즐거움을 잘 유도해내고 목적과 의미를 발견하여 이를 추구하는 능력과 관련되는 감성, 아름다움을 창조해내는 능력(김대식, 2015) 등을 다루고 있다. 이에 전공자 스스로는 학문적 경쟁력과 함께 이같이 다양하게 요구되는 측면을 스스로 통합해내는 것에 관심을 기울여야 한다.

5. 미술과 치료라는 표기 속에 자리 해 있는 모호함

오늘날 대학원 미술치료學에서 학문적 정체성을 모호하게 만드는 부분이 있다면, 보다 명료히 하여 발전적으로 이끌어 갈 필요가 있다. 이들 부분은 전공의 표기를 구성해 온 미술과 치료로, 이 두 가지 표기를 다루어 보면 다음과 같다.

1) 미술과 조형 활동의 의미

미술치료學에서 미술이라는 개념은 예술 분야에서 사용하는 미술이라는 개념과 혼용되어 왔다. 물론 공통되는 측면이 있기는 하다. 그러나 미술치료學의 경우 특수성의 부분 중 미분화되어 있는 부분이 미술치료學 전공자에게 정체성 혼란을 야기하는 듯하므로 이 부분의 점검이 요망된다.

예술로서 미술의 역사는 장구하다. 너무 넓고 깊어서 이를 다루고자 할 때에는 그 범위를 한정해야 할 정도이다. 반면 국내 대학원 과정에서 다루어지고 있는 미술치료學의 역사는 현재 20년 미만으로 매우 짧다. 규모의 측면에서도 예술로서의 미술이 엄청나게 큰 데 반해 미술치료學의 경우는 상대적으로 매우 좁고 제한적이다.

미술이라는 동일한 표기를 사용하고는 있지만, 미술치료學에서의 미술은 치료라는 상황 안에서 다루어지는 것으로, 치료를 수행하기 위해 매우 중요한 매개로서의 특수성을 지닌다. 그럼에도 불구하고 미술치료學에서 미술 관련 연구는 이제부터 제대로 분화되어야 한다.

미술치료의 실제를 살펴보기 위해 우선 세 가지 변인인 미술치료사, 환자 또는 내담자, 미술에서 미술을 꼭짓점으로 하여 삼각형을 그려 보고 그들 사이에서 일어나는 관계에 집중해 보자. 그러면 미술치료學의 특수성이 드러난다. 미술치료라는 삼각형은 미술치료사와 환자 또는 내담자의 관계를 밑면으로 놓고 볼 때, 밑면의 관계는 일반 심리치료나 상담에서 집중하고 있는 관계와 크게 다르지 않고 이들은 사람들 간의 관계를 다룬다.

그러나 미술치료學만의 특수성은 미술치료라는 삼각형의 꼭짓점에 위치한 미술에서 나타난다. 이는 사람은 아니지만 사람과 사람을 이어주는 역할을 하는 부분이다. 미술치료라는 삼각형에서 밑면의 왼쪽에 위치한 미술치료사는 미술치료가 일어나도록 하는 가장 중요시하는 부분이다. 실제로 미술치료사가 없으면 미술치료라는 행위 자체는 일어날 수가 없다.

미술치료學에서 미술은 삼각형의 꼭짓점에 위치해 있듯이 미술치료의 특수성을 드러내는 중요한 부분임에도 불구하고, 미술에 대한 연구가 명료히 분화되지 않아 미술치료學 전공자의 정체성을 예술가로서의 정체성으로 흔들어 버리는 이유는 무엇보다도 미술이라는 용어 자체가 지니고 있는 의미의 혼돈 때문으로 보인다. 그렇다면 미술치료學에서 미술이란 의미에는 어떠한 것이 담겨 있는가?

예술에서의 미술은 예술가가 목적을 가지고 무엇인가를 멋지게, 감탄할 만하게, 아름답게 미(美)적인 예술성을 가지고, 반복적으로 만들어낸다고 하는 술(術)의 의미를 지니고 있다. 예술성, 즉 예술로서의 미와 술을 하는 어떠한 목적을 가지고 아름다움을 이미지인 상(像)으로 창조해내는 것에 큰 관심을 기울인다.

반면 미술치료學에서 다루는 미술은 심리적인 불편감을 가지고 있는 내담자나 환자가 자신이 현재 지니고 있는 불편함이나 고통스러움 등의 내면을 드러내거나 표현해 보거나 노출해 보거나 폭로해 보도록 제안하거나 또는 형(型)을 만들어보게 하는 제안을 함으로써 그들이 지니고 있는 어려움에 스스로 접근 가능하도록 기회를 만들어본다는 조(造)라는 의미가 담겨 있다고 본다.

따라서 미술치료學에서 미술이란 의미는 미술보다는 조형이란 의미가 더 가깝다는 생각이 든다. 미술과 조형이라는 표기가 지니고 있는 의미가 그리 크지 않다고 해도 조형이라는 의미를 사용하면, 학부 미술대학 졸업자들의 미술치료학 정체성 혼란은 부분적으로 낮출 수 있는 가능성이 있다고 본다.

예술로서의 미술과 미술치료學에서의 미술은 모든 감각기관 중 주로 시각에 많이 의지한다. 시각이라는 감각은 인지와 연결된 것으로, 현대인이 가장 많이 사용하는 감각이기도 하다. 예술로서의 미술에서 사용하는 시각이라는 감각과 자기표현이나 자기 드러냄을 위한 조형 언어로 사용하는 미술치료에서의 시각의 기능은 과연 같을까?

감각은 매우 주관적인 것으로 인간이 세상을 바라보는 방식에 의해 영향을 받게 된다. 다시 말해 주관적이라는 것은 오류를 낳을 수 있다는 것을 의미하며, 정확한 것은 아니란 것을 의미한다(장연집, 2006).

어쨌든 예술가가 보는 세상은 시각 언어를 통해 자신의 메시지를 전달하게 되지만 다루는 과정과 의미에 대해서는 나눔을 요구하지 않는다. 이 모든 과정은 예술적인 창의적 과정이라고 부르며, 이 과정은 타인의 도움으로 촉발되는 것이 아니라 자발적으로 일어난다. 이 과정에 타인은 동반되지 않는다. 과정은 노출되지 않으며, 완성된 작업의 결과에 큰 관심을 기울인다.

반면 미술치료學에서 다루는 미술은 미술치료사가 실존해 있는 앞에서 다루게 되며, 내담자나 환자가 드러내고 표현하고 이를 다루는 조형이라는 작업 과정 자체가 중요시된다. 그리고 미술치료사는 그 수행 과정에서 행동을 관찰한다. 다루어진 조형적인 결과물은 내담자나 환자의 내면이 투영된 것이거나 의미 또는 상징을 담고 있는 것으로 여겨지므로 미술치료사는 이 부분을 다룰 준비를 갖추고 있게 된다. 그러나 만들어진 조형적인 결과물이 다루어지기 위해서는 미술치료사의 준비만으로는 충분치가 않다. 이 부분을 내담자나 환자가 미술치료사와 함께 탐색해 보는 시간을 갖고 싶다는 의지를 갖추고 있어야 가능하고 그래야 함께 나눌 수 있게 된다. 이 같은 부분을 다루어내기 위해 미술치료사는 심리치료사로서 고된 전문적인 훈련이 요구되는 것이다.

예술로서의 미술과 동일한 용어를 사용하고는 있지만, 미술치료學에서의 미술에 관해서는 이제 전공에서 다룰 특수한 부분을 좀 더 심도 있게 다루어낼 기초 연구가 수행되어야 한다. 기초 연구의 범주를 예를 들어 보면 현대인들의 미술 표현, 정신병리와 그림의 특성 및 표현의 상징성, 미술치료學에서의 미술과 문화, 그림과 생리심리학, 감각의 연구와 생리심리학, 컴퓨터와 미술치료, 상징성과 영성 등이다.

예술가는 예술가로 불리는 것이 좋아 보인다. 미술치료사 역시 미술치료사로 불리는 것이 좋아 보인다. 물론 두 가지를 모두 전공한 경우는 상황에 적합하게 선택을 하겠지만 대부분 예술가는 미술치료사가 아니며, 미술치료사는 예술가가 아니다. 두 학문 분야는 공통점을 가지고 있지만 앞으로 미술치료學의 경우는 특수성을 명료히 갖추고 연구하여 각 전공이 모두 존중을 받도록 해야 할 것이고, 이 부분은 미술치료學에서 보다 적극적으로 해결해야 할 과제를 가지고 있는 셈이다.

2) 치료와 심리치료의 의미

미술치료學에서 사용하고 있는 치료(therapy)라는 개념은 정확히 무엇을 말하는 것인지 그 개념부터 살펴보자. 미술치료學에서 치료라는 개념은 흔히 심리학에서 다루는 심리치료(psychotherapy)를 지칭하는 것이라고 말한다. 그러나 학과명을 표기할 때에는 미술심리치료가 아니고 미술치료라고 표기하고 싶어 하는 이유는 무엇 때문일까?

국내의 대학원 석사학위 과정의 전공 표기를 살펴보면, 미술치료라는 표기를 사용하는 대학원이 대부분이고, 미술심리치료라는 표기를 사용하는 대학원은 상대적으로 소수이다. 그렇다면 치료라는 표기와 심리치료라는 표기는 등식 관계인가? 대답부터 해보면 두 단어는 엄밀히 말해 등식관계가 성립되지 않는다.

치료라는 표기는 본래는 의학에서 사용해 온 것이다. 오늘날 비전문인들이 표기를 무분별하게 남용하면서 본래의 의미를 퇴색시킨 불명확한 표기가 되어버렸다. 오늘날 의료 분야를 제외한 분야에서 치료라는 표기를 사용하는 학문은 적지 않다. 그러나 그들이 무엇을 다루고 있는지는 명료하지 않으며, 이는 미분화 상태의 용어로 파악된다. 심지어 그 표기를 사용함으로써 학문의 정체성에 모호함을 가중시키기까지 한다.

반면 심리치료라는 용어는 상대적으로 심리학에 기반을 두고 접근하는 치료라는 사용자 중심의 구체성과 명료성을 지니고 있는 용어에 해당한다고 볼 수 있다(물론 정신의학에서는 정신치료라고 표기를 달리하고 있지만).

현재 국내의 대학원 과정에서는 미술치료, 미술치료學, 미술심리치료, 그리고 미술심리치료學이란 표기가 모두 사용되고 있다. 그중 미술치료라는 표기가 가장 많이 사용되고 있는데, 이것은 대학원이 위치해 있는 행정적·구조적 측면에서의 차이뿐만 아니라, 한시적일 수 있는 부분으로 담당 교수진의 전공 때문인 것으로 보인다. 다시 말해 대학원의 유형, 교육 목표, 미래를 위한 발전 방안, 그리고 전공을 맡고 있는 교수진의 학문적 배경 등으로 인해 미술치료라는 표기가 가장 선호된다는 것이다.

일반대학원이나 전문대학원의 경우는 이들 네 가지 표기를 모두 자유롭게 사용할 수 있다. 반면, 국내 대학원 유형 중 월등하게 많은 비중을 차지하고 있는 특수대학원의 경우는 대학원의 교육 목표가 학자나 현장 전문가를 배출하는 것이 아니므로 미술치료學이나 미술심리치료學이라는 세분화된 전공 표기를 사용하게 되면 과부화가 걸리거나 교과과정 운영에서 스스로 어려움을 자초할 가능성이 높을 수 있다. 이에 미술치료라는 모호하면서도 미분화된 표기의 사용은 많은 것을 포용할 수 있으며 위기를 모면할 수 있는 가능성을 갖게 된다.

반면 미술심리치료學이라는 표기는 전공의 힘을 사회과학적인 접근으로 강화하기 쉽고, 교과과정의 운영에서는 심리학 부분과 연구 부분을 기본으로 중요하게 다루며, 박사학위 과정의 개설 의지를 담고 학문적 경쟁력에 신경을 쓰게 된다.

서구의 미술치료 연구에서 치료와 심리치료라는 용어에 대하여 깊이 있게 다룬 연구를 찾기란 쉽지 않다. 서구에서는 이들 용어를 사용할 때 문제가 없는지 몰라도, 한국에서는 동일한 외국어를 한국어로 번역하여 사용하는 과정에서조차 표기 사용에 매우 민감한 반응을 보인다.

예를 들어 영어로는 동일한 표기일지라도 그 용어를 다루는 학문이 다른 경우 다른 한국어 표기를 사용하기도 한다. psychotherapy는 심리학에서는 심리치료라고 부르는 반면, 정신의학에서는 정신치료라고 표기한다. 이는 이해관계 때문으로 학문 영역 간의 충돌을 사전에 막기 위한 접근이기도 하다. 심리학이나 심리학자가 다루는 연구물이나 저술을 보면 psychotherapy는 반드시 심리치료라고 표기하는 반면, 정신의학과 정신의학자의 연구물이나 저서들에서는 반드시 정신치료라고 표기되어 있다. 이 같은 상황에서, 학문적 정체성과 연관될 수 있는 표기는 그것이 비록 아주 작은 부분일지라도 매우 중요하게 다루어지는 것이 국내의 상황이다.

물론 표기란 고정되어 있는 것은 아니다. 시대의 흐름과 사회문화적 패러다임이 변화되면 학문의 표기도 쉬운 일은 아니지만 변경이 가능하다. 지금은 표기나 용어가 전공의 지향점과 교육 목표 그리고 다루고 있는 교육 내용, 교수진의 학력 배경, 대학원의 발전 방안 등을 압축적으로 함축하고 있는 동시에 구성원을 집중시키고 이끌어가는 역할을 해나가므로(장연집, 2014), 학문적 정체성과 그 대학원의 생명력이 압축되어 있는 표기는 매우 중요한 의미를 지닌다.

현재 대학원의 전공 명칭으로 미술심리치료學이란 표기를 사용하는 대학원은 소수이다. 대부분의 특수대학원에서는 행정적인 이유 때문에 이 표기의 사용이 제한적이므로 선택에 어려움이 있을 것이다. 그러나 미래 경쟁력을 갖춘 전공이 되려면 미술심리치료學이라는 표기는 명료성과 지향점을 갖고 있고 학문적 정체성과 전공자의 정체성을 공고히 해 주는 표기이기 때문에 선택의 대상이 아니라 반드시 선택해야 하는 표기이다.

미술심리치료學이라는 표기를 달게 되면 그 순간부터 미술치료學이라는 표기를 사용할 때와 달리, 기본적으로 연계해서 다루어야 하는 것들이 봇물 터지듯 많아지게 된다. 그것은 사회과학 학문으로서 더욱 세심한 교과과정의 운영과 관리, 그리고 실습과 연구 등이 철저하게 관리 · 운영되어야 함을 말한다.

물론 상대적이기는 하지만, 앞에서 다루었듯이 미술치료나 미술치료學이라는 표기는 이 같은 치열함은 요구하지 않는다. 게다가 치유 개념까지 덧붙여 사용하여 다루게 되면 모호성에 숨기 쉬운 그늘 밑에서 쉬고 있는 격으로, 당장은 수월한 상황 속에 있을 수 있지만 전문성의 측면에서는 미래를 담고 있지 않은 표기로 보인다.

이에 현재 사용되고 있는 한국의 미술치료學에서 치료라는 의미가 모호성을 벗고 명료한 전공의 정체성을 갖추기 위해 미술심리치료學으로 변경해야 하는 것은 무엇보다도 현재와 미래의 학문적 경쟁력 때문이다.

3) 상(像)과 상(象)을 다루는 과정인 미술심리치료

미술치료사는 환자나 내담자가 미술활동을 기반으로 만들게 되는 이미지와 그 이미지가 함축하고 있을 수 있는 상징성을 구술 언어로 다루면서 통찰로 이끌어 가는 전 과정에 동반해 가게 된다. 미술치료學에서는 미술을 중심으로 다양한 미술 재료와 미술활동뿐만 아니라 미술활동과 연관될 수 있는 상징의 의미와 이해 그리고 통찰 모두가 중요하다. 이것은 미술이라는 부분이 자연스레 치료라는 부분과 이어지는 부분이다.

미국 미술치료에서는 이를 Kramer의 치료미술과 Naumberg의 미술심리치료라는 두 가지 흐름(Wadeson, 2008; 2012)으로 표기해 오고 있다. 이를 서구의 흐름이 아닌 동양적 사유를 바탕으로 표기해 보면 어떨까?

이는 필자가 오래전부터 고심해 온 부분이다. 아직은 드러내기가 어설픈 상황이지만 그럼에도 불구하고 그 일부를 노출하는 것은 미술치료學이 새로운 표기 변경을 시도하려 할 때 미술심리치료學으로 방향성을 잡도록 하기 위함이다.

미술치료를 받기 원하는 모든 내담자는 기본적으로 미술활동을 해나가는 가운데 자신만의 이미지인 상(像)을 만들어내게 되며 이는 시각 언어로 자리한다.

상(像)이란 모양을 본뜨거나 인위적으로 만들어진 것을 말한다(김석진, 1999). 모양 상(像)에는 '본떠 그린 모양, 모방하다, 따르다'란 뜻이 담겨 있다(http://dic.naver.com). 상(象)이라는 개념은 형(形)과 반대된다(한동석, 2013). 이런 측면에서 보면 상(像)을 형(形)과 같은 의미로 사용할 수 있다.

내담자에 따라 회기에서 상(像)을 만들고는 그 회기를 종료하기도 하는데 이는 미국 미술치료의 두 가지 흐름 중 치료미술에 해당한다. 상을 만들고 난 이후 내담자는 그 상이 지니고 있는 나름의 이야기와 설명 및 상징성을 다루게 되는데 그 과정을 통해 통찰의 기회를 갖기도 한다. 이는 미국의 두 가지 흐름 중 미술심리치료의 상태에 해당한다.

미국 미술치료의 두 가지 흐름인 치료미술과 미술심리치료라는 흐름을 이 장에서 크게 다룰 이유는 없다. 게다가 이 두 가지 흐름은 동일한 일직선 위에 놓여 있는 다른 두 지점에 해당한다.

다시 말해 미국 미술치료의 두 가지 흐름은 한국의 표기로 바꿔 보면 이미지인 像을 만드는 부분은 치료미술에 해당하고 像을 바탕으로 상징인 象을 다루는 부

분은 미술심리치료에 해당하는 것으로, 두 가지 흐름 모두에서 요구되는 공통의
기본 과정은 이미지인 像을 만드는 부분이 된다. 반면 통찰의 기회로 이어질 가
능성을 다루는 象 과정은 미술심리치료에서만 다루어지는 좀 더 진행된 과정을
나타내는 것임을 알 수 있다.

오늘날 대부분의 미술치료學 전공자들은 미국 미술치료에서 다루어지고 있는
두 가지 흐름 중 공통 부분에 해당하는 미술활동인 像을 만드는 부분에 많은 관
심을 보이고 있다. 이 부분은 중요하며 다른 심리치료들과 구분되는 중요한 부분
이다. 그러나 전공자들 사이에서 능력 수준의 차이를 만들어내는 부분은 다름 아
닌 상징성을 다루어내는 象의 처리 능력 유무이다.

바꿔 말해 보면 미술치료學에서 미술이라는 개념의 모호성과 미술심리치료學
에서 미술이라는 개념의 명료성은 象을 다루느냐 여부와 관련된다. 즉 미술치료
學에서는 즐겨 像을 다루게 되고 이에 만족을 하기도 하지만, 미술심리치료學에
서는 像은 당연히 다루는 것이고 象을 다루는 것에 큰 에너지를 쏟고 의미를 추
구하려 한다는 것이다.

여기서 사용하고 있는 象이라는 글자가 지니고 있는 원래 의미는 하도에서 다
뤄진 象이라는 표기의 내용이다. 象이란 범인(凡人)의 눈에는 보이지 않으나 볼
수 있는 준비를 갖춘 사람은 볼 수 있는 모습으로, 이는 무형이 유형으로 전환하
는 중간 과정에서 나타난다(한동석, 2013). 이 같은 용어가 지니고 있는 본래의
의미와는 달리 제1장에서 사용하고 있는 象이라는 표기는 표면적인 내용을 가져
와서 사용하고 있는 것으로, 앞의 形과 같은 의미를 지니고 있는 像과 대조적으
로 사용하기 위해 차용하고 있는 신조어에 해당한다.

미술치료學에서는 즐겨 像을 다루게 되고 이것으로 끝내기도 한다. 따라서 소
홀하기 쉬운 것으로 중요하게 여겨져야 하는 것은 象[5]이다. 시각 언어의 상징성
을 다루고 통찰의 기회를 제공하는 것으로, 이를 다루기 위하여 엄청난 훈련을

---

[5] 본 연구에서 처음으로 다루어진 象이란 표기에 대해서는 더욱 심화된 후속연구가 요구된다는 것
을 재차 밝혀두고자 한다. 미술심리치료學이 미래에 희망을 지닌 전공으로 자리하도록 만들기 위
해서는 조작적 정의를 통해서 다루어진 象이 원래의 의미를 되찾는 象의 수준으로 진화되기를 바
라는 심정이다.

쌓아야 하고, 이것을 다룰 때 비로소 미술심리치료를 수행한 것이라고 말할 수 있다.

미술치료學에서 미술은 치료를 수행하기 위한 기본이 된다. 이는 대체로 미술치료사의 요구에 의해 시작되고, 미술활동과 그 속에 담겨 있는 이미지 ─ 구술 언어(6) ─ 통찰로 이어지는 일련의 과정을 밟아 나가게 된다. 이 전 과정은 좁은 의미의 미술이라는 시각 언어가 다루어지는 것이다. 미술활동을 통해 다루어진 이미지는 像을 다루는 것이고, 이어지는 구술 언어와 통찰의 과정에서는 이미지가 지니고 있는 상징, 의미, 설명, 즉 象을 다루는 것이다.

내담자에 의해 만들어진 像을 象으로 다루어내기 위해, 동반자인 미술치료사는 미술을 다루는 고된 훈련 과정을 거쳐야 한다. 말 중심, 몸 중심, 음악 중심의 치료에서도 마찬가지겠지만, 미술치료에서도 시각 언어 이외에 촉각 언어, 구술 언어 등 다양한 언어를 다루게 된다. 이들 언어가 전달하고자 하는 내용은 모든 순간을 거치면서 일반화, 왜곡, 삭제가 빈번히 일어나므로, 그 자체가 완전한 것은 아니다. 그럼에도 불구하고 이미지에서 다루어진 표현된 자료를 얻고 그 과정에서 미술치료사와 치료 동맹 속에서 진행해 가는 순간에 최선을 다하면서, 자신을 되돌아보고 만나 보는 시간을 넓혀 가게 된다.

6. 미래 추이

미술치료學은 지난 1999년 이래로 대부분의 대학원 학위 과정에서는 근거 기반의 과학적 연구 접근을 해 오면서 사회과학 학문으로 전공의 자리를 공고히 해 오고 있다.

---

(6) 심리치료는 오랫동안 언어 중심의 치료로 자리를 굳혀 왔다. 오늘날과 같이 표현예술치료를 포함하여 다양한 심리치료가 계속 생겨나고 있는 시점에서, 기존의 심리치료는 언어를 매체로 하는 언어 기반 심리치료라고 할 수 있다. 이 언어 기반 심리치료는 그동안 나름의 장점을 부각시켜 오긴 했지만, 언어의 전달 과정에서 일반화, 왜곡, 삭제가 빈번히 일어나므로 제한점도 동시에 지니고 있다(장연집, 2006).

오늘날 대학원 과정에서 요구되는 미술치료學은 학문적인 경쟁력과 정체성을 안정적으로 갖추기 위해 미술과 치료라는 개념을 명료히 하고 보완하여 미술심리치료學으로 자리를 잡아야 한다(장연집, 2017).

S전문대학원이 2001년 국내 최초로 석·박사학위 과정을 개설하면서, 지난 15년 동안 고민해 온 내용들이 압축적으로 이 장의 내용에 담겨 있도록 하여 대학원 미술치료학 전공이 유형에 상관없이 충분히 공감하고 공유할 수 있는 부분이 되도록 최선을 다하였다.

경쟁력을 갖춘 전공의 대학원 숫자가 극소수에 해당한다고 해도, 힘이 약한 것은 아니다. 양에서 질이 나오는 것은 아니기 때문이다. 그러나 소수가 다루는 미술심리치료學이 지속적으로 경쟁력과 전문성을 갖추려면 다음 두 가지 방향에서 점검과 활성화가 이루어지면서 뒷받침과 협력이 있어야 한다.

첫째, 현재의 미술치료學이 미술심리치료學으로 성장·변화하도록 이끌어 나가야 한다. 주변의 전공을 개설해 놓은 다양한 대학원들이 어떤 노력을 기울이는지를 살피면서 전공 내에서 경쟁력을 구축해 가는 것이다.

둘째, 시대 흐름을 읽어 내고 최근 다른 학문 분야의 추세나 다른 학문과의 연계 가능성 및 이들과의 교류가 가능하다면 요구되는 것이 무엇인지를 분석하고 미래의 미술심리치료學을 위한 통합적인 준비를 하는 것이다.

전통적으로 경쟁력을 지녀 온 대부분의 기존 학문들은 학문적 정당성을 찾으려할 때 철학[7]에서 답을 찾고자 하였다. 정치학에서 정치철학이, 법학에서는 법철학이, 심리학에서는 심리철학이, 의학에서는 의학철학이 다루어져 왔다. 이는 인문학적 성찰을 하기 위함으로, 그 철학이 충분한 능력을 갖추고 있다고 보았기 때문이다. 그러나 오늘날은 철학의 자리에, 과학적 접근의 성찰이 들어서고 있다. 철학이 탐구해 왔던 삶의 의미와 목표까지도 이제는 과학이 다루게 된 것이다.

---

(7) 여기서의 철학이란 지혜를 탐구하는 것, 근원적인 물음을 다루는 것, 버트런드 러셀의 번역본 책 표지처럼 부주의와 독단과 확신에 사로잡힌 사고와 싸워 사고를 확장하고 통합하게 만드는 것 또는 높은 수준의 사유를 시작하는 것 등으로 바꿔 말해 볼 수 있고, 학문의 틀을 만든 서구는 서구 철학을 중심으로 이를 다루고자 하였다. 이 같은 현상은 18세기부터 과학이 모든 학문 분야를 대변하는 시대로부터 진행해 온 것이다.

현재까지도 인간의 마음이나 본성 심지어는 윤리적·도덕적 가치 지향과 영성까지도 생물학적이거나 신경과학적 접근에 더 귀를 기울여주는 분위기이다(이두갑, 2015). 그러나 기존의 과학으로는 사람이 납득할 만한 지혜와 도덕은 다루어낼 수 없다(Revel & Ricard, 2003). 이에 새로운 진실을 알기 위해 정신적 신념과 과학적 발견을 함께 다루어야 할 상황이다(레오 김, 2009). 이는 다른 표현으로는 영성이 보태져야 할 상황이다.

따라서 미래에는 철학과 과학, 그리고 문화를 넘어 영성에서 그 답을 찾고자 할 것이다. 이 같은 추세는 미래의 미술심리치료學은 넓은 과학(Wilber, 2015)과 제4심리학인 초개인심리학을 보완할 준비를 서둘러야 함을 의미한다.

"사람의 마음을 읽는 감성과 심리를 이해하는 직업은 미래에도 계속 살아남는 직업으로 꼽히고 있지만, 모두가 심리학자나 소설가는 될 수 없을 것이다"(김대식, 2015). 미래에 살아남을 수 있는 전공은 창조적 특성, 휴먼 서비스 관련 전공, 재미있고 신나면서 의미와 심오함 등의 특성들을 지녀야 한다. 이들 중 어떤 특성은 전공에서 다루어지기도 하지만, 스스로가 공부를 통해 보충해야 하는 부분도 있다.

전공 자체가 지니고 있는 삶의 태도나 가치관, 치료관, 개방성, 통합성 등은 오늘날의 지식 체계가 너무도 세분화되어 있어, 코끼리를 만지고 있다고는 하지만 실제는 코끼리의 어느 한 부분만을 다루고 있을 뿐인 그러한 상황에 처해 있기 쉽다. 전공의 발전은 우선 전공이 위치해 있는 현재의 자리부터 제대로 볼 수 있어야 한다.

이 장에서는 대학원 석사학위 과정에서 다루어지는 미술치료學 전공과 여명기와 2016년까지 1세대 전공자들이 다루어 놓은 현재의 미술치료學을 제대로 알고 미래를 구상해 보면서 전공의 특수성을 보다 깊고 넓게 확장해 가도록 하기 위해 지속적인 수정과 보완이 요구된다는 것을 다루고 있다.

앞으로 펼쳐져 갈 미래를 위해, 한국의 미술심리치료學은 像에 기반하여 象을 다루는 창의적인 접근의 휴먼 서비스로서 새로운 도약을 할 중요한 시점에 서 있다.

이는 이 땅의 대학원을 통해 교육을 받고 성장하여 전문가로 자리한 1세대 전공자들이 맡아서 일구어내야 할 부분으로 이들에게 기대와 희망을 걸어 본다.

제 **2** 부

대학원 교육과정과
미술치료 유형

전문적인 미술치료사가 되기 위한 준비를 할 때에는 잘 갖추어진 대학원 훈련 프로그램을 통해 교육을 받는 것이 일반적이다(Wadeson, 2008).

제2부에서는 미술치료 전공의 교육과정과 전공생의 체험을 네 가지 교과목 관련 영역과 4개의 세부 유형, 그리고 미술치료를 실행하는 두 가지 형태인 개인 미술치료와 집단 미술치료로 구분하여 살펴보았다.

제2장에서는 대학원의 유형에 관계없이 미술치료학 전공이 개설된 대학원들이 충분히 공유할 수 있는 제1장에서의 내용을 보다 구체화하고 S전문대학원에 집중하여 교육과정과 전공생의 체험을 다루었다. 특히 미술치료학 전공의 교육과정을 미술치료 관련 영역, 현장 실습과 슈퍼비전 관련 영역, 연구 관련 영역, 심리학 및 심리치료 관련 영역으로 구분하여 각각의 영역에 해당하는 교과목과 그 안에서 경험한 전공생들의 체험에 중점을 두었다.

제3장에서는 임상미술치료, 기관미술치료, 의료미술치료, 일반인을 위한 미술치료의 4개 세부 유형을 모두 다룰 수 있는 훈련을 중심으로 하여 교육과정의 내용과 이에 관련된 미술치료 전공생의 체험을 담았다.

마지막 제4장에서는 개인 미술치료와 집단 미술치료의 특징과 이에 관련된 미술치료 전공생들의 체험을 소개했다.

제2장

미술치료학 전공과 대학원 교육과정

한경아

1. 대학원 입학을 위한 준비

미술과 심리치료를 통합하여 접근하는 미술치료사는 석사학위 수준에서 잘 갖추어진 훈련 프로그램에서 이론, 실습, 그리고 자기인식에 필요한 교육을 받아야 한다는 것이 교육자들의 공통적인 견해이다. 예비 미술치료사들 또한 대학원 교육과정을 통해 치료사로서 전문성과 윤리적 자질을 갖추고 현장에서 활동해야 한다는 인식을 갖고 있다. 이를 위해 학부 과정에 없는 미술치료학을 대학원에서 공부하려는 준비생은 전공을 전환하고 새로운 분야로의 적응을 위해 준비와 노력을 한다.

이 장에서는 석사학위 과정 중에 있는 미술치료 전공생들의 입학 전 경험과 함께 전문적인 교육을 받기까지 어떠한 준비와 노력들이 있는지, 그리고 그것을 토대로 어떻게 치료사로서의 전문성을 발달시키고 정체성을 형성하는지에 대해 보고자 한다.

미술치료학 전공생은 입학 전에 내적이고 외적인 각기 다른 동기를 갖고 대학원 진학을 고민하고 준비를 한다. 미술치료 전공생의 경험을 다룬 연구를 통해 보면 '자기치유', '자신에 대해 알고 싶음', '사람에 대해 관심을 가지고 도와주기 위함', '미술치료적 접근에 대한 호기심', '미술교육적 접근에 한계를 느낌'(김현미, 2011; 박승혜, 2012; 안성원, 2009)과 같이 다양한 동기를 갖고 새로운 분야로 들어선다. 그렇지만 미술치료학 전공 준비생이 서로 다른 동기로 입학 결심을 하였다고 할지라도, 입학을 위한 준비는 공통적으로 '미술'의 영역과 '심리치료'의 영역이 중심이 된다.

　준비생들은 심리학 및 심리치료적 배경을 갖추기 위해 심리학을 복수전공하거나 부전공하고, 혹은 학사 편입을 하여 심리치료의 기본이 되는 심리학 지식을 학습한다(박승혜, 2013). 미술 영역과 관련해서는, 미술 경험이 없는 준비생들은 학부에서 미술을 복수전공하기도 하고, 개별적으로 사설기관에서 훈련을 하기도 한다. 이와 같이 미술치료 대학원 입학을 준비하는 학생들은 자신에게 필요한 '미술'의 영역 및 '치료'의 영역과 관련된 기초 지식을 갖추기 위해 노력하고 있다. 또한 미술치료를 내담자의 입장에서 받아 봄으로써 미술치료의 치유성을 경험하고 확신을 갖기도 한다.

　본격적으로 미술치료학을 공부할 대학원을 선택하는 것은 준비생들이 가장 신중을 기울이는 부분 중 하나일 것이다. 그래서 이들은 각 대학원에서 주최하는 대학원 입시 설명회에 참석하여 대학원의 특성, 교육과정, 교수진, 자격증, 졸업 후 진로 등에 대한 정보를 수집하고 이를 토대로 신중하게 고민한다. 국내에 수십 개의 미술치료 전공 대학원이 개설되어 있고 각각의 대학원은 고유의 교육과정과 지향하는 치료의 유형이 다르므로, 관련 정보를 수집하고 자신이 가지고 있는 자원과 능력을 연계하여 선택하게 된다(장연집, 2009). 이와 같이 여러 측면에서 미술치료 공부를 위한 체계적인 준비는 입학 후 학업에 더욱 집중하게 하고 대학원 입학 후에 경험할 수 있는 혼동의 시기를 줄여 주게 된다.

　다음은 전공생이 자신의 대학원 생활을 돌아보는 과정에서 미술치료학에 관심을 갖게 된 동기, 입학을 위한 준비와 초기 대학원 생활에 대해 진솔하게 담아낸 체험 글이다.

대학원 공부에 대해 생각하다 보니, 왜 공부하게 됐는지, 나에게 어떤 의미인지 또 앞으로 어떤 영향을 미칠지 생각해 보게 되었다. 대학원에서 보낸 1년은 미술치료사가 되기 위한 수련 시간이자 대학원 생활의 적응, 새로운 동기들과의 만남, 내담자와 마주 할 수 있는 기회 등 그동안 할 수 없었던 경험의 연속이었다. 더불어 신입생 OT 소식을 들으니 작년 이맘때의 내 모습까지 정말 많은 것들이 떠올랐다.

2006년 공과대학 입학 후 진로에 대한 고민이 있을 때부터 '사람'에 대한 관심을 가지고 꾸준히 심리학 및 복지, 심리치료 관련 수업을 이수했다. 공부하면 할수록 더 탐구해 보고 싶고 빠져드는 듯한 느낌이었다. 대학 졸업반, 진학을 할지 경제활동을 할지 많은 고민이 있었다. '공부'가 계속하고 싶었지만 험난한 사회생활보다는 익숙한 곳으로 도피하려는 것은 아닐까 혼란스러웠다. 그래서 2년 동안 사회생활을 하고 그래도 꼭 하고 싶은 공부가 생기면 대학원 진학을 하자고 결심하게 되었다. 2년간 디자인 스튜디오를 운영하며 평생 만났던 것보다 많은 사람들을 만나며 일하다 보니 내가 정말 원하는 건 '사람'을 마주 하는 일이라는 확신이 생겼다. 오랫동안 열정을 가지고 마음 쓰며 할 수 있는 공부이자 일이라는 믿음이 생겼다.

이렇게 긴 고민과 방황 끝에 마주하게 된 대학원 공부는 '순례길' 같다는 느낌을 받았다. 더 많이 배우고 싶고 더 많이 알고 싶은 욕심이 나지만, 서두르지 말고 천천히, 오래, 끝까지 걸어야 하는 고된 여정 같다. 끊임없이 나를 돌아보게 하고 생각하며 배움을 얻는 과정이라는 생각이 든다.　　　　(참여자 17)

2. 미술치료학 전공 교육과정과 대학원에서의 학업 체험

전공생들은 입학 전의 긴 고민과 준비 끝에 미술치료사가 되기 위한 과정에 들어서고, 석사학위 교육과정을 통해 미술치료를 배우며 전문성을 키운다.

교육과정은 미술치료사에게 요구되는 본질적 기능이 무엇인지 알고, 그 기능을 할 수 있도록 도와주는 교육 형태로 체계화되어 있다(한경아, 장연집, 2013 재인용). 미국의 경우 미국미술치료협회(American Art Therapy Association, AATA)를 중심으로 미술치료 석사학위 교육과정이 표준화되었고, 이후 시대의 흐름에 맞춰서 교육과정이 개정되고 있다. 반면 국내의 미술치료 전공은 각 대학원에서 자체적으로 교육과정을 구성하고 있다.

S전문대학원의 교육과정은 미술치료사에게 요구되는 네 가지 부분인 미술치료를 수행하기 위한 미술치료 관련 영역, 실제적인 부분을 다루는 현장실습과 슈퍼비전 관련 영역, 연구 관련 영역, 그리고 심리학 및 심리치료 관련 영역이 균형 있게 구성되어 있다(장연집, 2009, 2014). 미술치료 관련 교과목과 현장실습 및 슈퍼비전 교과목은 미술치료 전공 교수들이 지도하고, 특히 심리학과 심리치료 관련 교과목인 다양한 심리치료 접근법, 심리검사, 정신분석적 상징 해석, 대상관계 심리학, 생리심리학, 정신병리 등의 교과목들은 임상심리학 전공 교수가 지도하여 보다 전문적이고 심도 있게 접근하는 것이 특징이다(장연집, 2009). 또한 아동심리치료학, 여성·성심리치료학, 미술심리치료학, 무용동작심리치료학 등 4개의 세부 전공으로 세분화되어 있어 전공생들이 노력하면 다양한 배움이 가능한 것이 장점이기도 하다.

이 장에서는 네 가지 영역인 미술치료 관련 영역, 연구 관련 영역, 현장실습과 슈퍼비전 관련 영역, 그리고 심리학 및 심리치료 관련 영역을 중심으로 S전문대학원 전공생들의 교육과정에서의 체험을 살펴보고자 한다.

1) 석사학위 과정생의 교육과정 체험

(1) 미술치료 관련 영역

S전문대학원 교육과정의 미술치료학 관련 영역은 전문적 정체성에 중요한 의미가 있으며, 임상미술치료, 기관미술치료, 의료미술치료, 일반인을 위한 미술치료의 세부 유형 네 가지와 미술치료의 흐름인 미술심리치료와 치료로서의 미술을

기본적으로 습득할 수 있는 내용이 중심이 된다(장연집, 2009). 구체적으로 보면 미술심리치료학, 임상미술치료, 정신역동미술심리치료, 상징과 미술심리치료, 기관중심미술치료, 의료미술심리치료, 일반인을 위한 미술치료, 집단미술치료, 미술심리치료 기법 연구, 창의적 미술치료 세미나, 미술치료사를 위한 미술치료, 미술심리치료와 뇌 연구, 미술심리검사 등이 포함된다(장연집, 2013). 또한 이 영역은 성격에 따라서 이론 중심 또는 미술작업이 중심이 되어 실제적으로 접근하는 교과목으로 다시 한 번 구분해 보면, 후자에서는 미술치료에서 다루는 '미술'을 수업 안에서 직접 경험해 보게 된다. 내담자에게 미술작업을 적용하기에 앞서 치료사 자신이 먼저 미술 매체의 표현적·미적 가능성을 알고, 미술작업이 어느 정도로 치료 결과를 끌어낼 수 있는지 그 잠재력을 파악하는 경험은 반드시 필요한 부분이다(한경아, 2013 재인용).

다음은 석사학위 과정생과 석사학위 교육과정에 개설된 교과목을 보충으로 수강한 박사학위 과정생이 '미술치료사를 위한 미술치료'와 '창의적 미술치료 세미나'에서 미술작업을 중심으로 한 체험을 담은 글이다.

3학기가 지나고 한 학기 동안 '미술치료사를 위한 미술 치료' 수업에 임하면서 기대와 예상보다도 더 많은 것을 얻게 되었고, 앞으로도 많은 것을 채워 갈 수 있는 마음의 그릇을 더 넓히는 시간들이 되어 기쁘다.

작년 2학기가 시작되면서 미술치료사로서 처음 회기를 진행하는 경험에 앞서 작업하였던 이미지가 생각났다. 빈 그릇 하나를 도화지에 그려 넣었었다. 그때는 아무것도 모르고 시작하는 치료사로서의 경험을 생각하면서 비어 있음이 떠올랐고, 그 빈 그릇 안을 언젠가는 미술치료사로서의 경험과 배움으로 가득가득 채우길 기대하는 마음이 컸다. 그러나 지금의 생각은 그 안을 무엇인가 무겁게 채우기보다는 그릇을 조금씩 키워 가면서 어떤 것이든 담아줄 수 있는 단단한 그릇이 되길 바라는 마음이다.

'비워내기'와 '내려놓기'는 한동안 나 자신을 위한 노력과 풀어야 할 숙제였다. 언제부터인지 모르겠지만 무거운 마음은 항상 나를 힘들게 하는 이유 중 하나였다. 욕심들과 나에게는 버거운 외부의 압력들… 그것은 타인의 시선이기도 했고 다른 사람의 가치기준을 내 것으로 생각하는 것, 그리고 부모님의 기대이기도 했다.

그리고 나 스스로 되뇌는 생각들… 높은 기대 수준, 잘하고 싶은데 부족한 나를 꾸짖는 속말들이 만족을 얻기 위해 끊임없이 무겁게 누르며 나를 괴롭히고 있었다. 그러한 것으로 그 중심에 내가 없음을 모르고 타인의 기준에 맞춰 세상을 바라보며 살고 있다는 것을 지금에 와서 많이 알게 되었다. 또한 그로 인해 내가 나를 믿기보다는 어디인가에 기대고 싶었고, 중요하고 친밀한 사이에 의존하게 되고 그 관계에 중심을 두며 사람에 대해서 많은 생각들로 고민하고 있었다.

답답함을 벗어내기가 쉽지는 않았지만 종교 안에서 깨닫게 하심에 한 번 내려놓기를 할 수 있었고, 미술치료사가 되기 위한 공부와 경험의 과정들은 나에 대한 이해와 그동안의 무거움을 비워내는 과정이 되고 있다.

생각해 보면 대학원에 들어와서 보내는 이 시간들이 예전보다 바쁘고 더 힘든 과정이어서 아마도 예전의 나라면 이러한 선택에 대한 후회와 불평이 가득했을지도 모른다. 그러나 진정으로 원하는 나를 찾아가기 위한 공부이기 때문에 가장 적당한 때 이곳에 있음에 감사드리며, 이 과정 안에 있음이 '참 다행이다'라는 생각이 든다.

내 삶에 대해 진지하게 임하고 좀 더 편안히 받아들이고, 정리가 되면 미술치료사로서 만나게 되는 내담자들에게 나도 뭔가 더 해줄 수 있는 것들이 있지 않을까 생각한다. 지금은 그동안 했던 비워내기와 내려놓기에서 많은 욕심을 갖지 않는다. 미술치료를 시작한 초보자로서 보이는 부족함이 너무 많아서 나의 부족함을 바라보며 순간순간 흔들리기도 하지만, 이 시간들이 쌓이고 지나서 10년이 지나고 20년이 지나면 아마도 특별한, 나만의 방식으로 조금씩 성장해 있을 그 순간을 기쁜 마음으로 맞이하기로 했다.

그동안 수업을 통한 작업과 지금까지의 예술작업을 보면서 나는 내 안에 갇혀 있는 것으로부터 벗어나서 자유롭고 가벼워지길 원했었다. 예전에는 마치 무언가 가려져 있어 보이지 않았던 것들이 하나씩 내 눈에 들어온다. 작고 일상적인 많은 것들을 놓치고 살면서 항상 닿지 않는 높은 곳만 바라보고 살다가 아주 가까이에 있는 행복을 발견할 수 있는 눈을 다시 뜨게 된 것 같다. 행복은 가까이에 있다고 하지만 이 상투적이고 진부한 말은 그동안 내 삶에 의미 있게 다가오지 않았다. 아주 먼 곳에 만족이 있을 것이라는 기대 때문이다.

한 학기 동안 작업을 하면서 맞이한 주제들은 소박하고 작은 것들과 둥글게 이어지는 유연함, 아이같은 모습으로 다시 나답게 살아가는 것, 나를 찾는 과정이었다.

스튜디오 미술치료에서 Catherine Moon의 치료사로서의 모습은 나를 더욱 유연하게 했고, 일상을 더 특별하게 만들기도 했으며, 주어진 상황에서 새로운 시각을 갖도록 자극을 주었다.

수업 마지막 날의 미술작업에서는 '나' 됨을 찾기 위한 가벼움이 주제였다. 어느 순간 이렇게 바뀌어 가는 내 생각과 마음이 즐겁다. 이러한 과정은 미술치료 실습회기 동안에도 영향을 주고 있다. 치료사로서 생각해야 하는 많은 것들, 지켜야 하는 치료 윤리, 나의 실수들, 다음 상황에 대한 예측과 기대, 계획에서 벗어난 돌발 상황에 대한 올바른 대처, 머리가 무거워서 한 시간이 꼭 하루같이 느껴지는 시간을 보낸다. 초보자로서는 필요한 생각들이기도 하고 지켜야 할 것들을 알고 행동해야 하는 것은 중요하기도 하다. 그러나 지금의 시점에서는 너무 많은 생각들이 치료 회기에서 나를 경직되게 했고 그 순간에서 벗어나서야 안도감을 찾는 내 모습을 보면서 나에게 필요한 것이 있음을 알았다.

가벼워지는 마음은 이 시간들에서 내가 나로서 서 있음을 좀 더 깨닫는 순간이 되었고, 온전히 몰입하는 시간을 만들어 가면서 더 편안해지고 즐거워진다. 그동안 배운 대로 이제는 좀 더 나다운 치료사가 되길 바란다.

미술치료사로서 내담자를 만나는 것은 결국, 내담자 스스로 치유할 수 있는 힘을 찾아가도록 내가 지켜봐 주고 격려해 주는 일이 될 것 같다. 미술치료사 스스로가 자신을 잘 돌볼 수 있다면, 예술을 통해 삶의 아름다움을 느낄 수 있는 존재라면 도움이 필요한 누군가에게 힘이 되어 줄 수 있을 것이다.

(참여자 15)

창의적 미술치료 세미나를 통해 막연한 느낌과 생각들을 정리하면서 시각화할 수 있었다. 시소의 양 끝을 오가는 삶 속에서 지쳐 있었던 나에게 중간 지점을 찾을 수 있게 도와준 고마운 미술치료 시간이었다. 이 중간 지점은 삶에서 겪는 이중성을 존중하면서 손이 양 끝에 닿을 수 있는 지점이라는 생각이 든다. 또한 회색의 탁한 타협의 삶이라기보다 어느 정도 균형 잡힌 삶을 의미하며 여러 가지 다양한 색이 어우러져 빛나는 삶이라는 느낌이 든다.

나와 미술치료와 미술치료사. 결혼생활을 남보다 조금 빨리 시작한 나에게 20대 후반에서 30대 초반부는 극기 훈련을 하는 것 같았다. 아이를 낳고, 사회생활을 익히고, 결혼생활을 유지해 나가고 하는 과정에서 겪은 여러 가지 일은 눈덩이 같은 커다란 어두운 그림자를 만들었다. 잘 모르는 사이에 그림자는 점점 커져서 나를 위협하는 존재가 되었다.

나의 미성숙한 종교적 가치관과 빛만을 선호하는 나의 태도는 더 큰 실체를 보지 못하고 더 큰 비전을 갖지 못하게 했다. 또한 균형 있는 삶을 살 수 없게 만들어버렸다. 모든 에너지는 고갈되었고 점점 커진 어두운 그림자는 힘들게 해 놓은 일들을 한꺼번에 삼키려고 했다. 그러나 미술치료는 그림자에서 에너지를 얻는 방법을 가르쳐 주었고 그 에너지를 바르게 사용해서 새로운 삶의 장을 발견할 수 있게 해 주었다. 에너지는 새로운 창의력의 원천이 되어 주었다. 만약 어리석은 방법으로 이 에너지를 다루었다면 아마 많은 것을 잃었을 것이다.

마음, 치료에 있어서 미술의 역할. 나는 미술치료사와 미술 매체가 시소의 중간 지점에 위치하며 양 대극을 오가는 내담자들에게 균형 잡힌 삶을 살 수 있도록 중간 지점을 안내하며 같이 찾아보는 역할을 한다고 생각한다. 지난 1, 2

학기를 거치면서, 또 이번 3학기를 마치며 조금씩 성장하는 나를 발견하고 내 안의 황금들을 찾는 작업을 하면서 힘들지만 즐겁고 보람을 느낀다.

(참여자 19)

(2) 현장실습과 슈퍼비전 관련 영역

현장실습과 슈퍼비전은 현장 전문가로서의 성장을 위해 매우 중요하며 자기관리의 한 부분으로 반드시 필요하다(장연집, 2013). 교육과정에서의 현장실습과 슈퍼비전은 이론에서 실제적인 측면으로의 전환, 현장실습의 적응, 내담자의 자원, 그리고 자신의 일과 관련된 스스로에 대한 이해를 발달시키는 것이며, 이 과정에서 직면하는 도전들을 극복하도록 돕는 데 목적을 두고 있다(Orr & Gussak, 2005).

S전문대학원 전공생은 입학부터 졸업까지 4개 학기 동안 총 720시간의 현장실습을 하고 이에 대한 슈퍼비전을 수업으로 개설된 임상현장실습 I과 임상실습과 슈퍼비전 II, III, IV를 통해 받게 된다. 특히 첫 학기에는 주 1회 정신과 병동에서 종일 환자들과 생활해 봄으로써 대상과 병리에 대한 이해를 높이는 기회를 갖는다. 이처럼 강도 높은 현장실습과 슈퍼비전은 미술치료 전공생이 우수성을 갖춘 현장 전문가로 성장하도록 돕는 밑거름이 된다.

다음의 체험 글들은 전공생들이 실습생으로서 겪은 혼란의 시기와 점차 적응하면서 치료사로서 발전해 가는 과정에서의 현장실습과 슈퍼비전 체험을 담은 것이다.

나의 첫 미술치료 현장실습은 ○○병원이었다. 이곳은 1학기 때 한 달에 4번씩 방문하여 다양한 정신장애를 가진 환자들을 관찰하고 그들의 생활을 돕고 말벗도 되어 주는 실습을 진행했던 터라 낯설지 않고 도리어 친근함마저 드는 곳이었다. 하지만 참여 관찰자와 미술치료를 진행하는 치료자의 전혀 다른 입장으로 환자들을 마주 해야 했을 때의 부담감은 이루 말할 수가 없을 정도였다. 관찰을 하면서 여러 프로그램에 참여해 보았는데, 환자들에게 정말 유익한 활동을 열정적으로 하는 봉사자 분도 계셨지만, 전문지식 없이 진행하시는 분들도 많이 보았기 때문에 치료사로서 나의 부담감은 두 배, 세 배가 되었다.

첫 실습 날 마주 한 환자들의 눈빛을 평생 잊지 못할 것 같다. 나를 보는 그들의 눈에는 어떤 희망도 보이지 않았고, 공허함과 두려움으로 가득 차 있었다. 내가 어떻게 하면 이들을 그들의 굴레에서 나올 수 있게 도와줄 수 있을까? 어떻게 하면 안정된 마음을 갖고 세상을 살 수 있게 도울 수 있을까? 과연 내가 그들에게 좋은 치료를 제공할 수 있을까? … 치료 회기는 어떻게 진행했는지도 모르게 정신없이 지나갔고, 나는 수백 가지의 물음을 가지고 집으로 향할 수밖에 없었다.

나의 궁금증과 고민은 나만의 것이 아니었다. 슈퍼비전 시간에 동료들 중에도 나와 비슷한 마음을 가진 사람이 태반이라는 것과 이것이 하나하나 풀어가야 할 숙제임을 알게 되었다. 내가 성장해야 할 필요성과 절실함을 느끼게 되었다. 그리고 부담감보다는 할 수 있다는 자신감과 슈퍼비전을 받을 수 있다는 든든함, 안정감을 느낄 수 있었다.

매 회기 새로운 프로그램을 짜고 환자들에게 실시하고 반성하며 좋았던 점을 생각해 보는, 반복되는 과정들로 한 학기가 마무리될 무렵에는 많이 성장한 나의 모습을 발견할 수 있었다. 환자들이 나의 치료로 인해 눈에 띄게 달라지거나 말을 하지 않던 분이 말문이 터지거나 하지는 않았지만, 미술치료에 대한 거부감이 없어지고 편안하게 자신의 의견을 말할 수 있는 정도가 된 것으로 보였다. 겨울방학이 되었고 쉬고 싶은 마음과 공부에 열중하고 싶은 마음도 많이 들었지만, 환자들에게 치료를 중단하고 다음 학기에 다시 시작하자고 말할 수가 없었다. 나도 모르는 사이에 어떤 강력한 끈이 우리를 묶고 있는 듯한 느낌을 받았다. 계속 도와드리고 싶었고, 아무도 요구하지 않은 책임감이 샘솟는 것을 느낄 수 있었다. 미술치료사로서의 자세와 역량을 여기서 배우고 키워 나가면 정말 좋겠다.

(참여자 25)

2학기에는 전공인 미술심리치료에 관한 임상실습 및 슈퍼비전을 받아야 하기에 여름방학 중에 실습할 기관을 찾아야 했다. 처음에는 병원과 지역 정신건강센터 등의 문을 두드리는 것이 부담스러웠지만 여러 대학병원과 지역 정신건강센터, 학교, 사회복지관 등에 문의를 해 본 결과 많은 곳에서 두 팔 벌려 미술심리치료 자원봉사자들을 반겼고 나도 ○○병원에서 실습을 하게 되었다.

미술심리치료 실습은 노인 병동에서 하고 있는데, 환자분들은 주로 조현병, 치매, 파킨슨병, 알코올중독 등의 증세를 가지고 계신 분들이다. 이분들을 만나면서 다시 다양한 정신장애 증상에 대해 공부하게 되었고 또 노인을 상대로한 미술심리치료는 무엇을 중시하고 주의해야 하는지도 공부하는 기회가 되었다. 또한 2학기 슈퍼비전 수업과 집단 미술치료 수업을 통해 다양한 환자의 증상과 대처 방법 등을 배울 수 있었기에 힘들 수도 있었던 실습 시간을 무난히 보낸 것 같다. 그러나 여전히 두려움과 긴장이 남아 있었다. 어느 정도 실습 환경이 안정되었다고 생각했는데 정기적으로 미술치료에 나오시던 환자분들께서 예고 없이 퇴원을 하시고 새로운 환자분들로 바뀌어 실습 시간에 환자분이 한 분만 나오시는 일도 있었다. 항상 예상치 않은 일들이 일어났지만 그래도 다행히 실습을 혼자 하지 않고 동기와 같이 하고 있어 서로 많은 의지가 되었던 것 같다. 아직 많이 부족하지만 이 모든 시간이 귀한 경험이 되어 좀 더 나은 치료사, 성숙한 치료사가 되기를 기대한다.   (참여자 10)

임상실습과 슈퍼비전은 없어서는 안 될 정도로 우리가 의지한 과목이다. 동기들과 고충을 나누면서 '나만 막막한 게 아니구나'라는 위안도 얻고, 앞으로 나아가기 위한 현명한 답을 구하는 없어서는 안 될 시간이었다. 입학 전에도 커리큘럼의 중요성을 깨닫고, 이 학교에 입학한 이유도 그것이었지만, 일주일에 단 하루라도 학교에서 학생들에게 필요한 필수적인 수업을 갖춰 주었다는 부분이 고맙고 그런 지원하에 조금 더 용기를 얻게 된다. 다만 동기들끼리 나누는 사례 발표 및 세미나 형식의 강의가 아직은 익숙하지 않았다. 전문가인 교수님들의 조언과 강의에만 목을 빼고 매달리려다 보니 아직은 전문가라는 인식이 없는 동기들끼리 나누며 공부해야 하는 부분을 서로 신뢰하지 못한 듯하다. 하지만 교수님의 지지하에 조금씩 적응해 가는 모습을 보였다. 학기 중에 피어비전 모임을 정기적으로 가지며 자신의 경험과 견주어 의견을 나누었고, 점차 서로의 발표 내용에 대한 질의응답에 적극적으로 나서게 되는 등 나와 동기들은 확실히 시간이 갈수록 '이제는 우리도 알아야 한다. 함께 성장해야 한다'는 인식을 고취하게 되는 것 같다.   (참여자 21)

(3) 연구 관련 영역

연구에 대한 강조는 미술치료학이 탄생한 초기부터 현재까지 강조되어 오는 부분으로(장연집, 2009, 2013; Kapitan, 2012), 학문으로서의 신뢰성을 구축하기 위해 연구 수행 능력을 갖춘 연구자를 양성하는 것이 무엇보다 중요하다(한경아, 장연집, 2013 재인용). 2002년 미국 미술치료학회 회의에 참석한 미술치료사들을 대상으로 한 조사 연구에서도 석사학위 과정생들에게 최소한의 연구 문제 또는 제안서 작성은 필요한 과정이라고 주장하고 있다(Kaiser, Patricia, St. John, & Ball, 2006). 학위 논문을 준비해 보는 경험은 졸업 후 현장에서 정신건강 전문 분야의 타 전공 분야 전문인들과의 협업 가능성 및 미술치료의 최신 이론과 프로그램의 개발에 경쟁력을 구축하는 토대가 된다(장연집, 2013). 전문가의 영역에서 자신의 역할을 잘 수행하고 타 영역의 전문가들과 협업하기 위해서는 연구가 무엇보다 중요하다.

졸업을 위해 논문이라는 관문을 반드시 통과해야 하는 S전문대학원에서는 전공생들이 단계적이고 체계적으로 논문을 준비하고 졸업 후에도 연구를 지속할 수 있도록 질적이고 양적인 연구와 관련된 교과목이 개설되어 있다. 연구 관련 영역의 구체적인 교과목을 살펴보면 미술심리치료 개인 연구 세미나, 미술심리치료학 연구의 기초, 석사학위 논문 연구, 고급 심리통계, 질적연구, 고급 질적연구방법론, 개인 연구, 고급 연구 및 실험 설계, 연구방법론 등이 있다. 전공생들은 재학 기간 동안 연구 주제를 선택하고 질적연구와 양적연구 중에서 자신의 연구 설계에 적합한 연구방법론을 선택하여 수행하게 된다.

다음은 질적연구방법론으로 탐구하는 '현상학적 체험 자료 분석 연구' 수업에서 '논문 준비 경험'을 주제로 논문지도교수님과 전공생들이 집단 미술작업(그림 2.1 참조)을 하고 그에 대한 체험을 정리한 반응 글 모음이다.

이제 막 논문 준비를 시작하는 입장인 나는 논문 준비가 땅에 씨앗을 골라 뿌리고 정성껏 가꾸어 나가는 과정으로 느껴졌다. 좋은 땅과 공기도 필요하고 이런 좋은 환경에서 건강하게 자랄 꽃(완성)을 피워내길 바라는 마음, 또 준비 과정에서 빠질 수 없는 동기들과의 협력, 교수님의 지도, 참여자로 만나게 될 분들 등이 떠올라 서로 돕고 지지해 주는 이 인연들을 꽃을 피워내는 데 없어서는 안 되는 나비라는 존재로 표현해 보았다. 벌은 그리기 어려워서 제외했다. 자유롭게 땅과 대기에 퍼져 있는 선들로 이 시기를 감싸는 에너지를 표현해 보았다. 동기들은 내 그림의 싹이나 잎을 보호해 주기도 했고, 내가 차마 아직은 그려내지 못했던 꽃을 피워내 주기도 하여 그들의 작업이 그림 안에서 선물같이 느껴졌다.

작업 시간이 조금 남아 빈 공간에 처음 떠올렸던 세포가 분열하고 증식하는

▲ **그림 2.1** '논문 준비 경험'을 주제로 한 집단작업 이미지[1]

---

(1) 논문 준비 경험을 주제로 한 집단 미술활동 참여자 : 참여자 3, 4, 6, 11, 16, 18, 24, 27, 28, 29, 31

과정을 그려 넣었다. 얼른 무탈하게 형상을 가진 성체로 자라나길 바라는 마음이 들었다. 나의 논문의 과정도 그러하길 바라며.

　내가 '논문 준비'의 주제로 표현한 이미지들이 모두 '성장'이라는 주제에 맞닿아 있다는 것을 알 수 있었던 작업이었다.　　　　　　　　　　　　(참여자 3)

◆◈◆◈◆◈◆

나는 논문을 쓰는 경험을 이미지로 그려 보는 작업에서 스크래치 기법을 이용하여 이미지를 나타냈는데, 2차원의 도화지 위에 논문 경험의 이미지를 나타낼 수 있는 방법이었기 때문에 스크래치 기법이 떠올랐던 것 같다. 검은색이 이미 드리워져 있는 것이 아니라 내 손으로 검은색을 덮어야 하는 과정이 있었다. 검은색 오일파스텔로 여러 가지 색의 오일파스텔을 덮는 작업을 하면서 나는 이 어두운색이 나의 무지뿐만 아니라 어설픈 지식과 세상에 대한 편협한 이해 등 세상을 있는 그대로 받아들이지 못하도록 방해하는 모든 것이 여기에 담겨 있을 것이라는 생각도 들었다. 검은 바탕에 내 손이 닿을 때마다 어둠을 밝혀 나가듯 꽃(혹은 불꽃)이 하나하나 늘어나는 것은 검은 바탕의 아래에 있는 것들을 발견하는 작업이기도 했다. 완성된 이미지에서 검은색이 상당히 강렬해서 함께 작업하던 주변의 동기 선생님들은 마치 내가 어려워하고 힘들어할 때마다 손을 내밀어 주었듯이 내가 그린 이미지를 안타까워하며 돌봄을 제공하려는 여러 노력을 해 주었지만, 나는 이미 그 작업이 상당히 마음에 들었다. 내 손이 닿은 만큼 정직하게 만들어낸 이미지들이 모여 꽃밭, 혹은 폭죽놀이를 연상시켰고 이 이미지는 논문을 쓰는 지금까지의 과정이 내게 어떤 경험이었는지를, 그리고 성실하고 정직하게 임한다면 만날 수 있을 의미들을 내게 미리 보여주는 것 같았다.　　　　　　　　　　　　　　　　　(참여자 18)

◆◈◆◈◆◈◆

논문을 처음 접했을 때 비 내리는 장면이 연상되었다. 이러한 이미지가 연상된 것은 오늘의 날씨가 한몫했다. 아침에 집을 나설 때까지만 해도 해가 쨍쨍

한 맑은 하늘이었으나, 오후 즈음 밖으로 이동해야 하는 상황에 예상치 못하게 소낙비가 내리기 시작했다. 급하게 작은 우산을 구입하여, 내키지 않는 빗속을 뚫고 걸었다. 작은 우산은 사방에서 내리는 비를 막아주지 못해 여기저기 흠뻑 젖어 걸음걸이를 더욱 무겁게 만들었다. 하지만 곧 비가 그친 뒤 오히려 더 맑아진 하늘을 마주 할 수 있었고, 텁텁했던 미세먼지들은 사라지고 들이마시는 공기가 상쾌하게 느껴졌다. 마른 풀잎들 또한 촉촉한 이슬을 머금고 있었다. 갑작스럽게 만난 비는 나를 당황스럽고 불편하게 했지만 이 비가 누군가에게는 소중한 단비가 될 수 있었음을 새삼 느끼게 되었다.

논문을 준비하는 과정 속에서 느꼈던 무겁고 곤란한 나의 감정 또한 이와 유사하다고 생각했다. 우산이 없어 주룩주룩 내리는 비를 피할 수 없는 상황의 이미지는 처음 논문 준비 과정에 들어섰을 때의 상황과 연결되어 떠올랐다. 이전에 경험해 본 적 없는 연구 과정들은 낯설고 마냥 어렵게만 느껴졌었다. 마치 예기치 못한 상황에 내리는 비 같았고, 이 비를 적절하게 피할 수 있는 안전한 도구가 무엇인지도 알 수 없어 마냥 당황스럽고 난처했다. 하지만 막상 논문 지도를 받으며 써 나가자 어렵고 괴롭게만 느껴졌던 것들이 방향을 잡게 되었고, 연구 참여자들을 만나며 접한 그들의 체험 이야기를 통해 많은 배움을 얻을 수 있었다. 또한 이전에 가지고 있던 시각이 얼마나 협소했는지 반성하게 되었다.

결국 논문을 진행하는 모든 과정은 나를 성장시킬 수 있는 소중한 기회라는 것을 알게 되자 얄궂게 느껴졌던 비가 어느새 생명을 키우는 단비로 다가왔다. 거센 비가 단비가 되어 가는 과정, 즉 수많은 빗줄기를 만나게 될 테지만 그것을 나만의 그릇에 온전하게 잘 담아 내는 것이 논문을 완성해 나가는 의미 있는 과정이라고 생각한다.

또한 작업을 마무리한 뒤 다른 집단원의 작업에서 현재 비를 피하기 위해 나에게 필요한 도구인 우산을 발견하게 되었다. 내가 그린 이미지는 아니었지만 왠지 모르게 안전한 공간이 확보된 느낌을 받았다. 이후에 교수님께서 추가로 덧붙여 주신 우산 이미지로 인해 비에 흠뻑 젖은 옷이 점차 보송보송

하게 마르는 모습으로 전환되어 떠올랐다. 이처럼 논문을 준비하고 완성하는
데 많은 도움의 손길이 있다는 것을 다시 한 번 떠올리며 감사함을 느끼게 되
었다.   (참여자 29)

(4) 심리학 및 심리치료 관련 영역

심리학 및 심리치료 관련 영역은 미술치료학의 이론적 토대가 되는 부분으로 타
인에 대한 돌봄과 민감성과 관련된 능력, 인간 조건에 대한 지식의 습득과 관련
있다(장연집, 2013; Wadeson, 2012). 전공생은 심리학 및 심리치료 이론에 대한
이해를 갖추고 치료를 구조화하며 적절하게 심리치료적 개입을 해야 한다. 이 영
역의 교과목을 구체적으로 보면 발달심리학, 심리치료, 심리진단, 집단치료, 정
신분석학, 대상관계 심리학, 인지심리학, 인본주의 심리학, 초개인심리학, 심리
평가, 정신병리학, 고급생리심리학, 아동임상심리, 아동·청소년 심리치료 등이
포함된다.

　다음은 심리치료 영역에 개설된 교과목 가운데 집단치료 수업에서 집단원으
로 참여한 체험을 담은 글이다. 전공생들은 집단이 갖는 치유적인 측면을 직접적
으로 체험할 뿐만 아니라 자신의 내면을 탐색하고 자기이해를 높이는 기회를 가
졌다.

나는 이 수업을 마지막 학기에 선택했다. 개인적으로 나에게는 학기를 마무리
하면서 정리하고 돌아볼 수 있는 뜻깊은 수업이라는 생각을 했다.
　집단 미술치료는 석사와 박사 과정에서 경험한 바가 있었지만 이번 기회에
미술 매체가 없이 하는 경험도 필요하다고 생각했다. 항상 미술작업을 통해서
나의 생각과 느낌을 이야기하는 것이 습관이 된 나는 미술 매체가 없이 말로
표현하는 것이 조금은 생소하고 어색한 느낌이 들었다. 그리고 학교에서 수업
으로 해서 그런지 집단원들과 자기개방과 상호작용을 하는 것이 약간은 쉽지
않다는 느낌을 받았다. 초기에 낯선 얼굴들과 대면하면서 나는 조용히 존재를

드러내지 않고 경청하고 있었다.

집단을 시작하고 초기에서 중기로 접어들면서 치료 집단의 갈등이 조금씩 드러나고 그것들을 통해서 나를 또는 타인을 살펴볼 수 있었다. 집단의 중반 즈음에 한 집단원이 나에게 옷을 잘 걸어 놓았으면 좋겠다고 말했다. 의자에 걸쳐진 옷이 약간 흐트러진 모습을 하고 있었던 것 같다. 그리고 울면서 이야기하지 않았으면 좋겠다는 두 번의 피드백을 받은 적이 있다. 나는 다소 당황스러웠다. 집단은 내 속에 있는 힘든 것들을 꺼내 이야기하는 장소가 아닌가? 잠시 침묵이 흘렀다. 그리고 나는 그 피드백을 수용했다. 그 집단원은 타인이 우는 모습을 보는 것에 대한 불안감을 가지고 있었으며 불안감은 강박적인 모습으로 타인을 울지 못하도록 통제하려는 현상으로 나타났다.

나는 처음 그러한 지적을 받았을 때는 나의 문제를 보지 못했다. 그 집단원이 우는 문제에 대해서 왜 불편한지에 대해서 이해하고 배려하려고 노력하였다. 두 번째 지적을 받았을 시점에서 그 집단원이 나에게 하는 행동이 공격적으로 느껴지고 화가 났다. 어렸을 때 나를 통제하는 아버지의 모습이 떠올랐다. 아버지는 유독 내가 우는 것을 싫어하셨다. 아버지의 과거 극복하지 못한 트라우마가 아버지를 불안하도록 만들었을 것이다. 슬퍼하고 아파하는 감정에 어떻게 반응하고 위로해야 하는지 잘 모르시고 서투르셨다. 아마 아버지가 어렸을 때 위로나 공감을 받아본 경험이 적었기 때문에 그럴 것이다. 나는 어린 시절 그렇게 통제받았던 나의 부정적 느낌을 이야기하였다.

아버지는 어렸을 때 정서적으로 민감한 나의 감정에 잘 반응하지 못하셨으며 나는 부정적 감정을 울음으로 많이 표현했을 것이라 추측된다. 그에 대한 반응으로 아버지는 "울면 안 돼", "울지 말라고 했지"라는 말로 통제를 하셨던 것 같다. 그래서 나는 누군가에게 나의 부정적 감정을 표현했을 때 감정이 무시된 채 일방적으로 훈육받을 때 화가 난다고 나의 입장을 이야기하였다. 집단에서의 상호작용을 보면서 나의 문제가 조금 더 선명하게 와 닿았으며 타인의 통제에 대한 불편한 감정이 있다는 것을 알게 되었다. 이러한 과정을 통해 서로에 대해 더 이해하게 되었지만, 집단 안에서 더 다루어졌으면 좋았을 것 같다는 생각을 한다. 중·후반부에 나온 문제라 시간이 부족했다는 느낌이 든다.

이번 집단을 하는 과정 중에 외할머니가 돌아가시는 사건으로 인해 나에게는 많은 역동들이 일어났다. 할머니가 돌아가시기 전부터 부모님은 할머니의 죽음에 대해 많이 불안해하셨다. 그러한 죽음에 대한 불안이 나에게 또다시 나를 통제하려는 방법으로 나타났으며 나는 어렸을 때 받았던 부정적 감정이 되살아난 느낌을 받았다.

이런 갈등으로 힘들어하고 있을 때 할머니의 죽음을 맞이하게 되었다. 마음의 준비를 하고 있었지만 막상 현실로 닥치니 힘들고, 마음 아프고, 당황스러웠다. 할머니의 죽음으로 나는 죽음에 대해 피상적으로 생각했던 부분들을 좀더 가까이 직접적으로 느낄 수 있게 되었으며 죽음을 바라보는 태도나 관점에 대해서도 더 생각해 볼 수 있었다. 가족의 갈등은 할머니의 죽음을 앞두고 있는 이러한 불안감에서 비롯되었다. 이제는 서서히 회복되어 가고 있다. 지금 우리 가족은 상실에 대한 애도의 시간을 필요로 하고 있다.

나는 집단원들을 믿고 자기개방을 하였으며 집단원들에게 지지와 수용을 받았다고 생각한다. 많은 말이 오고 가지는 않았지만 집단원들을 진심으로 공감할 수 있었고 이러한 경험은 긍정적으로 와 닿았으며 나에게도 치료적이었다고 생각한다.

2011년 12월은 나에게 여러 가지 의미가 있다. 이번 학기를 마지막으로 새로운 시작을 하게 되는 시점에서 집단치료는 나에게 많은 것들을 돌아보고 정리할 수 있도록 도와주었다. 깊이 있는 공감을 해주시고 도움을 주신 집단의 리더에게 진심으로 감사하고 한 학기 동안 같이한 집단원들에게 감사한다.

(참여자 19)

난 집단치료라는 것을 처음 대학원에 와서 접해 보게 되었고, 순간순간 혹은 매 시간이 끝난 후 쉽지 않다는 것을 느낀다. 그리고 내 안에서 복합적인 감정들이 올라오기도 하고, 순간 내가 무엇을 생각하는지, 무엇을 느끼고 있는지

조차 느끼는 것이 힘들었는지 그 시간이 내겐 참 쉽지 않았다. 이 수업 후 내게 어떤 아주 작은 변화라도 생길까? 집단치료에 참여하면서 '아, 이렇게 힘이 든 거구나…'라는 사실을 알게 되었고, 지금 가슴이 뜨겁고 답답하다.

사람들의 이야기를 들으며 내 안에 많은 감정들이 오고 가는 것이 느껴졌고, 그것이 폭발하면 너무나 클 것 같아서 감히 이야기하기가 힘들었다. 한 사람 한 사람이 했던 그들의 이야기가 모두 나와 관련 있는 것 같았고, '내가 참 트라우마가 있는 사람이구나…'라는 생각이 들었다. '이것에서 벗어나고 들어내지 않는다면 난 앞으로 이것에 갇혀 허덕이며 반복된, 그저 같은 테두리 안에서 살겠구나'라는 생각이 들었다.

내게 그러한 용기가 있는가. 아직까지는 모르겠다. 내가 그렇게 용기 있는 사람인지 아닌지. 가슴이 답답하고 머리가 아팠다. 그대로 누워버리고 싶었다. 하지만 내 속의 또 다른 나는 용기를 내고 마음을 열라고 이야기한다. 조금은 힘이 생긴 것 같아 기분이 좋다. 그리고 '집단치료라는 것이 이런 거구나'라는 맛을 본 것 같다.

내가 이 길을 찾아 온 궁극적인 이유… 그 궁극적인 이유를 까맣게 잊고 있었다. 내 안의 문제들에 엉켜서 보다 좋은 사람, 보다 나은 사람이 되고 싶어 이곳에 왔고 나를 알고 싶어 이곳에 왔다. 그런데 지금 나는 나를 철저하게 보려고 하고 있지 않다. 그저 숨어서 '누가 물어봐 주겠지. 누군가가 봐주겠지'라며 기다리고만 있다. 하지만 노력하지 않는 내게 무엇이 오겠는가. 그리고 온다 한들 그것이 내 곁에 있겠는가. 이렇게 치열하게 나와 싸워야 한다. 그리고 이기기보다 그것을 수용하고 나를 통합해야 한다. 이것이 내가 가지고 있는 집단치료에서 경험해야 할 목표이다.

○○야, 다시 보아라. 이 세상을…. 마음을 열고 가슴을 펴라. 그리고 느껴라, 이 시기를.'

(참여자 12)

이상 네 가지 영역을 중심으로 각각의 교과목 내에서의 전공생들의 체험을 보았다. 전공생들이 교육과정 안에서 지식의 축적뿐만 아니라 예비 미술치료사로서 시각을 확장하고 스스로에 대해서 고민해 보는 기회를 가졌음을 알 수 있다.

S전문대학원은 네 가지 영역의 지식을 통합적으로 접근하고 기초를 다지도록 학기에 따라 수강할 수 있는 교과목을 구분하여 제시하고 있다. 1학기에는 전공 기초 교과목인 미술심리치료학, 심리치료, 정신병리학, 임상 현장실습 I을 동시에 수강하면서 치료적 지식의 기본이 되는 자원을 구축하고, 2학기부터는 세부 전공인 미술심리치료학 관련 교과목들을 선택하여 전공 지식을 탐구한다. 또한 현장실습과 관련해서는 전공생들은 1학기에는 병원에서 환자 관찰을 중점적으로 함으로써 대상에 대한 이해를 높이고, 2학기부터는 임상실습과 슈퍼비전 II, III, IV에서 현장실습에 대한 슈퍼비전을 받음으로써 실천적 지식을 쌓으며 이론적 지식과 통합한다. 그리고 수업, 미술작업, 실습 장면에서 끊임없이 자신을 돌아보게 되는데 이러한 반복적인 과정을 통해 미처 알지 못했던 자신을 만나는 자기인식 경험을 하게 된다. 이러한 노력들이 쌓여 학위 과정을 마칠 즈음에는 역사적 · 이론적 · 기술적 · 실천적 지식과 자기인식을 가진 전문가로 성장하게 된다. 다음은 2학기를 마친 재학생이 1년 동안의 학업 체험과 자기 자신을 알아가는 체험을 담은 글이다.

대학을 졸업하고 10년 만에 공부를, 그것도 새로운 학문을 시작하게 되었다. 미술치료 공부를 마음먹었을 때만 해도 무엇이든 가능할 것 같고, 늦은 나이에 공부하는 사람들이 더 열심히 하고 결과가 좋다는 말을 철석같이 믿고 입학을 했다. 하지만 수업은 정말이지 만만치가 않았다.

공통 과목인 심리치료와 정신병리에서는 Freud가 어쩌고, Adler가 저쩌고 하는데 다 비슷비슷하게 들렸고, 생전 처음 보는 정신병들의 진단명과 감별법 등을 외우는 것은 너무나 복잡하고 힘든 일이었다. 다행히 미술심리치료학 수업은 나의 관심 분야이기도 하고, 평소 궁금점들이 많이 해결되어서인지 수업이 즐거웠지만, 수업 준비를 위한 과제들은 매번 밤을 새워야 했고, 과제를 다하고 난 후에도 항상 마음에 들지 않았다. 자료를 찾을 때는 이 자료가 베스트라고 생각했지만, 다음 날 정신을 차리고 읽어 보면 부족한 것들 투성이에 추가되어야 할 것들이 너무나 많았고, 처음부터 다시 시작하고 싶은 적도 많았다. 그런 날은 역시 교수님의 매와 같은 눈에 걸려서 호되게 혼나기도 하고, 혼나는 친구를 보면서 가슴을 졸이기도 했다. 그때는 정말 수업 시간이 무섭기까지 했다. 내가 찾아 간 자료에 항상 자신이 없어서이기도 하고, 좋은 자료를 찾는 게 너무 어려워서 그랬던 것 같기도 하다. 논문을 처음 접해본 나로서는 그럴 수밖에 없었지만, 그 훈련들이 피가 되고 살이 되었던 것 같다. 지금은 논문이 한눈에 쏙쏙 들어와 좋은 논문인지, 그렇지 않은 논문인지 분간은 할 수 있을 정도가 되었다. 나도 모르게 눈이 키워져서 너무나 신기했다.

이렇게 수업 하나를 들을 때마다 조금씩 성장해 가는 나의 모습을 발견할 수가 있었다. 처음 임상실습을 준비할 때, '아직 이렇게 초보인 내가 할 수 있을까' 하며 자신감도 없고 걱정만 앞섰지만, 조금씩 성장해 나간 나는 매끄럽게 첫 임상실습을 마칠 수가 있었고, '한 학기 배우고 이 정도면 3학기 더 배우고 나면 정말 잘할 수 있겠구나' 하는 자신감도 들었다.

하루하루 자란 나의 모습을 모르고 있었지만, 실습지에서 내담자를 만나고 나의 한 학기 동안의 지식과 교수님들께 얻어 들은 배경 지식들로 나는 그나마 실습을 이끌어나갈 수 있었고, 내가 생각했던 것보다 훨씬 잘 해내고 있었다. 하지만 짧게 배운 지식이라 그런지 나의 바닥은 금방 드러났지만, 2학기 슈퍼비전 시간에 교수님께서 해 주신 양질의 조언과 동료들의 경험담 등이 나의 지식 창고에 하나하나 쌓이는 것을 느낄 수가 있었다.

미술심리치료학 첫 시간에 교수님께서 눈 깜빡할 사이에 1학기가 끝나고 여름방학 보내고 나면 곧 졸업이라고 하셨는데, 정말 딱 그런 것 같다. 정신 차려 보니 2학기 겨울방학이고, 다음 학기에 있을 외국어 시험과 졸업 시험이 걱정이 되고, 더욱 큰 걱정은 졸업 논문이다. 아직 한 2년은 더 배우고 써야 할 것 같은데, 더 공부하고 싶고 더 알고 싶은 것이 많은데, 결과물을 만들어내야 한다고 생각하니 정말 가슴이 답답하고 눈앞이 깜깜하다. 하지만 이 또한 동료들, 선배들의 조언과 지도교수님의 가르침으로 잘 이겨낼 수 있을 것이라는 것을 나는 잘 알고 있다. 더 이상 두려워하지 않고 한 걸음씩 나아가다 보면 논문도 미술치료사로서의 나의 역량도 충만할 것이라고 굳게 믿고 있다.

(참여자 25)

대학원은 내 삶에서 아주 큰 터닝 포인트가 되었다. 내가 내 삶에 대해 깊이 고민하고 진지하게 들여다볼 수 있도록 기회를 주었으며, 삶의 의미에 대해 관심을 갖고 가까이 다가가게 했다.

대학원에 재학 중인 지금도 나는 자주 생각하게 된다. 심리치료를 배우는 것이 얼마나 다행스러운지, 얼마나 감사한지. 이렇게 감사할 수 있는 마음을 깨닫고 진지하게 생각해 본다. 분명 내 삶은 바뀌지 않을 것만 같았고, 누군가에게 의지하고만 싶고, 나의 힘든 모든 상황과 불행은 다 남의 탓인 것만 같았다. 그것은 모든 욕심과도 같았고, 끊임없이 날 괴롭히는 경쟁과 피해의식이 맞물려 나를 점점 외롭게 만들었다. '무엇이 나를 이런 상황에서 벗어나게 해줄 수 있을까, 내가 하고 싶은 일이 무엇일까, 일을 하고 돈을 벌고 원하는 것을 가지면 다 해결되는 일일까.' 그런 일시적인 기분은 이미 날 만족시키지 않는다는 걸 알았다.

아무것도 없었다. 내가 똑바로 서 있지 않으면 그 무엇도 내게 위로가 될 수 없었으니까. 하지만 무엇을 해야 할지도 몰랐기에 그냥 좀 더 새로운 것을 해봐야겠다고 생각했다. 하지만 내가 좋아하는 미술을 벗어나지 않는 그 연결고리에서 미술치료를 알게 되었다. 미술치료를 공부하고 싶다는 마음이 생기고 대학원 지원과 입시 면접을 거쳐 합격을 했던 그 순간과 지금, 전혀 상상도 못했던 공부들로 처음엔 너무 버거웠지만 행복하다. 내가 변화하는 계기가 되었다. 치료사로서의 많은 사명감과 자질에 대해서 생각할수록 그에 맞는 생각과 마음가짐은 날 변화시킨다. 나에 대한 믿음이 필요했고 나에 대한 스스로의 정리가 되어야 했다. 조급하고 욕심만 많았던 내가 많은 것을 내려놓고 편안한 마음을 갖게 되었다. 더 이상 나 자신을 다른 누군가와 비교하지 않게 되었다. 온전히 나 자신을 받아들이고 앞으로 나와 만나게 될 내담자를 담아줄 수 있는 단단한 그릇을 빚고 있는 중이다. (참여자 15)

❖━━◆━━❖

치료사에 대한 관심을 갖게 되고, 치료사가 되고자 노력을 하고, 학교에 들어오면서 항상 생각했던 것은 나를 본다는 것이었다. '과연 내가 보고 있는 것이 진실인가? 이상하다는 것이 과연 무엇이며, 현실에서 기능을 잘하는 사람만이 건강한 것인가? 진정한 공감이란 무엇이며, 내게 그러한 자질이 있는가?' 이런 생각들을 하기 위해 나라는 사람을 좀 더 객관적으로 보고, 내 문제를 알고, 나 스스로를 이끌어갈 수 있는 나로 성장하고 싶었고, 지금도 그 과정에 있다. 결국 나를 온전히 안다는 것이 가능할 것인가? 나를 보기 위한 생각을 시작으로 많은 생각들을 하게 되었고, 슈퍼비전 시간에 내가 Feeling보다 Thinking을 주로 사용하고 있으며 내담자의 마음과 감정에 머물지 못하고 있음을 확인하게 되었다. 순간 '난 정말 감성적인 사람인데… 왜 그러지? 긴장을 너무 많이 하나?'라는 생각이 들었다.

한동안 감정을 보는 것에 소홀했다는 것을 알았고 지금의 나와 과거의 나에 대해 돌아보는 시간이 되었다. (참여자 12)

이상에서 살펴본 바와 같이 전공생들은 미술치료사에게 요구되는 지식과 실제적인 역량을 포함하여 자기인식이라는 치료사로서의 덕목을 갖추기 위해 노력하고 있다. 또한 전공생들은 석사학위 과정을 통해 미술치료사가 되기 위해서는 평생 훈련을 해야 한다는 것을 인식하게 되고, 그것을 위해 무엇을 어떻게 해야 할지에 대한 큰 그림을 갖는다.

2) 미술치료학 전공 대학원에서의 학업 체험

다양성을 가진 집단인 전공생들은 미술치료라는 학문을 배운다는 공통분모를 가지고 학업을 하는 동안 서로가 서로의 자원이 되고 졸업 후에도 전문가 집단으로서의 기능을 하게 된다.

전공생들의 학업 체험을 대학원 수업에서의 발표와 시험, 그리고 대학원에서 주최하는 특강 및 학술제, 학회 참석, 동기들로 구분하여 살펴보고자 한다.

(1) 대학원 수업에서의 발표와 시험

S전문대학원에서는 소수의 인원을 중심으로 강의식, 토론식, 발표 수업 등 다양한 방식으로 수업이 진행된다. 주제와 관련된 내용을 숙지하고 이를 전달하는 데 초점을 두는 발표 중심의 수업은 전공생들로 하여금 단순한 암기가 아닌 자기주도적이고 심화된 배움을 갖게 한다. 또한 이론적 지식을 평가하고 점검하는 학기의 중간과 말에 실시되는 시험을 통해 그동안 배웠던 지식을 내재화한다. 즉 전공생들은 발표와 시험을 통해 새로운 지식을 찾는 것과 알고 있는 지식을 정리하는 방법을 터득하게 되는 것이다.

다음은 대학원생들이 발표와 중간시험 및 기말시험을 주제로 작성한 체험 글이다.

학기가 올라갈수록 보고서 제작과 같은 과제, 내가 연구하고 관찰하여 정리하는 과정인 과제 발표에 있어서도 전문성이 요구된다. '학생'이라서 가능했고, 경험이 '적어서' 용서되었던 2학기까지의 안전지대를 벗어나 보니 어느새 전문가로 나아가기 위해 한 걸음 성장해야 한다는 기준이 주어졌고, 사례개념화 정리나 발표를 할 때 연구한 부분을 종합하여 설명하는 기술이 필요해졌다. 졸업하면 바로 전문가로서의 첫발을 떼야 하기에, 이 시점부터는 혹은 그 전부터 진작 이러한 말솜씨를 갖추기 위해 노력했어야 했다. 다만 학생이라는 틀 안에서 전문가다운 모습을 갖추고자 노력하는 단계가 부담스럽기도 하고, 준비도 안 된 상태에서 한 계단을 뛰어 올라야 한다는 압박감이 느껴지는 시점이다. 하지만 '미술심리치료'라는 것이 내담자와의 일대일 대면보다도 내가 상담하고 관찰한 부분을 종합하여 기술하고 사례를 일목요연하게 정리하여 견해를 보여야 하는 상황이 필수적으로 포함되기 때문에 이러한 과도기적 부담감이 내 성장을 위해 필요하다고 본다. 현재 미술심리치료학과의 동기 인원이 20명에 가까운 관계로 수업에서 요구되는 발표량은 한 학기에 한두 차례에 불과한데, 이러한 과제 발표 시간이 많을수록 성장에 도움이 될 것 같다.

(참여자 21)

대학원에 들어와서 하게 된 발표 중 특이한 발표가 있는데, 그것은 1학기 슈퍼비전 시간과 2학기 집단 미술치료 시간에 하게 된 롤플레이 형식의 발표이다. 이 과목에서는 사람들 앞에서 치료사 역할을 하며 주어진 상황에서 어떻게 진행해 나가는지를 교수님을 비롯한 다른 사람들이 보고 피드백을 준다. 전체 수업 기간 동안 한 사람은 반드시 한 번의 치료사 역할을 하게 되는데, 집단 미술치료의 경우 치료사 역할을 맡은 사람이 부탁하면 집단치료 속의 그룹원을 여러 번 연기하게 될 수도 있다. 이 발표는 1학기 때 내가 가장 두려워했던 발표였다. 40여 명이 지켜보는 가운데서 내가 심리상담을 해야 한다는 것은 생각만으로도 체할 것같이 불편했다. 하지만 막상 해보니 다른 사람들의 눈을 생각보다 마음속에서 쉽게 지우고 내 역할에 몰두할 수 있었다. 집단 미술치료에서는 아직 내 차례가 오지 않아서 여태까지는 매주 한 번씩 집단원 역할만 연기해 오고 있는데, 이것은 생각보다 신기한 경험이었다. 다양한 증상의 내담자 역할을 맡으며 집단치료 안에서 내가 의도하지 않은 감정들이 생겨났다. 노인 역할을 맡을 때는 나의 신체적 기능이 떨어지는 것 때문에 쉽게 피로해지고 소외되는 것 같은 감정이 올라왔다. 이런 형식의 발표를 통해 실제 치료 현장은 아니지만 '이럴 수도 있겠구나' 하는 것을 미리 느껴 볼 수 있었다.

(참여자 14)

'대학원의 중간고사는 어떻게 다를까? 학부 때보다 조금 더 많은 양이겠지?'

라고 생각했지만 공부해야 하는 양은 조금 많은 게 아니라 두 배는 많아서 좀 벅찼다. 특히나 1학기 중간고사는 혼란 속에서 치렀던 것 같다. 대학원 공부는 맥시멈이 없다고 한다. 끝이 없는 대학원 공부의 첫 시험이기도 하고 그토록 배우고 싶었던 미술치료의 기초과목이란 생각에 욕심은 욕심대로 있는데 현실은 소화도 못하고 있고…. 뭐가 뭔지도 모르겠고 정신이 없는데 벌써 시험이라니 믿기지 않았다. 정신이 너무 없었다. 지금 생각해도 정신이 없다. 심리치료, 미술치료학, 정신병리, 슈퍼비전이 1학기의 과목들인데, 여기서 최고는 정신병리였다. 진짜 대학교 시절부터 치른 시험 중에 정신병리 공부는 정말 지금 생각해도 고개를 젓게 만든다. 정신병리 시험은 오픈북이었는데도 점수가 이상했다. 오픈북이라서 그래도 다행이라 생각했는데, 점수는 오픈북이라고 믿기 어려웠다. 정신병리는 종합시험을 볼 때 다시 제대로 공부해야겠다는 다짐을 하게 된 것 같다. 정신병리를 시험 보면서 이 분야는 더 꼼꼼해야 하며 더 열심히 공부해야 한다는 것을 알았다.

기말고사를 보면서 한 학기가 어떻게 지나갔는지 모를 정도로 지나가버린 것 같다는 생각을 한다. 기말공부를 하는데도, 왜 머릿속이 여전히 하얀 건지 모르겠다. 다들 기말이 다가오자 반응이 "엥? 벌써?" 이런 반응이었던 것 같다. '나는 1학기 동안 무엇을 배운 것일까' 생각을 하면서, '정말 대학원 공부는 나 스스로 하는 것인가' 생각도 해보았다. 진짜 무슨 시간이 이렇게 획 하고 지나갔나 하는 생각뿐이었다. 너무 많은 양을 한 학기에 배워서인지 무언가가 많기는 많은데 뒤죽박죽인 것 같다. 미술치료학 과목은 기말에만 보는데 도대체 이 책 한 권을 어떻게 내가 공부해야 하는 것인지, 읽어도 읽어도 답이 안 나왔던 것 같다. 제일 많이 했던 생각은 '아… 이걸 어떻게 공부하라는 거야. 도대체 시험은 어떻게 나온다는 거야'였던 것 같다. 진짜 대학원 시험은 어떻게 공부해야 하는지 답이 안 나왔던 것 같다. 그냥 무식하게 공부하는 게 답이라고 생각했지만 그러기에는 나의 무식한 공부법이 엄청난 공부의 양 앞에서 통하지 않고 지치기만 했다. 미술치료 또는 심리 분야의 기초를 배웠던 학기라는 생각에 '내가 혹시나 흡수를 못한 거면 어떻게 하지'라는 걱정도 한다. 그래서 방학 때 다시 정리를 하겠다고 마음을 단단히 먹었다. 기초가 무너지면 내 치료사 생활이 무너져버릴 것 같은 두려움이 컸던 것 같다. 그러나 결국 제대로 정리를 하지 못한 채로 2학기를 맞이하면서 스스로 괴로운 마음이 있었다. 그런데 신기한 것은 1학기 때 공부했던 내용들이 조금씩 정리되고 있는 것 같다는 것이다.

이론들이 조금은 내 머릿속에 자리 잡는 것 같다. 종합시험이 있기 때문에 다시 봐야 한다는 것이 부담이지만 그래도 기초이기 때문에 다시 한 번 정리를 제대로 해야겠다는 욕심도 생기는 것 같다. 1학기의 기말이 내가 배운 것들의 총정리라는 생각에 부담도 되고 한 학기가 어떻게 지나갔는지 정신없었지만 이러한 시험들이 쌓여서 단단해지는 것이 아닐까 싶다. 공부는 한 순간이 아니라 평생 하는 것이니까! (참여자 26)

◆━◆━◆

대학원 시험의 가장 인상 깊은 점은 '요령'을 피울 수 없다는 것이다. 원체 요령이 부족하여 엉덩이를 오래 붙이고 공부하는 수밖에 없었는데, 이런 면이 학부 시절에는 조금 억울하였다. 하지만 대학원에서 시험을 보니 정말 열심히 공부한 만큼 결과를 얻을 수 있는 시험들이 치러졌다. 공부한 것에 대해 깊이 있게 이해해야만 답할 수 있는 문제들이 나왔고, 어느 한 부분도 소홀하지 못하게 큰 맥락에서 시험 문제가 제시되었다. 주어지는 과제들도 대체로 한 학기 공부를 충분히 이해하고 또 '나' 자신에게 그 이론을 적용해 볼 수 있어야 했다. 이론적으로 이해한 부분들을 나에게 적용하는 것은 새로운 공부와 성찰의 시간이었다. 직면하기 힘든 부분들을 마주하고 생각하며 또 이해하려 노력하는 시간이었다. 어렵고 힘들었지만 감사한 시간이었다. 그만큼 더 나를 이해하고 또 성장할 수 있었다. (참여자 17)

(2) 대학원에서 주최하는 특강 및 학회

전공생들은 교육과정에서 다루기 어려운 내용을 수시로 열리는 특강, 워크숍, 학술제 참석을 통해 접한다. S전문대학원은 아동 심리치료, 여성 심리치료, 미술심리치료, 무용동작치료 등 4개의 세부 전공으로 되어 있어, 만날 수 있는 특강 주제의 폭이 넓다. 특강은 연구방법론, 분석심리학과 라캉 정신분석 등 다양한 심리학의 이론 및 실제, 심리치료에서의 사례개념화, 심리학에서의 뇌 과학, 양자심리학 등 정규 수업에서 다룰 수 없는 주제로 선정되므로, 전공생들에게는 다양한 지식을 접할 수 있는 장이 된다. 특강에 참여한 대학원생들은 새로운 지식을 습득할 뿐만 아니라 심리학 관련 주제의 특강에서는 이론을 접하면서 자신을 돌아보는 기회를 갖기도 한다. 이런 측면에서 특강은 개인으로서, 그리고 치료사로서 성장의 토대가 되는 의미 있는 장으로서의 역할을 한다.

또한 지속적이고 능동적으로 다양한 학회 활동에 참여하는 것은 대학원 틀 안에서 다루고 있는 전공의 내용들을 포함하여, 대학원 밖의 국내외 전공 전문가들이 다루는 내용들, 인접 학문들이 공유하는 학문적 패러다임 등에 관심을 기울인 이후에 다시금 바라보는 기회가 된다(장연집, 2014). 대학원 재학 기간 동안 학생으로서뿐만 아니라 졸업한 후에도 전문가로서 기술과 지식을 발전시켜야 하는데, 학회 활동은 이러한 욕구를 충족할 수 있는 장이 된다. 이를 위해 심리치료 및 미술치료 관련 학회에서는 봄과 가을에 학술대회를 주최하며 전공자들이 역량을 갖추도록 독려하고 있다.

다음은 전공생들이 특강과 학회를 통해 스스로 어떤 모습의 미술치료사로 성장하고 싶은지에 대해 상상을 해 보기도 하면서 보다 발전적인 비전을 가지고 대학원 생활에 온 마음을 다하는 체험이 담긴 글이다.

◆→·━·◆·━·←◆

이승욱 박사님의 강의를 듣고, 한마디로 시간은 중요하지 않으니 이어서 강의를 해달라고 부탁하고 싶었다. 하지만 '치료사에게 시간을 지키는 건 중요하다'라는 나의 생각이 나의 욕구와 잘 혼합되어 아쉬움과 인연으로 자리 잡기로 한 것 같다. 상처 떠나보내기라는 책을 읽으며 난 책에 몰입할 수 있었다. 내 담자들의 문제와 호소 장면들이 내게도 책을 통해 투사가 되었을 것이고 이것이 나를 몰입하게 만들었을 것이라 생각된다.

책을 읽으며 머릿속에 맴돈 단어는 '관계, 오만한 두려움'이었다. 그래서일까. 오늘 박사님의 말씀 속에서 이 부분들이 모두 언급되었고, 그 순간 더욱 집중할 수 있었다. 석사 2학기, 나의 무의식이 조금씩 드러나고 있음을 직감한다.

이 시기를 내가 회피하지 않고 직면할 수 있도록 내게 부탁한다. 그리고 나의 본질에서 내가 얼마나 쓸데없는 것들로 나를 포장하고 무장하려 하는지 그 두께가 너무 두꺼워서 그동안 세상을 보는 나의 시각과 나의 움직임 그리고 심리가 나를 꽁꽁 묶어버리고 있었음을 상상하게 된다. 이 순간 고통 속의 쾌감이라는 박사님의 말이 떠오른다. 고통 속에서 취하는 교묘한 이익의 쾌감, 이것은 무엇일까. 피해자가 주장할 수 있는 권리의 무게, 내가 세상의 피해자가 됨으로써 세상을 부정적으로 만들어버리는 시각, 이 모든 것이 나라는 사람을 지배하고 있을 것이라는 생각들… 그리고 처음 만난 나의 내담자….

하나씩 풀어가고 싶다. 그리고 저항하려는 내게 괜찮다고, 변화하기에 늦지 않았다고 이야기하고 싶다. 상담실에 찾아오는 사람들… 변하지 않으려고 온다. 그리고 변하고자 하는 결심을 갖는 것이 가장 중요하며 그만큼 어려운 일이다.

사람은 변화 속에서 관성의 법칙에 따라 굴복하는지조차 모르고 그것이 변화라는 합리화와 착각에 빠지고 만다. 내가 살아 있기 위해, 본래의 나로 살아가기 위해 나는 지금 무섭고 두려운 여정을 떠나려는 준비자이다.

두렵다. 나의 열등감과 분노가 나를 해칠까봐. 하지만 도망가고 싶지 않다. 조금이라도 성장하고 다른 세상이 있다는 것을 내가 알게 하고 싶다. 그리고 지금의 내가 나의 것이 아니라, 단지 내가 하는 것이 아니라 내게 있는, 내가 받은 무언가가 하고 있다는 것 그 공간을 가지고 나를 보는 내가 되기 위해….

(참여자 12)

❖→·—·◦─◦─◦◦◆

특강은 내가 접하지 못한 부분을 접할 수 있는 아주 좋은 기회다. 학기 중의 특강은 의무처럼 이루어짐에도 불구하고 참석한 뒤 시간이 아깝다든가 괜히 왔다는 식의 후회하는 감정을 가져 본 적이 없다. 항상 새롭게 배워 간다는 느낌이 컸다.

그리고 방학 중에 하는 특강은 내가 선택해서 들을 수 있어서 평소 관심 있었던 분야 또는 배우고 싶었지만 기회가 없어 접할 수 없는 분야를 듣는다. 역시나 굉장히 많은 것을 배울 수 있는 배움의 장이 된다.

학교 시간표에는 전공과 관련해 배워야 할 과목이 많기 때문에 타 전공 수업을 듣기 위해서는 둘 중 하나를 선택하는 큰 결심을 해야 한다. 하지만 특강을 통해 전공인 미술치료뿐만 아니라 심리치료, 여성치료, 무용치료를 접할 수 있고 신청한 수강생의 수준에 맞춰서 설명을 들을 수 있다. 그리고 이런 시간을 통해서 배운 타 전공은 나의 시야와 생각을 넓혀 주고 배움의 욕구를 채워 준다.   (참여자 2)

1, 2학기에는 그때의 수준으로 이해하거나 집중하기 어려운 내용이 많이 있었던 것도 사실이다. 사전 지식도 부족한 상태인 데다 머릿속에 '미술치료'라는 좁은 폭을 설정해 놓다 보니 심리치료, 상담, 정신분석이라는 넓은 분야를 아우르는 내용들이 좀처럼 정리되지 않았던 것 같기도 하다. 하지만 꾸준한 학회 참석이 무용지물이거나 혼란만 준다는 의미는 아니다. 이해가 되든 안 되든 배우는 입장으로서 현장의 생생한 경험이나 전문가들의 의견(우리에겐 가르침)을 하나라도 더 접하는 것이 '어서 전문가가 되어야지'라는 목표의식을 고취시키기도 하고 초기의 학교 적응에 도움을 주었던 것 같다. '무조건 들어야 한다'는 암묵적인 압박에 의해 꾸준한 참석률을 보였으나, 이제는 정보 하나라도 더 전해 듣기 위해 스스로 필참하려는 의지를 보인다. '우리가 이해가 되냐 안 되냐'는 지금 중요한 문제가 아니며, 갓 미술치료를 접하여 내 전공으로 물들여가는 과정이기에 전문가들의 발표를 듣는 즉시 척척 이해가 될 리 없는 것도 문제가 아니다. 준회원으로서 꾸준히 메일로 학회 정보가 주어지고

참여 기회가 있는 것이 또 하나의 배움의 기회라고 생각한다. 또 첫 학회 회원
으로서의 이 경험이 내가 전문가로 나아가기 위한 발돋움이 되어 줄 것이라고
생각한다.   (참여자 21)

(3) 동기들

미술치료학 전공에서의 공부는 전문가가 되기 위한 시작점에 해당하며, 졸업 후
에도 평생 걸리는 부분으로 좋은 책, 좋은 친구, 훌륭한 스승을 만나면서 쉬지 않
고 변화해 나가게 된다(장연집, 2014). 특히 미술치료학 전공생들은 다양한 배경
과 성격을 갖고 있지만 미술치료사가 되고자 하는 공통된 목적을 갖고 전일제 대
학원 생활을 하면서 동료들과 많은 시간을 보낸다. 그 안에서 학문적인 지식의
습득뿐만 아니라 현장실습, 미술작업, 스터디 모임 등을 통해 동기들 간에 활발
하게 교류하고 어려움들을 공유하며 서로를 지지하는 관계 속에서 결속력을 다
지게 된다. 또한 동기들은 함께 가는 동반자인 동시에 미술치료사로서 갖게 될
큰 자산임을 깨닫게 된다.

　　다음의 체험 글은 졸업생이 대학원 생활을 하면서 동기들과의 삶을 동화로 쓴
것이다.

아직 추위가 가시지 않은 어느 봄날, 스무 명 조금 넘는 형태들이 파란 지붕의
아름다운 마을로 하나둘 모여들기 시작했어요.

　　아주 길쭉한 동그라미도 있었고, 아주 작은 동그라미도 있었어요. 남자 동그
라미인데 머리가 아주 길어서 여자 동그라미 같아 보이는 친구도 있었답니다.
그리고 아주 화려해서 반짝반짝 빛이 나는 동그라미도 있었고 조금은 초라해
보이지만 넉넉해 보이는 동그라미도 있었죠. 그 가운데 아주 잘 다듬어진 네
모도 있고 종종 눈에 띄는 세련된 세모들도 있어서 아무것도 가지고 있지 않은
쬐그만 동그라미는 창피해서 복사기 안에 숨어버렸답니다. 그리고 빼꼼히 밖
을 내다보며 눈치를 살폈죠. 자신의 형태와 남의 형태를 비교하면서….

햇살이 조금씩 따뜻해지고 친구들이 이 마을에서 같이 지낸 지 얼마 되지 않아 세모 친구, 네모 친구, 동그라미 친구, 모두들 사실 가슴속엔 비슷한 형태의 마음을 지니고 있다는 것을 알게 되었어요. '아, 너도 그 마음이구나', '나도야…', '어? 너도 이 마음이니? 정말이니?'

그래서 쬐그만 동그라미는 그 친구들에게 기운을 얻고 위로를 받으며 조금씩 조금씩 복사기 안에서 나와서 이제는 신나고 재미있는 친구들과 함께 데굴데굴 구르며 예쁜 형태를 만들기 위해 노력했답니다.

이 마을은 도시처럼 공해도 없고, 싸움도 없고, 도둑질도 없습니다. TV도 없고, 라디오도 없고 남들은 가난한 마을이라고 했지만 우리 형태 친구들이 있기에 모두가 행복하기만 했지요. 부족한 것이 없는 아름다운 마을이었어요.

그런데 형태 친구들 사이에 걱정이 생겨나기 시작했습니다. 마음만은 같은 형태를 가졌다고 좋아했던 친구들이 자신의 마음을 거울에 비춰 보기 시작하면서 힘들어하기 시작한 거죠. 마을은 점점 어두워지고 웃음소리도 없이 조용해졌으며 우리 형태 친구들이 혹시 더 상처를 받게 될까 봐 아무도, 그 누구도 함부로 이야기하지 못했어요.

동글동글 보라 동그라미 친구는 가슴속에 유리로 만든 자신을 발견하고 깜짝 놀랐어요. 자꾸만 자꾸만 가슴이 아프더니 바로 그놈의 유리가 깨져서 보라

▲ **그림 2.2** 형태 친구들(참여자 7)

동그라미의 가슴을 아프게 한 거였어요. 하지만 이제 보라 동그라미는 그 유리가 깨지고 나면 다시 녹여 다른 형태를 만들 수 있다는 것을 알았답니다.

이 동그라미 친구는 '사람들이 나를 어떻게 생각할까' 하는 생각에 빠져 한없이 불안한 마음을 보고야 말았지요. 그리고 많이 슬퍼했습니다. 자신을 좋게 생각하는 사람도 있겠지만 나쁘게 생각하는 사람이 더 많은 것 같아 일일이 붙잡고 '나를 어떻게 생각하느냐'고 물어보고 싶을 때가 있다고 합니다.

분홍 동그라미는 하염없이 울고 또 울고 해서 옆에 있는 친구들 가슴을 아프게 하기도 했습니다. 분홍 동그라미 친구는 아무도 모르는 곳으로 뚜벅뚜벅 걸어가 끝없이 울고 싶을 때가 있다고 합니다. 삶에 찾아왔던 서러움과 안타까움을 다 토해버리고 싶은 것인지 아주 많이 울어서 옆에 있는 쬐그만 동그라미를 가슴 아프게 했습니다.

그리고 자신만만 당당해 보이는 은빛 세모 친구도 사실은 자신을 믿지 못하는 약한 마음을 가진 친구였지요.

사실 쬐그만 동그라미도 항상 그리 즐거운 것만은 아니었습니다. 쬐그만 동그라미가 버텨내기 힘든 일이 닥치면 차라리 더 많이 고통 받고 싶다는 생각이 들 때가 있었습니다. 그러면서 마음을 더 아프게 하고 절망과 슬픔을 남김없이 받아들이고 싶을 때가 있었습니다. 그러면서 마음의 사치들을 쓸어내고 싶을 때가 있었죠. 그럴 때마다 쬐그만 동그라미에게는 여러 형태 친구들이 도움을 주었답니다.

한 친구가 나아지면 다시 한 친구가 힘들어했죠. 그래서 다짐했죠. 쬐그만 동그라미는 '그래, 저 2층 방에 있는 거울을 깨버리면 되는 거야. 그러면 내 친구들이 아파하지 않을 거야.' 거울을 깨러 가는 길에 많은 친구들이 동참했습니다. 친구들은 2층 방에 있는 큰 거울을 깨기 위해 돌멩이도 들고 방망이도 들었습니다. 그런데 2층 방의 문을 여는데 소리 없이 숨죽여 있던 어둠이 이야기했습니다. "형태들아. 이제 1년만 지나면 이 마을을 떠나는구나… 너희는 무엇을 세상에 줄 거니?"

친구들 중 누구도 대답할 수 없었습니다. 이 말에 숨죽여 눈물을 흘리는 친구도 있었습니다. 이때 한 친구가 말했습니다. "우리가 만났던 그 봄날처럼 한 번 더 해보는 거야. 열심히 형태를 만드는 거야."

그날부터 우리 형태 친구들은 용기를 가지고 거울 앞에 섰고 열심히 데굴데굴 구르기 연습도 했고, 때론 필요한 각도 만들어 보았답니다. 그럴 때마다 각이 있는 세모 친구, 네모 친구가 도와주었죠.

사실 동그라미들은 둥근 부분으로 누군가를 위로하러 다가가다가 오히려 상처를 입고 돌아오는 경우가 많아요. 네모들은 굴러 보고 싶어도 한 번 구르기 위해서 멈춰 있을 때 움직이기 위한 에너지가 아주 많이 필요하고요. 세모는 네모보다는 구르기가 쉽지만 다른 이들이 찔려서 안아주지 않을까 봐 다가가지 못할 때가 있죠.

그러던 어느 날 빛이 찾아와 형태들에게 속삭여 주었어요. "거울을 한번 보세요. 아직도 많이 두려우시죠? 하지만 조금씩 자라나고 있는 여러분 마음속의 투명한 동그라미를 키우면서 용기를 내 보세요. 할 수 있어요."

오늘 아침, 마을의 아침을 열어주는 빠알간 햇살이 말했어요. "자, 이제 아주 긴 여행처럼 시작된 여행의 반이 지났습니다. 우리가 이 형태 안에 무엇을 담고 세상으로 나갈 수 있을까요?"

아침에 일어나면서 형태 친구들은 말했습니다.

"나는 이 동그라미 안에 씨앗을 넣어 세상으로 날아갈 거야."

"나는 이불을 가지고 갈래. 그래서 힘든 친구들의 위안처가 될 거야."

"나는 나의 네모로 혼란스러운 사람들의 감정 정리에 도움을 줄래."

오늘 아침 이 마을은 서로의 희망을 이야기하면서 웃음소리가 끊이질 않네요. 행복한 하루가 이렇게 시작하고 있습니다. (참여자 7)

전공생들은 자신의 미래에 미술치료사로서 성장하고 활동하는 데 대학원 교육과정에서의 공부, 임상미술치료 중심의 현장실습, 특강 및 학회 참여, 동기들 간의 교류가 큰 자원이 될 것이라 확신한다. 이를 위해 재학 중에 전공생들은 자신들이 공부한 S전문대학원을 '다른 대학원의 미술치료 교육과정에 대해서는 잘 모르지만 어느 학교보다 많이 배우고, 치료사로서의 자기통찰을 중요하게 생각하며, 실습에 대한 슈퍼비전도 꾸준히 받을 수 있는 곳(참여자21)'이라는 믿음을 갖고 학업에 집중한다. 또한 미래를 위해 '학교에서는 학생의 교육뿐 아닌 전문가로서 활동하고 있는 치료사들에게 제공하는 특강과 학회 모임을 통해 꾸준한 성장의 기회를 제공하고 있기에 미래에도 꾸준히 내 것으로 만들어 갈 계획이다(참여자 21)'와 같이 전문 치료사로서의 성장을 위한 큰 그림을 갖는다. 대학원을 치료사로서의 성장을 지원하는, 언제든 돌아와 머물 수 있는 배움의 장으로 인식하고 있는 것이다. 이를 통해 전공생들은 대학원에서의 공부를 완성이 아닌 출발점으로 생각하고 졸업 이후에도 미술치료사로서 꾸준한 배움이 있는 긴 여정에 대해 고민하고 있음을 알 수 있다.

마지막으로 전공생들이 꿈꾸는 치료사로서 미래 자신의 모습을 그리는 것으로 이 장을 마무리하려고 한다.

> "통찰력이 매우 좋은 치료사이면서 따뜻한 사람으로 기억되어 치료가 끝난 후에도 가끔 생각나는 사람이고 싶다. 나 자신을 잘 알고 이해하고 있으며, 나를 알아가는 과정을 즐겨, 탐색을 쉬지 않고 나 자신을 돌보는 사람이고 싶다(참여자 25)."

> "대학원에서 배운 것들로 후에 내가 어떤 치료사가 되어 있을지 나도 너무 궁금한데, 어디서 일하게 되든 나의 작업을 병행하는 치료사가 되고 싶다는 생각은 들었다. 그것이 꼭 반응작업이 아니라도 나는 창조하는 것들을 통해 나의 감정이 너무나 잘 나온다는 것을 알고 있고 그것을 바라볼 힘도 지금 기르고 있는 것 같다(참여자 22)."

3. 박사학위 교육과정과 대학원에서의 학업 체험

S전문대학원은 석·박사학위 과정이 한 대학원에 개설되어 있으며, 박사학위 교육과정은 6학기제로 운영되고 있다. 박사학위 과정은 현장 전문가를 교육하고 양성하는 데 중점을 둔 석사학위 과정을 심화하여 인식론과 심리철학 이론을 갖춘

학문의 리더를 양성하는 데 중점을 둔다.

　교육과정의 특징은 임상 전문가, 평가자, 심도 있는 탐구의 역량을 갖춘 연구자, 미술치료 교육자로서의 역할을 할 수 있도록 미술심리치료 개인 연구, 미술심리치료 연구 동향 분석, 임상사례 세미나와 같이 심화된 교과목이 중심을 이루고 있다는 것이다. 이와 함께 교과목으로 개설된 심리철학과 미술심리치료 슈퍼비전 세미나에서 박사 과정생은 동서 철학을 바탕으로 한 통합적 치료철학을 접함으로써 치료사로서의 성숙뿐만 아니라 전문 슈퍼바이저로서의 역량을 갖추게 된다. 실제 임상에서의 훈련도 900시간 실시하고 이에 대한 지도감독을 고급 임상실습과 슈퍼비전 I~V에서 5학기 동안 받게 되므로 석사학위 과정에서보다 전문적이고 심도 있는 접근이 가능하다. 이는 미술치료에서 앎에 대한 근본적인 방법들이 이해와 전문가에게 필요한 사고방식을 발달시키고 공식화할 수 있는 기회로 작용할 것이다(Gerber, 2006).

　S전문대학원 미술치료학 전공 대학원 교육과정은 석사학위 과정생을 위한 교과목, 석 · 박사학위 과정생을 위한 교과목, 박사학위 과정생을 위한 교과목으로 세분화되어 있어 전공생들이 선택할 수 있는 폭이 넓다. 그래서 박사학위 과정 졸업을 위해서는 6학기 동안 48학점 이수가 원칙이지만, 보통 60학점 이상 수강하고 졸업하는 경우가 대부분이다. 이는 박사학위 과정생들의 배움에 대한 열정과 그것을 뒷받침할 수 있는 환경이 갖추어져 있을 때만이 가능하다. 또한 전공생들은 학업에 매진하는 동시에 현장 전문가, 연구자, 교육자로서의 활동도 활발하게 하게 된다. 즉 박사학위 과정생들은 다학제적 접근을 통해 지식을 심화하고 통합하는 동시에 다중 역할을 하는 전문가로서 자기반성과 성찰에 집중하게 되는 것이다.

　다음은 박사학위 과정생들이 미술치료에 입문한 시기부터 석사학위 과정을 거쳐 박사학위 과정에서의 대학원 공부 체험과 임상현장 및 슈퍼비전에서의 체험을 담은 글이다.

나는 대학원 공부를 시작하면서 꿈이 있었고, 그 꿈이 단단해지길 바랐다. 처음 석사 과정에 입학했을 때, 누구는 석사 과정을 학위를 따러 가는 거냐고 했고 누구는 쉬운 과정의 학교로 가거나 특수대학원으로 가는 것이 더 좋지 않냐고 조언을 하기도 했다. 나는 그냥 공부가 하고 싶었다. 학위가 필요해서라기보다 학부에서 미술치료 전공과목을 찾아보기 힘들었기 때문에 하나의 전공으로 많은 공부를 하고자 하는 욕심이 컸다. 그리고 잘할 수 있을 것이라고 생각했었다. 하지만 이 과정은 녹록지 않았고 석사 1학기 때는 정말 하루하루를 버틴다는 심정으로 살았던 것 같다.

이해해 나갈 것도 많았지만 외워서 머릿속에 넣어야 하는 것도 산더미였다. 한 주의 끝자락이면 하루 종일 있으면서 정신과 환자들을 관찰하고 그들에게 다가가야 했고 주말 동안은 퀴즈 준비에, 원서 예습에, 과제에 눈코 뜰 새 없었다. 그렇게 한 학기가 지나고 나도 모르는 사이에 미술치료사로서의 첫 단계인 실습을 나갈 준비가 갖추어져 있었다. 임상실습을 하고 학교 공부를 하며 안팎으로 성장에 매진해야 했고 수없이 넘어지고 깨지고 다시 일어나기를 반복해야 했다. 그러면서 마주하게 된 나의 이슈들을 때로는 직면하고 때로는 외면하면서 또박또박 한 걸음씩 나아가고 있었다.

그리고 그렇게 미술치료사가 되어 가기 위한 마지막 과정에는 논문이라는 것이 있다. 나를 시험에 들게 하는 논문의 여정은 지금까지의 삶의 과정과는 다른 독특한 경험이었다. 아픔과 슬픔과 즐거움과 성취감이 동시에 녹아 있는 하나의 결정체, 무어라 표현할 수 없는 그 과정을 거쳐 나는 미술치료사가 되었다.

그리고 지금 나는 박사 6학기를 코앞에 두고 있다. 아이를 낳은 엄마들이 곧잘 하는 표현이 있다. 너무 고통스러웠지만 어느새 그 과정에 대한 기억을 잊어버리고 또 둘째를 가졌다고 하며, 아이들이 크는 것을 보면서 잊어버린 것 같다고들 한다. 나는 누군가 나에게 힘들다고 하면서 박사 과정에 또 들어간 이유가 무엇인지 묻는다면 그것에 빗대어 말할 수 있을 것 같다. 부족하고 모자란 모습으로 태어난 논문이라 할지라도 그것을 만들어내고 공부하는 과정을 통해 성장하게 되며, 또 다른 나를 만나게 되고 내담자를 만나는 과정에서 그 아프고 힘듦을 잊어버려서인 것 같다고, 그리고 어떤 아이라도 사랑하는 엄마처럼 나도 그 과정을 사랑할 수 있게 되었기 때문이라고!

석사 1학기에 들어오면서 마냥 공부를 열심히 해야겠다고 생각했고, 그러면 된다고 생각했다면, 대학원에서 9학기를 보낸 지금의 나는 미술치료 대학원 과정은 단순히 공부만 하는 과정은 아니며, 한 개인이 성장하기 위한 곳도 아니라는 생각이 든다. 이곳은 사랑하는 방법을 배우는 곳이다. 내가 나를 사랑하는 법을 배우고, 내가 나의 내담자를 사랑하는 법을 배우는 곳이며, 내가 배우는 학문을 사랑하는 법을 배워서 나가는 곳이다. (참여자 5)

대학원에서 미술치료학 석사학위 이전에는 미술 전공자로서 미술심리치료사 협회에서 취득한 자격증을 가지고 임상 현장에서 치료사로서 활동했다. 하지만 임상 현장에서 발생하는 다양한 사례들 속에서 실질적이며 개인적인 문제는 미술에 대한 이해가 아니었고, 다양한 임상 장면을 이해하는 지식의 한계였다. 그래서 다양한 임상 현장에서 발생하는 복잡미묘하고 해석하기 어려운 난해한 상황들에 관한 심리학적 지식이 절실히 요구되었다. 미술치료학은 심리학이라는 과학적이고 체계적인 학문을 뿌리로 함을 깨달았다. 대학원에서 보다 과학적이고 철학적으로 쌓은 학문적 지식은 미술심리치료 과정에서 미술에 대한 기술적 이해보다도 더 기초적이고 우위에 있음을 부인할 수 없었다. 이러한 사실을 체험하면서 석사학위 과정은 미술심리치료사로서 현장에서 경험한 실제적 체험을 바탕으로 해서, 학문적 식견과 심리치료사로서의 전문적 소양을 넓히는 기회가 되었다.

미술심리치료사로서 임상을 마주할 때마다 석사 과정에서 배운 학문적 소양은 다양한 내담자를 통해 얻게 된 임상 경험, 즉 치료사로서 가진 개인적인 경험에만 얽매인 해석과 미술심리치료사 수료 과정에서 배운 피상적인 해석에만 의존하던 미술심리치료 기법에서 벗어나서, 보다 과학적이고 체계적인 접근을 할 수 있게 하였다. 석사 과정에서 심도 깊은 수업 과정과 질적연구를 통해 보다 과학적인 심리학적 인식을 갖게 되었다. 이러한 학문적 인식은 그 이전까지 지니고 있던 개인의 경험에서 나오는 고정관념의 한계를 극복하고, 미술심리치료사로서 보다 심리학적이고 철학적인 인문사회학적 식견을 갖게 하였다. 이러한 학문적 경험을 바탕으로 하여 보다 많은 임상들을 접하면서, 이제는 학문적 인식보다는 현장에서 체험하는 다양한 임상사례에 대한 폭넓은 실제적 경험이 미술심리치료사로서 훨씬 중요하다는 소신을 갖게 되었다.

하지만 다음과 같은 경험에 의해 개인적 소신이 흔들리게 되며 박사 과정을 결심하게 되었다. 첫 번째는 사적인 체험에서 흘러나오는 선천적인 환경에 대한 객관적 이해의 결여이다. 선천적인 환경은 각자의 내면에서 자아가 형성될 때, 환경의 적극적인 수용이라는 개인의 무기력에 가까운 받아들임은 모두가 긍정적인 것만은 아닌 것이다. 수용할 수밖에 없는 환경이라는 무기력이 삶의 긍정적인 활력으로 전환되는 과정에서, 개인의 내면에 남겨진 심리적 부담들에 대한 원인을 개인의 심리학적 능력의 결여에만 두어서는 안 된다. 따라서 선천적인 환경에 대한 보다 폭넓은 정치, 인문, 과학, 역사 등에 대한 학제 간의 지식이 필요하다.

두 번째는 개인적으로 경험한, 내면에 산재해 있는 임상적 체험들을 통합하여 자신의 고정관념이 만들어낸 편견이나 선입견으로부터 탈피해야 한다는 것이다. 이것은 치료사 자신의 특수한 개인적 체험에서 벗어나서 보다 객관적이고 보편타당한 인식을 가질 때, 내담자가 지닌 임상에 대해서 인간성에 대한 균형 잡힌 인식을 할 수 있다.

세 번째는 치료사의 심리학적 인간학에 대한 보편적인 인식의 결여는 인간성에 대한 보편적이며 균형 잡힌 인식의 결핍을 초래한다는 것이다. 심리학에 대한 깊은 연구는 결국 인간에 대한 보다 실험적인 심리학적 인식에만 치우치지 않고, 직관적이며 애정적인 인간성에 대한 이해의 폭을 넓힌다. 이러한 이유에 의해서 미술심리치료 박사학위 과정을 수강하고 있으며, 연학한 내용들은 실제로 매일 접하는 임상들에서 유익한 인문학적 길라잡이가 되어

주고 있다. (참여자 9)

✦◦─◦●◦─◦◦

30대 중반에 미술치료사로 일을 시작하게 되었을 때, 나는 감개무량하였다. 남편의 유학과 출산으로 전업주부가 되었던 나는 요즘 말로 전형적인 경단녀였다. 자의든 타의든 자연스럽게 상황이 흘러 경력 단절 여성이 되었으나 다시 일을 시작한다는 것은 참으로 쉽지 않았다. 하지만 아직 어린 네 살배기 아이를 어린이집에 맡겨두고 시작한 미술치료 석사 공부는 나에게 새로운 직업과 일터를 제공해 주었다. 나는 집을 나와 일하러 갈 수 있는 곳이 있다는 자체가 참으로 감사했다. 집이 아닌 어느 곳에 나의 자리가 있다는 사실이 너무 좋았다.

그렇게 좋아하며 시작했던 일도 신나는 마음이 살짝 가시자 감정노동자의 어려움이 훅 밀려왔다. 내가 주로 만나는 아이들은 여기저기서 잘 적응하지 못해 힘든 마음을 가지고 나를 만나러 온다. 그 안에는 아이들의 힘든 마음뿐 아니라 이 아이들을 감싸주기 어려운 어른의 마음 또한 아이들이 함께 가지고 온다. 아이들의 그런 마음들이 안타까움과 애틋함으로 내게 느껴질 때도 있지만 뭔지 모를 불편함과 짜증이나 무기력으로 느껴질 때도 있다. 불편함이라는 정체불명의 광범위한 감정은 다른 형태로 변환되어 회기 시간 동안 나를 지루하게 느끼게 만들거나 때론 졸음이 쏟아지게 만들기도 한다. 교과서에서 이러한 것을 역전이라 배웠다. 그런데 실제의 역전이는 그리 간단하지 않았다. 몇 줄로 설명할 수 있는 단순한 현상이 아니었다. 회기가 끝나고 갈 곳을 몰라 배회하는 마음이 있을 때는 그나마 '이 마음이 역전이에서 온 것이 아닐까'를 탐색해 나가기 수월하였다. 그런데 별 일 없는 듯 치료실을 나선 내가 뜬금없이 지하철 역에 있는 다이소를 마냥 돌아다니거나 걷기 시작할 때가 있다. 걷다 보니 회기 때 별 특별한 마음이 안 들었던 줄 알았던 내 마음이 좌불안석이 될 때도 있고 반대일 때도 있었다. 한참을 걷다 보면 좌불안석이었던 마음은 어느 곳엔가 착지할 수 있는 모드로 전환이 되고 나는 나를 위로하며 내가 좋아하는 커피 한 잔으로 스스로를 토닥토닥해 준다. 하지만 이 정도로 해결되지 않는 것들도 발생한다. 그런 부분은 동료들과 집단 톡으로 함께 고민하기도 하고 슈퍼비전을 받기도 한다. 미술치료사로서의 역량과 관계된 일들은 개인이 하고자 한다면 학위 취득 후에도 슈퍼비전이나 워크숍, 학회 등 여러 방법으로 도움을 받을 수 있다.

석사학위 취득 후 임상을 시작했을 때에는 일할 수 있는 현장이 있다는 즐거움이 컸고, 임상을 해나가면서는 치료사로서의 역량에 대한 부분에 관심이 많아졌다. 반면 임상 현장에서 달리 뾰족한 해결 방법도 없고 도움 받기도 애매한 것은 임상 현장의 구조라는 생각이 근래에 들고 있다.

미술치료 저변이 확대되어 가고 있으나 많은 경우 미술치료사들은 조직에 속해 있기보다 프리랜서처럼 일하는 형태를 가지고 있다. 그러다 보니 우리라는 개념이 더욱 약할 수밖에 없고 본인의 일만 하고 퇴근하면 되는 형태이다. 내가 일하는 센터에는 나 외에도 2명의 미술치료사가 있는데, 한 분은 나와 일하는 요일이 달라서 1년 가야 볼 일이 없고, 다른 한 분은 금요일에 나와 겹치게 임상을 하지만 각각 자신의 방에서 일을 하니 잠깐만 마주칠 뿐이다. 동일한 기관에서 일하고 있기 때문에 서로 공유하는 유사한 문제가 있으나 서로 잘 만나지지가 않는다. 만나기 위해서는 각자의 노력이 요구되나 이 부분이 수월하지 않다는 생각이 많이 든다. 하지만 같은 센터에서 일하는 미술치료사들끼리 만나서 고민을 함께 나누는 것의 최대 수혜자는 우리 자신이 아닐까 싶다.

(참여자 8)

❖⊷•⊷•◆⊷•⊷❖

미술치료사 박사 과정으로 임상 현장에서 많은 내담자를 만나고 헤어지는 경험을 한다. 나는 석사 과정 중일 때 유난히 종결을 힘들어하는 미술치료 실습생이었고, 석사를 졸업하고 미술치료사로 일하는 1년 반의 기간 동안도 종결을 힘들어하는 미술치료사였으며 박사학위 과정생으로 내담자를 만나면서도 그렇다. 하지만 박사 5학기 때 슈퍼비전을 받으며 했던 임상이 새로운 경험의 종결로 각인되었고 그때의 경험에 대해 글쓰기를 해보려고 한다. 내담자의 이름은 가명을 사용하였다.

많지는 않지만 나는 다양한 종결을 경험했다. 뜻하지 않은 종결, 찝찝한 종결, 가슴 아픈 종결, 갑작스런 종결, 끝까지 종결이 되지 않았던 종결…. 나는 어제 또 하나의 종결을 경험했다. 매번 그렇듯이 이번 종결도 특별하다.

종결이 다가오기 시작하면 나는 '내가 어떤 것을 놓쳤는가'에 대해 심각하게 고민을 한다. 해결하지 못한 이슈는 무엇이 있으며, 더 할 수 있는 것은 무엇인지…. 그런데 그런 과정을 겪다 보면 항상 나는 자책의 끝에 서 있게 되었다. 이번 종결을 맞이하면서 나는 나의 많은 내담자들은 내가 생각하는 것보다 나에게 원하는 것이 적을지도 모른다는 생각을 하게 되었다. 하지만 한편으로 그것은 실제로 엄청 큰 것이며 위대한 것일지도 모른다는 생각을 하게 된다. 그러면서 잘하고 잘못한 것을 생각한다는 것이 어리석은 일일지도 모른다는 결론을 내렸다. 그것보다 나는 얼마나 온전히 그들 앞에 앉아 있는가를 생각해야 할 것 같다. 그 또한 참 어렵고 아직은 잘 모르겠다. 어쩌면 그것은 내가 알 수 있는 몫이 아니라는 생각도 든다. 내 앞에 앉아 있는 그가 온전히 내가 여기 있다고 할 때 나는 여기에 있는 것인지도 모른다.

종결이 결정되고 3회기 남았을 때 했던 작업이 있다. 의미를 두지 않고 손가는 대로 작업을 했더니 그림 2.3과 같은 이미지가 나왔다. 그리고 작업물을 넣어서 집으로 가는 길에 가방이 열려서 다 잃어버리고 작업물 가운데 있던 것(그림 2.4)만 덩그러니 남았다. 지금 보니, 이것 자체가 참 의미가 있다 싶다. 남아 있는 하나(그림 2.4)는 여러 개의 공 중 제일 힘들게 돌돌 감았던 것이다. 작업의 이미지를 굳이 해석하고 싶지 않았다. 그냥 나는 이 작업을 했고 이미지가 썩 마음에 든다. 바다에게도 마지막 회기에 이미지를 보여주었는데 바다는 자신의 작업물을 모은 저널 가장 마지막 장에 이 이미지를 붙여 주었다. 그리고 잃어버린 것에 대해 말하자, 그것은 상관없단다.

실물은 사라지지만 사진은 추억이 되어서 사라지지 않는다고 했다. 참 주옥 같은 말이다. 내가 속상해할까 봐 그렇게 말하고 눈을 마주치고 웃어 주었다.

▲ **그림 2.3** 종결 1(참여자 5)　　　　▲ **그림 2.4** 종결 2(참여자 5)

바다는 나에게 많은 것을 준다. 그리고 엮여서 그릇이 된 모루를 치료사 같다고 했으며 안에 들어 있는 것을 우리의 추억이나 자신의 모습 같다고 했다. 그런지도 모르겠다.

　종결을 하면서 바다가 많이 컸다는 생각을 하게 되는 동시에, 바다는 원래 큰 아이였는데 그것을 이제 우리가 알게 된 것이 아닌가 하는 생각도 한다. 미술치료사가 되기 전에는 연애를 하고 이별을 할 때마다 내가 조금씩 성장한다는 것을 느꼈다. 그런데 지금은 회기를 시작하고 종결을 하며 성장하고 있음을 느낀다.

　바다는 어쩌면 진짜 바다같은 아이였는지도 모른다. 깊고 푸르렀고 때로는 내 맘에서 멀어졌다가 다시 다가왔다. 나를 아프게도 하고 감싸주기도 했다. 오늘은 바다와 어떻게 작업을 했고 그것이 어떤 의미이고 내가 처음에 세웠던 목표가 얼마나 이수되었는지 논하고 싶지 않다. 아니, 못하겠다. 그것은 며칠 후나 되어야 할 수 있을 것 같다.

　나도 이별에 머무르고 그 과정을 돌아보며 슬퍼하고 뿌듯해하고 아파하고 기뻐하는 시간을 가져야 한다. 사실 이 아이가 나에게 특별해서 아니라 나는 항상 종결을 하고 나면 그랬던 것 같다.

　조금은 텅 빈 듯한 느낌, 그리고 그렇게 비워진 곳에는 종결했던 내담자의 첫날 같은 모습을 한 다른 내담자로 그 자리가 채워진다. 그래서 다람쥐 쳇바퀴 돌듯 다시 내담자를 만나고 일을 하게 되는 상황이 나에게 익숙하면서도 익숙해지지 않는 시스템이다. 그래서 나는 나만의 시간을 정한다. 종결 보고서를 조금 시간을 둔 후 객관적인 눈이 생겼을 때 쓰기도 하고 힘든 종결 후에는 그 자리를 몇 주만이라도 비워달라고 요청하기도 한다.

어쨌든 이번 종결은 나에게는 기존에 없던 종결이다. 아이는 강했고 종결을 잘 받아들였다. 어쩌면 바다의 엄마는 나보다 먼저 알고 있었는지도 모른다. 아이가 안전한 종결을 할 수 있다는 것을! 치료사로 살면서 나는 많은 만남과 이별을 경험하게 될 것이다. 이번 종결은 그것에 대해 설렘을 갖게 해준다.

(참여자 5)

❖◦◦❀◦◦❖

나는 미술치료학 석사학위가 없는 상태에서 박사학위 과정으로 미술치료 공부를 시작했다. 그랬기에 처음에는 심화된 전공 지식의 습득과 더불어 임상과 슈퍼비전도 내게는 낯선 과정 중 하나였다. 그렇지만 슈퍼바이저가 함께였기에 임상에 집중하고 새로운 학문 영역으로의 전환이 가능했다는 생각이 든다.

가장 기억에 남는 슈퍼바이저가 있다. 지혜롭고 부드러우면서도 날카롭다는 느낌을 가진 분이었다. 이 슈퍼바이저는 그 무엇보다 회기를 기록하는 일지 정리를 강조했다. 글을 쓰는 것이 익숙하지 않았고, 내 감정을 들여다보는 것도 익숙하지 않았던 나에게는 너무나 힘든 작업이었다. 처음에는 단순히 내가 회기에서 했던 것들을 빠짐없이 기록하고 그것에 대한 감정을 최선을 다해서 적었다. 시간이 지난 후에 다시 꺼내봐도 진짜 자세하게 일지 정리를 하였다. 매주 일지를 제출하고 그에 대한 슈퍼바이저의 피드백을 받았다. 하지만 그 안에는 지시적이거나 직접적인 코멘트는 하나도 없었다. "?"와 "!", 그리고 내가 내담자와 상호작용했던 개입들에 대한 질문들과 그리고 같은 맥락의 문장에 표시된 밑줄이 대부분이었다. 이러한 과정이 반복되면서 나는 회기를 바라보는 눈이 생겼고 내담자의 문제를 어떻게 이해해야 되는지를 알게 되었다. 슈퍼바이저는 답을 알려주는 대신 스스로 답을 찾아가는 길이 있음을 알려주셨던 것이다. 배움은 누군가에게 받는 것이 아니라, 스스로 찾아가야 하는 것!

직접적이지 않고 항상 여유 있는 모습으로 나를 기다리고 지켜봐 주셨다. 그 안에서 나는 믿음이라는 것을 경험했고, 기다림을 배웠다. 이러한 경험이 급하고 명확한 것을 선호하는 나에게 애매모호하고 신비로운 영역을 탐구할 수 있는 힘을 키우게 했던 건 아닐까 싶다. 슈퍼바이저와의 소통 안에서의 배움은 내게 치료사로서 치료 장면과 교육 장면에서 상대와 나를 있는 그대로 수용하고 존재하면서 머무를 수 있게 했다.   (참여자 30)

제3장

🌑 🌑 🌑

미술치료의 유형

문리학

미술치료가 수행되는 곳이 어디에 속하는지는 미술치료의 성격과 치료의 목표, 미술치료사의 정체성과 역할을 결정짓는 중요한 요소이다(박은선, 2010 재인용). 따라서 미술치료를 받는 대상자, 즉 내담자 또는 환자가 받고 있는 미술치료가 어디에서 이루어지는지를 정확히 하는 것이 중요한데, 그것이 병원의 정신과인지, 개인 치료실인지, 병원의 의료적 현장인지, 학교인지 등에 따라 각각 유형을 구분할 수 있다.

미술치료 세부 유형은 정신과를 찾는 사람들을 위한 임상미술치료(Clinical Art Therapy, CAT), 특수학교, 치매기관, 교도소와 같이 특수 목적으로 구성된 기관에 있는 사람들을 위한 기관미술치료(Institution-based Art Therapy, IAT), 신체질환으로 인하여 관련 병원에 입원해 있는 남녀노소 다양한 환자들을 위한 의료미술치료(Medical Art Therapy, MAT), 그리고 미술치료에 관심을 갖고 있는 일반인을 위한 미술치료(Normal Art Therapy, NAT)로 구분할 수 있다(장연집, 2009, 2014). 이렇게 미술치료를 네 가지 유형으로 분류해서 보면 실습 현장의 주된 범주에 대한 이해뿐만 아니라 학위논문의 연구 주제 범주 등을 파악하는 데 용이하고, 전공자들이 수강한 과목과 현장실습의 경험 등을 통합해 볼 때 자신의 강점뿐만 아니라 현재와 미래에 보충되어야 할 부분에 관해 쉽게 파악하도록 해준다(장연집, 2014).

미술치료사가 되기 위해 갖추어야 할 것들 중 하나는 지적 능력이다(Wadeson, 2008). 치료에서 따뜻함과 신뢰 등의 치료적인 분위기가 중요한 요소이기는 하지만 치료가 이러한 분위기 조성만으로 이루어지지는 않으며, 내담자에 관한 기본적 이해를 바탕으로 치료의 순간순간마다 내담자가 드러내는 정보의 퍼즐 조각을 맞춰 가며 내담자에 관한 이해를 넓히고, 치료적 반응을 보여줘야 한다. 이때 치료사에게 필요한 능력이 직관력이며, 이것은 지적 능력과 학습의 결과에 기초하여 형성된다(Wadeson, 2008). 미술치료사가 되기 위한 학습 훈련 과정에서는 여러 이론과 실습의 경험이 통합되어야 하며, 중요한 부분의 하나는 미술치료학과 심리학 및 심리치료 등 미술치료에 관한 여러 이론을 토대로 내담자를 어떻게 이해하고 치료적 개입을 할 것인지를 배워 가야 하는 것이다. 이러한 훈련 과정을 통해 치료의 개념 안에서 내담자에 관한 직관력을 키워 갈 수 있을 것이다.

미술치료는 레시피와 같은 일정한 방법의 대본에 의해 만들어지는 것이 아니다. 미술치료사가 치료의 과정에서 내담자에 관한 정보의 퍼즐 조각을 어떻게 끼워 갈지는 치료의 목적과 내담자의 전체적 이해의 틀이라는 큰 그림에 맞추어야 할 것이다. 미술치료의 유형에 따른 현장과 내담자의 특성에 따라 치료사는 치료들에 관한 그림을 각각 다르게 그릴 수 있어야 하며, 이는 이론적 근거를 토대로 해야 하고 미술치료사는 치료 과정에서 이 그림에 맞춰 일관성 있는 치료적 접근을 해야 할 것이다.

미술치료사로 성장하기 위해 대학원 미술치료 전공자들은 미술치료의 네 가지 유형을 이해하고 이에 관련된 전공 과정을 체계적으로 밟아 간다.

이제 각각의 유형에 관한 특성과 유형별로 갖추어야 할 교과목들, 그리고 대학원 전공자들이 지적 능력을 발전시키는 경험들을 살펴보겠다.

1. 임상미술치료

임상미술치료(CAT)는 정신병리를 갖고 있는 정신과 입원 및 외래 환자들을 대상으로 하는 미술치료이며, 네 가지 유형 중 가장 핵심으로 여겨지고 철저한 학문적 토대와 경쟁력을 요구하는 영역이라고 할 수 있다(장연집, 2009). 임상미술치료에서 미술치료사는 정신과 환자들의 정신건강을 다루는 역할을 하며, 미술치료 유형 중 가장 강도 높은 훈련을 받는데(장연집, 2009), 이는 심리학 및 심리치료의 이론적 토대에서 이루어진다.

임상미술치료는 정신과에 관련되어 있는 전문가들과 소통하며 수행되어야 하고, 임상미술치료 현장에서 미술치료사는 정신과 의사, 임상심리사, 임상사회복지사, 간호사들과의 의사소통이 가능해야 한다(장연집, 2009). 환자에 관한 정신과 담당의의 진단과 임상심리사의 심리검사 보고서를 함께 공유하며 환자의 정신병리에 관한 내용을 이해해야 하며, 전체적인 환자에 관한 치료의 목표를 합일화하여 이에 맞게 임상미술치료가 수행되어야 한다. 임상미술치료에서의 환자에 관한 치료적 내용은 정신과에 관련되어 있는 모든 전문가들과 함께 소통될 수 있다.

Rubin(2012)은 미술치료사가 정신과 치료 팀의 일원이 되기 위해서는 다른 분야의 전문가들처럼 이론에 대해 깊이 있고 명확하게 이해하는 것이 필요하고, 이론은 미술치료 안에서 다루는 현상을 설명하여 도와줄 때 의미와 가치가 있다고 하였다. 그렇기 때문에 이론과 기법은 함께 나아가야 하는데, 미술치료에서의 기법은 이론을 바탕으로 하여 발전되며 상호 간에 끊임없이 계속해서 수정해 나가며 이론적인 기초를 공고해 해야 한다고 설명하면서 두 측면의 중요성을 강조하였다.

임상미술치료에 관련된 대학원의 정규 교과목들은 정신병리, 심리치료, 집단치료, 미술심리치료학, 임상미술심리치료 등이 있다.

이 중 '정신병리학'은 다른 유형의 미술치료에서의 교과목과 두드러지게 차별화되는 교과목이다. 정신병리학은 DSM(Diagnostic and Statistical Manual of Mental Disorders)을 중심으로 하여 환자를 평가하고 이해하는 데 필수적이며, 임상미술치료에서의 시작이며 기초가 되는 교과목이라 할 수 있다. DSM은 특정한 이론적 입장에 치우치지 않고 심리적 증상과 증후군을 위주로 하여 정신장애를 분류한다. 즉 정신장애 분류는 장애의 원인이 아니라 증상의 기술적 특징에 근거

하여 이루어져 있다(권석만, 2013). 정신과 환자를 대상으로 수행하는 임상미술 치료에서는 환자들이 어떤 진단을 받고 어떤 증상들이 있는지를 이해하고 어떻게 대처하고 접근해야 하는지를 아는 것이 중요하므로 이에 관한 DSM과 정신병리학의 지식을 탄탄하게 갖추어야 한다.

'심리치료'는 심리치료의 각 이론들의 기본적 개념과 기법 및 치료적 관계에 관한 이론이다. 심리치료는 내담자의 심리 진단(정신 진단)을 위해 내담자의 문제를 설명하고 분석하는 것, 즉 내담자의 문제 원인에 대한 설명과 이 문제들이 어떻게 발전하게 되었는가를 설명하고, 이에 적합한 심리치료 과정의 목표를 세우고 접근해 가기 위해 필요한 이론이다(Corey, 2006). 심리치료 이론에서는 전문가로서의 치료사에 관한 내용 및 심리치료에서의 윤리, 주요한 이론적 접근에서 중요하게 다루는 개념, 심리치료의 과정과 기법 및 절차뿐만 아니라 각 이론적 접근에서의 치료사의 역할과 치료적 관계에 관한 내용을 다룬다. 이를 기초로 하여 다양한 성격 이론 및 심리치료, 즉 정신분석, 대상관계, 분석심리, 인본주의, 게슈탈트, 인지행동 등의 이론을 학습하여 앞에서 언급한 정신병리학을 기초로 내담자에 관한 이해와 치료적 접근을 준비해 갈 수 있다. 심리치료 교과목은 미술치료의 네 가지 유형 중 임상미술치료뿐만 아니라 모든 유형의 미술치료에서도 요구되는 이론이며, 다양한 성격 이론에 관한 이론들은 임상미술치료 유형에서뿐만 아니라 일반인을 위한 미술치료 유형에서도 필수적으로 요구되는 이론이기도 하다. 정신분석과 분석심리 이론에 기반을 두고 접근하는 미술치료가 여전히 강세를 보이고 있으나, 많은 미술치료사들이 대부분 임상에서 내담자에 따라, 내담자가 갖고 있는 문제에 따라, 또 치료 상황에 따라 한 가지 이상의 모델이나 이론을 '절충적'으로 사용한다고 한다(Malchiodi, 2012).

임상미술치료 유형에서는 앞서 언급한 교과목들을 토대로 하여 미술치료 전공 교과목 중 '미술심리치료학'을 통해 미술치료 전반에 대한 기초적 개념을 습득하고, '임상미술치료학'으로 정신병리를 가지고 있는 환자군을 위한 미술치료의 이론과 실제를 학습하는 것이 필요하다. '미술심리치료학'은 임상미술치료뿐만 아니라 다른 유형의 미술치료의 기본적 교과목이며, 미술심리치료의 요소들과 단계들을 이론적 개념과 다양한 사례들을 통해 배울 뿐만 아니라, 미술심리치료사가 갖추어야 할 것이 무엇인지도 배울 수 있다. 이밖에 미술심리검사, 미술심리치료 기법 연구, 정신역동 미술심리치료 등의 교과목이 있으며, '미술심리치료학' 교과목과 함께 다른 유형들에서도 요구되는 부분이다. 이 교과목들의 학습 과정은 미술치료학의 학문적 정체성을 위해 미술과 치료라는 두 요소를 관련짓는 것에 도움을 줄 뿐만 아니라 심리학자, 정신과 의사, 사회복지사 등 다른 영역의 전문가들이 임상에서 사용하는 미술(그림)과의 차이를 구별하고 미술치료만의 특수성을 이해하는 데 도움을 줄 수 있다.

Wadeson(2012)은 "미술치료사는 심리치료사 그 이상이 되어야 한다"고 주장하였다. 미술치료사는 개인 단독으로도, 팀으로도 일할 수 있는 자질이 있고, 미술치료의 이론과 실습을 통해 훈련된 미술에서 기술적으로 숙련되어 있는 심리치료사이다. 따라서 임상미술치료 유형에서의 미술치료를 위해서는 정신병리와 심리치료에 관련된 이론과 임상미술치료에 관한 이론을 숙지하고 이를 토대로 미술 기법을 창조적으로 적용할 수 있어야 할 것이다.

앞에서도 언급했지만 임상미술치료는 미술치료 유형 중 가장 강도 높은 훈련이 이루어지기 때문에(장연집, 2009), 이와 같은 임상미술치료와 관련된 교과목들을 충분히 학습하고, 추가적으로 기관미술치료, 의료미술치료, 일반인을 위한 미술치료에 관해 학습한다면 모든 현장의 미술치료에 관한 이론을 습득할 수 있을 것이다. 그리고 미술치료를 네 유형으로 구분하고 내담자의 연령에 따라서도 아동·청소년 미술치료, 성인 미술치료, 노인 미술치료로 세분화할 수 있기 때문에 임상미술치료에서의 환자 연령에 따른 관련 이론도 함께 학습하는 것이 도움이 될 것이다.

대학원 과정의 첫 학기부터 현장실습을 시작하는 미술치료 전공생들은 학문적인 기초가 제대로 되어 있지 않은 백지 상태에서 현장에 나가게 되므로, 해당 학과목에서의 과목 오리엔테이션이 명료하게 제시되지 않으면 혼란 속에서 중요한 이 모든 과정을 제대로 배우지 못한 채 마치기도 한다(장연집, 2014). 김시내(2011)의 연구에서 정신병리에 대한 이해가 기본으로 있어야 하고 임상실습은 이론을 바탕으로 실제를 연결하는 고리 역할을 한다는 체험 연구의 연구 결과와 이혜진(2016)의 연구에서 정신병리의 용어 및 이해가 정신과 관련 전문가들과의 소통에 도움이 된다는 체험 연구의 연구 결과를 통해 임상미술치료에서의 이론의 중요성을 볼 수 있다.

> "병리를 배우고 그 환자를 보면 되게 막연했던 것들이 떠오르면서 그 환자들이 보이는 행동이나 그런 것들이 이해가 돼서 그 사람들을 이해하고 편안하게 생각할 수 있었던 것 같아요. (중략) 확실히 병리적인 것에서 나오는 것이기 때문에 고의적인 게 아니라는 것을 더 즉각적으로 잘 알게 되니까 환자들이 그렇게 말하고 행동하는 것에 대해서 기분이 상한다거나 그런 일이 없었던 것 같아요(김시내, 2011)."

> "우리가 어떻게 보면 두 마리 토끼를 잡는 거잖아요. 그게 힘들어 보이지만 그게 우리가 헤쳐 나가야 하는 현실인 것 같아요. 그러면서 성장하는 거죠. 생각해 보면 이론만 알 때랑 달라요. 공부만 했을 때는 그게 전부가 아닐 것이라는 생각은 했지만 막연했어요. 그런데 이제는 조금 보인다고 해야 하나? (중략) 이론 공부 없이는 또 실습이 안 되죠. 튼실한 이론 수업이 있고 실습이 그 이론적 학문을 실제로 연결시켜 주는 뒷받침이 되고 그런 것 같아요(김시내, 2011)."

> "정신병리학을 공부했던 게 많은 도움이 됐어요. 진단명을 볼 때에도 우리에게 설명해 주는 게 아니라 영어로 된 약어로 주실 때도 많아서 저희가 정신병리 공부를 하지 않았다면 뭘 알려줘도 알 수가 없었을 텐데, 그 공부가 큰 도움이 되었어요(이혜진, 2016)."

2. 기관미술치료

기관미술치료(IAT)는 특수학교, 치매기관, 교도소와 같이 특수 목적으로 구성된 기관에 있는 사람들을 대상으로 하는 미술치료이다(장연집, 2009, 2014). 기관미술치료는 미술치료 전공 석사학위 과정생이 접하기 쉬운 임상 현장이기도 하며 미술치료를 가장 많이 요구하는 유형이기도 하다(장연집, 2009, 2015). 최근에는 미술치료가 국가적 차원의 사회서비스로 도입되어 지역 사회복지 관련 기관에서 점차 확대되고 있는 추세이다.

　기관미술치료의 경우 기관에 따른 치료의 목표가 다르다. 구조적 측면에서 미술치료가 어떤 부서에 속해 있으며, 그곳의 누구와 일하고 있는지는 미술치료의 목적과 방향성을 찾는 데 용이하다(박은선, 2010 재인용). 하지만 기관미술치료 유형에 속하는 기관의 수와 종류가 많고, 각 기관의 목적이 각기 다르기 때문에 그 요구조건을 수용하기 위해 이론적 지식과 함께 다양한 현장실습지에 맞는 경험적 지식에 대한 훈련이 요구된다(김호연, 2016).

　기관에서 정서 중심의 치료를 목적으로 요구하기도 하지만, 장애를 가진 학생들을 대상으로 하는 특수학교의 경우나, 치매기관의 경우에는 정서적 문제 외에도 사회적 문제, 발달학적 문제, 신체적 문제를 갖고 있고, 이에 관련된 치료의 목적을 요구하기도 한다. 미술치료사가 기관 중심의 미술치료를 수행할 때는 기관에 속해 있는 내담자들이 갖고 있는 공통적 특성이 무엇이며 기관이 요구하는 치료의 목적이 무엇인지를 확실히 알고 시작하는 것이 중요할 것이다.

　많은 미술치료 전공생들이나 미술치료사들은 학교라는 기관에서 미술치료를 수행할 기회가 많다. 미술치료사와 미술치료 전공생들은 학교 안에서의 미술치료가 넓은 교육적인 서비스를 제공하기 위한 것인지, 아니면 개별 학생 또는 학생들의 집단에 대한 정서적 지원이나 위기 개입 등 치료적인 서비스에 초점을 두는 것인지의 차이에 따라 미술치료의 목적과 접근을 구분하여야 한다. 예방적 차원으로서 미술치료와 구체적 문제를 갖고 있는 학생들을 대상으로 하는 치료적 접근으로서 미술치료로 구분할 수 있는데, 후자는 부정적 결과를 가져올 위험성이 있는 학생들을 대상으로 하는 미술치료와 이보다는 더 위기 개입이 필요한 학생들을 대상으로 하는 미술치료로 나누고 이에 따라 치료의 목적에 차이를 둘 수 있다. 물론 이 모든 미술치료는 궁극적으로 학교교육의 목적을 지원하는 것이다. 즉 일차적인 목적으로 학교 장면 내에서 교육 체계가 갖는 목적을 원만하게 수행하도록 돕고, 이차적인 목적으로 학생 개인의 개별화 원칙에 의해 욕구를 성취할 수 있도록 돕는 것으로 한다(옥금자, 2008).

기관미술치료 유형에 관련된 S전문대학원의 정규 교과목들은 심리치료, 집단치료, 미술심리치료학, 기관미술치료 등이 있다. 기관 및 내담자에 따라서는 발달 이론을 숙지해야 하는데, 장애 아동을 대상으로 하는 기관미술치료에서는 다른 유형에서 많이 다루지 않은 행동주의적 접근과 인지행동적 접근의 심리치료 이론으로 접근하기도 하므로 이에 관한 학습도 충분히 갖추어야 할 것이다. 물론 정서적 문제만을 가진 내담자에게 행동적·인지적·발달적 접근을 사용하는 것이 불가능하지는 않지만, 많은 경우 장애를 가진 환자들을 대상으로 접근하였다(Rubin, 2012). 따라서 기관미술치료는 인간발달 이론과 행동주의적, 인지행동주의적 심리치료를 포함한 이론을 숙지해야 할 뿐만 아니라 특성의 차이가 각각 다른 기관미술치료를 위해서는 학회, 특강 등의 교과목 외의 과정을 통해서도 추가적인 보완이 필요하다고 본다. 기관미술치료를 보면 치료의 목적은 기관이 추구하는 큰 목적에 부합된 미술치료로 진행되기 때문에 이를 위해 관련 교과목 외에 기관 내에서의 교육과 안내 등을 통합하여 미술치료를 계획하고 수행할 수 있는 능력을 갖추어야 할 것이다.

기관미술치료에서는 기관에 관련되어 있는 체제(system)의 이해가 필요하고 기관 내에 있는 다른 전문가와 의논하는 유기적인 협력 체계를 갖출 필요가 있다. 학교 및 복지기관 등의 기관은 지역사회 체제들 속에 포함되어 있고, 각 체제(예 : 학교)는 큰 체제(예 : 교육청)의 영향을 받고 다른 체제(예 : 지역 사회복지관 등)와도 상호작용하기 때문에 기관에 관련된 체제에 관한 이해 또한 필요하다. 이에 관한 이해는 기관에서의 미술치료 프로그램 개입을 계획하고 시행하는 데 도움이 될 뿐만 아니라 기관에서 제공할 수 없는 부분을 체제들 속 다른 분야의 전문가에게 의논하고 협조를 구하는 데 도움이 될 수 있다(옥금자, 2008; Hess et al., 2016).

유기적인 협력 체계를 갖추어야 함에도 불구하고 기관 담당자의 미술치료에 관한 이해가 부족하거나, 미술을 매개로 하지만 다른 목적을 갖고 있는 미술교육, 미술을 사용하는 레크리에이션과의 차이를 확실히 구분하지 못하는 경우들이 있어 미술치료 전공생들은 현장실습에서 혼란을 경험하기도 한다.

간혹 기관미술치료에서는 미술교육과 미술치료의 통합된 서비스로 강조되기도 한다(Bush, 2008 재인용). 미술치료에서의 미술은 심리치료를 목적으로 내면과 연결되어 있는 이미지를 다루고 있으며, 이것은 미술치료가 다른 심리치료와 구분되는 중요한 부분임과 동시에 미술치료에서의 미술은 다른 영역에서 다루는 미술과 차별된다. 그렇기 때문에 미술치료만의 특수성을 밝히고 미술치료사로서의 정체성을 확고히 갖추고 있어야 할 필요가 있다.

3. 의료미술치료

의료미술치료(MAT)는 신체질환으로 관련 병원에 입원해 있는 다양한 연령의 환자들을 위한 미술치료(장연집, 2009, 2014)로, Malchiodi(2012)는 육체적인 질병, 신체 외상의 경험 또는 수술이나 약물요법 같은 적극적인 의학적 치료를 겪는 사람들을 위해서 미술작업과 이미지를 사용하는 치료로 정의하였다. 의료미술치료의 내담자들은 암 환자, 만성질환 또는 중증질환을 가진 환자, 육체적 장애를 가진 환자들이다. 신체적인 질병이나 장애로 인한 상태는 신체적 불편감과 고통뿐만 아니라 두려움, 불안감, 무기력감, 우울감 등의 정서적 문제를 함께 동반할 수 있고, 장기간 지속되는 병이 대인 관계에도 영향을 줄 수 있다. 신체적 질병이나 장애로 인한 여러 감정들은 자기 이미지의 변화를 가져올 수 있는데, '이미지'에 집중하는 미술치료는 이와 같은 변화를 탐색하는 데 특히 유용하게 접근할 수 있는 도구가 된다(Wadeson, 2012).

의료미술치료에서는 환자들을 둘러싼 치료 환경과 욕구가 다양하기 때문에 미술치료사들은 환자들 개개인의 요구와 독특한 환경을 고려하여 미술치료를 시행한다. 병원에 입원한 환자들의 심리사회적 측면으로 의료미술치료를 접근하여 신체적 질병에 관한 환자들의 인식과 감정을 표현하는 것에 초점을 두기도 하고 병원 입원 동안의 적응을 돕기도 한다(Malchiodi, 2013). 병원에 신체적 질병으로 입원 중인 환자는 질병, 의료적 개입, 수술, 장애 때문에 신체적 통제력을 상실하기도 하고, 자신의 의지와 상관없이 병원의 계획에 따라 치료를 받아야 하는 상황에 놓여 있게 된다. Malchiodi(2013)는 이러한 환자들이 미술작품을 제작하는 과정에서 재료를 선택하고 색, 선, 형태, 재료의 촉감 등을 이용해 자유롭게 창작하고 만들어 가는 과정의 경험을 통해 어느 정도의 통제력을 되찾을 수 있다고 강조하면서 정상적인 통제의식을 갖도록 지원하기 위한 심리사회적 개입의 미술치료를 설명하고 있다.

병원에서 치료를 받는 어린 아동들을 대상으로 하는 이러한 의료 현장에서의 미술치료는 미술치료사 또는 미술치료 전공생이 자주 접할 수 있는 경험의 한 부분이다. 어린 아동들은 그들의 발달상 나이로 인하여 신체적 질병과 병원에서의 치료 상황 등으로 인한 스트레스에 더욱 취약하다. 병원에서 아동이 겪는 무기력과 한계 속에서 미술치료는 아동이 처한 상황을 수용하거나 감정 표현의 출구로서 중요한 역할을 할 수 있다(Wadeson, 2012).

또한 뇌 손상 또는 신체적 손상을 입은 환자들을 대상으로 하는 미술치료에서는 심리사회적인 적응을 도우면서 인지적 회복과 신체적 회복을 돕는 것에 초점을 두기도 한다. 신체 일부의 절단, 신체 마비, 화상, 뇌 손상 등을 갖고 있는 환자들에게는 기존의 언어로 접근하는 심리치료의 접근이 제한적일 수 있고, 이들에게는 자기표현과 자기효능감 외에도 인지 및 신체 기능을 개선하는 것이 중요하며 재활치료의 일부로서 미술치료의 가치가 강조되고 있다(Malchiodi, 2013 재인용).

의료미술치료도 임상미술치료와 마찬가지로 담당의, 심리학자, 사회복지사, 간호사 외에도 때로는 재활치료사, 작업치료사, 언어치료사, 물리치료사 등과 함께 치료 팀의 한 부분으로 포함되며 각 전문직 간의 역할에 대한 이해와 상호 협력관계 등을 바탕으로 환자들이 갖고 있는 신체질환에 관한 정보와 질환의 진행 정도, 그리고 예후 등에 관한 정보를 전해 받는 것이 중요하다고 할 수 있다.

환자가 병원 치료 과정에서 받고 있는 스트레스와 정서적 경험은 의학적인 진단 및 예후뿐만 아니라, 환자가 갖고 있는 병에 대한 이해, 입원 및 입원으로 인한 가족들과의 분리에 대한 반응, 치료 과정에서 가족들에게 받고 있는 정서적인 지지와 돌봄 등 많은 요소들과 관련되어 있다. 미술치료사가 환자들의 이러한 부분들을 이해하고 환자가 필요로 하는 것이 무엇인지를 알고 미술치료를 수행하는 것이 필요하다고 본다. 환자들에게는 생소하고 낯설고 두렵게 느껴지는 의료적 치료 환경에서 친숙한 재료로 유희적인 미술활동과 시각적 표현을 통해 때로는 안락함을, 때로는 새로운 도전을 경험할 수 있도록 미술치료사는 치료적 환경을 조성하고 치료적 관계를 구축해야 한다.

미술치료 전공생들은 의료미술치료가 다른 유형의 미술치료와는 첫 장면부터 다르다는 것을 경험하며 당황할 수 있다. 다음은 이지윤(2013)의 연구 내용 중 의료미술치료로서 어린이병원학교 미술치료 실습 과정에서 체험한 미술치료 전공생의 진술 내용이다.

> "애들이 머리카락이 하나도 없고, 어떤 애는 피골이 상접해 있고, 어떤 애는 퉁퉁 부어서 눈, 코, 입이 파묻혀 있고, 주삿바늘 같은 거 주렁주렁 달고, 어떤 애는 의료장비를 달고 왔는데… 휴~ 정말 센터 같은 데서 일할 때는 일단 애들이 겉은 멀쩡하잖아요. 근데 애들은 딱 보기에도 아픈 애들이니까 내가 뭘 어떻게 해줘야 되나…멍했어요(이지윤, 2013)."

이와 같이 다른 유형과 환경의 차이를 보이는 의료미술치료 유형에 관련된 대학원 개설 과목은 다른 유형과 중복되는 교과목을 포함하여 심리치료, 집단치료, 미술심리치료학, 의료미술치료, 미술심리치료 기법 연구 등이 있다. 의료미술치료에서 내담자들과의 치료 개입을 위해서는 심리치료 이론과 미술심리치료학을 기초로 하여 의료미술치료만의 특수성과 특수한 환경과 내담자, 즉 의료 환자들에게 개입할 치료의 목표와 치료의 개입은 어떤 차이가 있는지를 숙지해야 하며, 신체적 제약 또는 질환으로 제한된 미술 매체 사용이 있을 수 있기 때문에 적합한 미술치료 개입을 위해서는 미술 매체 및 기법에 이론과 실제의 통합이 필요하다. 특히 재활미술치료는 재료와 매체를 다루는 능력을 이용하여 기술과 기능을 향상시키는 등 발달과 재활에 초점을 두기도 하므로(Malchiodi, 2013) 이에 관한 이론과 실제의 통합이 더욱 요구된다고 볼 수 있다.

교과목으로 의료미술치료에 관한 이론을 갖추긴 하지만, 각 질환에 따른 의학적인 지식들은 병원에서 관련 전문가에게 의학 지식에 대한 정보를 전해 받고 이에 관한 오리엔테이션을 받는 것이 바람직하다. 필자의 경우도 소아암 환자를 위한 의료미술치료에서 실습생으로 있을 때 소아암에 관한 오리엔테이션을 통해 소아암의 정의와 소아암 유형별 차이와 질환의 예후에 관한 지식을 전해 받았는데, 이는 대학원에서의 교과목과 함께 유용하게 실습에 도움이 되었다. 그리고 의료미술치료에서는 환자의 예상치 못한 건강상태의 악화나 임종 등을 경험할 수 있으며, 때로는 죽음이라는 실존적 문제를 마주하기도 한다. 이에 관한 호스피스 미술치료의 경우에도 호스피스 교육을 일정 시간 받은 후 미술치료에 임하도록 병원에서 권하고 있다.

기관미술치료와 마찬가지로 미술을 다루고 있는 다른 영역과 차별되는 미술치료임에도 불구하고 실습 현장에서 미술치료, 미술교육, 미술을 사용하는 레크리에이션의 차이를 확실히 구분하지 못하는 경우가 있고, 미술치료 전공생들은 현장실습에서 혼란스러움을 경험하기도 한다. 다음은 의료미술치료 현장에서 미술치료 실습생이 이와 관련하여 진술한 내용이다.

"병원학교에는 미술 시간이 있어요. 종이접기 이런 것도 있고… 그런데 미술치료 시간이 있는 거죠. 학교에서 수업 시간에 미술교육이랑 미술치료랑 분명히 다르다고 배웠는데, 들을 땐 알겠는데 내가 막상 하려니까 잘 모르겠어요. 머릿속에서는 아는데 아이들의 결과물을 보면 다 똑같으니까 과연 다르게 하고 있는 건지, 아이들도 다르다고 느끼는지요(이지윤, 2013)."

따라서 미술치료만의 특수성을 밝히고 미술치료사로서의 정체성을 확고히 갖출 수 있도록 탄탄한 학문적 지식을 습득하고 이것이 실습과 통합될 수 있도록 해야 할 것이다.

미술치료 석사 과정 첫 학기 수업 시간에 교수님께서 보여주신 동영상의 장면은 시간이 꽤 흘렀음에도 필자의 기억에 강하게 남아 있다. 병원에서 환자들이 휠체어를 타고 왔다 갔다 하며 휠체어 바퀴로 이미지를 표현하는 장면이었다. 또 현장실습에서 손가락을 쓸 수 없는 환자들에게 붓이나 스펀지를 장갑에 붙여 환자들의 손에 씌우고 그림을 그리도록 한 미술작업 경험도 있다. 신체적 질환이라는 제한을 가진 내담자들이기에 미술치료에서의 재료와 도구 또한 제한적이기도 하지만, 미술치료 안에서는 그 제한을 넘어 내담자들이 자유롭게 미술 표현을 할수 있고, 미술치료 전공생들은 이를 위해 창의성을 발휘해야 하며 이를 위한 지속적인 훈련이 필요할 것이다.

4. 일반인을 위한 미술치료

미술치료 유형 중 마지막은 미술치료에 관심을 갖고 있는 일반인을 위한 미술치료(NAT)이다(장연집, 2009, 2014). 정신과적 진단을 받지 않았더라도 현실적인 생활 속에서 심리적인 불편함과 어려움을 갖고 있어 이를 해결하고 삶에 더 적응적이고자 치료를 찾는 사람들이 있다. 대인관계에서 어려움을 경험하는 사람들, 무기력하거나 우울감을 경험하는 사람들 등 일상생활에서 어려움을 해결하고자 하는 사람들이 이에 해당한다. 현대사회는 많은 스트레스를 유발하며 이에 스트레스로 인한 압박, 불안 등을 호소하며 심리치료에 관심을 갖고 있고, 미술을 매개로 하는 미술치료에 관한 관심도 증가하고 있어 향후 일반인을 위한 미술치료의 수요는 많아질 것이다.

이렇게 정신과적 진단과 관계없이 스트레스나 심리적 갈등, 대인관계의 어려움 등을 해소하고 삶의 질을 향상시키고자 하는 사람들뿐만 아니라 영적인 건강과 조화 등을 목표로 하며 자신의 고통의 근원과 삶에 관심을 갖고 자신에 대한 깊은 이해와 성찰, 자기 주변에서 일어나는 일들에 대한 이해와 성찰을 통한 영적인 성장을 목표로 하고 있는 사람들 또한 정신과적 진단을 받고 미술치료를 받는 환자들과 차별을 둔다(Vick, 1996). 일반인을 위한 미술치료에서 내담자가 처해 있는 상황에서 일시적으로 경험하는 어려움을 극복하고자 하는 단기적인 접근의 미술치료도 있을 수 있고, 내담자가 삶의 과정에서 지속적으로 경험하는 불편감과 어려움을 해결하거나 자신에 대한 깊은 이해를 하기 위해 하는 단기적 또는 장기적인 접근의 미술치료도 있을 수 있다.

　이와 같은 일반인을 위한 미술치료에 관련된 대표적인 교과목은 심리치료, 집단치료, 미술심리치료학 등을 포함하여 아동 미술심리치료, 청소년 미술심리치료, 성인 및 노인 미술치료, 정신역동 미술심리치료 등이 있다. 기본 심리치료를 기초로 하여 발달심리학과 다양한 성격 이론 및 심리치료, 즉 정신분석, 대상관계, 분석심리, 인본주의, 게슈탈트, 인지행동 등의 이론에 관한 지식은 일반인을 위한 미술치료의 기본 토대가 되며, 여기에 미술치료에 관한 이론이 통합되어야 한다. 또한 학회, 학술제, 특강 등 교과목 외의 과정을 통해 심리치료의 변화하는 추세를 알아가는 것도 도움이 될 것이다.

　미술치료의 4개 유형을 수행하기 위해 미술치료 전공생들은 미술치료 관련 영역의 교과목과 심리학 및 심리치료 관련 영역의 교과목(제2장 참조)에 관한 충분

▲ **그림 3.1**　상자를 채우다(참여자 32), 종이에 색연필

한 학습을 통해 이론적 지식을 탄탄히 해 두어야 하는데, 이에 관한 경험은 제2장의 '미술치료학 전공 대학원에서의 학업 체험'에 있는 참여자들의 경험글들을 통해 볼 수 있다. 미술치료 전공생들은 이러한 교과목들을 공부하고 시험을 보는 학습 과정이 비록 힘들지만, 그 중요성을 현장실습에서 직접 체험하며 이론의 지식들을 쌓아 간다. 그림 3.1은 이런 의미를 담고 있는 석사 과정생의 그림이다.

미술치료의 네 가지 유형을 다룰 수 있는 미술치료사로 발전하기 위해서는 학문적 기반을 토대로 이론과 현장 경험이 통합되어야 하며, 더불어 예술적인 측면도 함께 성장해야 한다. 미술치료 전공생들은 대학원 과정에서 이를 차곡차곡 쌓아가며 독창성을 갖춘 미술치료사가 되어 간다.

제 4 장

개인 미술치료와 집단 미술치료

문리학

앞 장에서 다룬 미술치료의 4개 세부 유형의 현장에서 미술치료 전공생들은 내담자와 개인 미술치료 또는 집단 미술치료의 형태로 미술치료를 수행하게 된다. 각기 다른 형태와 방식의 미술치료를 알아야 하는 중요성은 미술치료사가 돌봐야 할 대상에게 필요한 방식에 관련된 지식을 갖추도록 한다(Rubin, 2008).

개인 미술치료에서는 내담자와 미술치료사의 1:1 치료적 관계 안에서 미술을 매개로 보다 집중적으로 치료가 이루어지는 것이라면, 집단 미술치료에서는 미술치료사와 집단원인 내담자들, 그리고 내담자들의 미술작업 및 미술작품들 사이의 복잡한 상호작용 속에서 집단 미술치료의 치료적 이점을 가지고 치료가 이루어진다.

1. 개인 미술치료

미술치료가 이루어지는 곳이 어느 곳이냐에 따라 집단 미술치료의 형태가 주가 되기도 하지만, 개인 미술치료가 일반적인 치료의 방식이라고 볼 수 있다. 미술치료에서의 치료 기간과 치료 시간 및 빈도 등은 내담자의 수준과 수용 능력에 따라 결정되는데, 개인 미술치료의 경우 이 모든 것을 내담자 한 개인에 맞춰 결정할 수 있다는 점이 치료에서의 이점으로 작용할 수 있다. 일반적으로 미술치료는 일주일에 한 번, 한 시간 동안 진행하며, 내담자의 위기 또는 적응 상황에 따라서 초기에 일주일에 두 번의 회기를 진행할 수 있고 점차적으로 내담자의 변화에 따라 이를 일주일에 한 번으로 변경할 수 있다. 반대로 내담자의 치료 진행이 가속화되며 치료 회기를 일주일에 한 번에서 두 번으로 변경할 수도 있다. 물론 치료 회기를 변경하는 것은 반드시 내담자의 모든 상황을 고려하고 결정하여야 하며 일반적으로는 이를 일관성 있게 유지하는 것이 좋지만, 한 개인과의 미술치료 작업에서는 좀 더 융통성 있게 시행할 수 있다.

Rubin(2008)은 많은 경험 속에서 개인 미술치료가 일차적인 치료 방식으로 실시될 경우 일주일에 한 번의 회기로는 충분하지 않았고, 두 번의 회기가 훨씬 더 합리적이고 최소한의 중재임을 경험했다고 밝혔는데, 이에 관해 내담자가 창조적이 되는 것을 가속화하며 치료 회기 간의 연속성을 증진하고 친밀감과 전이 현상을 증가시키기 때문이라고 보았다.

미술치료사는 내담자가 내면의 경험을 미술로 표현하고 자신의 미술작품의 의미를 발견하도록 돕고 격려하고 지지하는 역할을 하는데, 개인 미술치료에서는 내담자 개인에 맞춰 적절한 지지의 수준과 내면 통찰의 수준을 조절할 수 있다는 것이 강점이다. 또 집단 미술치료에 비해 친밀감과 전이가 빠르게 일어나고 협동적 관계를 통해 전이가 빠르게 해소된다는 것도 정신역동적 관점에서의 강점으로 볼 수 있다(Naumburg, 2014; Rubin, 2008; Wadeson, 2008). 결론적으로 개인 미술치료에서는 온전히 치료의 과정을 내담자 개인에게만 집중하기에 집단 미술치료보다 더 집중적이고 강렬한 치료 과정이 전개될 수 있다.

다음은 개인 미술치료에 관한 미술치료 전공생의 체험 글의 일부 내용이다.

◆━◆━◆

집단 미술치료를 준비할 때는 재료의 준비, 어떻게 집단원들과 인사를 하고 미술치료를 시작할지 등을 고민했는데, 개인 미술치료는 이러한 구조적인 부분들에 대한 준비는 상대적으로 부담이 덜했고 대신 내담자를 만나기 전에 이전 주에 나누었던 치료의 내용을 되짚어 보며 회기를 준비했었다. 내담자와 인사하며, 주제에 대해 이야기하고 내담자가 직접 재료를 선택하게 하는 그 과정은 내담자에게 특별한 경험을 주었다. 다양한 재료를 내담자 마음대로 사용해 볼 수 있어 재료에 대한 탐색의 기회가 집단 미술치료에 비해 더 자유로웠다. 또 회기에서 다룰 그날의 주제의 변경 또한 자유로웠다. 내담자가 미술 작업의 주제를 직접 변경하기도 했고, 내담자와 이야기를 나누며 치료사가 주제를 그 자리에서 제안하기도 했다.

한 초등학생인 여아 내담자는 재료장에서 자기가 직접 재료를 고르고 미술 작업을 하며 치료사와 둘만의 시간을 보내는 것에 자기가 특별한 아이가 된 것 같다는 이야기를 했다. 다른 아동도 치료실에서 그런 경험을 하는지 궁금해했고, 치료실에 들어오면 항상 먼저 재료장을 열고 살펴본 후 테이블에 앉았다. 한 회기에서 반짝반짝 빛나는 보석을 그림으로써 미술치료 안에서 온전히 받은 관심을 표현하였고, 이것은 내담자가 갖고 있는 전이에 관련된 표현이기도 했다.

(참여자 33)

이 체험 글의 내용과 같이 개인 미술치료는 집단 미술치료에 비해 내담자의 개인 욕구에 맞춰 치료 진행을 융통성 있게 조정하기 쉽다. 개인 미술치료에서도 단기적 접근인지, 장기적 접근인지에 따라 차이는 있지만 일반적으로 내담자의 상황에 따라 처음 잡은 치료 목표를 변경할 수 있는 것도, 그리고 치료의 속도를 내담자에 맞춰 조정할 수 있는 것도 개인 미술치료의 특징이다.

그림 4.1은 미술치료사와 내담자가 치료 목표를 향해 함께 가지만 미술치료사가 내담자의 속도에 맞춰 한 발짝 뒤에서 따라가며 내담자에게 관심을 두고 반응을 살피며 내담자가 미술로 자유롭게 표현하고 그 안에서 자기를 탐색하도록 하는 치료적 관계를 표현한 것이다.

마지막으로 미술치료 전공생이 개인 미술치료의 현장실습에서 내담자를 대하는 마음이 각각 다름을 자각하고 이에 치료사로서 균형을 잡으려고 노력하는 체

▲ **그림 4.1** 개인 미술치료에서의 미술치료사와 내담자

험 글을 소개한다. 미술치료사는 다른 내담자에 비해 특별히 마음이 가는 부분이 있는지, 내담자를 만나는 것이 불편한지 등 내담자에게 특정 감정을 갖고 있는지를 자각하여 치료사가 역전이 감정을 갖고 있는지, 치료사로서의 역할을 잘하고 있는지 등을 점검하고 그에 관한 이해를 하고 있는 것이 중요하다.

❖⸱—⸱●⸱—⸱❖

지금까지 매주 내담자들이 바뀌는 집단 치료만 진행을 해 와서 한 내담자를 장기간 만날 수 있는 개인 치료를 하고 싶었다. 아이들을 많이 가르쳐 보기도 했고 병원학교에서도 때론 개인으로 아이들과 회기를 진행해 보았지만, 개인 치료에서 아이를 만나는 나의 자세는 또 달랐다. 뭔가 새로운 도전을 하는 기분이 들었다. 더 긴장되었고 첫 단추를 잘 끼워야겠다는 생각에 말 한마디 하는 것도 신경 써서 하고 있는 나를 발견했다. 그리고 ○○에 대해서 소개받을 때 아이가 눈치껏 행동한다는 얘기를 듣고 ○○이 미술치료 시간에는 눈치 보지 않고 편안하게 있다가 갔으면 하는 마음에 더 신경을 썼던 것 같다.

어려운 환경 속에서도 나쁜 길로 가지 않고 밝게 생활하려는 ○○이 대견해 보였고 이 아이가 마음의 짐을 덜 수 있도록 나도 같이 노력해야겠지만 현재 ○○을 생각하면 앞으로 어떻게 진행해야 할지 막막하기도 하였다. 어렸을 적

부모님과의 애착관계 문제, 또래관계에서 생기는 문제, 낮은 자존감에서 오는 것들을 어떻게 풀어야 할지…. 그리고 사춘기에 들어서고 있는 시기로 ○○이 잘 보내야 할 시기이다.

나는 ○○에게 뭔가를 해주기보다는 ○○이 스스로 자신의 감정을 처리하는 수단으로 그림 작업을 했으면 좋겠다. 미술작업이 심리적 공간이 되어, 어렸을 적에 맺지 못했던 관계도 경험하고 미술작업을 통해 자신도 할 수 있다는 자신 감이 생겨 자존감도 높일 수 있는 기회가 되었으면 했다. ○○은 지원을 받아서 미술치료를 하는 아이로 1년 후에는 치료를 받지 못할 가능성이 크기 때문에 미술치료 종결 후에도 혼자서 해결할 수 있는 방법들을 알려주고 싶었다.

같은 날 ○○의 회기 후에 △△와의 회기를 진행하는데, 나는 상대적으로 힘든 ○○에게 마음이 더 갔다. 치료사로서 각 내담자의 고통스러운 부분들을 담아 주어야 하는데 이 두 내담자를 분리하지 못하고 자꾸 한쪽으로 기울어지게 되었다. 마음에서뿐만 아니라 일지, 회기 준비에서도 한 내담자에게 치우치고 있다는 것을 깨닫고 의식적으로 균형을 잡으려고 노력하였다.

(참여자 30)

2. 집단 미술치료

1) 집단 미술치료의 치료적 요소

집단 미술치료의 상황은 내담자들에게 자연스럽게 언어적/비언어적인 의사소통과 상호작용의 경험을 갖게 한다. Wadeson(2008)은 이러한 집단 미술치료에서 취해야 할 치료의 방향을 두 가지로 나누어 보았고, 그중 하나는 집단치료를 역동적 접근 중심으로 수행하는 것이고, 다른 하나는 이미지를 만들고 이해하는 것을 집단에서 공유하는 것에 중점을 두는 것이며, 이 둘은 서로 중복될 수 있다고 하였다.

시각적 이미지인 미술은 집단치료의 역동적 접근을 촉진하는 특성을 갖고 있다. 미술치료에서의 특성은 신뢰감과 응집성 수준을 높이는 것이며, 시각적인 언어가 발전되고 표현되고 서로 공유하게 되면서 집단 미술치료의 집단원들은 다른 집단원이 이미지로 표현한 상징, 스타일, 주제를 알게 되고 자신의 시각적 표현의 특성도 다른 집단원들에게 알려지게 한다. 집단원들은 시각적 이미지를 통해 집단이라는 공동체에 자연스럽게 참여하게 된다. 감정이나 경험을 시각적으로 나타내 주는 미술 표현은 한 집단원의 표현으로 멈추는 것이 아니라 집단원들과 이미지를 공유함으로써 자신만의 특수한 문제들이 아닌 삶의 보편적인 문제임을 경험하게 해 준다. 즉 사회적 소우주, 지금-여기와 보편성이라는 경험을 하게 해준다(Wadeson, 2008, 2012).

Liebmann(2013)은 집단 미술치료의 목표를 개인적 목표와 사회적 목표로 구분하는 연구 결과를 통해 미술치료사들은 특정한 질병에 대한 구체적인 치료보다는 집단 구성원들의 개인적·사회적 기능을 향상시키고 때로는 변화시키는 것에 집단 미술치료의 목표를 둔다고 보았다. 뿐만 아니라 집단 미술치료가 갖고 있는 치료적 요소를 연구한 내용(Liebmann, 2013 재인용; Waller, 1993)을 보면 정보 제공 및 공유, 희망의 주입, 환자들이 서로 도움, 환자는 다른 사람들도 같은 문제, 불안, 두려움을 가진 것을 깨달음, 소집단은 가족을 재현하는 역할을 함, 카타르시스(표현하면 크게 완화됨), 다른 사람들과 상호작용하는 방법을 배우고 이것에 대해 피드백을 받을 수 있음, 집단 응집력(안전한 공유의 장소가 될 수 있음), 대인관계 학습(오래된 행동방식을 살펴보고 고칠 수 있음)과 같은 아홉 가지의 치료적 요소들을 볼 수 있다. 이 내용을 보면 Yalom(2008)이 강조한 집단치료의 치료적 요소들과 아주 유사함을 알 수 있다.

2) 집단 미술치료에서의 구조화

Rubin(2012)은 다수의 미술치료 문헌들을 분석하고 세 종류의 미술치료 집단, 즉 작업실 기반 집단(studio based group), 주제나 과제 중심 집단(theme or task focused group), 그리고 과정 지향적 집단(process oriented group)으로 나누어 보았다. 먼저 작업실 기반 집단은 미술작업을 위해 모이고, 주된 초점이 각 개인의 과정과 작품에 있으며, 작업하는 사람과 미술치료사의 상호작용에 초점을 두는데, 이는 주로 병원에서 진행된 방식이다. 주제나 과제 중심 집단의 경우 특정 대상군의 필요에 따라 주제가 결정되어 미술치료가 진행되는데, 예를 들면 영아 상실을 경험한 산모들에게 콜라주 작업으로 상실을 작업하도록 하는 것이다. 마지막으로 과정 지향적 집단은 집단 구성원들이 리더와 구성원 상호 간에 언어 및 미술작업을 통해 어떤 상호작용을 하느냐 하는 것에 초점을 둔다(Rubin, 2012). 이와 같은 구분은 집단 미술치료가 시행되는 곳과 대상에 따라 어디에 초점을 둘 것인지를 고려하여 집단 미술치료의 전체적인 구조화를 이해하는 데 도움이 될 수 있을 것이다.

일반적으로 집단 미술치료에서는 집단의 상호작용을 최대화할 수 있는 환경을 위해 미술치료를 시작하기 전 개인 미술치료보다 구조화 측면에서 더 고민하고 준비할 부분들이 있다. 치료사는 집단을 어떻게 구성할지에 대한, 그리고 그 집단을 원활하게 이끌기 위한 준비와 개입을 고민하고, 내담자들의 미술활동에 관한 준비를 한다. 일반적으로 집단 미술치료의 경우에서 미술치료사는 능동적인 역할을 하여 주제와 활동을 미리 정하고 내담자들, 즉 집단원들에게 제안한다. 이때 치료사는 특정 목표를 가지고 집단 미술활동을 유도하는데, 집단원들이 갖고 있는 공통적인 문제와 집단원들의 요구 및 수용 능력에 따라 적절하게 선택해야 한다. 특히 시간 제한이 있을 때 적당한 주제 설정은 집단을 더 빨리 응집시키는데 도움이 되며, 주제를 공유하는 것은 집단을 결합하는 데 도움이 된다. 때로는 미술을 활용해서 탐험하고 싶은 문제나 주제를 확인하도록 집단에게 요구하기도 하는데(Malchiodi, 2012), 때때로 새로운 작업이나 논쟁을 하게 하는 것은 오래된 관습에서 벗어나게 할 수도 있다(Liebmann, 2004).

집단 미술치료에서 미술치료사에게 시간 배분의 문제는 어려운 것 중 하나이다. 시간과 관련하여 고려해 두어야 하는 것은 첫 번째로 재료의 문제이다. 미술 재료의 종류가 미술작업 시간에 영향을 줄 수 있기 때문에 미술 재료 선택 시 집단 미술치료의 시간을 고려해 두어야 한다. 아울러 집단 미술치료에서 미술작업을 끝내는 시간이 집단원들마다 다를 수 있다. 집단 미술치료에서 한 집단원의 미술작업 속도가 다른 집단원들과 차이가 클 때 집단에서 일어날 수 있는 역동은 어떠한지, 이에 대하여 치료사가 어떤 방식으로 조율해야 하는지 등을 생각해 볼 필요가 있다. 집단 미술치료 시간의 구조에 관하여 미술활동 시간과 집단 토의 시간을 두고 집단의 우선이 미술작품에 있는지, 집단의 토의에 있는지도 생각해 봐야 할 것이다.

　미술치료의 네 가지 유형 중 임상미술치료의 정신과 병동의 폐쇄 병동 및 낮 병동에서의 미술치료와 기관미술치료에서는 집단 미술치료의 형태가 많으며, 의료미술치료 또한 개방형 집단으로 집단 미술치료가 진행되기도 한다. 이러한 집단 미술치료는 집단의 구성원들이 장기적으로 집단에 남아 있기 어려운 상황이 대부분이기 때문에 단기로 진행될 가능성이 높다. 개방형 집단 미술치료의 경우 집단원이 자유롭게 들어오고 나가기 때문에 역동적 접근으로 다루기 어렵고, 단기의 집단 미술치료의 경우에는 장기 집단의 경우보다 더 구조화된 접근이 요구된다(Malchiodi, 2012; Wadeson, 2008).

　개인 미술치료에서는 미술작업을 통해 내담자 자신과 교감하는 데 의미가 있지만, 집단 미술치료에서는 집단원 개인의 미술작업이 그 집단원 개인만의 경험으로서만 의미 있는 것이 아니다. 한 공간에서 시각적 이미지를 공유하는 것은 여러 면에서 영향을 줄 수 있다. 집단 미술치료 안에서 집단원들은 시각적 이미지를 통해 반복되는 상징, 주제, 그림에서의 스타일 등을 보며 집단원들의 감정 상태의 다양한 면을 알게 되고, 때로는 다른 집단원의 반응을 통해서 자기탐색의 기회를 갖기도 한다(Wadeson, 2008, 2012). 때로는 다른 집단원의 미술 표현의 스타일에서 아이디어를 받아 미술작업의 창조성에 도움이 될 수도 있다.

　집단 미술치료에서 미술치료사는 집단 전체에 관한 구성과 발달에 관한 비전을 가지고 집단을 이끌어 감과 동시에 각각의 개인 집단원들의 진전에 관한 시각도 함께 갖고 있어야 함(Wadeson, 2008)을 잊지 말아야 한다. 개인 미술치료의 경우 미술치료사는 내담자 1인과 미술작업에 집중하며 관찰할 수 있지만, 집단 미술치료에서는 치료사 혼자 집단을 이끌어가며 때때로 개인 집단원들의 미술활동을 보조해 주며 모든 집단원들의 미술작업과 그들의 행동을 관찰하는 것이 벅찰 수도 있다. 이런 경우 2인의 미술치료사가 협업하여 집단치료를 이끌 수 있다. 대부분의 공동 치료사 팀은 고의적으로 혹은 (대개는) 자신들도 알지 못하는 사이에 역할 분담을 하게 되지만(Yalom, 2008), 치료 전 주치료사와 보조치료사 각각의 역할을 분명히 구분하여 원활한 집단 미술치료가 진행되도록 유의해야 한다.

필자의 경우 입원 환자들을 대상으로 하는 집단 미술치료에서 많은 환자들의 참여 때문에 병원에 보조치료사가 필요하다고 요구하였고, 병원에서는 자원봉사자를 보조치료사로 집단치료에 참여시켰다. 때론 간호사가 집단치료에 보조치료사로 참여한 적도 있었다. 경험에 비추어보면 이런 경우 치료사의 역할과 태도에 대한 이해의 부족으로 집단 미술치료에 도움이 되지 않는 경우가 많다. 치료 시작 전 미술치료에 관한 오리엔테이션을 했음에도 불구하고 치료에 대한 잘못된 인식으로 과장된 칭찬을 하거나 환자들에게 앞선 조언을 하거나 섣부른 미술활동 개입을 하는 등 오히려 치료에 방해가 된 경우도 있었다. 결국 병원 관계자에게 미술치료와 미술치료사의 역할 및 태도에 대해 재차 설명하고 결국 미술치료 전공자와 함께 일할 수 있었다. 그 이후 매 회기 집단 미술치료를 마치고 보조치료사와 함께 집단원들에 관한 관찰 내용을 공유하며 개인 집단원들의 이해와 변화 및 전체 집단에 관한 피드백을 나누었다.

두 사람이 집단치료에 대해 의논할 수 있다는 것은 그 가치가 매우 크며 치료 과정 중 돌발 행동을 하는 집단원이 있는 경우 등 치료 과정에서 일어날 수 있는 함정들을 피해 갈 수 있다(Liebmann, 2013).

미술치료학 석사 과정생의 현장실습 경험에 관한 연구에서도 집단 미술치료에 관한 구조화와 주치료사와 보조치료사의 공동치료에 관해 언급하고 있다. 집단원들의 개인별 상황이 다르기 때문에 회기에 최소한의 구조화를 갖는 것이 안정감을 주고, 예상치 못한 상황들이 많아 보조치료사와 협력하는 것이 중요하다는 것을 체험 연구를 통해 보여주고 있으며, 특히 개방 집단 미술치료 현장실습에서의 예상치 못한 돌발 상황에 대해 수용할 수 있는 여유와 유연성이 키워지며 치료사로서의 성장 경험이 됨을 보여주고 있다(이마리아, 2016).

3) 대학원 석사 과정생의 집단 미술치료 활동의 체험

하나의 집단이 함께 과제에 참여했다면 이 경험을 그림으로 나타내도록 하는 방법 또한 유용하다(Rubin, 2007). 이미지 만들기를 그 집단에서 나눌 때 강조하는 것은 그림으로부터 파생되는 통찰력보다는 '그림이 어떻게 발달해 나가는지'이며, 미술치료사의 역할은 집단 역동적인 접근의 역할이 아니라 구조를 갖추고 방향을 이끌어 주는 촉진자의 역할이다(Wadeson, 2008).

다음은 대학원 입학 후 석사 과정 첫 학기를 보낸 경험을 주제로 한 미술치료학 전공 석사 과정 학생들의 집단 미술치료 활동에서의 이미지(그림 4.2, 4.3)와 이 주제와 집단 미술치료 활동에 관한 체험 글이다. 이 자료들을 통해 집단작업의 이미지가 만들어지는 과정과 집단원들의 체험을 볼 수 있다. 집단 미술치료 활동에서 한 개인의 이미지는 개인의 것으로만 머무르지 않고 다른 집단원의 이미지로 확장되어 전체 집단 이미지를 만들어낸다. 다른 집단원의 반응은 주제에 관한 공감뿐만 아니라 예상치 못한 경험을 주기도 하고 인식 확장의 기회를 주기도 한다.

(전략) 정리된 생각과 종강의 기쁨, 사람으로 한층 더 성장한 기쁨이 현재 내 마음의 상태이다. 이러한 마음상태를 그림으로 표현해 보았다. 처음에는 여러

 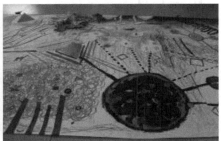

▲ **그림 4.2** 미술치료학 전공 석사 과정생들의 집단작업 이미지[1]

(1) '대학원 입학 후 석사 과정 첫 학기를 보낸 경험'을 주제로 한 집단 미술활동 참여자 : 참여자 35, 36, 37, 38, 39, 41, 42, 43, 44.

다양한 색을 모아 동시에 방향성 없이 선을 그었다. 내 구역에만 그리다가 다른 선생님의 구역을 침범하면서 선을 뻗거나 주변 선생님들의 작업이 허전하고 색이 없어 거기에 색을 입히거나 꾸며 주기도 했다. 허전한 나무 그림이 있었는데 그 나무 그림에 꽃과 열매를 그렸다. 나무 그림을 그리신 선생님이 한참 후에 나무를 그리셨는데 주저하시는 것 같아 선생님께 용기와 힘을 주고 싶어서 그러한 요소를 넣었고 다른 선생님의 무채색 동그라미 작업에 색을 넣어 해바라기 같은 꽃을 표현했다. 다른 선생님들의 작업에 조금씩 참여하면서 내 작업을 확장했다. 종이 한 장으로 나의 에너지를 표현하기에는 공간이 부족하여 종이 한 장을 덧붙여서 더 넓게 뻗어 나갔다. 종이를 붙이니 주변에 있던 다른 선생님들의 작업이 커졌다. 열심히 뻗어 나가니 큰 기둥과 뭉치가 생겼다. 이 모습이 마치 큰 나무 같았다. 이 나무를 '에너지 나무'라고 이름을 붙였다. 나의 큰 나무가 생긴 후 본격적으로 다른 선생님들의 작업에 놀러 갔다. 색이 없는 경직된 네모 작업에 밝은색으로 네모를 추가했다. 공원 의자 옆에 강아지 그림을 그려 생명을 불어넣었고 어두운 기운을 뿜는 작업에 밝은 색을 넣어 빛나게 했다. 본인 작업에 참여해도 되는지 양해를 구하거나 슬쩍 작업에 덧붙이기도 했는데 작업에 색을 입혀 선생님들께 힘을 주고 싶었다. 한 바퀴를 돌면서 각자의 작업에 너무 침범하지 않게 끼어들었다. 한 바퀴 돌고 나니 내 나무 위에 탑같이 생긴 무언가가 세워져 있었고 내 그림 위에 여러 그림이 그려져 있었다. 나무에 여러 작업의 열매가 걸린 것 같았다. 반면 기둥 부분은 거의 원상태 모습을 유지하고 있었다. 작업이 끝난 후 결과물을 바라보니 각 작업이 한 평면에 서로 어우러져 있었다. 시각화된 작업을 보고 나의 현재 상태의 에너지를 느꼈다. 학기 중 스스로에 대한 고민이 많아서 힘들고 우울했던 시기가 있었는데 시간이 지나고 조금씩 생각이 정리되면서 에너지가 생긴 것 같다. '많이 힘들었지만 다시 힘을 낼 수 있구나' 하고 또 한 번 생각을 정리했다. 또한 동기 선생님들도 힘냈으면 하는 바람이 있다.   (참여자 37)

▲ **그림 4.3** 미술치료학 전공 석사 과정 학생들의 집단작업 이미지[2]

물을 많이 섞어 큰 붓을 이용해 큰 역의 점을 그리고 그 안에 조그만 붓으로 먹을 점처럼 떨어트려 우연적인 번짐 효과를 기대했다. 점은 시작, 기본을 의미하여 점들이 모여 뭔가 큰 점을 만드는 그 행위에 의미를 두고 싶었는데, 하다 보니 옆의 보람 선생님이 '마치 우주 속 행성 같다' 하셔서 콘셉트를 그렇게 잡기로 하고 또 다른 여러 행성들을 만듦으로써 1학기 동안의 경험을 '시작과 함께 서로 연결되어 있는 새로운 우주'라는 콘셉트로 만족스럽게 마무리짓게 되었다. 하다 보니 나 혼자 검은색 먹을 사용하여 살짝 튀고 빈 공간이 많아 외로운 느낌이라고 생각되었는데 다른 선생님들이 주변을 예쁘게 꾸며주셔서 작업을 통해 소속감이 들고 내 그림이 전체와 어우러지는 모습을 보게 되어 안도감이 들었다. 뭔가 처음에 혼자 작업을 시작할 때는 두려움, 긴장, 외로운 느낌으로 시작하다가 결국 마지막엔 같이 어우러지면서 안도감을 느끼게 되었다. 저번에는 교수님의 권유로 그렇게 하기 시작하지만 이번에는 누가 시키지도 않았는데 자발적으로 서로 개입하면서 무언의 위로를 해 주는 따뜻한 느낌이 내 그림을 어루만지듯 나를 어루만지는 느낌이었다.   (참여자 38)

집단 미술활동은 큰 전지를 이어 붙인 후 다 같이 같은 종이에 작업하는 형식

---

(2) '대학원 입학 후 석사 과정 첫 학기를 보낸 경험'을 주제로 한 집단 미술활동 참여자 : 참여자 35, 36, 37, 38, 39, 41, 42, 43, 44.

으로 진행되었다. 각자 자기 앞에 있는 부분의 종이에 개인 작업을 한 후, 돌아다니면서 다른 사람들의 작업 위에 무언가를 추가하는 식으로 어떤 규칙 없이 자연스럽게 진행되었다.

내가 느낀 1학기의 경험에 대한 솔직한 마음을 미술로 표현하려고 했다. 그때 나의 마음은 관문을 하나하나 통과하면 고지가 있을 줄 알았는데 아무리 가도 그 고지가 보이지 않는, 끊임없이 관문을 통과해야만 할 것 같은 마음이었다. 이런 나의 마음을 연속되는 정사각형 모양의 틀로 표현하였고, 연속으로 이어지는 네모, 네모, 네모… 그 안에는 작은 내가 있었다.   (참여자 44)

집단 미술활동은 나의 범위를 한정짓고 피라미드를 짓는 시간이었다. 각자가 나름대로의 예술적 에너지를 풀어 놓는 곳에서 나의 활동 또한 타인과 조화롭게 어우러졌다. 하지만 그 넓은 종이 위에서 피라미드를 만들기 위해 활용된 미술 표현은 아주 적은 부분이었고 그 부분은 하얗게 남아 나만의 영역으로 떨어져 나왔다. 그리고 이내 그것은 '나는 고작 이 만큼의 영역만 활용하기 위해 이렇게까지 노력해 온 것일까', '나머지의 부분들은 버려지는 것일까', '버려지는 저 부분들을 붙잡을 수 있는 방법은 없을까' 같은 생각으로 나를 압도해 왔다. 이러한 생각들은 노력해 일구어놓은 예술성에 대한 회의감, 아쉬움, 미련, 그리움을 불러일으켰다.

그러던 중 다른 구성원에 의해 타인의 모든 미술활동이 조각으로 모아졌고 그 조각들은 나의 피라미드 속으로 들어오게 되었다. 그렇게 나의 피라미드 내부에는 큰 종이의 부분들이 모두 자리 잡게 되었다. 이는 기분 좋은 충격이었다. 광활한 종이 위에 버려졌다고 느낀 나의 일부들이 그리고 나의 것이 아니었던 타인의 예술성까지도 나의 피라미드 속으로 들어오게 되면서 분리되어 있던 나의 영역은 다시 조화를 이루었다. 이로써 내가 활용한 영역은 단지 첫 학기 동안의 미술심리치료학을 배우기 위해 필요한 부분들이었음을 깨달았고, 나머지 부분들은 앞으로의 학업 동안 더 크고 웅장하며 속이 꽉 찬 피라미드를 짓기 위해 아직 활용되지 않은 부분들이라는 것을 깨달았다. 내가 마련해 놓은 광활한 사막 위에서 나의 피라미드는 점점 더 커질 수 있을 것이고 이를 위해 더욱 노력할 목적이 생겼다는 점에서 나에게 기분 좋은 의미를 주었다.

이처럼 집단 미술활동을 통하여 나의 감정을 시각 언어로 표현하고 그것을 바라보는 과정은 나를 압도하기도 하고 나를 객관적으로 비춰 주기도 한다. 하지만 무엇보다 집단 미술활동은 타인과의 상호작용 경험이다. 타인의 우연적인 활동은 나에게 영향을 미치고 그것은 나에게 미처 예상하지 못한 2차적 감정을 불러일으킨다. 타인의 삶의 태도는 나의 삶의 방향에 영향을 주며, 내가 그렇듯 구성원도 그러할 것이라는 점에서 기분 좋은 경험이 되었다.

(참여자 43)

3월 대학원에 입학한 지가 엊그제 같은데 벌써 한 학기가 지나 종결을 앞두고 있다. 뭔가 시원섭섭한 느낌이 들 줄 알았는데 아직 아무런 느낌이 없다. 시험을 앞두고 있기 때문인 듯하다. 처음 작업을 할 때 어떻게 시작해야 할지 조금 망설여졌다. 미술작업을 하려면 늘 약간의 망설임이 있고 특히 집단작업을 할 때 조금 더 그렇다. 내담자들에게 미술작업을 제시하면 그들도 약간은 막막한 기분이 들 것 같다.

뭔가 복잡한 머릿속을 단정하게 정리해서 상자 속에 차곡차곡 집어 넣고 어딘가에 잘 보관해 두고 싶다는 기분이 들었다. 그런데 지금 기분으로는 뚜껑을 덮을 수가 없다. 확실하게 종료된 것이 아니기 때문에. 지금 내 마음은 여행을 가기 직전 짐을 싸며 거의 다 채워져 가는 여행가방 같다는 기분이 들었다. 한두 가지만 정리하면 뚜껑을 닫고 길을 떠날 수 있다. (중략) 내가 첫 학기를 지나온 길, 그리고 앞으로 대학원을 졸업할 때까지 계속 가야 할 길, 실은 그 이후로도 계속 이어질 긴 여정, 길 끝에 뭔가 다른 세상으로 통하는 통로를 그렸다. 그곳이 밝은 빛인지 정체를 알 수 없는 블랙홀인지 모르지만 그곳을 지나면 새로운 길로 연결될 것이다.

초반 나 자신의 작업과 나 자신의 느낌과 생각에 집중하다가 주변 동료들의 작업이 궁금해졌다. 지난번 집단작업 때 같이 있었던 분들이 이번에도 양옆에서 작업했는데 지난번에 받았던 느낌과 다른 느낌이라 조금 안도감이 들었다. 미술 도구들이 도화지의 가운데 부분에 놓여 있었는데 각자 도화지의 가장자리 부분에서 작업을 어느 정도 마치자 미술 도구들을 치운 자리로 확장해 나가기 시작하였다. 한 분이 삼각형 입체 구조물을 가운데 부분에 위치시켰는데 그것이 피라미드 같다는 생각이 들었다. 나는 길의 끝에 어딘가로 연결되는 블랙홀 부분에서 작업을 멈추고 있었는데 그 블랙홀을 지나서 피라미드까지 가는 길을 잇고 낙타들을 그려넣었다. 지난번의 집단작업이 이번 작업에서의 확장을 조금 더 쉽게 해준 것 같다. 다른 사람과 연결짓거나 중앙의 빈 공간으로 확장해 나가는 부분에 있어서 '내가 침범적인 것은 아닐까? 내가 지나치게 많은 면적을 혼자 차지하는 것은 아닐까?' 등의 걱정 없이 편안하고 즐겁게 작업할 수 있었다. 작업을 확장해 나가며 주변 분들과 같이 놀이처럼 서로의 작업에 덧그리거나 도운 부분이 좋았다. 양옆에서 작업하신 분들도 지난번에는 위축되고 소극적인 느낌이었다면 이번에는 보다 더 자신감 있고 외향적인 느낌으로 서로 연결되는 것에 거부감이나 불편감을 느낄 수 없어 더 편안하고 안심되었다.

전체 작업물에 대한 느낌도 각자 자신의 개성이 잘 드러나면서도 서로 잘 어울린다는 느낌이 들어 좋았다. 어두운 분위기의 그림들도 전체적으로는 뭔가 따뜻하고 포근하고 밝은 분위기에 자연스럽게 녹아 있는 느낌이었다. 뭔가 흥미진진한 이야기가 있는 느낌이었다.

한 명씩 돌아가면서 자신의 작업에 대한 간단한 설명을 하였는데 그 이야기를 듣고 나서 나만 약간 동떨어진 느낌이 있었다. 한 학기의 경험 중 많은 부분을 차지하고 있는 부정적 감정들이나 한 학기의 경험을 통해 얻은 긍정적 깨달음 등의 이야기들이 나왔는데 나는 현재의 감정에만 초점을 맞추었다는 생각이 들었다. 한 학기라는 시간을 따로 떼어 돌아보지 않았다는 생각이 들며 왜 그럴까 생각해 보게 되었다.

두 가지 생각이 들었는데 '내가 감정이라는 부분을 중요하게 여기지 않는 게 아닐까' 하는 생각이 먼저 들었고 다음은 아무래도 연령 차이에서 생기는 삶에 대한 태도의 차이라는 생각도 들었다. 대학원에 들어와서 했던 미술작업 중에 여정, 혹은 길에 대한 표현이 재차 나오고 있는데 그게 아무래도 내가 대학원이나 미술치료 혹은 내 삶에 대해 느끼고 있는 마음의 상태인 듯하다. 낙타가 표현된 부분도 역시나 그저 조금씩 묵묵하게 걸어가야 한다는 생각의 표현이 아닌가 싶다. 내 작업을 다시 보며 느껴지는 감정은 모험을 떠나는 느낌, '동화 같다'라는 것으로 나는 대학원 첫 학기 과정을 약간 기대되고 설레는 마음으로 느끼고 있는 게 아닌가 싶다.

집단 과정에서의 나의 행동을 돌아보면 확실히 조금 더 편하게 느껴지는 사람들과 더 적극적으로 연결하고 상호작용하였음을 알 수 있다. 피라미드를 만든 분과도 감정적으로 편안함이 있어서 아무래도 연결이 조금 더 쉬웠던 것 같다. 그런가 하면 도화지의 다른 부분에서 작업하신 분들과는 거의 아무런 교류도 하지 않았는데 나 자신이 뭔가 아직은 상호작용할 만한 준비가 안 되었다는 느낌이었다. '집단 내에서 받아들여지는 것에 대해 걱정하고 있었구나'라는 느낌과 함께 그래도 어느 정도 수용되고 받아들여지고 있다고 여겨지며 편안함이 증가한 느낌이 있다.   (참여자 41)

제 **3** 부

대학원 과정에서의
현장실습과 슈퍼비전

현장실습과 슈퍼비전은 현장 전문가로서의 성장을 위해 매우 중요하고 자기관리의 한 부분으로서 반드시 필요한 교육과정이고(장연집 2013), 현장실습과 슈퍼비전은 이론에서 실제적인 측면으로의 전환, 현장실습의 적응, 내담자 지원, 그리고 자신의 일과 관련된 스스로에 대한 이해를 발달시키는 것이며, 이 과정에서 직면하는 도전들을 극복하도록 돕는 데 목적을 두고 있다(Orr & Gussak, 2005).

제3부에서는 석·박사학위 과정생의 미술치료 현장실습과 슈퍼비전에 대하여 제5장과 제6장에서 미술치료학 전공생들의 체험 자료들을 중심으로 하여 각각 다루었다.

제5장에서는 전문가로서 미술치료사가 되기 위해 경험하는 대학원 석·박사학위 과정생의 미술치료 현장실습의 훈련 내용과 함께 미술치료의 네 가지 유형인 임상미술치료, 기관미술치료, 의료미술치료, 일반인을 위한 미술치료의 현장실습에서의 대학원 전공생들의 체험을 보았다.

제6장에서는 대학원 교과과정에서의 미술치료 슈퍼비전과 예술작업을 통한 미술치료 슈퍼비전, 현장 슈퍼비전 및 학위 과정 이후의 슈퍼비전 등 미술치료에서의 다양한 슈퍼비전을 살펴보며 미술치료사로 성장하는 과정 속에서 슈퍼비전의 중요성을 다루었다.

대학원 석·박사학위 과정생의 미술치료 현장실습

김태은

1. 대학원 석 · 박사학위 과정생의 미술치료 현장실습

미술치료학에 대한 공부가 깊어질수록 가장 우선시해야 하는 부분은 바로 '미술치료사'에 대한 것이다. 미술치료사는 정신건강 분야의 전문인으로서 끊임없이 개인적인 발전을 위한 노력을 하고 책임감을 갖추어야 한다(Wadeson, 2008). 전문적인 미술치료사가 되기 위해서는 학문적 측면과 더불어 예술적 측면, 그리고 임상적 측면에 대한 균형 있는 소양이 필요하다(장연집, 2009). 이 모든 훈련을 통합적으로 접할 수 있는 장소는 대학원이며 미술치료학 교과과정은 주로 학부를 토대로 하지 않기 때문에 석사학위 과정은 미술치료사 훈련 과정의 초석이라 할 수 있다.

미술치료학 전공 석사학위 과정생은 교과과정의 강의를 통해 학문적 측면과 예술적 측면을 지식적으로 배우고 익히는 반면 임상적 측면은 미술치료학 석사학위 과정생이 학교가 아닌 외부의 실습 현장으로 나가 미술치료를 진행하는 실제적인 훈련 과정이다. 이러한 실습 현장에서의 경험은 과정생들이 미술치료사로서 성장하는 데 가장 기본적인 과정으로, 그 경험을 바탕으로 전문인으로서의 성장을 이루어 나가는 첫걸음이 된다.

현장실습을 통해 미술치료사는 다양한 내담자군을 개인 및 집단으로 만나게 되는 임상 참관 및 실습의 기회를 갖게 되며, 동시에 미술치료사로서 요구되는 개인적 특성, 성품, 그리고 자신의 경험을 환자의 경험과 함께 다루어낼 수 있는 개인적 성숙도를 갖추기 위한 내면적 탐색의 기회와 훈련 과정을 갖게 된다(장연집, 2002).

이 장에서는 이론적으로 배운 것들을 현장에 적용해 보는, 즉 미술치료 석사 과정생이 다양한 현장에서 예비 미술치료사로서 훈련하는 현장실습에 대한 경험을 살펴보려 한다.

석사학위 과정생들이 현장실습을 나갈 때 기본적으로 학교에서 정해주는 세팅도 있겠지만 점차 자신이 관심을 가지고 있던 분야의 실습지를 찾아 경험의 폭을 넓히고 깊이를 더하곤 한다. 사람마다 관심 분야가 다르듯이 같은 장소라 해도 훈련생이 그곳에서 경험하는 것은 각각 다르다. 하지만 공통적으로 얻게 되는 부분이 있는데 그것은 바로 훈련 중 경험을 통해 '자신의 모습을 깨닫게 된다'는 점이다. 훈련생, 즉 학위 과정생들은 꽉 찬 학업계획을 수행해야 할 뿐 아니라 때로는 호된 시련인 자기 자신을 탐색하는 시간을 가져야 한다. 이렇게 현장실습 장면에서 자기 자신을 바라보고 미처 알지 못했던 자신의 모습을 알아가는 '자기각성'의 경험은 매우 어렵지만 자신의 삶을 풍요롭게 성장시키는 중요한 자양분이 된다.

현장실습, 즉 미술치료 훈련이 경험에 바탕을 두어야 한다는 것은 중요하다. 실습생들은 자기가 맡은 환자들의 모습을 통해 자신의 삶의 신념을 비춰 보곤 한다. 예를 들어 슈퍼비전 시간을 통해 발달적 위기를 맞은 청소년의 모습을 치료사가 직접 연기해 보기도 하고 위기를 맞은 청소년의 부모 역할을 담당해 보기도 한다. 때론 병원 스태프들과 갈등이 있는 환자의 모습을 연기해 보기도 하며 자주 환자들과 갈등을 일으키는 스태프의 역할을 해 보기도 한다. 때론 집단 내에서 경쟁, 권위자와의 관계, 그리고 집단 다툼과 관련된 문제들을 다루어 보면서 현재 학위 과정 중에 있는 자신의 모습을 돌아보기도 한다.

이러한 작업의 목적은 첫째로 자신이 맡은 환자의 모습을 이해하여 전문가로서의 미술치료사로 성장하기 위함이지만 결국 이러한 과정은 미술치료 훈련생 개인의 내면을 탐색하는 시작점이 된다. 사람이 세상을 살아가는 과정에서 겪어야 하는 수많은 사건과 또 그러한 사건을 통해 느끼게 되는 다양한 감정은 열심히 공부를 해서 배우게 되는 것이 아니라 경험하여 체득하는 것이기 때문에 더욱 실제적이며 깊이 있는 배움이 된다. 그래서 임상실습 현장에서 훈련 중에 경험하는 것들은 환자(내담자)의 사례를 개념화하여 치료적으로 개입하는 미술치료사로서의 자기각성과 사람들에게 벌어지는 사건과 보편적 감정들을 바라보며 그 속에서 치료사의 역할을 하고 있는 자기 자신의 모습을 비춰 볼 수 있는 개인적인 자기각성을 포함하고 있다.

정리하여 보면 훈련생들은 주된 이론적 오리엔테이션과 치료적 접근에 정통해야 한다. 치료를 수행하는 것은 매우 개인적인 노력이 필요하기 때문에 치료사는 자신의 신념 체계와 가치관에 맞는 지식과 방법들을 선택해야 한다. 이것은 한 개인의 전문가로서의 삶 속에서 내내 지속되는 역동적 과정이다. 그리고 훈련, 즉 새로운 지식과 경험을 얻는 것은 신념 체계와 가치관에도 영향을 주기 때문에 그것은 서로 보완하는 모험이기도 하다. 그러므로 실습생들은 많은 지식을 성실하게 공부해 나가면서 실습지에서 자신이 치료사의 역할로 경험하게 되는 것과 개인적으로 경험하게 되는 체험들을 통합해내는 것이다.

자신에 대한 이해는 내담자와 환자를 이해하는 데까지 확장할 수 있다. 사람들은 추상성과 일반화를 통해서는 개인적이고 인간적인 것을 진실하게 이해하지 못한다. 환자를 조금 더 공감하고 이해하기 위해서는 치료사가(실습생이) 먼저 환자들이 경험하고 있는 어려움에 대해 이해해 보려는 노력이 필요하다.

이러한 노력을 통해 얻게 되는 것이 어쩌면 '내가 아직 너무나 부족하구나'라는 깨달음이라 때론 실습생들을 지치게도 한다. 하지만 석사학위 과정생의 성실한 노력 중에 깨닫게 되는 아픔과 부족함은 결국 자신의 삶의 목표와 의미를 점검하는 시간이 될 것이며 자신의 부족한 부분을 채워 전문성을 키우고 자신의 삶을 성장시킬 수 있는 필요한 과정이다. 초기에 공부하는 과정에서 혹은 임상 장면에서 환자들을 보며 깨닫게 되는 자신의 모습을 바라보는 것이 아플 수도 있지만 이러한 깨달음은 누구에게나 또 언제나 열려 있는 것은 아니다. 성실하게 노력한 자만이 얻을 수 있는 선물이고 특권임을 아는 것이 중요하다.

　다음의 글은 현장실습을 통해 정신없이 바쁜 삶의 버거움을 경험하던 실습생이 허기짐을 통해 자신의 현재 모습을 깨닫고 다시 한 번 앞으로 나가는 힘을 내는 경험의 글이다. 물속에서 저어대는 백조의 발은 우리가 볼 수 없지만 본인은 생생히 기억할 것이다. 물속에서 얼마나 열심히 발버둥치고 있었는지….

　미술치료 석사 과정생은 참 바쁘다. 내 가방에는 대학원에 들어오기 전까지는 잘 먹지 않던 초콜릿과 사탕이 들어 있다. 배고프면 예민해지니까, 예민해지면 임상실습을 제대로 할 수 없으니까 항상 비상식량을 넣고 다녀야 한다. 밥 먹을 시간도 제대로 없을 만큼 요즘 나에겐 하루가 짧다.

　대학원에 입학하기 전에는 그냥 열심히 공부만 하면 되는 줄 알았다. 일에 찌들어 있다가 새로운 공부를 하게 되었다는 기대도 있었고, 열심히 할 자신도 있었다. 그런데 요즘 나는 좀 지쳐 있다. 이론 공부는 할수록 내가 무엇을 모르는지만 더욱더 분명해지고, 그럴수록 끝이 보이지 않는 길을 걷고 있는 느낌이다. 하나를 알면 내가 둘을 모른다는 각성이 일어나게 되고 그러면 알게 되었다는 기쁨보다 자괴감이 먼저 든다. '이래서 공부에는 끝이 없다는 얘기를 하는구나' 싶다.

　그래… 임상실습! 사실 요즘은 이것 때문에 더 힘이 든다. 1시간의 회기를 진행한다는 것은 단지 1시간의 의미가 아니다. 회기가 끝난 후 보고서를 작성하는 데도 2~3시간이 족히 걸린다. 그리고 다음 회기를 준비하고 계획을 세우고 하는 데도 적지 않은 시간이 소요된다. 그래서 가끔씩은 내가 '정말 무능력한 인간이구나!'라는 생각이 들 때도 있다. 이렇게 오래 걸려서 해도 아무도 알아주는 사람도 없는데 '왜 이렇게 아등바등하고 있나' 하는 생각이 들 때도 있다.

　이건 마치 백조가 된 기분이다. 우아하게 떠 있기 위해 끊임없이 물갈퀴를 저어야 하는 백조! 1시간 남짓의 매끄러운 회기를 위해 나는 오늘도 미친 듯이 물갈퀴를 저어댄다.

(참여자 5)

　미술치료사가 되겠다고 꿈을 꾸며 대학원에 진학을 한 사람들에게 현장실습은 학업의 부담에 눌려 있는 중에 맞게 되는 특별한 경험이다. 미술치료사가 되겠다는 결심을 한 사람들은 분명 다양한 임상 장면에서 환자(내담자)에게 좋은 치료사로 일하는 모습을 꿈꾸고 있을 것이다. 하지만 한편으로 이제 막 미술치료 공부를 시작한 초보 실습자들에게 임상실습지는 막막하고 두려운 장벽처럼 느껴지기도 할 것이다. 특히 학위 과정 중의 현장실습은 모든 이론이 완벽하게 갖추어진 상태에서 현장에 투입되는 것이 아니라 과정에서 수없이 부족함을 채워 나가면서 진행되는 것이어서 이 과정에 대해 이해가 없이 처음 현장실습을 나가는 사람의 경우에는 자신이 준비되지 않은 것에 대한 불안함과 긴장감, 그리고 드디어 임상 현장에서 미술치료의 효과성을 생생하게 경험하고 싶은 설렘과 기대감, 조금은 혼란스러운 감정으로 실습을 시작하게 된다.

　다음의 실습생들의 경험 글에는 실습 나갔던 첫날의 기억이 생생하게 담겨 있다. 그만큼 그 사람의 인생에서 특별하고 중요한 경험이었을 것이라 생각한다.

　실습 장소인 정신과 병원에 가는 것이 어느 정도 익숙해져서 환자들과 함께 있는 것이 많이 어색하지는 않지만 그래도 아직은 항상 긴장감을 가지고 병원으로 가게 되고 하루 동안의 병원 패턴을 예상해보기도 한다. 병동이 한 번 바뀌었는데 바뀐 병동에 새롭게 적응하기 위한 시간이 필요할 것 같다.

　(중략) 금세 손을 잡고 신체 접촉을 하는 등 호의적으로 다가오는 분들도 몇 분 계셨다. 당황스러운 상황을 어떻게 넘겨야 할지 망설이다가 아무 말도 못하고 환자분 손에 이끌려 병동을 걷게 되었다. 어떤 말을 해야 할지부터 어떻게 행동해야 할지 너무 신경을 쓰다 보니 실습이 끝나고 긴장이 풀어지며 매우 피로감을 느꼈던 하루였다. 그 이후에도 여전히 벨을 누르고 병동 안으로

들어가는 것은 긴장감을 주었고, 갇힌 기분이었다. 한 번 본 뒤여서 먼저 인사해주시는 환자분도 계셨다. 병동에 들어간 아침 시간에는 순서대로 약을 받아서 드시고 입을 벌려 간호사 선생님께 확인받는 모습을 볼 수 있었는데, 낯선 이 모습들에 또다시 적응하기 위해 노력하면서 하루 일과가 끝날 때쯤에는 어김없이 긴장감으로 인한 피로가 몰려왔다.   (참여자 15)

◆▸┈◆┈◂◆

1학기 때, ○○병원에서 한 병동당 2주씩 총 4개의 병동을 돌며 실습을 했다. 이것이 나의 첫 임상실습인데 1학기인 만큼 적극적인 역할이 있었던 것이 아니고 병동 내의 환자분들을 관찰하는 것이 중요했다. (중략) 성인 병동에서는 생각보다 다양한 과거를 가진 분들이 갑자기 조현병이라는 진단명으로 삶이 달라지는 것에 놀랐다. 학교 선생님이었던 분, 명문대 학생이었던 분 등 사회에서 분명한 역할을 가지고 살아가던 분들이 이제는 다소 초점 없는 눈으로 '앞으로 대통령이 되겠다', '대기업 간부가 될 것이다' 같은 이야기를 하는 것을 보며 내가 감당하기 힘든 갭을 느꼈다. 하지만 실습이 진행됨에 따라 얼마나 여린 사람들이기에 자신의 정신 체계가 흔들릴 만큼 아프고 강렬한 경험을 하게 되는 것일까를 생각하니 마음이 아팠다. 처음에는 왠지 모르게 무섭고 가까이 있기 꺼렸던 분들에게 안타깝고 가여운 느낌이 들었다. 2학기에는 개별 실습을 하게 되었는데 동기 1명과 함께 ××구에 있는 정신병원에서 집단 미술치료를 하고 있다. 1학기 때보다는 훨씬 편해진 마음으로 매주 가서 만나는데 어떤 때는 이 과정이 나에게 힐링이 되는 것 같다는 생각이 들 만큼 낮은 에너지로 갔다가 나올 때 나도 모르게 에너지를 얻어서 나오는 것을 경험하곤 한다.   (참여자 14)

◆▸┈◆┈◂◆

우리 학교는 1학기부터 실습을 시작하는데, 임상실습 하면 1학기 때 기억이 가장 먼저 난다. 처음 대학원에 들어와서 아무것도 모르는 상태에서 친해지지도 않은 동기들과 (그것도 타 학과 동기들과) 정신병원이라는 곳에 무작정 들어가서 실습을 시작했던 기억이 난다. 다른 학과 동기들과 함께 실습하다 보니 과에 따라 다른 분위기나 느낌도 느낄 수 있었고 교류가 되기도 하였고 서로 다른 부분을 배울 수도 있었다.

그리고 한 병동에만 있는 게 아니라 한 달씩 병동을 돌아가며 실습했기 때문에 공부가 굉장히 많이 되었고, 관찰하고 환자들을 직접 만나 보니 더 공부의 의욕을 북돋는 매개체가 되기도 하고 여러 환자들을 만나기 때문에 자기 자신이 어느 환자에 더 관심이 가는지, 혹은 어느 환자가 어려운지도 알 수 있는 계기가 되었다.

임상실습은 우리가 공부하고 있는 이론과 연장선상에 있기 때문에 이론 수업과 함께 짝꿍처럼 혹은 오른손과 왼손처럼 함께 가는 느낌이다. 이론에서 두각을 보이는 동기가 있는가 하면 실습에서 두각을 보이는 동기가 있다. 그러나 이론과 실습은 함께 가는 것이기 때문에 이론을 소홀히 할 수 없고 실습을 하다 보면 더 이론의 중요성을 느끼기도 한다.   (참여자 45)

첫 임상실습은 ○○정신병원이었다. 내가 처음 배정받은 병동은 그나마 기능이 좋은 분들이 계신 개방 병동이었다. 기능이 좋다고는 하지만 정신병이 있는 분들을 처음 본 나에게는 충격 그 자체였다. 거의 모든 분들이 20~30년간 만성적으로 정신병을 가지고 있어 약을 오랫동안 복용하시고, 부작용도 있어서인지 침 흘리는 분, 허리가 휘신 분, 치아가 없으신 분, 말이 어눌하고 무표정하신 분…. 무섭다고 해야 하나 두렵다고 해야 하나. 만감이 교차했던 실습 첫날은 집에 어떻게 갔는지도 모르고 어떻게 잠이 들었는지도 모르게 피곤하고 정신없는 하루였다. 하지만 둘째 주는 조금 편해졌고, 셋째 주부터는 두려움이 없어지고, 어떻게 하면 환자들에게 도움이 될 수 있을지, 어떻게 말을 걸어볼지 고민하게 되었다.

학교에서 정신병리 수업을 받고 있어서, 수업에서 배운 증상이 보이는 환자

가 있으면 병명도 조심스레 예측해 보았고, 어떻게 반응해야 하는지 책을 뒤
져 보기도 하였는데, 다양한 병의 환자들을 만날 수 있어 정말 좋은 경험이 되
었다.

　　마지막 실습 날에는 정든 환자분들과 헤어지는 게 아쉽기도 하고, 걱정이
되기도 해서 눈물이 났다. 정신병이 있는 환자들이 더 이상 무섭지 않고, 내
이웃이나 가족같이 느껴졌다. 누구나 걸릴 수 있는 병이고, 암이나 당뇨처럼
평생 관리만 하면 잘 살아갈 수 있는 분들이라는 것을 알게 되었고, 그들에게
조금이나마 도움이 되는 존재가 되기 위해 열심히 공부해야겠다는 생각이 들
었다.
(참여자 25)

처음의 현장실습은 긴장, 불안 그리고 설렘의 감정으로 시작했다면 현장에서
환자들을 직접 만나 부딪히면서 실습생들은 자연스럽고 자발적으로 자신들이 치
료사로서 해야 하는 '치료적 행동'에 대해 고려하고 '치료 윤리'를 생각할 수 있는
기회를 가지며 자신의 개인적 삶 속에서 가졌던 신념에 대해 점검하는 기회를 갖
게 된다. 더불어 '아픈 사람', '문제 있는 사람'으로 바라보았던 환자들을 소중한
생명의 존재로 바라볼 수 있는 시각을 갖기 시작했다는 점은 놀라운 배움이다.
이렇게 세상을 향한 시각이 변화하고 환자를 보는 시각에 대해 점검하고 그를 통
해 자신이 하고 있는 일에 대해 의미를 부여하는 것은 현장에서 직접 부딪히는
경험을 통해 얻을 수 있었던 귀한 깨달음이라고 할 수 있겠다.

　　이러한 경험의 쌓임을 통해 동분서주하며 무엇인가를 준비하려는 실습생들의
마음은 어느새 '자신이 나아가야 하는 방향'을 잡는 듯하다. 자신이 아직 준비되
지 않은 예비 미술치료사라는 것에 위축되거나 긴장하고 불안해하기보다 앞으로
의 계획을 구체적으로 세워 보면서 나아가야 할 방향에 대해 탐색하며 스스로 다
짐을 하게 된다. 임상 장면 안에서 안쓰러운 환자의 모습을 마주하게도 되고, 실
습생으로서의 한계에 부딪혀 답답함과 무력감도 느끼며, 때론 현장 스태프들의
태도에 분노하기도 한다. 하지만 자신을 압도하는 감정들에 휘말리지 않고 앞으
로 자신이 나아가야 할 방향에 대해 탐색하고 다짐해 나가는 과정은 미술치료사

가 되어 가는 성장의 과정이라고 생각한다.

내가 미술심리치료를 전공하기로 마음먹게 된 큰 계기 중 하나는 아마도, 과거에 나 자신이 두 번의 수술 경험과 여러 외상으로부터 회복하고 치유하는 데 있어 미술이라는 요소가 많은 긍정적 힘이 되었기 때문일 것이다. 나는 2자 관계가 형성되는 치료사가 개입하는 치료(therapy)가 아닌 미술을 통해 치유(healing)의 경험을 했다. 내 나이 일곱 살 때는 무통주사가 없었던 시절이었고, 게다가 극심한 알러지 반응이 있어 진통제도 제대로 못 썼던 그때, 나는 그 작은 몸으로 엄청난 고통을 감내해야 했다. 고통을 이기지 못하고 힘겹게 뜨거운 숨을 내쉬며 손톱이 닳아 피가 맺힐 정도로 벽을 긁어대기도 했었다. 아픈 유아기 시절을 보낸 이들이 공통적으로 겪게 되는 자존감의 하락을 나 또한 경험했고 자존감의 하락은 나를 너무나도 내성적인 아이로 만들었다. 말도 잘 하지 않게 되었다. 그러나 있는 그대로의 나를 끊임없이 사랑하고 아껴주고 용기를 북돋아 주셨던 부모님의 돌봄으로 나는 신체적으로, 그리고 내적으로 전보다 더 건강해졌다.

○○ 임상 실습지에서 정신과 환자가 유일하게 제대로 말할 수 있는 언어가 '엄마'였고, 그 환자를 보며 나는 그들의 자존감을 고취시켜 줄 충분히 좋은 엄마 같은 미술치료사가 되고 싶다는 소망을 실습 내내 품어 왔다.

나는 인간으로서, 스스로의 자존감에 대한 중요성을 미술치료학을 공부하면서, 그리고 임상실습 현장에서 환자들을 만나면서 더욱 절실하게 느꼈다. 불안과 긴장에서 평안과 여유로움을 오가며 매번 긴장과 이완을 반복하는 순간들에 실망도, 답답함도 씻어낼 수 있는 나를 흔들리지 않게 하는 것은 '자존감'이었다. 병동의 대부분 환자들은 기분 좋은 것이든 고통스러운 것이든 자신에 대해 늘 동일한 것만을 본다. 싫증도 내지 않고 말이다. 돌아보고 성찰한다고 생각하지만 사실은 혼란스러운 영혼의 속삭임밖에 듣지 못한다. 그 속삭임 때문에 더 헤맬 때도 있다. 실제로 환청에 얽혀버린 자신의 세계 속에서 말이다. 즉 자신에 대한 서슴없는 폭력이나 알량한 만족만 추구하게 되는 것이다.

그들이 그려내는 '나 자신과의 관계'는 참 우스꽝스럽다. 숭배, 그다음에는 혐오. 남들 앞에서는 평온을 가장하면서 스스로에 대해서는 불안해 죽을 지경이었던 그들. 자학하거나 괴로워하기 위해서가 아니라 스스로를 돕기 위해 자신에 대해 판단을 내리는 방법은 무엇일까? 어떻게 하면 자기 자신과 사이좋게 지낼 수 있을까? 자신에 대한 호의와 요구가 균형 있게 공존하려면 어떻게 해야 할까? 그들을 바라보며 내가 찾은 답은 바로 이것이었다. 불완전한 자신일지라도 받아들이는 것. 이것은 변화와 발전을 위해서이며 마침내 자기 자신으로 태어나기 위해서이다. 이것은 환자와 환자가 아닌 이의 구별을 떠나 인간이라면 누구나 한 번쯤은 고민해 봤을 것이라 여겨졌다.

특히 환자들과 나의 모습을 보며 '이러한 약함이 닮았다'라고 느끼는 것 — 그 사실을 느낄 때마다 괜스레 슬퍼지기도 했지만, 사람이기에 누구나 가질 수 있는 것이라고 생각했다. 다만 그것을 자신의 내면 안에 소용돌이처럼 가지고만 있을지 혹은 끊임없는 자기 연마를 통해 한 걸음 더 나아갈 것인지의 차이지 않을까 — 중 하나는 고질적인 외로움이 있다는 것이었다. 사회적 동물이기 때문에 가지는 사회적 공포, 잊힐까 봐, 거부당할까 봐, 웃음거리가 될까 봐, 사랑받지 못할까 봐 같은 많고 많은 공포들이 때로는 사람을 극도로 민감하게 만들어 거부와 미움밖에 보지 못하게 한다. 이때 인정받고 싶은 기대는 연약함으로, 그다음에는 아무것도 아닌 일에도 느끼는 고통으로 변하고 만다. 고백하건대 자존감을 가장 불안하게 하고 강박관념을 갖게 하는 것은 나에게 있어서는 '거부'이다. 거부는 무관심, 냉담, 악의, 공격, 경멸, 무시 등 여러 형태로 나타났다. 그러한 거부를 피하기 위해서 나는 뭐든지 감내할 준비가 되어 있다. 싸우고, 복종하고, 엄청난 노력을 기울일 수도 있다. 타인의 시선을 받으며, 타인의 마음속에 사는 것만 아니면 뭐든지 한다. 이 지나친 공포에서 해방되기 위해서 나는 그리고 환자들은 인간관계를 다른 식으로 다루는 법을 배워야 한다고 생각했다. 완전한 자유와 명철한 정신으로, 신뢰와 감탄과 감사와 친절과 함께함을, 요컨대 사랑의 다양한 형태를 일구어 나가야 하는 것처럼 말이다.

자존감은 물론 자기와의 관계라고 생각한다. 행동과 내면의 표출. 자존감을 살찌우는 것은 머릿속에만 가지고 있는 관념이 아닌 행동이지 않을까. 성찰과 행동 사이의 왕복 운동이 없으면 자존감은 변하지 않는다. 그건 자존감에 있어 숨 쉬기나 마찬가지다. 생각만 곱씹으면 아무리 좋고 뛰어난 논리와 추론이 있어도 자존감은 억눌리고 만다. 행동은 자존감의 산소이다. 부동성은 자존감을 약화시키고, 운동성이 자존감을 살린다. 행동은 실패의 위험에 노출되고 남들에게 판단받기 쉽다. 나는 이것이 많이 두려운 사람이다. 그래서 어느 정도 고통을 대가로 치러야 하는 것도 사실인 듯하다. 그러나 자존감은 꿈과 허상을 깨뜨리고 나서야 비로소 제대로 설 수 있다고 생각한다. '고통 없이, 적어도 지나친 고통은 피하면서 행동하려면 어떻게 해야 할까?' 하는 물음이 생겨났고 그에 대한 나의 답은 이렇다. 우리 삶에 인생이라는 흐름 자체를 불러오려면 어떤 두려움은 억눌러야 하고 어떤 습관은 벗어나야 하고 어떤 규칙은 과감하게 실천해야 한다. 내가 벗어나야 할 것은 완벽주의에 대한 믿음이다. 평온하고 침착한 행동을 위한 몇 가지 규칙이 있다면 얼마나 좋을까 하는 한탄도 해 보는 시간을 가졌다. (중략)

2학기 때의 실습에서는 실질적인 미술치료 프로그램을 만들고 이를 적용해 보는 '관찰자' 입장에서 벗어나는 시기를 맞이하게 된다. 이를 위해 앞에서 길게 언급했던 자존감에 대해 꾸준히 생각해 볼 것이다. 건강한 자존감을 지닌 치료사가 되어야 환자들로 하여금 그들의 자존감을 긍정적인 방향으로 고취시켜 줄 수 있기 때문이다.

(참여자 46)

2. 미술치료 유형과 현장실습 체험

1) 임상미술치료의 실습

정신질환을 경험하고 있는 환자의 정신건강 문제는 우울, 불안, 환각, 망상 등의 질병과 관련한 정신증상으로, 이로 인해 주위 상황을 정확하게 파악할 수 있는 능력이 결여되어 불안감과 공포가 증가하고, 의사소통이 왜곡된다(한금선, 임회수 외, 2005). 이에 미술작업은 구체화된 작품으로 의사소통이 기민하지 않은 환자들의 작업을 통해 그들이 표현한 상징 등의 의미를 파악하거나 재인식할 수 있게 해준다(유미, 2005). 미술작업은 창의적인 생산 활동일 뿐 아니라 환자에게 자신감과 성취감을 고취시킬 수 있다는 것(김시내, 2013)이 정신과 환자에게 미술치료를 시행하고 있는 배경이 된다고 볼 수 있다.

정신과 장면에서의 미술치료 현장실습은 다양한 형태로 이루어질 수 있다. 소아, 청소년, 성인을 포함해 정신과 진단을 받고 약물을 처방받은 환자들을 대상으로 그 상황에 맞게 집단 미술치료 또는 개인 미술치료를 진행하게 된다. 정신과에서 현장실습을 할 때 가장 먼저 걱정하게 되는 부분은 아마도 정신과 환자들에 대한 편견과 선입견일 것이다. 이럴 때 가장 지혜롭게 준비하는 태도는 자신이 갖고 있는 정신과 환자들에 대한 선입견이 무엇인지 먼저 적어서 파악해 보는 것이다. 선입견은 무엇이 맞고 틀리는 것이 없으니 선입견이 무엇인지 스스로 파악한 뒤 환자를 만나는 것이 도움이 될 것이다.

그다음으로 준비해야 하는 것은 정신과 병동에서 만나게 되는 환자에 대해 미리 공부하는 것이다. 정신과에 대한 막연한 불편감이 아닌 정신장애 감별 진단과 예후에 대한 공부가 필요할 것이다. 이러한 공부는 현장에 나가서 환자들의 언어적/비언어적 표현을 이해하는 데 도움을 주고 정신과 환자에 대한 두려움을 없애주며 환자를 만나는 데 자신감을 줄 수 있는 방법이다. 또한 병원에서 장애 진단을 받고 적극적인 약물치료를 받고 있는 환자들의 경우는 병원에서 그 환자를 향해 갖고 있는 치료 목표가 있을 것이다. 미술치료 실습생도 그 목표에 부합하는 미술치료 목표를 수립하여 개입하는 것이 필요하다.

사실 이러한 준비를 성실하게 했다고 하여도 정신과 장면에서 환자를 만나게 되면 실습생들은 심리적으로 불편함을 경험하고 안쓰러운 마음에 감정적으로 휩쓸리기도 한다. 이런 강한 감정들 때문에 실습생들은 환자에게 무엇인가를 해 주고 싶은 마음을 강하게 드러내기도 한다. 이것을 치료사의 열정이라고 생각할 수 있을까? 경험이 쌓이면서 알아 가게 되지만 사실 치료사의 열정만으로 환자가 변화할 수는 없다. 미술치료 실습생이 품게 되는 '무언가 해주고 싶은 강한 마음'은 환자를 재촉하거나 때론 자신을 재촉하여 치료사로서의 무기력감을 경험하게도 한다.

정신과에 미술치료 석사 과정생으로 실습을 나가던 초반에는 환자들을 만나면서 '쩍쩍 갈라진 땅을 가꾸어야 하는 사람이다'라는 생각을 하게 되었다. 내 앞에 앉아 있는 사람들은 다른 병동보다 열악한 환경인 정신과 입원 병동이라는 곳에 사고와 정서에 문제가 생겨 입원해 있는 환자들이다. 가족들에게 버려진 환자도 있고, 사람을 너무 그리워하는 환자들도 있고, 약 때문에 아무런 반응을 보이지 않는 환자들도 있다. 마음을 꽁꽁 닫아버린 환자, 본인이 느끼는 감정이 무엇인지 이름 붙이지 못하는 환자, 망상과 환청에 사로잡혀 현실을 살지 못하는 환자들도 있다. 나는 이들을 위해 무엇을 할 수 있을지 몰라서 답답하고 힘들기도 했다. 그러한 마음으로 '쩍쩍 갈라진 땅 사이사이'라는 제목으로 작업을 하게 되었다. 그림을 그리고 난 후 나는 메마른 땅이지만 사이사이 생긴 구멍에 씨앗을 심고 물을 주고, 그 사이로 세상을 보여줄 수 있고, 그 사이에서 보석을 발견할 수도 있다는 것을 알았다. 좀 더 많은 물을 주어야 하고 더 많은 신경을 써야 하지만 기다리고 살펴주면 될 것이라는 생각을 하게 되었다. (참여자 5)

아마도 정신과 장면에서 미술치료 실습생이 경험하게 되는 무력감과 답답함은 공통적인 감정일 것이다. 하지만 정신과 장면에서 미술치료 실습생은 천천히 환자들과 미술치료 작업을 하며 무엇인가를 하려는 노력보다 환자들의 넘치는 감정을 공감하며 미술 표현으로 이끌어나가는 것이 얼마나 중요한 것인지를 깨달아 가며 미술치료 실습생은 전문가로 성장하게 된다.

드디어 우울증 진단을 받고 온 환자와의 회기가 종결되었다. 종결 보고서까지 쓰고 나니 시원섭섭한 기분에 사로잡혔다. 이 내담자는 시간이 아주 많이 흐른 후에도 내 머릿속을 떠나지 않을 것 같다.

첫 회기부터 그의 우울함의 무게가 나를 짓눌렀고 그의 눈물이 내 마음을 흔들어 놓았다. 그는 제발 이 기분에서 벗어나고 싶다고 호소했고, 매 회기마다 늘어놓는 과거와 현재의 아픔의 깊이가 내가 감당하기에 버거운 적도 있었다. 무엇보다 자신이 힘들어하는 것에 대해 아무도 알아주지 않는 것과 무시당한 감정에 대해서 속상함을 넘어 분노 감정을 느끼고 있었고 철저히 혼자임을 느끼고 있었다.

다행인지 불행인지 그는 짙은 무기력 속에 살고 있었으며, 죽음에 대한 두려움이 있었고 죽지 못하는 자신을 미워하고 있었다. 그런 그가 미술치료를 하면서 조금씩 분노 감정을 표출하게 되고 내적 공격이 외현화되기 시작했다. 나는 두려웠다. 힘이 생기고 있는 그가 두려웠고 내가 감당할 수 없을까봐 두려웠다. 사실 이러한 두려움으로 초기에는 표출 작업을 시도하지 않았음에도 그는 나의 작은 공감과 수용에 반응했고 자신을 드러냈다. 그는 어쩌면 많이 외로웠는지 모르겠다는 생각을 하게 되었다.

그러던 중 그의 입에서 '자살'이라는 단어가 튀어나왔을 때 '올 것이 왔구나!' 싶었다. 미술치료 회기 내에서 죽음을 다룬다는 것, 특히 자살 이슈를 다룬다는 것이 쉬운 일은 아니었다. 피할 수 있으면 피하고 싶었다. 그와의 작업을 통해 그가 죽고 싶은 이유는 단 하나였다는 것을 알 수 있었다. 자신이 얼마나 힘든지를 인정받고 싶은 것, 보란 듯이 죽어서 자신의 감정을 무시했던 사람들에게 죄책감이 들게 하는 것이었다. 공격성이 내부로 향하는 케이스로, 다른 사람이 미워서 나를 죽이겠다는 것이다. 그와 작업을 했다. 작업이 진행될수록 작업 안에서 그는 충분히 표현하고 이야기하고 있었다. 나는 최선을 다해 그림을 읽어 주었고 그의 마음을 읽어 주었다. 아직 그는 우울증이 낫지 않았다. 하지만 부정적 감정을 분노 감정으로 키우지 않고 표현할 수 있는 물꼬를 트게 되었다. 그리고 좀 더 적극적인 방법으로 치료하기를 원하게 되었다. 조금의 힘이 생긴다면 자신을 죽이는 데 쓰겠다고 했던 그는 이제 자신을 표현하는 데 그 힘을 쓸 수 있게 되었다. 구구절절 말하다가 자신의 처지를 더욱 비관하게 되고 자신의 힘든 모습을 확인하게 되던 그에게 미술작업은 말하지 않고 표현해낼 수 있는 매체였던 것이다. 그리고 그것에 치료사가 적극적으로 반응했을 때 조금씩 변화하는 그를 느낄 수 있었다.　　　　(참여자 5)

임상실습지 중에 가장 심각한 문제를 가지고 있는 환자를 만나게 되는 정신과 장면에서 실습생들은 심리적인 어려움과 답답함을 경험한다. 하지만 꼭 그렇게 힘든 것만 있는 것이 아니라 병동 안에 흐르는 따스함을 경험한 실습생의 글도 있다. 병적 증상으로 이해되지 않는 행동과 말을 하는 환자들이라는 시각에서 서서히 '나와 같은 사람'으로 실습생의 시각이 변화된 것이기에 다음과 같은 글을 읽으며 무척 반갑고 선배로서 실습생을 향해 기특하다는 마음도 갖게 된다. 정신과 병동이라는 공간을 내가 공부해야 하는 대상이 치료받는 곳이라는 생각에서 점차 사람이 모여 지내는 곳으로 인식이 변하고 또 그 안에 흐르는 사람 사는 따스함을 경험한다는 것은 실습생의 준비된 모습 또는 성장의 과정이라고 말할 수 있을 것 같다.

임상실습 현장을 생각하면 첫 임상실습지가 제일 먼저 떠오른다. ○○병원의 성인 개방 병동이었다. 정신병원에 대한 경험이 전무했기에 긴장과 걱정, 또 설레는 마음이 들었던 실습 전날의 기억이 아직도 생생하다. 무거운 마음이 들었던 첫 실습 전날이 이렇게 시간이 지나고 돌이켜보니 따뜻한 봄 햇살같은 추억이 됐다. 실습 내내 행여나 누가 되지 않을까 조심스러웠지만, 아이같이 따뜻한 환자분들과 마주할 때면 사람이 전해 주는 따스함에 마음이 좋아지곤 했다. 특히 같이 실습했던 간호학 실습생들이 거리낌없이 환자분들과 소통하고 도움을 주려고 하는 모습에서 많은 것을 배울 수 있었다. 햇살이 들던 병동

로비에서 환자분들과 대화를 나누다 조용해질 때면 평온해지는 느낌도 받았다. 조현병 환자를 관찰했다는 표면적인 사실보다 ××병동에는 어떤 사람들이 지내고 있는지, 사람 사는 이야기를 듣고 온 것 같은 실습이었다. 환자분들의 아이같은 웃음, 간호 실습생들의 따뜻함, 3월 봄 햇살이 들던 병동 로비… 무엇 하나 모나지 않았던 좋은 기억으로 남아 있다.   (참여자 17)

2) 기관미술치료의 실습

기관미술치료는 다양한 기관이 설립한 목적을 중심으로 미술치료를 수행하게 되며, 국내에서는 특수학교, 복지관, 치매노인을 위한 요양원 등에서 수행되는 미술치료이다(장연집, 2014). 이 유형의 치료 목적에는 심리적인 측면뿐만 아니라 교육적인 측면도 있다.

현재 미술치료의 활용 범위는 이전보다 넓어지고 있으며 기관미술치료의 수요는 점차 증가하고 있다. 이러한 현황을 봤을 때 기관 중심 미술치료는 미술치료사들뿐만 아니라 실습생들이 가장 많이 접할 수 있는 장소이다. 형태 또한 전문화되어 다양한 기관과의 연계가 이루어지고 있는 실정이다. 기관의 형태에는 장애인복지관, 지역사회복지관, 노인복지관, 범죄 피해자 · 성폭행 피해자 · 학대아동 단기 보호시설, 미혼모 · 노숙자 · 가출 청소년 · 탈북자 쉼터, 치매요양시설, 보육원, 학교 내 특수학급 등 다양한 시설에서 미술치료를 진행한다. 기관미술치료에 포함되는 임상실습 기관은 매우 많아 다 기술하기 어려울 정도이다.

정신과 장면의 임상실습이나 의료 장면의 현장실습과 마찬가지로 실습을 나가게 된 기관에 대한 이해는 미술치료 실습생이 가장 먼저 가져야 하는 자세이다.

어떤 기관에 가게 되든 개방적인 자세로 미술치료에 대해 소개하고 기관에서 가지는 미술치료의 목표를 이해하고 내담자에 대한 정보를 토대로 효과적인 미술치료 개입을 위한 미술치료 환경을 세팅하는 것이 필요하다.

기관미술치료 영역에서 만나게 되는 내담자들은 병리적인 문제로 인해 미술치료를 거절하는 정신과 세팅이나 의료적 처치가 가장 우선되어 미술치료가 뒷전으로 밀리기 일쑤인 의료 세팅과 달리 미술치료 실습생의 존재와 미술치료 실습생이 제공하는 미술치료에 대해 호의적인 편이다. 특히 질병의 문제로 실습생을 어렵게 하지 않으니(사실 질병의 문제로 미술치료 과정에서 불편감을 호소하는 것은 치료에서 다루어져야 하는 것이지만 초심의 실습자들은 피하고 싶은 감정일 것이다) 많은 실습생들이 초기에 경험할 수 있는 현장이 될 것이라고 생각한다.

그렇다고 해서 정신과 장면이나 의료 장면에 비해 좀 더 수월한 장면이라고 생각한다면 오산이다. 왜냐하면 현재 미술치료 실습생을 받는 기관에는 정신건강 전문가가 없는 경우도 있어 미술치료를 받아야 하는 내담자를 초기 면접하고 미술치료사에게 연결하는 시스템이나 미술치료 계획 관리 등의 측면에서 어려움을 겪을 수도 있다. 더불어 기관미술치료는 다양한 기관에서 만나게 되는 내담자에 대한 깊은 이해와 탐색을 통한 실습생의 솔직한 감정을 각성하지 않으면 매우 혼란스러움을 겪을 수 있는 실습 장면이 될 수 있다.

예를 들어 경제적인 문제 때문에 현재 경험하게 되는 심리적 궁핍함을 호소하는 내담자이거나 부모에게서 보육원으로 보내진 내담 아동, 친부에게 성폭행을 당한 청소년 등 내담자가 처한 환경을 바라보면서 치료사가 먼저 '안쓰럽다' 혹은 '불쌍하다'라는 마음이 강하게 요동치는 것을 경험할 수도 있을 것이다. 미술치료사로의 역할을 하기에 앞서 '아, 안됐다. 도와주고 싶다', '얘가 치료받아야 하는 것이 아니라 잘못한 사람은 부모 아닌가? 부모가 치료받아야지!'라는 마음이 생길 것이다. 미술치료사로 성장하는 데 있어서 내담자를 바라보는 따뜻한 시선은 분명히 중요한 부분이다. 하지만 잊지 말아야 하는 것은 심리치료를 기반으로 하는 미술치료사는 내담자가 처한 환경에 집중하는 것이 아니라 그 환경을 극복하고 살아가야 하는 건강한 방향을 탐색해야 한다는 것이다. 미술치료 실습생은 기관에서 만나는 내담자의 환경을 바꿔 주는 것이 아니라 환경이 바뀌지 않는다 하더라도 그 속에서 건강한 자아를 찾아내 새롭게 살아갈 수 있도록 도와야 한다.

때때로 기관미술치료 장면에서 만나게 되는 내담자들은 진단명이 없지만 일상생활에서 적응적 어려움을 겪고 있어 미술치료가 의뢰된 경우도 있는데 이럴 때에도 미술치료 실습생은 미술작업 안에서 나타나는 언어적/비언어적 표현과 이미지를 분석하며 내담자가 가진 강점과 문제점을 토대로 미술치료 사례를 개념화할 수 있어야 한다. 또한 기관미술치료 장면에서 요구하는 일지 및 보고 형식이 다를 수 있으므로 기관미술치료 장면에서 현장실습을 하게 되는 미술치료 실습생들은 기관의 요구와 이해에 맞춰 미술치료 계획, 개입 전략, 보고서를 제출할 수 있어야 한다.

3) 의료미술치료의 실습

의료미술치료는 정신과를 제외하고 병원에서 적극적인 치료를 받고 있는 환자들을 위해 제공되는 미술치료를 말한다. 암병원, 재활병동, 소아혈액종양내과, 산부인과, 정형외과, 호스피스 완화의료병동 등 의료미술치료에 해당하는 실습지는 매우 넓고 만나게 되는 환자군도 매우 광범위하다. 하지만 공통적인 특징은 '병원에서 의료적 처치'를 받고 있는 사람들을 대상으로 한다는 것이며 그들이 의료적 처치에 대한 신체적 불편감과 통제력 상실로 인한 무기력감과 분노감 등 부정적 감정을 미술치료에서 다루어 심리적 불편감을 해소하고 이를 통해 치료의 순응도를 높이는 것을 목표로 한다는 것이다.

특히 의료 장면에서 현장실습을 하기 위해서 미술치료 실습생은 의료진 중 1명으로 일하게 되는 것이므로 병원에서 제시하는 복장 규정과 환자의 권리에 대한 이해 등 실습하는 병원 문화에 맞추는 것이 필요하다. 더불어 기본적으로 그 병동에서 만나게 되는 환자에 대한 질병 정보와 위급 상황의 대처법에 대해 병원 관계자로부터 교육받는 시간을 먼저 가지는 것이 필요할 것이다. 적극적인 의료적 처치를 받고 있는 곳이므로 미술치료사들은 미술치료 시 미술 매체를 통한 감염을 막기 위해 미술치료 매체를 소독하고 보관하는 것에 대한 관리 지침을 준비하는 등 다른 실습지와 달리 미리 점검하고 준비해야 하는 부분이 많다.

앞서 말한 것처럼 의료진 중 1명으로 만나게 되는 것이므로 미술치료 실습생은 의사, 간호사, 사회사업 팀, 약사 등과 다학제 팀으로 환자에 대해 논의하게 된다. 이를 위해 미술치료 실습생은 환자가 자신의 질병을 체험하는 중에 미술치료 안에서 표현한 것을 구체적이고 논리적으로 보고할 수 있어야 한다. 그 내용은 다학제 팀이 함께 공유하고 환자를 더 깊이 이해하게 되어 앞으로의 의료적 처치

과정에 환자를 고려하는 근거자료가 되기도 한다. 예를 들어 의사가 암병동에서 말기암 환자에게 적극적인 치료를 멈추고 통증을 조절하는 완화의료 세팅으로의 전환을 제안해야 하는 어렵고 불편한 시점에서 미술치료사의 역할은 매우 중요하다. 미술치료사는 미술치료 과정을 통해 환자가 가지고 있는 질병에 대한 감정과 삶과 죽음에 대해 어떤 신념을 가졌는지 알 수 있으며 이러한 정보를 의료진에게 전달함으로써 의료진이 환자에 대해 더욱 깊이 이해하고 질병 중심이 아닌 환자 중심으로 다가갈 수 있는 기회를 제공한다. 의사가 환자에게 질병이 더욱 악화되고 있음을 알릴 때 환자의 충격이 최소화될 수 있도록, 최대한 안전하게 받아들일 수 있도록, 심리적 안전장치를 마련할 수 있도록 도움을 줄 수 있다.

이렇게 환자의 삶의 신념을 파악하고 함께 이야기를 나눌 수 있기 위해서 미술치료 실습생은 환자들과 관계 맺기에 불편함이 없어야 하며 또한 환자들의 삶과 질병을 주제로 미술치료를 진행하기 위해서는 무엇보다 자신의 삶과 질병, 삶과 죽음에 대한 고민, 통찰의 시간이 필요할 것이다.

4) 일반인을 위한 미술치료의 실습

일반인을 대상으로 하는 현장실습은 주로 예방 차원의 미술치료로 진행되는 경우이다. 예를 들어 특별한 장애 진단이나 심리적 어려움을 호소하지는 않지만 모자 애착 증진을 위한 미술치료, 학교 입학을 앞두고 신입생들의 적응을 위한 미술치료, 직장인들의 스트레스 해소를 위한 미술치료 등 일상에서 적응적 문제를 경험하고 있는 사람들과의 작업일 것이다.

이러한 장면에서도 미술치료 실습생들이 잊지 말아야 할 것은 '미술치료'를 하고 있다는 믿음과 현재 현장에서 훈련받고 있다는 것이다. '문제가 없는 사람들과 무슨 치료를 하지?'라고 생각하며 일반인들에게서 문제를 찾으려고 애쓸 것이 아니라 일반인들이 지금 서 있는 위치에서 더욱 행복해지고 건강해지는 방향으로 치료 과정이 진행될 수 있도록 도우면 된다.

'이것은 미술치료이다, 이것은 미술치료가 아니다'라는 것을 구분할 때 미술치료의 대상이 되는 '누구'가 중요한 것이 아니고 '무엇'을 위한 미술활동인지가 중요함을 말한다. 그래서 일반인을 대상으로 하는 미술치료 실습생은 반드시 치료적 '목표'에 합당한 미술치료를 계획하고 미술치료를 통한 변화를 관찰하여 치료적 개입의 가치를 말할 수 있어야 한다. 그래서 예방 차원의 미술치료 시간이었다 할지라도 미술치료에 대한 '결과'를 보고할 수 있어야 한다.

그리고 이처럼 일반인을 위한 미술치료 실습에서 추천할 만한 것은 미술치료에 대한 설명과 교육을 통해 내담자 스스로 자신에 대한 통찰을 얻도록 돕는 것이다. 누군가에게 설명을 들어서 혹은 배워서 자신에 대해 알아가는 것들은 때때로 저항이나 방어를 일으키곤 한다. 하지만 자연스럽게 미술치료학의 이론들을 이야기하다 보면 내담자들은 자발적으로 자신의 그림과 자신의 내면을 바라볼 수 있게 되고 자신의 내면을 보살피는 과정을 경험한 사람은 삶에 대한 의지와 자부심을 갖게 된다.

지금까지 우리는 미술치료사의 정신과 장면, 다양한 기관 장면, 의료 장면, 그리고 일반인을 위한 미술치료 현장실습에 대해 간단하게 살펴보았다. 마지막으로 한 가지만 이야기하고 마무리하려 한다.

이 글을 읽고 있는 분들이 어떤 현장으로 실습을 나가게 될지 모르지만 분명한 것은 있다. 어느 곳에 나가든지 다양한 전문가들을 만나서 소통해야 한다는 점, 많은 사람들을 만나지만 외로움을 느낄 수 있다는 점, 내담자들을 만나게 되면서 안게 되는 부담감 등이 있을 것이다.

다음은 석사 과정 중에 미술치료 실습생이 병원에서 경험했던, 이방인이 된 것과 같은 마음을 담은 글이다.

❖─╍─◆─╍─❖

환자에 대해 간호사 선생님들과 이야기를 하게 될 때가 있다. 그림으로 말을 걸어오는 환자들의 이야기를 전달해 주기도 하고, 환자들의 병명과 평소 생활을 전해 듣기도 한다. 이렇게 환자에 대한 서로의 생각을 교류하며, 조금이라도 환자의 마음에 가까이 있고자 노력한다. 하지만 가끔씩 나는 병동 내에서 '이방인'이라는 생각이 들 때가 있다. 회기에 들어가려는데 병동이 평소와 달리 어수선했고 분주했다. 미술치료실에 들어서자 이미 한 환자는 울고 있었고, 다른 환자들의 표정도 어두웠다. 어둡다기보다 아무런 표정이 없었고 반응도 없었다. 이 무거운 분위기의 원인이 무엇인지 알지 못한 채, 힘겨운 회기를 마치고 나왔다. 나는 마치고 나오는 길에 간호사 선생님께 병동에 좋지 않은 일이 있었다는 사실을 듣게 되었다. 무슨 일이 있었는지 알 수는 없었지만, 조금은 궁금증이 풀릴 수 있었다. 하지만 상황을 미리 알았더라면 좀 더 적절한 대처를 할 수 있었을 것이라는 생각에 섭섭한 마음이 들었다. 사실 미리 알았더라도 별반 바뀌지는 않았을 수도 있다는 생각도 들지만, 다른 스태프들은 모두 알고 있는 사실을 나만 모른다는 데서 오는 이질감이 나를 '이방인'이라는 생각을 하게 만들었고, 섭섭한 감정이 생겼던 것 같다.

종종 미술치료에 대해 오해하고 있는 환자들이 있다. 그래서 방어를 하기도 하고 치료사를 시험해 보기도 한다. 그림에는 영 소질이 없다고 시작조차 하지 않으려는 환자도 있었고, 자기가 그린 그림을 보고 자신의 심리상태를 맞혀 보라고 하는 환자도 있었다. 이들 중 나를 가장 난처하게 하는 환자들은 그림 해석을 요구하는 환자나 의사에게 자신의 심리상태를 좋게 말해 달라는 환자들이다. 환자에게 그림 한 장으로 알 수 없는 것이라고 이야기하고 있는 자신을 볼 때, '그 한 장으로 다 알면 점쟁이지!' 하는 생각이 들다가도 가끔 '전문성이 없음에 대해 핑계를 대고 있는 것이 아닌가?' 하는 생각을 할 때가 있다. 또 그렇게 보일 것 같아 걱정이 되기도 한다. 미술치료사는 환자의 그림만을 보는 게 아니라, 작업하는 같은 공간에 있고 그들이 작업하는 과정에 함께 하며 환자와 작품에 대한 이야기를 나누는 사람이라는 것을 마음에 새기게 된다. **(참여자 5)**

앞에서 잠시 언급했지만 현장실습에 대해 이야기할 때 빠지지 않고 다루어야 하는 것은 바로 다른 정신건강 전문가들과의 관계에 대한 부분이다. 실습 현장에서 같이 일한 다른 정신건강 전문가들과의 관계를 잘 맺는 것도 미술치료 실습생들이 수행해야 하는 일 중 하나이다. 때때로 환자들과 미술치료 작업을 수행하는 것은 어렵지 않지만 정작 부서원들과 일하는 것이 어려운 순간들이 많다. 앞에서 설명했듯이, 다양한 장면에서 미술치료 실습이 진행되는데 그곳에서 미술치료 실습생을 관리해 주는 사회복지사 혹은 간호사들을 만나게 된다. 미술치료에 대해 정확한 이해가 없는 선생님의 경우 미술치료사에게 레크리에이션 강사처럼 환자들 분위기를 띄워 보라고 요구하기도 하며 병동 분위기를 아름답게 바꿔 달라는 요구도 아무렇지 않게 한다. 기관에서 환자나 내담자를 만나기 전에 이미 미술치료에 대해 잘 알지 못하면서 미술치료사를 관리한다는 선생님 때문에 기분이 상하기가 일쑤이다.

하지만 실습 기간 중에 또 잊지 말아야 할 것은 기분 상할 것이 아니라 그곳, 그 사람을 통해서도 배울 수 있는 자세가 필요하다는 것이다. 현장 훈련에 있어 중요한 부분은 기관 내에서 일하는 것을 배우는 것이다. 미술치료 실습생은 '내가 이런 대우를 받고 일을 해야 하나?' 하는 위축된 마음을 품게도 되고 '아, 미술치료가 이런 입지야? 내가 꿈꾸던 것과 무척 다르네' 하며 무기력해질 수도 있을 것이다. 하지만 다시 한 번 강조한다. 미술치료사가 제공하는 미술치료의 본질은 미술치료사가 만나는 내담자에 의해 의미부여가 된다는 것을, 그리고 기관 안에서 함께 일하기 힘든 스태프가 있다면 그것은 싸우거나 기분 나빠 해야 할 일이 아니라 그 사람에게 미술치료가 무엇인지를 친절하고 당당하게 알려줄 기회가 된다는 것을.

전문적인 미술치료사가 되기 위해서는 학문적 측면과 더불어 예술적 측면, 그리고 임상적 측면(장연집, 2009)에 대한 균형 있는 발전이 필요한데 이 세 가지 측면을 상호 보완하면서 유기적으로 발전해 나가는 훈련은 바로 임상실습 장면에서 이루어진다고 생각한다. 미술치료사가 되고 싶어서 대학원에 들어와서 처음으로 현장실습과 이론적 수업 사이를 허덕거리며 뛰어다니던 실습생, 물속에서 수없이 물갈퀴질을 해대는 백조의 모습이었던 실습생은 어느새 수백 톤이 넘는 비행기를 하늘로 올라가게 하는 엔진처럼 힘이 있는 치료사로 성장한다. 그 성장 과정에는 수없이 많은 이론적 수업과 공부, 그리고 환자와의 관계를, 또 때론 기관 스태프와의 관계를 치열하게 탐색하고 자신의 신념을 확인하고 각성하려 노력하는 치열한 현장실습 경험이 담겨 있을 것이다.

제6장

대학원 석·박사학위 과정생의 미술치료 슈퍼비전

김태은

슈퍼비전을 문자 그대로 정의하자면 '위에서 내려다본다'는 뜻이다. 이러한 정의를 조금 더 확장한다면 '다른 사람이 수행하고 있는 특정한 활동 및 과업을 감독하면서 그것들이 제대로 수행되고 있는지를 확인하는 것'이다(Microsoft College Dictionary, 2001). 슈퍼비전은 슈퍼바이저와 슈퍼바이지, 그리고 그들이 서비스를 제공하는 내담자 간의 독특한 전문적 관계이다. 이 관계는 시간이 흐르고 경험이 쌓여 감에 따라 변화하게 된다. 아직 학위 과정 중인 대학원생들이 교육과정에서 배우게 되는 슈퍼비전과 학위 취득 후 임상 현장에서 전문가로 일하며 받게 되는 슈퍼비전은 그 목적과 내용이 다를 수밖에 없다. 하지만 유능한 슈퍼비전은 슈퍼바이지에게 전문적으로 발전할 수 있는 기회를 주는 것과 내담자의 복지를 보호하는 것 사이에 적절한 조화를 유지해 나가는 것이라는 점은 변하지 않는 목표일 것이다. 슈퍼비전의 기능과 목표에 대해 살펴보면, 슈퍼비전의 일차적 목표는 내담자를 보호하는 일이다. 슈퍼바이저는 이러한 목표를 이루기 위해 상담 및 심리치료사들의 발달에 초점을 두어 개입하는 것(Bernard & Goodyear, 1998)이며 슈퍼비전의 기능은 슈퍼바이지에게 그들이 하고 있는 미술치료에 대해 피드백하는 것으로, 그들이 행하고 있는 상담 및 심리치료에 대한 질적인 통제를 담당하는 기능을 한다. 상담 및 심리치료에 대한 질적인 통제란 내담자가 괜찮은 돌봄을 받고 있고, 상담 및 심리치료사가 해를 끼치지 않고 있으며, 상담 및 심리치료사들이 그 역할을 해내기에 충분한 기술을 갖고 있다는 것, 만약 그런 기술이 부족한 치료사가 있다면 보완이 된다는 것을 의미한다(Watkin, 1997). 상담 및 심리치료에서 공통적으로 가지고 있는 슈퍼비전의 개념과 목표는 동일할지라도 이 장에서 다루고자 하는 미술치료 슈퍼비전의 특수성과 필요성에 대해 알아보고자 한다. 미술치료는 언어만을 사용하는 심리치료와는 다르게 미술치료 회기 중에 발생한 이미지라는 미술 결과물과 창의적인 작업의 과정을 포함하게 된다. 이 때문에 미술치료 슈퍼비전은 다른 어떤 심리치료 분야의 슈퍼비전보다 중요하고 어려움을 지녔으며 그 특수성을 잘 이해하는 것이 필요하다(Wood, 2007). 왜냐하면 미술치료 과정은 미술치료의 매체, 미술치료 공간, 치료적 작업 상황, 내담자의 요인 등은 다양해질 수 있는 반면, 치료적 상호작용을 결정짓는 미술치료사만은 마치 등식에서의 상수처럼 존재하며 미술치료 과정과 작품을 평가하고 역동을 이해하는 도구로 사용되기 때문이다. 이에 내담자에게 제공되는 미술치료의 질을 높이기 위해서는 미술치료사의 전문성을 키우는 것과 심리적 안정을 돕는 것이 가장 중요한 부분이고 이것은 미술치료 슈퍼비전에서 다루어질 수 있는 부분이며 이것을 통해 우리는 미술치료 슈퍼비전의 중요성과 그 특수성을 이해할 수 있다. 미술치료 슈퍼비전은 전문적인 관계 속에서 일어나는 하나의 예술 형태라 할 수 있다. 심리적인 예술성에는 시간, 장소, 형태의 차원들이 포함된다. 슈퍼비전의 관계에서 생생하게 숨 쉬는 공간은 두 사람의 대화에서 서서히 전개되는데 미술치료 슈퍼비전의 이상적인 분위기는 자유로우면서도 잘 통솔되어야 하고 심미적이며 창조적이어야 하며, 무엇보다 가장 중요한 것은 슈퍼바이저와 슈퍼바이지 경험의 상호작용을 위해 노력하는 분위기여야 할 것이다(Schaverien, 2007). 미술치료 슈퍼비전에 대한 집중력은 슈퍼바이지의 감정적인 내적 경험과 연관되어 있으며 이것은 매우 개인적이기 때문에, 슈퍼비전과 치료의 차이점들에서 이끌어낼 수 있는 명확한 경계가 필요하다. 미술치료 슈퍼바이저는 다른 심리치료 분야의 슈퍼바이저와 마찬가지로 슈퍼바이지와의 상호작용에서 접근을 이해하기 위해 방어, 발달 수준, 투사적 전이에 대한 지식이 필요한데 미술치료를 위한 슈퍼바이저는 창의적인 미술작업을 포함한 인간의 창의성에 대한 이해가 요구된다(Case, 2007). 슈퍼비전 안에서 슈퍼바이저와 슈퍼바이지 사이의 역동적인 흐름으로 슈퍼바이지의 감정, 태도, 그리고 통찰은 의식의 내부·외부에 영향을 끼친다. 슈퍼비전 회기에서 슈퍼바이지는 자신의 마음속에서 느끼는 대로 내담자와의 접촉을 설명한다. 따라서 슈퍼바이저는 이에 대한 중립적인 기준을 세우는 것이 중요하다. 기관과 슈퍼바이지의 관계나 슈퍼바이지의 개인적인 포부, 가치, 그리고 예술적인 선입견을 고려해야 하며 또한 슈퍼비전 회기에서 발생할 수 있는 전이와 역전이 반응에서도 미술작품을 고려해야 하는 특징을 가져 미술치료 슈퍼비전은 다른 심리치료 분야의 슈퍼비전보다 더욱 복잡한 관계를 가진다(Killick, 2007).

1. 대학원 교육과정에서의 미술치료 슈퍼비전

앞의 내용을 좀 더 구체적이고 생생하게 이해하기 위해 미술치료 슈퍼비전을 경험한 미술치료 전공생들과 졸업생들의 이야기를 들어 보려 한다.

먼저 미술치료 대학원 학위 과정 중 교과목으로 개설된 미술치료 슈퍼비전을 수강한 학위 과정생들의 이야기를 들어 보자. 앞에서도 이야기했듯이 슈퍼바이지의 준비도와 경험에 따라 제공되는 슈퍼비전의 내용이 달라지는데 그것을 체험하는 수강생들, 즉 초심의 미술치료 수련생들의 경험 또한 임상 현장의 전문가들의 경험과는 다를 것이다.

대학원에 입학하여 임상지가 배정되고 수련생으로 낯선 임상지에서 시간을 보내고 학교로 돌아와 받게 되는 슈퍼비전 수업은 초심의 미술치료 수련생들에게 어떤 경험이 되었을까? 다음은 첫 학기 슈퍼비전을 경험한 수련생들의 이야기이다.

첫 학기 동안의 임상실습과 슈퍼비전 I 수업을 마치면서 처음 실습을 가던 마음과 지금의 마음이 많이 바뀌었다는 것을 느끼고 있다. 나 자신에 대해 생각해 볼 수 있는 과정이 되었고 좀 더 성숙해질 수 있는 기회가 되었음에 감사하는 마음이다. 정신과 병원에서의 실습은 어떤 준비도 없는 상태에서 시작되었고 그만큼 설렘과 두려움이 많았는데, 첫 학기를 보낸 지금은 그곳을 편하게 받아들일 수 있게 되었고 두려움보다는 관심과 열의를 갖게 되었다.

무엇보다도 대학원에 들어와 귀한 만남으로 모인 동기들이 있었기에 이러한 경험을 함께 할 수 있어서 좋았고, 나의 부족함을 채워 주고 힘이 되어 주는 동기들에게서 배울 점을 보면서 스스로 반성도 한다. 이렇게 함께 실습하는 시간이 앞으로 얼마나 있을지 모르겠지만 아마도 첫 학기의 기억은 평생 추억으로 떠올릴 것 같다.

수업 시간에 진행된 면담 실습은 긴장으로 많은 부담이 되었지만 내 모습이 담긴 면담 실습 장면을 보는 것은 정말 새로운 경험이 되었다. 객관적으로 볼 수 없었던 나의 모습을 내가 들여다볼 수 있는 기회가 없었는데 행동 하나하나, 표정 하나하나가 나를 표현하고 있다는 것이 새롭게 다가왔다. 그날의 긴장감으로 촬영이 끝난 뒤 전혀 기억나지 않았던 순간들이 다시 떠올랐고, 부끄럽게도 많이 부족한 내 모습을 보며 앞으로 고쳐야 할 부분도 찾았고, 긍정적인 면도 찾을 수 있어서 보람된 시간이었음을 다시 느끼고 있다.

다른 동기들의 초기 면담 실습을 지켜보던 상황에서는 상담 진행의 전체적인 흐름이 파악되고 객관적인 눈으로 바라볼 수 있었지만 직접 앞에 나가서 진행하는 상담자의 역할이 되고 보니 생각처럼 쉽게 입이 떨어지지 않았고, 질문을 자연스럽게 연결하는 것도 쉽지 않은 것임을 알게 되었다. 적절한 질문을 선택하고 절제하는 것은 많은 경험이 필요할 것이고 초심자로서 이러한 연습을 통해 앞으로의 실제 치료 장면에서 실수를 줄이고 경험을 쌓아 가길 기대한다.

수업이 끝나고 돌려받은 자료를 통해서 내 모습이 담긴 초기 면담 실습 장면을 보는 것이 어색했다. 전반적으로 많이 부족하기에 고칠 점도 많이 보이고 걱정도 많이 되었다. 단점도 많지만 여러 동기들이 적어준 피드백을 보면서, 나의 긍정적인 면을 찾아주어 다행이라는 생각을 하게 되었고 내가 가진 장점을 바탕으로 더 용기를 내기로 했다. 나에게 다양한 표정이 있다는 점을 발견하였고, 내담자의 말에 집중하고 공감하려는 모습을 확인할 수 있어서 좋았다. 실제 상황에서는 치료 장면에서 좀 더 집중하고 몰입할 수 있기를 기대해 본다. 내담자에 대해 성급하게 판단하려 하지 않아야 하며 사용하는 용어의 선택에서도 좀 더 신경 쓰고, 생각하고 말해야 할 것 같았다. 공감과 이해를 바탕으로 내담자의 감정에 머무르는 시간을 갖고 기다려줄 수 있는 믿음가는 치료사가 되기 위해서는 많은 노력이 필요할 것 같다. 처음 받는 슈퍼비전은 그 생소했던 용어만큼 나에게 새로운 훈련 과정의 시작이 될 것 같다. 교수님의 말씀 하나라도 빠뜨리지 않으려고 열심히 메모했던, 정리되지 않은 채 빼곡히 적힌 노트처럼 많은 것을 한 번에 받아들이는 느낌도 든다. 다른 수업에서도 심리치료에 관한 기초부터 정신병리의 진단 기준을 정신없이 외우면서 한 학기가 이렇게 쉴 틈 없이 바쁘게 지나가버린 것에 대해 한편으로는 안도감도 들면서 한편으로는 아직도 긴장감이 남아 있는 것 같다.

미술치료사가 되기 위한 훈련 과정이 나의 모습을 바라보는 과정이어서 버겁기도 하고 아직 두렵기도 하지만 힘든 만큼 배움 기회를 얻은 것에 대한 보람과 미래에 대한 기대도 커진다. 아직은 시작이니까 대학원 과정이 다 끝나는 그때까지도 처음 시작하는 마음을 잃지 않길 바라 본다.   (참여자 15)

대학원 과정에서는 학기마다 1개의 전공필수과목이 있는데, 그것이 슈퍼비전 과목이다. 1학기 때는 ○○병원의 실습을 하면서 궁금했던 점들을 슈퍼비전 시간에서 교수님께 질문하고 다른 사람들과 경험을 나누었다. 우리는 굉장히 사소한 것들도 물어보았고 교수님은 아무리 사소한 것이라도 사소한 것이 아니라고 하시면서 우리의 모든 질문의 무게를 가볍게 덜어내지 않으셨다. 또한 교수님은 우리가 바로 시정하고 적용할 수 있게 답변을 명확하게 제시해 주셨고 이것이 큰 도움이 되었다. 학기가 바뀌면서 자신의 전공에 맞는 실습을 개별적으로 하게 되었고 이제는 전공별로 슈퍼비전을 받게 되었다. 하지만 학기가 시작되고 지난 몇 개월 간 슈퍼비전에서 나의 마음은 점점 닫혀 갔다. 1학기 때와는 달리 교수님의 답변이 명확하지 않다는 생각이 들어서였다. 이것이 반복되니 나중에는 교수님의 답변을 예상하게 되고 질문을 아예 잘 하지 않게 되었다. 하지만 지난 주에 내가 실습하고 있는 개인 회기 사례를 발표하게 되면서 큰 도움을 받았다. 나의 개인 회기는 죄책감과 좌절감으로 나를 힘들게 하고 있었는데, 내 스스로 그것이 힘든 세팅이라고 생각하면서 나에게 면죄부를 주고 싶지 않았고, 내가 힘든 이유는 단지 내가 부족해서라고만 생각했다. 하지만 사례 발표를 하고 슈퍼비전을 통해, 내 힘듦이 당연한 것이라고 공감을 받음으로써 큰 위로가 되었고 내 예상보다 나의 질문을 명확하고 시원하게 해결해 주시는 교수님의 답변을 통해서 무거운 마음이 한결 가벼워졌다. 이것이 내 개인 회기에도 영향을 끼쳐서, 슈퍼비전을 받았던 당일 바로 있었던 개인 회기에서 훨씬 에너지를 가지고 진행할 수 있었다. (참여자 14)

❖•◆•❖

수업을 통해 받았던 슈퍼비전에서는 뼈가 되고 살이 된다는 느낌이 들 만큼 큰 배움이 있었다. 학생의 입장에서 모든 배움은 중요하지만, 슈퍼비전은 매주 내담자에게 적용된다는 점에서 더 크게 와 닿는 것 같다. 동기들과 함께 실습했던 지난 학기와 달리 각자의 실습지에서 개인과 집단 회기를 진행하고 있는 학생들이, 회기 목표처럼 큰 어려움부터 회기 중 소소한 고민들까지 교수님께 여쭤볼 수 있는 시간이 있다는 게 참 다행이라고 생각한다.

슈퍼비전은 어느 때는 등대같기도, 또 어느 때는 거울같기도 하다. 너무 세세한 일들에 신경 써서 전체적인 방향을 잃을 때도 바로 갈 수 있게 잡아 주고, 많은 학생들이 고민하고 있는 문제는 함께 답을 찾을 수 있게 장을 펼쳐 주기도 한다. 이런 수업 방식이 익숙하진 않아 집단 치료를 받는 것 같기도 하고 외국식 수업을 받는 것 같은 기분도 든다. 이렇게 조금 낯선 슈퍼비전 수업

을 통해 내담자가 보내는 메시지를 함께 생각하고 토론하다 보니 어느새 조금

씩 성장하고 있는 스스로가 느껴지는 것 같다.   (참여자 17)

대학원에 입학하여 맞게 되는 첫 학기 슈퍼비전은 아마도 모두에게 인상적인 기억으로 남아 있을 것이다. 왜냐하면 무척 당황스럽고 낯선 수업이었기 때문이 아니었을까? 교재를 통해 무언가를 배운 것이 아니라 무척 힘겨웠던 임상 장면에서 했던 각자 자신의 경험이 '교재'가 된다는 것은 새로운 경험이었을 것이다. 하지만 곧 이들은 2학기, 3학기를 거치며 미술치료 수련생으로 경험한 자신의 체험이 바로 슈퍼비전의 본질이 되는 것을 배워 나가게 된다. 그러면서 그들이 깨닫게 되는 것, 배우게 되는 것은 자신이 한 경험에 대해 스스로 탐색하고 숙고하는 과정이다. 이러한 과정은 바로 미술치료 수련생들이 미술치료 전문가로 성장하는 과정에서 얻게 되는 자신을 바라보는 시각, 그리고 세상을 바라보는 시각을 정립하는 데 필요한 과정이라고 할 수 있다. 다음은 미술치료학 전공 석사 과정 2학기부터 4학기까지의 미술치료 수련생들의 슈퍼비전 경험에 대한 글이다.

◆>·◆·◆·<◆

○○정신병원에서 환자분들과 주 1회씩 함께 시간을 보내던 1학기 때와는 달리 처음으로 직접 미술치료 회기를 진행하면서 설레고 두려웠던 감정이 기억난다. 그런 마음을 빈 그릇으로 표현하면서 이미지 작업을 했었던 2학기의 시작이 떠올랐다. 머릿속에 아무런 계획도 없었고 어떻게 미술치료를 하는 것인지 무엇 하나 제대로 알지 못하고 무작정 실습을 시작했었는데 회기 안의 모든 것을 직접 보고 느끼면서 그렇게 배워 가는 것이라는 것을 깨달았다. (중략) 특히 정신과 병동에서의 미술치료를 진행하면서 환자분들에 대한 내 마음이 많이 바뀌어 가는 과정을 겪은 것 같다. 1학기 때의 ○○병원에서도 몸은 어쩔 수 없이 환자분들과 함께 하루를 보내고 있었지만 마음은 열리지 않은 상태에서 그분들이 말을 걸어오는 것이 귀찮기도 했고, 이렇게 이야기하고 대화를 하는 것이 그분들에게 어떤 의미 있는 시간이 되기는 하는 것인지 의

문을 가지며 실습이 끝나기만 기다렸다. 그리고 2학기가 되어 직접 미술치료를 할 곳을 결정하면서 정신과 병동에서 회기를 하는 것이 많은 도움이 된다는 말씀에 정신과 병동에서 3회기를 진행하였다. 선배님이 구조를 잘 잡아 놓은 곳이어서 쉽게 시작을 할 수 있는 장점이 있었다. 하지만 여전히 병동의 환자분들에 대한 나의 선입견은 그분들이 나의 말을 잘 이해하고 따라줄 것인지 의문을 갖게 만들었고, 만성인 분들이 많은 곳은 특히나 어디에서 미술을 통한 치료를 할 수 있는 것인지가 너무나 의문이었다.

긴장된 첫 만남에서 환자분들의 무표정한 얼굴과 무반응, 그리고 약과 함께 올라오는 눈에 보이는 증상들로 인해 환자의 상태는 온전히 벽처럼 느껴졌다. 그래도 몇몇 분이 웃어 주고 대답을 해 주니 너무나 고맙게 느껴지기도 했지만 같은 공간에 너무나 다른 상태의 환자분들이 섞여 있어서 어느 분에게 맞춰서 진행을 해야 할지 막막했다. 그렇게 반응도 잘 해 주시고 열심히 참여하시는 분은 증상이 많이 좋아지신 분이어서 그다음 번 회기에는 퇴원을 하고 없는 경우가 많았다. 생각해 보니 결국 처음부터 끝까지 함께 했던 분은 차갑던 첫인상의 무표정했던 한 여성 환자분이었다. 미술치료에 참여하고 싶어 하지 않는 것으로 보였고 모든 질문에 모른다고만 대답하셔서 당황스러웠던 때가 많았다. 미술치료에 참여하면 간호사실에서 받는 스티커에만 관심이 있어서 자리만 채우고 계셨던 그분은 다음 회기에는 안 오실 것만 같았고 한편으로는 대하기가 힘들어서 안 오신다면 내 맘이 더 편할 것 같았다. 하지만 항상 와서 참여하였고 눈을 맞추며 인사를 드려도 쳐다보지 않았고 테이블로 천천히 와서 팔짱을 끼고 앉아 있는 모습이었다.

그렇게 시간이 지나고 웃는 모습을 처음 보게 된 것이 치료 중반쯤이었던 것 같다. 작업을 하고 나누는 시간에 함께 이야기를 하는데 웃는 모습을 보았던 것이 얼마나 반갑던지 '웃는 모습을 보니 제가 너무 기쁘다'고 진심으로 말씀드렸던 것이 생각난다. 그 이후에 이분에 대한 마음의 벽이 점차 사라져 갔다. 종결이 다가올수록 더 많이 웃는 모습을 볼 수 있었고 점토로 컵 만들기를 할 때는 나에게 도와달라는 말을 하였고 열심히 만드는 것을 도왔다. 마음에

드셨는지 소리 내어 웃으셨고 작품에 대해 이야기하는 시간에도 선생님이 도
와줘서 이렇게 했다고 말씀하시는데 그 순간 내가 해드릴 수 있는 것이 있다
는 것이 이렇게 기쁘다는 것을 느끼며 나도 도와드리려는 마음이 많이 있었고
또한 이렇게 나의 관심과 노력을 알아주길 바라고 있다는 것을 알았다. 어떤
것을 하든 아무런 변화도 없을 것이라는 생각은 정말 내가 가진 생각일 뿐이
었다. 종결이 다가왔을 때는 아쉬움을 표현하시며 너무도 열심히 참여하면서
점점 의사표현도 많이 하셨다. 다른 분들과도 상호작용하는 모습이 늘었고,
이런 변화된 모습을 볼 수 있다는 것이 감사했다.

처음부터 이 시간을 통해서 이분들이 더 좋아질 것이라는 많은 기대를 한
것이 아니었지만 크든 작든 첫 만남부터 나도 환자분도 함께 마음을 열면서
변화하는 것을 느낄 수 있었다. 먼저 내가 얼마나 진심으로 함께 느끼고 노력
하고 있는지 확인하면서 몸만 치료 회기에 있는 것이 아닌 온전히 집중하는
시간이 되어야 할 것이다.

종결을 하는 날에는 한 환자가 함께 치료를 했던 우리에게 읽어 주는 편지
글이 가슴을 뭉클하게 하여 잠시 눈물이 고였다. 지치고 힘든 마음에 종결을
기다리던 나인데 더 해드리지 못하고 끝나는 것이 미안하게 느껴졌다.

이렇게 환자분들의 크고 작은 변화들을 보면서 치료사의 민감성에 대해서
도 알게 되었고 또한 내가 그동안 살아오면서 너무나도 당연하게 생각해 왔던
모든 것들이 그 어떤 것도 당연한 것이 없다는 것을 배웠다.

환자분들이 미술치료 시간을 기대하며 기다려주는 것, 자리에 앉아서 열심
히 작업에 집중해 주는 것, 대답해 주는 것, 재료를 정리해 주는 것, 내 말을 귀
기울여 들어 주는 것, 질문을 해 주는 것, 말을 해 주는 것, 필요한 것을 달라
고 하는 것, 인사를 하는 것, 감사하다고 말해 주는 것, 아쉽다고 하는 것, 미
술치료가 재미있다고 하는 것, 계속하고 싶다고 하는 것, 내 이름을 기억해 주
는 것, 자기 작업을 설명해 주는 것, 내 실수를 이해해 주는 것, 그냥 웃어 주는
것, 모두 당연한 것이 아니라는 것을 배웠다.

내 삶 속에서도 당연하다고 생각하며 그냥 지나쳐버리고 있는 것이 많음을

발견하면서 고마운 마음을 제대로 전하지 못하고 있었음에 부끄러워진다. 너무도 당연하게 받았던 것이 많았다. 가족, 친구, 주변 사람들에게서 습관처럼 받는 것이 당연하다고 여기며 얼마나 많은 것을 받아 오고 있었는지 생각하게 되었다.

실습에서 주치료사와 보조치료사의 경험을 하면서 각자의 역할에 대해서도 맞춰 가면서 배울 수 있는 시간이 되었다. 전체적인 시간 배분과 흐름을 이끌어 가는 주치료사는 좀 더 에너지가 많이 필요했고 회기 전체 상황을 크게 볼 수 있는 시각과 자세가 필요했다. 반면 보조치료사는 주치료사가 진행해 가는 회기에서 놓칠 수 있는 각 내담자의 요구와 필요를 챙겨주고 도와주면서 주치료사의 진행에 방해가 되지 않도록 하는 것이 중요했던 것 같다.

그동안 일지를 쓰고 슈퍼비전을 받으며 당황스럽기만 했던 치료 상황에서는 보이지 않았던 것들에 대해 생각해 볼 수 있는 시간이 되었고, 나의 회기에서의 일이 아니어도 동기들의 질문과 피드백 안에서 겹치는 많은 상황들을 들으면서 나만 이렇게 처음 겪는 어려운 실습이 아니라 함께 같은 길을 가고 있다는 것에 위로받기도 하며 서로에게서 배워 갈 수 있는 수업이었다. 그리고 제대로 종결하지 못하고 아쉽게 끝나버린 개인 회기도 되돌아보니 치료사로서의 준비가 되지 않은 내가 얼마나 섣불리 회기를 진행하고 끝내버렸는지 알게 되었다. 상황적인 요인들도 있었지만 분명 준비되지 못한 나의 모습이 떠오른다. 이제 하나씩 경험하면서 알아 가고 있는 과정이니 조금 더 성숙해져서 준비된 모습으로 개인 회기를 맡고 싶다. (참여자 15)

❖⸺❖⸺❖

대학원에서 제공되는 슈퍼비전은 큰 집단이어서인지 종종 묘한 집단역동이 형성되는 것을 발견할 수 있고, 슈퍼바이저와의 이중관계로 인하여 편하지만은 않다. 이로 인해 소극적으로 임하게 되는 부분도 없지 않아 있고, 각자의 의견을 말하는 경우 소그룹보다 더 하고자 하는 말에 조심하게 되는 경우가 많다. 발표의 타이밍을 놓치거나 하는 경우도 종종 발생하고, 많은 사례를 들게 되는 경우 집중도가 떨어지는 부분도 있다. 그럼에도 불구하고 정말 도움이 필요할 때 조언을 구할 수 있고 방패막 역할을 해준다는 부분에서 슈퍼비전의 중요성은 다시 한 번 언급해도 모자랄 정도이다. 언제부터 나 자신을 전문가라고 여기게 될지는 모르지만 치료사의 역할을 하는 동안은 지속적으로 받아야 할 부분이라고 생각한다. 내가 놓치고 있는 부분을 항상 인식하게 해 주므로 많은 것을 배울 수 있는 시간이다.   (참여자 13)

체험의 글을 통해서도 알 수 있듯이 대학원 안에서의 미술치료 슈퍼비전은 반드시 수강해야 하는 하나의 교과목에서 자신에게 꼭 필요한 것을 얻어내는 시간으로 전환되는 것을 경험한다. 미술치료사가 되는 과정에서 무척 중요한 수업이라는 것을 알게 되면서 미술치료 수련생들, 즉 슈퍼바이지들은 슈퍼비전 시간에 특별한 의미를 부여하며 그 안에서 묘한 긴장감을 경험하기도 하고 상대적 좌절감을 경험하기도 한다. 동료들과 함께 진행되는 집단 슈퍼비전이기 때문일 수 있다. 같이 공부하고 있는 동기가 좀 더 좋은 환경에서 임상실습을 하는 경우에는 부러움을 느낄 수도 있을 것이고, 같은 공간에서 임상실습을 하는데 '저 동료는 나보다 더 많은 것을 얻어가고 있는' 것 같기도 하며 어느 날은 '다른 동료들에 비해 나만 뒤처지는 것은 아닌가' 불안해지기도 할 것이다. 비교의식이 자신을 힘들게 조여오는 날도 있을 것이다. 하지만 수련생들은 경험이 쌓이면서 비교의식과 경쟁의식을 뚫고 동료애로 서로가 서로에게 선생님이 되어 주고 지지자가 되어 주는 경험을 서로 나누게 된다. 그것이 바로 동료와 함께 성장하는 피어비전이다. 다음 장에서는 학위 과정 중에서 함께 하게 되는 동료들과의 피어비전에 대한 이야기를 나눠 보려 한다.

2. 피어비전

피어비전(peervision)은 슈퍼바이저와 슈퍼바이지의 관계로 임상에 대한 관리 감독을 받는 것이 아니라 동료와 동료가 중심이 되어 임상에서의 어려움을 나누고 서로 조언을 구하는 것을 말한다.

학위 과정 중에 수업으로 받게 되는 슈퍼비전에서 형성되는 묘한 긴장감과 경쟁의식은 교수와 학생 사이에 행해지는 평가의 과정 때문일 수도 있고 함께 슈퍼비전에 참여하는 동료들과의 관계에서 오는 긴장감일 수도 있다. 때로는 이 부분이 무척 불편하여 피하고 싶은 영역일 수도 있겠지만 언제나 불편감과 긴장감을 견뎌내고 나면 그 사람만이 얻게 되는 아주 귀한 깨달음이 있기 마련이다.

좋은 미술치료사가 되고 싶다는 바람은 열심히 공부하고 임상지를 뛰어다니는 일상으로 연결이 되곤 한다. 슈퍼비전 시간에도 바짝 긴장한 채로 슈퍼바이저인 교수님의 이야기를 하나하나 다 받아적고 있다. 열심히! 열심히! 하지만 그렇게 열심히 공부해서 완성되지 않는 것이 바로 미술치료사가 되는 과정이다. 무척 안타까운 일이라는 것을 알고 있다. 좋은 미술치료사가 되는 과정에서는 공부로 얻어낼 수 없는 무엇인가가 있는데 그것은 분명 경험을 통한 깨달음 그리고 새로운 시각을 발견하는 것이다. 동료들은 그 경험의 주변인이 되어 주어 그 경험을 좀 더 액티브하게 해 주기도 하며, 같은 공간에서 공부하고 임상실습을 하며 나와 다른 것을 바라보는 동료를 통해 세상을 보는 시각을 넓히기도 한다.

피어비전을 통해 수련생들은 자신이 보지 못하고 있었던 부분을 동료를 통해 깨닫게 된다. 어쩌면 너무 대단해 보이는 슈퍼바이저에게 받는 내용보다 함께 이 길을 가고 있는 바로 옆 동료들이 들려주는 이야기들이 미술치료 수련생들에게는 더욱 가깝게 느껴지고 공감이 담긴 생생한 조언이 될 수 있을 것이다. 이처럼 미술치료사로 성장하는 과정에서 빠질 수 없는 것은 바로 '사람을 통한 배움'이고 '경험을 통한 배움'이라고 생각된다.

다음은 학위 과정 중 동료들과 나눈 피어비전에 대한 경험 글이다. 이 안에 동료들을 향한 애정과 존중하는 마음이 담겨 있음이 감사하게 느껴진다.

피어비전은 슈퍼비전과는 다르게 하고 싶은 얘기를 마음껏 할 수 있는 편안함이 있는 시간이다. 마음 맞는 동료들이 충분히 공감해 주고 귀한 조언을 해 주는 것은 언제나 힘이 되며 이것이 항상 유지되길 바라게 된다. 어떤 형식이나 체면에 얽매이지 않고 공감을 얻고 조언을 받는다는 것은 큰 응원이며, 나에게는 힐링의 시간이기도 하다.

경험이 풍부한 동료라도 슈퍼바이저가 줄 수 있는 전문적인 시각에 못 미치는 경우도 있겠으나, 이미 충분히 신뢰가 쌓인 동료들과 편안한 분위기에서 밀도 있게 사례에 대한 모든 것을 털어놓을 수 있는 것은 다른 어떤 슈퍼비전이 줄 수 없는 큰 장점이다.

다만 정기적이고 장기적으로 꾸준히 해나가지 못하는 것은 아쉬운 일이다. 지속적으로 이루어지는 피어비전은 학생의 입장에서 매우 필요한 일이라 보며, 어떠한 추가비용 없이 큰 도움을 받을 수 있는 기회이다. (참여자 13)

2학기에 접어들면서 한 달에 한 번씩 일부 동기들과 함께 피어비전을 하고 있다. 피어비전은 보통 참여자들이 돌아가면서 자신의 미술 회기에 대해서 간략하게 설명을 한 후 질문을 던지면 다른 사람들이 함께 고민을 해 보고 대답을 하는 식으로 진행된다. 처음 참석했을 때는 이런 방식이 잘 적응이 되지 않았다. 내가 대답을 하기에는 너무 부족한 것 같고, 우리가 잘못된 방향으로 가는 것은 아닌지 중재해 줄 수 있는 경험이 많은 사람이 없기 때문에 불안하기까지 했다. 다른 동기들에게 이야기하지는 않았지만 우리끼리 질문하고 우리끼리 답변하는 것이 뭐 그리 큰 도움이 될까 하는 회의감마저 든 것이 사실이다. 그리고 이제 겨우 두 번 진행한 피어비전을 겪으면서 이런 내 회의감이 완전히 사라진 것도 아니다. 피어비전이 끝나도 여전히 해결되지 못한 의문이 생각에 맴돌고 동기들로부터 받은 조언을 완전히 받아들이기도 석연찮다. 어쩌면 피어비전을 통해서 내가 얻어야 할 도움은 그런 것이 아닐지도 모른다는 생각이 든다. 명확한 답을 얻기보다는 다른 사람들이 어떻게 실습을 해 나가는지 듣는 것만으로도 경험이 되는 것은 아닐까. 또한 서로의 고민을 들으면서 내가 놓쳤던 부분을 되돌아보는 계기가 될 수도 있을 것 같다. 사람들과 고민을 나눈 후에 슈퍼비전 시간에 사례 발표를 들으면 그 전보다 훨씬 깊은 공감을 하는 데 도움이 되기도 한다. 애초에 피어비전과 슈퍼비전은 그렇게 다른 것인데, 내가 단순히 슈퍼비전에 대한 기대로 피어비전을 판단했던 것은 아닌가 하는 생각이 지금 이 글을 정리하면서 든다. (참여자 14)

(중략) 그래서 피어비전 시간을 따로 가져서 내가 그 상황이라면 어떻게 하는 것이 좋을까 깊게 고민해 보고 또는 먼저 경험한 동료가 자신의 경험을 이야기해 주기도 한다. 초보 치료사로서 거기서 거기일 것 같지만 현명한 대안들이 다양하게 나온다. 그리고 나 혼자 고민하면서 좁아진 시야가 확 틔는 것을 경험하기도 한다. 나의 고민에 사로잡혀서 이에 대한 답을 찾기 위해 혼자의 생각에 막 빠져들 때가 있는데, 이때 피어비전에서 동기가 던진 말들, 즉 내가 그쪽 방향으로 생각해 보지도 못한 말들을 듣고 '아…' 하고 깨우칠 때도 많았다. (참여자 2)

얼마 전 피어비전으로 큰 배움을 얻은 경험이 있다. 개인 미술치료를 진행하고 있는 내담 청소년이 첫 회기부터 꾸준히 "같이 그려요."라고 요청하였는데, 치료자의 개입이 너무 커질까 봐 거리를 두고 작업을 지지해 주는 방향으로 치료를 진행하고 있었다. 아직 치료 경험이 많이 없어 어느 정도 선까지 개입이 이루어져도 되는지 몹시 혼란스러웠다. 이를 피어비전 시간에 나누었는데, 동기 중 하나가 "같이 하면 왜 안 돼?"라고 물었다. 이 한마디 물음이 아주 신선한 충격이었다. '왜'라고 생각하고 나니 많은 생각이 들었다. 개입을 한다면 어느 선까지 해야 할까, 어떤 식으로 개입이 이루어져야 할까, 왜 개입을 해야 할까, 내담 청소년이 함께하길 요청하는 의미는 무엇일까… 한마디 물음이었지만 본질에 대한 물음이었고, 여러 가지 고민을 하게 되었다. 이러한 생각들을 나누고 나니, 내담 청소년이 원하는 대로 '함께' 작업하지만, 치료사가 아닌 내담자가 주도하는 작업이 되도록 하며, 치료사는 지지적인 구조로 작업이 이루어졌으면 좋겠다는 결론이 나왔다. 다음 회기 시간에 이를 반영하여 작업을 진행하였는데, 이전 회기와 대조적으로 큰 역동이 생겼다. 내담 청소년이 적극적으로 참여해 자기주장을 펼쳐 갔으며, 치료자의 지지를 받으며 부정적 요소들을 가득 그리고 난 뒤에는 스스로 새 종이에 작업을 시작하였다. 치료자의 변화가 내담자에게 고스란히 반영되는 회기였다. 동기가 나에게 큰 가르침을 주기엔 부족할 수 있지만 큰 깨달음을 주기엔 충분하다는 것을 온전히 느낄 수 있는 순간이었다.

(참여자 17)

우리는 과 동기들끼리 한 달에 한 번씩 피어비전 시간을 갖고 있다. 사실 슈퍼비전 시간에 교수님께 일일이 여쭤보기엔 사소하거나 괜히 창피한 질문들도 있기 때문에, 그에 대한 화두를 내놓고 머리 맞대고 고민해 보거나 다른 동기들은 어떻게 대처하고 헤쳐 나가고 있는지에 대한 정보를 나누기 위함이다. 다 같은 초심자들인데 같이 고민한다고 해봐야 얼마나 명쾌한 답이 나오겠는가. "아, 난감하다. 이걸 어쩌지?", "다음 시간에 교수님께 물어보자."라는 말로 끝나는 사례도 숱하다. 하지만 각자의 사례와 궁금증을 번갈아 이야기하면서 '나라면 어떻게 할까?'라는 궁리를 하게 되고, 슈퍼비전과 같은 과목에서 배운 윤리와 치료사로서의 지혜를 어떻게 활용할지에 대한 고민을 하게 되면서 스스로 발전하는 것만은 확실한 것 같다. 앞으로 같은 길을 헤쳐 나갈 동기들과의 공감을 통해서 동질감과 우애가 돈독해지기도 하고, 서로 간에 이렇게 다양한 의견이 나올 수 있다는 것에 놀랍기도 하고, 미술치료 현장에서 일어나는 문제들에 꼭 정해진 답은 없겠다는 생각이 들었다. 그래서 슈퍼비전 시간에 받아 적는 교수님의 조언과 지시들이 정답이기도 하지만, 우리끼리 격식 없이 자유롭게 다양한 방향에 대한 의견을 내 보는 것도 초심자이기에 더욱 유익한 활동이 아닐까 싶다.

(참여자 21)

❖❖•❖•❖❖

피어비전은 사람의 수가 많다는 것이 장점이다. 그 많은 사람들이 각자 다른 곳에 임상을 하러 나가고, 모두 다른 생각을 가지고 있으니 슈퍼바이저를 만나지 못하는 시간 동안에 피어비전이 큰 도움이 된다. 사실 피어비전이라는 시간을 따로 갖지 않아도 동기들을 항상 만나기 때문에 자연스럽게 피어비전을 하게 되고 내가 미처 생각하지 못했던 부분들이나 다르게 행동할 수 있는 점들을 배울 수 있다. 슈퍼비전 시간보다 좀 더 가볍고 격식 없이 이야기를 나눌 수 있는 것이 좋다. 꼭 임상에 대한 것들이 아니더라도 가장 많이 하는 말 중에 하나는 '프로그램 뭐하지?', '재료는 뭘로 하면 좋을까?' 같은 단순하지만 항상 생각해야 하는 것들을 이야기하는 것 자체도 큰 도움이 된다.　　　　(참여자 22)

❖❖•❖•❖❖

물론 어떤 문제는 스스로가 책을 찾으면 충분히 답을 알 수 있는 문제도 있었고 슈퍼비전 시간에 물어봐도 되는 문제도 있었지만 피어비전을 통해 동기들의 임상실습 경험담과 어려움을 솔직히 듣고 나누면서 나만 힘든 것이 아니라는 동료애와 친해지는 기회를 얻은 것 같다. 앞으로 피어비전의 지속적인 운영을 위해 좀 더 많은 노력과 연구가 필요한 것 같다. 지금은 현재 과대표의 헌신으로 진행을 하고 있지만 지속적인 피어비전의 진행을 위해서는 피어비전의 목적을 명확히 하고 진행 방식, 내용 등을 좀 더 연구해야 할 것 같다.

(참여자 10)

3. 예술작업을 통한 미술치료 슈퍼비전

미술치료 슈퍼비전은 일반 심리치료 장면에서 사용하는 사례개념화의 틀을 가지고 와서 슈퍼바이지가 맡고 있는 사례를 점검하는 것을 넘어서 미술치료 장면의 특수성과 내담자의 예술적 활동을 고려하는 미술치료 슈퍼비전만의 독특하고 논리적인 방법이 요구된다. 미술치료 슈퍼비전에 대한 연구가 시작된 것은 1970년 대 후반부터였으며, 2000년대에 들어서며 미술치료 연구에 슈퍼비전에서 이미 지 작업을 사용하는 것이 등장하기 시작하였다. Schaverien과 Joy(2007)는 슈퍼비 전에서 중간적 의사소통으로 비언어적 접근을 고려하였다. 이러한 시각적 접근 은 슈퍼바이지로부터 개인적 감정을 소개하게 한다. 어떤 상황에서 이것은 역전 이의 탐색과 관련될 수 있으며 또 다른 상황에서는 임상 장면에서 중요한 이슈를 담아내기도 한다.

또한 슈퍼비전에서 미술작업을 활용하는 이유는 슈퍼바이저가 알지 못하는 맥 락과 과정을 알게 하기 위한 것이기도 하다. 시각적 매체를 통해 슈퍼비전에 대 한 역동을 파악하고 이해하는 데 도움을 얻고 있다. Schaverien과 Joy는 논문에서 말로만 하는 슈퍼비전이 아닌 글쓰기와 미술작업 두 가지 양식을 추가하여 쌍방 간의 관계에 대해 다루어야 한다고 언급하였다. 이에 슈퍼바이지의 창의적 글쓰 기 혹은 이미지 작업을 통해 슈퍼바이지는 자신이 만나고 있는 내담자와의 관계 에 대한 세밀한 정서를 찾아낼 수 있고 표현하며 통찰을 얻어 나갈 수 있다고 설 명하였다.

장연집, 김현미(2013)가 수행한 미술치료학 전공 박사학위 과정생 미술치료 슈 퍼비전을 통해 다룬 미술작업 분석을 살펴보면, 미술치료 슈퍼비전에서 예술 활 동을 하는 것에 대한 결과를 다음과 같이 설명하였다. 첫째, 연구 참여자들은 미 술치료사로서 미술치료 회기 경험을 슈퍼비전에서 설명할 때, 미술작업이 언어 보다 분명하고 명료하게 슈퍼바이저와 동료들에게 전달되는 힘을 경험한다. 둘 째, 슈퍼바이지는 슈퍼비전에서 미술작업을 통해 의식적·무의식적인 갈등과 이 슈가 다루어지는 것을 경험하고, 내담자뿐만 아니라 슈퍼바이지 자신에 대해서 도 탐색하는 과정을 거치며 통찰을 하게 된다. 이 과정에서 내담자에 대한 이해 가 깊어질 뿐만 아니라 치료사로서의 전문성을 갖게 된다. 셋째, 슈퍼비전에서 미술작업의 경험은 슈퍼바이지에게 미술치료의 특성을 재경험하게 할 뿐 아니라 미술치료사에게 중요한 미술작업을 지속적으로 할 수 있도록 하는 역할을 하여 치료사를 스스로 돌볼 수 있는 역할을 하게끔 한다.

이처럼 미술치료 슈퍼비전 속에서 창의적 예술작업을 하는 것은 슈퍼바이지에게 자신의 내담자에 대한 새로운 시각을 갖게 하고 치료사로서 자신의 모습에 대한 깊은 통찰을 제공한다는 것을 알 수 있었다.

다음에 소개되는 글 혹은 그림들은 슈퍼바이지들이 슈퍼비전을 통해 창의적인 작업을 수행한 결과물이다.

◆━·━◆━·━◆

정신과에서 미술치료 현장실습을 한 지 1년이 좀 지났을 때, 나는 정신과 임상미술치료에 대한 슈퍼비전을 받게 되었다. 1년이 넘는 시간을 돌아보게 되는 의미 있는 시간이 되었다. 나의 슈퍼바이저가 연구자에게 짧지 않은 시간 동안 정신과에서 임상을 하면서 내가 가장 변화한 것이 무엇이냐고 질문을 하였다. 나는 그 질문에 환자를 대하는 데 좀 더 편해졌고 상황에 대처하는 유능감이 조금 생겼으며 회기를 하는 지금-여기에 집중하게 된 것 같다고 대답했다. 아직도 너무 부족한 모습만 바라보며 힘들어하고 있었는데, 1년이라는 세월은 나에게 미술치료 회기 안에서 환자와 함께 걸어가는 방법을 알려준 것이다. 초기에 나는 내가 환자들을 위해 무언가를 해 주어야 한다고 생각했다. 그 생각으로 그린 그림을 다시 보게 되었다. 그리고 알게 되었다. 치료사는 '쩍쩍 갈라진 땅'에서 무엇을 해나가는 것이 아니라, 환자들에게 미술이라는 도구로 소통하는 안전한 장소를 만들어 주는 사람이라는 것을 알게 되었다. '쩍쩍 갈라진 땅'에 물을 주고 꽃을 피우고 그 속에서 보석을 캐는 일은 함께 하는 것이었다는 생각이 들었다. 이런 생각을 하며 나는 다음 글을 쓰게 되었다.

나는 길을 걷고 있다

나는 길을 걷고 있다.
그 끝이 어딘지 알 수 없지만
나는 타박타박 걸어가고 있다.

걸어가다 주저앉아 우는 이를 만나면

함께 울다 가도 좋겠다.

걸어가다 넘어진 이를 만나면

함께 쉬다 가도 좋겠다.

걸어가다 길 잃은 이를 만나면

함께 길을 헤매도 좋겠다.

걸어가다, 걸어가다 지칠 땐

혼자 서서 잠시 하늘을 봐도 좋겠다.

나는 오늘도 길을 걷고 있다.

그 끝에 무엇이 있는지 알 수는 없지만

나는 타박타박 걸어가고 있다.   (참여자 5)

필자의 슈퍼바이저는 현장실습지에서 무엇을 해야 하는지 설명해 주기보다 때때로 그림을 그려 보라고 제안을 했다. 필자는 그런 작업이 낯설기도 했지만 신기하게 정말 하고 싶은 '말'이 '그림'에 담겨 있다는 것을 알게 되었다. 다음은 필자의 이러한 경험이다.

정말이지 아무에게도 하지 못한 말을, 내가 회기에 들어가서 내담자에게 잘못한 것들, '이렇게 말하면 안 되었는데' 하고 자책하게 되는 이야기들, 아직은 미술치료사 같지 않은 부적절하고 미성숙한 태도들, 이 모든 것들을 슈퍼바이저에게 다 쏟아낸다. 시원하게.

마치 오래된 짐들을 풀어놓듯이 나는 슈퍼바이저에게 이야기한다. 가슴속에 맺힌 말들을 하다 보면 어느새 나는 정신없이 울고 있다. 하지만 슈퍼바이저는 정신없이 헐떡거리며 울고 있는 나를 차분하고 따뜻한 시선으로 바라봐 주시고 또한 안정적 호흡 속으로 나의 흥분된 정서를 감싸 안으신다. 나의 슈

▲ **그림 6.1**   나와 슈퍼바이저(김태은), 켄트지에 오일파스텔

퍼바이저는 다 안아 주신다. 그리고 나를 편안하게 재워 주신다.

오늘도 부족한 나지만 내 자신을 인정할 수 있도록 하며 욕심내서 앞으로 나갈 수 있도록 북돋아 주는 슈퍼바이저의 따뜻한 말들, "괜찮아요", "잘했어 요", "잘하고 있어요."

지금 느끼는 어둠은 과정일 뿐이라고, 진행 중인 거라고, 이쪽으로 나오라 고 … 힘든 거 있으면 그 자리에 그걸 내려놓고 걸어오라고. 천천히 와도 된다 고, 잠깐 멈춰도 된다고…. 어둠 속에서 조금씩 빛을 보여주는 존재, 넘어지고 다치고, 간신히 그 터널을 지났을 때 "수고했어요"라고 말해주는 존재.

(김태은)

그림 6.1과 그림 6.2는 똑같은 주제로 필자가 1년 사이에 그린 것이다. 같은 제 목으로 그린 그림이지만 슈퍼바이저와 슈퍼바이지의 이미지가 달라졌고 또한 둘 사이의 거리가 달라진 것을 볼 수 있다. 필자는 여전히 같은 슈퍼바이저를 만나 고 있었음에도 필자 자신과 슈퍼바이저를 이미지화한 것을 비교해 보면 크게 달 라진 것이 느껴진다. 가장 큰 변화는 6.1의 그림에서는 슈퍼바이저에게 안겨 있 는 슈퍼바이지였는데 그림 6.2에서는 슈퍼바이지로 표현된 사람의 모습이 조금 더 구체화되었다는 것과 슈퍼바이저를 형상화하는 이미지가 그림 6.2에서 더욱

▲ **그림 6.2** 나와 슈퍼바이저(김태은), 와트만지에 수채색연필

간략하면서 상징적으로 표현되었다는 것, 그리고 슈퍼바이지가 슈퍼바이저를 바라보고 있다는 점이다. 그림 6.1에서는 슈퍼바이지가 슈퍼바이저 품에 안겨야 안정되는 아기였다면 그림 6.2에서는 목발을 짚고서라고 앞으로 나아가는 힘을 내는 모습으로 성장을 했으며, 그 길을 안내해 주는 '빛'으로 존재하는 슈퍼바이저를 통해 힘과 위로를 얻는 것을 알게 되었다. 이처럼 슈퍼비전 시간을 통해 작업한 미술작업은 그 시절 필자의 성장을 기록해 주고 있다.

다음은 필자가 정신분열증 환자들과 개인 미술치료를 하던 시기의 경험이다. 때때로 그들이 경험하는 망상과 환청, 여러 가지 병적 증상들을 내 앞에서 매우 생생하게 경험하고 그 경험을 치료사에게 가감 없이 표현하는 것이 때때로 두렵다는 생각을 했다. 그때 슈퍼바이저는 필자에게 치료사로서 내담자에게 제공하고 있는 미술치료 환경을 이미지로 나타내 보라고 했다. 필자는 묘한 두려움으로 이 작업을 시작하였고 이미지 작업을 하면서 내가 제공하고 있는 미술치료의 심리적 환경이라는 것은 치료사를 통해 만들어지는 것임을 알게 되었다. 환자 옆에서 환자의 병적 증세를 가깝게 경험하며 두렵기도 하고, 때론 미술치료가 해 줄 수 있는 영역이 너무나 작은 것 같아 무력감을 느끼기도 했지만 이 작업을 하고 난 뒤 그들에게 제공하고 있는 시간이 긍정적 경험이 될 수 있다는 확신을 가질 수 있었다. 그리고 필자 자신을 위해서도, 또 환자를 위해서도 안전한 공간이 필

▲ **그림 6.3** 미술치료사로서 내담자에게 제공하는 심리적 환경(김태은), 검정도화지에 오일파스텔

요하다는 것을 깨닫게 되었다. 역시 계획한 작업이 아니었지만 필자가 말로 하지 못했던 많은 것들이 그림 안에 담겨 있는 것에 놀라웠고 뭔가 답답하고 정리되지 않은 상황이 그림 한 장으로 정리되는 듯 느껴졌다(그림 6.3).

미술치료 슈퍼비전 과정에서 예술작업을 하는 것을 통해 슈퍼바이지들은 자신이 맡고 있는 내담자를 새롭게 바라보게 될 수 있고 치료사로서 혼란스러운 감정을 안전하게 통합할 수도 있다. 뿐만 아니라 슈퍼바이저를 향한 슈퍼바이지의 감정을 확인하는 과정에서 유용한 역할을 담당해준다. 미술치료학에서 '미술'이라는 것이 중요한 가치이듯 미술치료 슈퍼비전에서도 미술이나 글쓰기 등의 예술적 활동은 빠질 수 없는 매우 중요한 가치이다.

4. 현장에서의 슈퍼비전(1)

임상 현장에서 주어지는 현장 슈퍼비전은 1960년대 가족치료 훈련 현장에서 시

---

(1) 본 장에서는 'on-site supervison'을 현장에서의 슈퍼비전, 현장 슈퍼비전이라고 표기하였다.

작하여 현재에는 상담 분야 전반에서 사용되고 있다(Haynes 외, 2006). 현장 슈퍼비전은 슈퍼바이저가 치료 회기에 들어가서 슈퍼바이지를 직접 관찰하고 수련생의 상담회기와 그의 치료 기술에 초점을 두고 슈퍼비전을 주는 형태로 이루어지는 방식이다.

미술치료 현장 슈퍼비전은 미술치료 훈련생이 임상실습지에서 일하고 있는 미술치료사에게 슈퍼비전을 받는 것을 의미한다. 현장 슈퍼바이저는 미술치료 과정생이 미술치료뿐만 아니라 실습지 전반에서 경험하는 내용들을 미술치료사로서의 정체성에 통합할 수 있게 슈퍼비전의 기회를 제공한다(김선희, 2014).

미술치료에서 전문성과 자질을 갖춘 미술치료사 양성을 위한 슈퍼비전의 역할과 그 필요성은 아무리 강조하여도 지나치지 않으며 미술치료 교육과정에서 필수적으로 관심을 가져야 하는 중요한 영역에 해당한다(김선희, 2014; 김현미, 장연집, 2013; 김태은, 2009; Fish, 2008; Wadeson, 2008; Yoo, 2011). 최근에는 미술치료 슈퍼비전의 구조를 임상실습지에서 이루어지는 현장 슈퍼비전(on-site supervision)과 학위 과정 내의 교과과목으로 제공되는 슈퍼비전(program supervision)으로 구분하기도 하는데 이는 미술치료가 안정된 직업으로 인정받고 있는 미국의 미술치료 교육 현장에서 발전된 슈퍼비전의 구조를 바탕으로 한 것이다(김선희, 2014).

이 장에서는 미술치료 임상실습 현장에서 제공하는 현장 슈퍼바이저의 역할과 자격 조건에 대해 알아보고 이를 토대로 임상실습 현장의 현장 슈퍼비전의 필요성에 대해 이야기하려 한다. 국내에서 2001년 미술치료 대학원 과정이 설립되어 성장한 기간이 약 15년임을 감안할 때, 양적인 성장에서 미술치료사의 전문성을 키울 수 있는 질적인 성장을 도모할 시기이며 이 부분에 대한 이해는 임상실습을 하는 훈련생들에게 좀 더 안전한 임상실습 환경을 안내하고 현장에서 실제적인 경험을 공유해 주며 도움을 줄 수 있는 현장 슈퍼바이저에 대한 관심으로 이어진다. 사실, 국내에서 교육을 받고 현재 활동하는 미술치료 전문가들은 현장 슈퍼비전의 경험이 많지 않았기 때문에 현장 슈퍼비전은 조금 낯선 표현일 수 있을 것이다.

현장 슈퍼바이저란 임상실습이 가능한 기관에서 미술치료사로 실제 임상을 담당하고 있는 현장 전문가로서 실습지에서 미술치료사로 훈련받기 위해 파견된 학생을 맡아 현장 경험을 안전하고 풍부하게 할 수 있도록 도울 수 있는 선험 미술치료사를 의미한다(김선희, 2015). 이는 대학원 과정에서 슈퍼비전 수업을 담당하는 슈퍼바이저(program supervisor)의 역할과는 구분되는 것으로, 학위 과정 내에서의 슈퍼바이저는 미술치료 전공생의 전반적 발달 사항을 점검하고 교육시키며 임상실습의 경험이 이론적 지식과 통합되도록 지적 동기를 부여하고 미술치료 개입을 위한 판단의 근거가 선행 연구들을 바탕으로 논리적인지를 점검하며 평가하여 미술치료사로서의 임상 경험을 학문적 개념으로 정립할 수 있도록 가르치는 역할에 더 중점을 두게 된다. 하지만 현장 슈퍼바이저는 좀 더 실무적이고 즉각적으로 임상실습생을 훈련한다는 차이점이 있다.

이러한 현장 슈퍼바이저의 자격 조건을 정리해 보자면 미술치료 전공 석사 이상의 학위 소유자로서 실습 현장에서 미술치료를 직접 실행하고 있으며 담당하고 있는 대상군과 기관에 대한 충분한 이해를 갖추고 있는 자에 해당한다(김선희, 2015). 현장 슈퍼바이저는 미술치료 실습생이 한 학기(약 15주) 동안 임상실습의 시수(학기당 180시간)를 채울 수 있는 환경에 있어야 하며 요구되는 역할은 다음과 같다. 첫째, 임상실습 현장 슈퍼바이저로서 미술치료 실습을 나온 학생에게 물리적 환경에 대해 안내하고 임상 현장에 적응하는 데 어려움이 없도록 처음부터 세심한 배려를 해야 하며 '미술치료 인턴'의 위치에서 내담자에 대해 어디까지 역할을 감당해야 하는지에 대해서도 설명해 주어 심리적으로 안전한 상태에서 실습을 할 수 있도록 안내해야 한다. 미술치료 실습생으로서 처음에는 현장 슈퍼바이저가 진행하는 미술치료 회기를 관찰하는 것부터 시작할 수 있도록 하고 가능한 임상실습 기간 동안 다양한 내담자를 만나 볼 수 있는 기회를 제공해야 하며 또 가능한 여러 가지 형태(집단 혹은 개인)의 미술치료를 진행할 수 있도록 격려해야 한다. 셋째, 미술치료 임상실습이라 하더라도 현장에서 그 기관에서의 다른 관련 업무나 협조해야 하는 사항들을 익힐 수 있는 기회를 제공하는 것도 중요하다. 이는 학위 취득 후 실제 취업의 현장에서 미술치료사가 경험할 수 있는 내용을 파악하는 기회가 되기 때문이다. 넷째, 임상실습 현장 슈퍼바이저는 한 학기 동안 훈련생과 일정한 시간(최소 주 1회 1시간)을 정해 놓고 규칙적으로 슈퍼비전을 제공하는 기회를 갖도록 해서 훈련생이 준비되어 슈퍼비전에 임할 수 있도록 하고 슈퍼바이저로서는 학생의 성장 과정을 주기적으로 관찰하고 평가할 수 있는 근거를 확보하도록 한다. 다섯째, 임상실습 현장 슈퍼바이저는 훈련생이 속한 대학원의 실습 목적과 일정에 최대한 협조하면서 학생이 학업과 실습을 균형 있게 경험할 수 있도록 학교와 협력적인 관계를 형성하는 것이 중요하다. 간혹 현장에서의 임상실습이 지나치게 강조된 나머지 미술치료 훈련생이 학위 과정에 충실해야 하는 학생으로서 학업에 매진하지 못하는 경우가 보고되는 경우도 있다. 임상실습 현장 슈퍼바이저는 담당하는 훈련생이 학생으로서 본연의 학업에 소홀함이 없도록 임상 기관과의 사이에서 조율적 역할을 감당해야 한다(김선희, 2015).

필자의 경우 현재 의료 장면에서 현장 슈퍼바이저로 일하고 있다. 학교에서 임상실습을 나온 인턴 미술치료사들에게 미술치료 개입이 필요한 환자들과 환자 가족들에 대해 안내하며 어떠한 개입이 필요한지, 환자가 그려 놓은 그림 이미지 속에서 중요한 단서를 찾기도 하고 환자가 회기 중에 노출한 정서에 대해 함께 논의하고 탐색하는 역할을 한다. 뿐만 아니라 다른 의료진(사회복지사, 간호사, 의사 등)과의 소통을 돕고, 환자와의 미술치료 회기 외에 병원 내에서 진행되는 크고 작은 행사에 미술치료사로서 업무를 지원하는 것도 감당하고 있다.

필자가 일하고 있는 병원에서 미술치료사가 유급으로 일하면서 미술치료 인턴에게 현장 슈퍼비전을 제공하는 것은 처음 있는 일이었다. 물론 필자에게도 또 인턴들에게도 처음 있는 경험이었기 때문에 초기에는 업무 분담의 어려움과 병원 관계자들과의 소통 안에서 어려움이 있었지만 이것 또한 현장 슈퍼바이저와 미술치료 실습생 간에 갈등을 통해 배워 나가야 하는 부분이었다는 생각이 든다. 이러한 갈등과 모호함을 견뎌내는 것은 아마도 실습생들이 모든 훈련을 마치고 현장에 나가 전문가가 되었을 때 피할 수 없는 갈등을 견뎌내는 데 도움이 될 것이라고 생각한다. 물론 필자도 이런 일들을 겪으면서 현장에서 인턴 미술치료사를 안내하고 교육하며 의료진과의 사이에서 겪었던 답답한 과정들을 통해 현장 슈퍼바이저가 가져야 할 지침들을 만들어 나가는 계기가 되었다.

현장 슈퍼바이저로 일하면서 힘들었던 두 가지를 살펴보면 첫 번째는 병원 담당자가 미술치료 인턴들에게 부과하는 과도한 업무에 대한 불편감이었다. 현장 슈퍼바이저로서 미술치료 인턴이 다양한 장면에서 능력을 발휘하고 미술치료에 대해 홍보하는 것은 기쁜 일이라고 생각하였지만 때때로 부족한 인력 때문에 미술치료 인력을 아무 곳에나 배치하고 많은 일을 돕는 파트너로 생각하는 경우들도 있다. 음악치료사의 이름표를 만들거나 자원봉사자를 위해 리본을 만들거나 칠판을 정리하라는 요구들은 분명 현장 슈퍼바이저가 병원 담당자에게 정중히 거절해야만 하는 일들이었다. 현장 슈퍼바이저로서 배운 사회적 스킬 중 하나는 정중하지만 단호한 거절과 거절당한 사람이 불편하지 않도록 더 좋은 방법을 제안하는 것이다. 이러한 일들을 경험하면서 미술치료 인턴들이 해야 하는 일들을 문서화하여 미술치료 인턴들이 훈련해야 하는 부분과 실습 중에 해야 하는 일들의 목록을 작성하였다. 이러한 방법은 겉으로는 미술치료 실습생들의 업무 목록인 것처럼 보이지만 사실 미술치료 실습생들의 전문성을 보호하기 위한 장치였다.

두 번째로 겪었던 어려움은 미술치료 실습생들의 태도였다. 실습하는 현장에 대해 불편해하고 오랜 시간 소극적인 자세를 취하는 실습생을 볼 때 현장 슈퍼바이저로서의 느낌은 무기력감과 때때로 느껴지는 죄책감이다. '현장 슈퍼바이저인 내가 뭔가 부족해서 그런 것은 아닐까?' 하는 위축된 감정들로 무척 불편한 시간을 보내기도 했지만 이제는 이러한 부분을 보완하기 위한 대책을 마련하였다. 미술치료 실습생들에게 미리 의료 현장 세팅에 대해 안내하는 시간을 좀 더 길게 가지고 미술치료 실습생이 가질 수 있는 안전망(사용할 수 있는 기법, 현장 슈퍼비전 활용)에 대해 미리 안내하는 것이다. 미술치료사가 되는 과정은 평생이 걸리는 작업이다. 그리고 역시 미술치료는 직접 현장에서 깨닫게 되는 것을 통한 배움이라는 생각을 하게 된다. 슈퍼바이저도 끊임없이 공부하고 시도하고 실패하기도 하면서 배우고 적용하며 성장하게 되는 것 같다. 아직 국내에서는 낯선 현장 슈퍼비전이 정착되기 위해서는 다양한 임상실습 기관들이 이러한 슈퍼비전 교육 시스템에 대한 이해를 가질 수 있도록 돕는 것이 필요하다. 이것은 미술치료사의 몫이며 이렇게 끊임없이 노력하는 미술치료사들은 때로는 소진되고 힘겨운 경험이 될 수 있지만 미술치료의 질적 성장과 전문인으로서 후배들에게 도움을 주는 일이라는 사명감을 갖는 것이 필요하겠다.

이 글을 시작하면서 미술치료 슈퍼비전의 중요성을 이야기할 때 다양한 미술재료, 미술치료 기법, 미술치료실의 물리적 환경은 바뀔 수 있으나 등식의 상수와 같은 존재가 바로 미술치료사이기 때문에 미술치료 임상 장면에서 가장 중요하고 그 미술치료사의 심리적 취약성을 극복하고 전문성을 획득하기 위한 통로가 바로 슈퍼비전이라고 설명했다. 슈퍼비전을 받으면서 미술치료사는 교과서에서 배웠던 이론을 포함하여 그 이론들이 실제 임상 장면에 어떻게 적용되며 내담자가 어떻게 미술의 창의적인 작업으로 치유를 받고 어려움을 극복하고 성장해 나가는지를 생생하게 체험하고 경험하게 된다. 그리고 슈퍼비전을 받고 있는 미술치료사의 성장 과정은 슈퍼바이저에 의해 생생하게 기록된다. 슈퍼바이저는 안전하고 따뜻하며 지지적인 시선으로 언제나 슈퍼바이지를 보호하고 양육한다. 임상 장면에서 다양한 사례를 만나게 되는 초보 미술치료사(슈퍼바이지들)는 자신의 불안함 때문에 슈퍼바이저에게 구체적인 임상 개입 방법에 대한 조언을 얻기를 원하고 스스로 슈퍼바이저에게 조정받기를 원하는 경우가 있다. 하지만 이것도 잠시, 안전한 슈퍼비전을 꾸준히 받는 미술치료사들은 구체적인 '방법'이 아닌 슈퍼바이저의 '존재'에 대한 안전감과 든든함을 인식하게 된다. 그리고 이러한 깨달음은 또다시 임상 장면에서 내담자에게 미술치료사의 '존재' 자체가 얼마나 중요한 것인지 알아차리는 경험이 된다. 슈퍼바이저는 끊임없이 슈퍼바이지를 향해 손을 내밀어 빛의 방향으로 이끌어준다. 그리고 언제나 내담자에게 좋은 치료를 제공하고 싶어서 안달이 난 슈퍼바이지가 조급한 마음에서 벗어나 자기 자신을 바라보고 자신의 아픈 부분부터 치료할 수 있도록 거울을 조용히 비춰준다. 그렇게 자신을 잘 비춰 보게 된 미술치료사는 그 거울로 내담자를 비출 수 있게 성장한다.

이렇게 미술치료사는 성장을 한다. 임상실습을 통해, 또 그 경험을 가지고 슈퍼비전이라는 교과목으로 공부를 하고 졸업 후에도 끊임없이 슈퍼비전을 통해 조금씩 자신의 모습을 더 다듬고 전문성을 갖추어 나간다.

지금까지 미술치료 슈퍼비전을 경험한 석사학위 과정생의 경험부터 졸업한 사람의 경험을 토대로 미술치료 슈퍼비전에 대해 탐색해 보았다. 그 과정에서 우리는 매번 만나게 되는 자신을 직면하고 수용하는 과정이 있다는 것을 알게 되었다. 내담자에게 미술치료 잘 해 주고 싶은 열정을 가졌던 수련생들은 당황스러움과 어려움을 경험하게 되고 이때 자신의 주변에서 함께 고민하고 탐구하며 성장하는 동료의 모습을 만나게 된다. 동료들은 아직 전문가는 아니지만 서로의 어려움이 무엇인지 가장 잘 공감하며 필요를 채워 주고 서로 위로하며 가는 공동체의 힘을 발휘한다. 이렇게 내담자의 문제 영역만 바라보던 시각이 옆에서 함께 고민하고 성장하고 있는 동료에게까지 넓어진다. 임상 장면에서 좌절과 극복을 반복하고 있는 슈퍼바이지에게 끊임없는 긍정의 메시지와 안전하고 따뜻한 품을 제공해 주는 슈퍼비전을 통해 미술치료사는 안정감을 취한다. 그리고 그 안정감 위에 슈퍼바이저는 슈퍼바이지가 자신을 직면하고 수용할 수 있도록 격려한다. 이렇게 슈퍼바이지가 자신의 모습을 자각하고 수용하게 되면서 임상 장면에서 내담자들을 왜곡되지 않게 비춰 주는 건강하고 안전한 거울로 존재하게 된다는 것을 배우게 된다. 이 배움의 과정은 결국 좋은 슈퍼바이저로 성장하는 과정과도 닮아 있다고 생각한다.

내담자를 향했던 슈퍼바이지의 시각은 옆의 동료로 그리고 슈퍼바이저로 넓어지며 자신을 모습을 바라볼 수 있는 용기를 얻게 된다. 그리고 슈퍼비전을 통해 미술치료에서 가장 중요한 도구로 쓰임을 받게 되는 것이 바로 미술치료사이며 바로 '자신'이라는 것을 깨닫게 된다.

5. 학위 과정 이후 슈퍼비전

미술치료 전공의 재학생들은 석사학위 논문을 쓰고 석사학위를 취득한 후 임상 장면에 들어서면서 미술치료사라는 타이틀을 갖게 된다. 그동안 배운 것을 마음

껏 펼칠 수 있는 장이 마련된 것에 벅차고 감격스러운 마음과 열정 가득한 의지
가 솟지만 동시에 학교라는 울타리를 벗어나 '교수님' 없이 무언가를 결정하고 치
료사로 홀로 서야 한다는 불안감과 부담감 그리고 늘 옆에서 공감대를 형성하는
고민을 털어놓고 조언을 아끼지 않았던 동료가 옆에 없음에 외로움을 느끼기도
한다.

이러한 시기에 배움을 끈을 놓지 않으며 전문가의 모습으로 성장하기 위해 찾
게 되는 것이 바로 슈퍼비전이다. 졸업 후, 이제 막 현장에 적응 중인 미술치료사
들에게 제대로 된 정식 미술치료 슈퍼비전은 갈증을 풀어 주는 수분이 되어 주기
도 하고, 잘하고 있는 것인지 불안하고 지칠 때 기대어 쉴 수 있는 비빌 언덕이 되
어 주는 존재로 자리한다.

학위 과정 중에 필수과목으로 수강하던 슈퍼비전과 달리 졸업 후 임상 현장에
서 미술치료사로 일하며 스스로 선택해서 받게 되는 슈퍼비전은 미술치료사에게
때론 의존할 수 있는 대상으로, 때론 무엇인가를 배울 수 있는 유일한 끈으로, 때
론 자신의 임상 사례의 모든 것을 책임져야 하는 힘이 센 슈퍼-슈퍼비전으로 인
식된다. 어떻게 인식하는 것이 맞는 것일까? 어떤 사람이 무엇을 인식하는 데 있
어서 '이렇게 생각해야 한다'라는 정답이 존재할 수 있는 것일까? 정답은 없다.
하지만 분명히 여기서 깨달아야 하는 것이 한 가지 있다.

그것은 슈퍼비전을 인식하는 것도 슈퍼바이저를 바라보는 시각도 바로 미술
치료사 자신의 생각과 감정, 그리고 행동을 통해 이루어진다는 사실이다. 놀라운
일이고 또 부담을 가질 수 있는 일이다. 임상 장면에서 전문가로 성장하는 열쇠
는 바로 미술치료사이며 그 역할의 전문성을 성장시키는 과정이 바로 슈퍼비전
이라는 간단하지만 놀라운 진리를 깨닫게 된다.

미술치료에서 가장 중요한 가치가 바로 미술치료사가 바로 서는 것이라는 핵
심을 깨닫게 해 주는 체험인 미술치료 슈퍼비전에 대한 관심은 미술치료학 관련
연구 중 미술치료 슈퍼비전에 대한 연구로 연결되었는데 초기에는 미술치료 슈
퍼비전의 중요성과 현황, 슈퍼비전의 형식과 내용, 슈퍼바이저와 슈퍼바이지의
인식 등에 관한 연구가 주를 이루었다면 점차 미술치료 슈퍼비전에서 미술 활용

의 중요성에 대한 관심과 연구가 대두되었다. 최근 들어서는 미술을 기반으로 한 슈퍼비전의 현황과 인식, 체험 연구 등이 발표되면서(장연집, 김현미, 2013) 미술치료의 정체성과 미술치료사의 전문성을 위해 미술에 기반할 필요가 있다는 주장이 강해지고 있음을 확인할 수 있다.

하지만 미술치료 대학원 석사학위 취득 후 현장의 미술치료사들만을 대상으로한 연구가 부족하여 석사학위를 취득한 졸업생 중에서 미술치료 슈퍼비전을 받은 연구 참여자를 대상으로 그들이 어떤 체험을 하였는지를 다룬 연구를 소개하면서 졸업 이후의 미술치료사들이 미술치료 슈퍼비전을 통해 어떠한 체험을 하는지 살펴보려 한다. 이 연구에는 석사학위 취득 후 현장에서 프리랜서 미술치료사로 3년 이상 근무하고 있는 연구 참여자 10명을 대상으로 하고 있다. 심층적 인터뷰를 통해 학위 취득 후 받게 된 미술치료 슈퍼비전에 대한 체험을 분석한 결과 본질적 주제와 하위 주제가 다음과 같이 도출되었다(김태은, 2009).

지치고 혼란스러움 속에서 도움을 찾아봄

- 학교에서 배운 것은 턱없이 부족하여 막막함
- 치료라는 과도한 부담과 내담자에 대한 죄스러움에 갈팡질팡함
- 불안함과 답답함에 확인받고 싶음
- 완벽한 슈퍼바이저를 만나고자 애를 씀

드디어 비빌 언덕을 찾음

- 나를 개방할 수 있게 하는 신뢰로움
- 내 안의 나를 끌어내 줌
- 임상 현장에서 '미술치료'에 대한 자신감을 얻기 시작함
- 공감대를 느낄 수 있는 유일한 통로가 되어 줌

선망의 대상으로 슈퍼바이저를 인식함

- 정곡을 찌르는 슈퍼바이저를 통해 갈증을 해소함

- 하나에서 열까지 모두 닮고 싶음
- 대단한 슈퍼바이저에게 인정받고 싶음
- 내가 기대하는 기준에 슈퍼바이저를 끼워 맞춤

슈퍼바이저를 슈퍼비전하게 됨

- 처음 만났던 슈퍼바이저와 비교하면서 평가하게 됨
- 준비 없이 공격당해 억울함
- 슈퍼바이저를 향한 환상이 깨지며 새로운 시각을 갖게 됨
- 슈퍼바이저에게 나의 치료사 역할을 기대했던 내 자신을 돌아봄
- 나를 어디까지 열어 보아야 할지 갈등하게 됨

미술치료의 참맛을 알게 됨

- 충분한 시간이 요구되는 치료임을 깨달음
- 치료의 주체자는 치료사가 아닌 내담자 자신임을 인식하게 됨
- 미술작업을 통해 내담자의 깊숙한 내면까지 함께 날 수 있게 됨
- 내담자의 미술작품을 소중히 다루게 됨
- 미술치료사로 살아가는 것에 대한 확신을 가짐

미술이라는 경계를 넘어서려 노력함

- 그동안 가지고 있던 '미술'에 대한 선입견을 깨닫게 됨
- 미술 매체를 자유롭게 주무를 수 있는 경지가 됨
- '미술'이라는 영역을 넘어선 곳을 꿈꿔 봄

성장하고 있는 나를 발견함

- 초보자로서 나의 옛 모습을 되새기며 감사함을 느낌
- 어느새 슈퍼바이저를 닮아 감
- 일상 속에서도 성장하고 있는 내가 대견함

- 연약한 자신의 껍질을 벗겨 준 힘겹고도 소중한 과정으로 인식함

이러한 7개의 본질적 주제와 논의 등을 통해 결론을 내리면 다음과 같다.

첫째, 연구 참여자들은 미술치료 현장에서 일을 하면서 심리적 · 신체적 · 경제적 어려움을 겪게 된다. 이런 현실에서 그들에게 미술치료 슈퍼비전이라는 것은 졸업 후 자신의 직업을 유지하고 발전시키기 위한 안전망이 되어 줄 것이라는 기대를 갖게 한다. 연구 참여자들은 미술치료 슈퍼비전을 통해서 척박하기만 한 미술치료 현장에서 유일하게 심리적인 지지를 얻는 경험을 하였다.

둘째, 연구 참여자는 슈퍼바이저에 대한 극단의 양가감정을 체험한다. Driver (2002)는 임상 장면에서 슈퍼바이저와 슈퍼바이지의 관계를 어머니와 아이의 관계로 비유하였다. 이처럼 본 연구 참여자들 또한 편안한 어머니로 인식했다가 또는 잔소리쟁이 어머니로 인식하기도 하며 양가적인 감정을 체험한다. 국내에서 미술치료 슈퍼비전을 해 줄 수 있는 사람은 극소수이기에 참여자들은 슈퍼바이저를 찾고 선택하는 과정에서 이미 슈퍼바이저에 대한 특별한 감정을 갖는다. 힘든 현실에서 나를 구해줄 전지전능한 슈퍼맨으로 미술치료 슈퍼바이저를 바라보다가 그 기대가 산산이 부서지는 경험을 하기도 한다. 이러한 환상이 깨지고 실망을 하는 과정은 슈퍼바이저를 동등하게 바라볼 수 있는 새로운 시각을 갖게 되는 기회를 제공한다.

셋째, 연구 참여자는 미술치료 슈퍼비전을 통해서 개인적인 상처가 들추어지고 수치심으로 인해 미술치료 슈퍼비전에 대해 부정적인 감정이 폭발하는 체험을 하기도 한다. 슈퍼비전에서 다루어야 할 것은 내담자라고 생각하지만 결국 미술치료 슈퍼비전의 주인공은 슈퍼바이지 자신이었음을 알게 된다. 차차 슈퍼바이저를 향했던 분노는 자기 자신으로 초점이 맞춰지고 자신의 고통과 상처를 다시 바라볼 수 있는 기회가 마련되면서 내면의 고통과 상처를 재조직하고 자신에 대하여 통찰을 얻는 계기가 된다. 이는 곧 연구 참여자가 치료사로서 내담자 앞에 설 때 내담자의 상처를 바라보는 데 도움이 될 수 있는 소중한 체험이 된다.

넷째, 미술치료에 대한 시야가 넓어지고 미술의 매력을 깊이 알게 되는 체험

이다. 연구 참여자는 그동안 가졌던 좁은 견해에서 미술치료라는 매체를 뛰어넘어 미술치료의 영역을 넓혀 보도록 도전을 받는 체험을 한다. 이러한 체험은 앞으로 미술치료 분야에서 현재보다 더 나은 미술치료사로서의 미래를 모색하도록 이끈다.

다섯째, 배웠던 것, 알고 있는 것들이 깊은 깨달음을 통해 연구 참여자의 것으로 전환되는 체험이다. 이렇게 깊은 깨달음은 미술치료 슈퍼비전을 통해 '창피하다', '깨지다'의 과정을 거치면서 '깨닫다', '새로워지다', '나의 한 부분이 되다'의 과정으로 나타난다. 이러한 깨달음의 과정을 통해 연구 참여자들은 미술치료사로서의 직업적인 역할뿐 아니라 자신의 일상생활에서도 긍정적인 변화가 나타나고 있음을 인식하는 체험을 한다.

미술치료사의 슈퍼비전 체험은 열악한 미술치료 현실 속에서 심리적 지지를 통해 여유를 갖게 해 주며 미술치료 슈퍼바이저에 대한 과도한 기대와 실망을 하는 과정을 통해 미술치료 슈퍼바이저의 관계를 재정립해 준다. 연구 참여자들은 슈퍼비전을 통해 개인적으로 유약함과 미숙한 부분에 대한 통찰을 얻고 미술치료에 대한 새로운 시각을 찾아 나간다. 동시에 연구 참여자들은 자신감을 증폭시키며 미래에 대한 도전을 품을 수 있게 된다. 연구 참여자들에게 미술치료 슈퍼비전의 체험은 이러한 긍정적인 변화를 경험하는 기회가 된다.

이 연구 결과를 통해 살펴보면 석사학위 취득 후 현장에 들어선 미술치료사는 내담자와 자신 사이에 대한 깊은 고민을 통해 전이와 역전이를 탐색하고 미술치료사로서의 정체성과 전문성을 발달시키고 유지하기 위해 미술치료 슈퍼비전을 받게 된다.

이때에는 학위 과정 중에 슈퍼비전을 위해 작성했던 일지 및 사례 관리가 자신들이 스스로 해야 하는 업무임을 알게 되고 자신이 미술치료사의 역할을 적절하게 수행하고 있는지에 대해 스스로 점검할 수 있는 시각을 갖게 되는 시기이다. 이처럼 자신을 점검하는 시각은 미술치료 슈퍼비전을 통해 얻게 된 관점이라는 것을 알고, 자신을 점검하고 돌볼 수 있는 전문가로 성장해 나갈 수 있게 된다. 미술치료 슈퍼비전은 학위 과정 이후에도 끊임없이 받아야 하는 과정으로, 미술치료사를 성숙하게 하고 내담자에게 건강한 기능을 하는 미술치료사로 성장하게 하는 데 필수적인 부분이 된다.

학위 과정생은 학위를 취득한 뒤부터 미술치료 전문가가 되기 위해 노력한다. 미술치료 슈퍼비전을 받지 않고 현장에서 잘 기능하는 미술치료사가 아니라 자신이 미술치료 슈퍼비전이 필요한 때가 언제인지를 알아차리는 미술치료사가 진정한 미술치료 전문가라고 할 수 있겠다.

미술치료라는 학문의 특수성을 이야기할 때, 이론과 실제가 하나가 되어야 하는 학문임을 강조하곤 한다. 이렇게 이론과 실제를 묶어 주는 핵심적인 역할을 담당하는 것이 바로 미술치료 슈퍼비전이라고 생각한다. 미술치료 슈퍼비전은 대학원에 입학하여 학위 과정에서부터 학위 취득 후에도 지속되어야 하는데 미술치료사가 미술치료 슈퍼비전을 지속적으로 받는 것은 미술치료사가 내담자를 보호하기 위해 또 미술치료사 자신을 위해 마련해야 하는 안전한 공간이라고 말할 수 있겠다.

미술치료에서의
미술과 자기탐색

미술치료에서 미술은 다른 심리치료와 구분 짓게 하는 중요한 핵심 부분이므로(Rubin, 2008), 미술치료사는 자기 자신이 미술을 매개로 내담자의 자기표현 및 자기탐구의 과정을 알아야 하는데, 이를 위해서 미술작업을 통한 경험을 가져야 한다. 또한 내담자와의 치료적 관계를 위해 전체로서의 나(total self)로 임해야 하기 때문에 미술작업을 통한 자기각성과 이해가 필요하다(Wadeson, 2008). 따라서 전문가로서 미술치료사가 되도록 준비하는 과정 속에는 미술작업을 통한 자기탐색 경험이 필수적이다.

　　제4부는 미술치료에서의 미술에 대한 이해를 높이고 전문가로서 미술치료사가 되는 과정 속에서 필요한 자기탐색과 이에 관한 미술작업, 그리고 치료사의 자기돌봄을 다루었다.

　　제7장에서는 미술치료에서의 미술과 예술로서의 미술의 차이를 보고, 미술치료의 주언어인 이미지 언어와 그 이미지 언어에 동반하는 구술언어를 통하여 미술치료에서 다루어지고 있는 미술을 살펴봄으로써 미술치료에서의 미술에 관한 개념을 다루었다.

　　제8장에서는 심리치료 영역에서의 미술치료와 미술이 사용되는 다른 분야의 차이와 특수성을 이해하기 위하여 미술이 창작되는 환경과 미술 매체 및 기법을 살펴보며 이에 관한 미술치료학 전공생들의 체험을 다루었다.

　　제9장에서는 미술치료에서 미술치료사 역할의 중요성을 강조하며 미술치료사의 자기이해에 관하여 다루었고, 미술치료사의 자기이해를 위한 미술작업을 제안하였으며, 이에 관련된 체험 자료들을 소개하였다.

　　제10장에서는 미술치료사의 전문적 역할 및 역량 유지와 지속적인 성장을 위해 요구되는 자기돌봄에 관한 내용을 미술작업을 통한 자기돌봄의 질적연구와 연구자의 개인 체험을 중심으로 다루었다.

제 7 장

미술치료에서 미술에 관한 개념 모색[1]

김현미, 장연집

시대적인 흐름에 따라 정신건강의 중요성이 부각되면서 심리치료의 일환인 미술치료는 지속적인 성장을 해 오고 있다. 국내에서는 1999년에 미술치료 전공이 대학원 과정에 개설되면서 학문적으로 미술치료에 접근하는 계기가 마련되었다(장연집, 2014).

이에 따라 미술치료 전공 학위 과정의 논문과 학술지를 통한 미술치료 연구들이 활발히 축적되어 오고 있으나, 국내에서 수행된 연구는 주로 실험 연구와 사례 연구라는 임상 연구 위주의 편향된 연구 경향을 보이고 있다(기정희 외, 2011; 김숙이, 2014; 이수은, 2011; 이수진 외, 2011). 이들 연구에서 주목할 부분은 미술치료에 관한 임상 연구 및 여러 관련 연구들이 미술치료 전공에서 다루어지는 것은 물론이고 보건 전공, 교육 전공, 사회복지 전공, 가정 전공, 예술 전공 등 타전공 분야에서도 활발히 다루어지고 있다는 점이다. 특히 국내에서 수행된 박사학위청구논문에서 미술치료를 주제로 다룬 연구는 미술치료 전공자보다 타 학문 전공자들에 의한 연구물이 두드러진다. 2000년부터 2014년까지 미술치료를 주제로 발표된 박사학위청구논문을 살펴보면 미술치료 전공자의 논문이 23.0%인 반

---

[1] 제7장은 '미술치료에서 미술에 관한 개념 모색'(김현미, 장연집, 2015, 한국심리치료학회지, Vol.7, No.2, 23-35)의 내용이며, 한국심리치료학회로부터 출판 허락을 받았다.

면, 타 학문을 전공으로 하면서 미술치료 연구를 수행한 연구가 76.9%로 월등히 높다(김숙이, 2014). 타 학문의 전공자들에 의해 연구된 미술치료 연구가 더 많이 나타나고 있는 현상은 국내뿐 아니라 미국의 미술치료에서도 유사한 상황이다 (Kaplan, 2013).

이는 여러 학문이 지닌 이론적 방향에 따라 미술치료에 접근하는 목적과 필요 성에 차이가 있겠지만, 미술이라는 도구가 심리적 문제를 개선하고 치유하는 데 효과적인 부분을 포함하고 있기 때문에 가능한 일이라 할 수 있다(이모영, 2009).

미술치료 연구에서 주로 수행되고 있는 실험 연구 및 사례 연구와 비교해 볼 때, 미술의 어떤 특성이 치료적 효과를 발휘하는지 또는 치료에서 왜 미술이어야 하는지에 대한 연구와 논의는 미술치료 연구 전반에서 상대적으로 부족한 실정 이다(이모영, 2009, 2013; 조용태, 2014).

미술작업을 통한 미술의 치유적 속성을 다룬 연구(노현진, 2012; 전영선, 2014; 정영인, 2015; 하세경, 2003)에서는 미술치료사인 Kramer가 언급한 '치료미술 (Art as Therapy)'을 이용하여 예술가들이 미술창작 과정에서 경험한 치유적 효과 를 설명하고 있다. 예술가들은 미술작업 과정에서 고통과 상처를 덜어내기 위해 강렬한 감정을 표출하고 과거의 심리적 외상(trauma)으로부터 회복되어 이를 승 화시켜 간다(정영인, 2015). 이들 예술가들이 경험한 미술작업은 과거의 갈등이나 결핍을 되풀이하지 않기 위한 끊임없는 탐색과 모색의 도전으로 마치 세계의 감추 어진 신비를 풀어내는 원시사회의 무당(Shaman)처럼 현대사회에서 일종의 치유 적인 효과를 가져오려는 의식의 근원으로도 볼 수 있다(김옥경, 2003).

미술교육학에서는 미술작업에서 심리치료를 가능하게 하는 요인이 무엇인지 에 대하여 탐색하고 있다. 미술작업 과정 전반을 통하여 조형 활동에 의한 심리 적 만족감, 창의적 표현에 의한 잠재 능력의 실현, 감성 발현에 의한 정서 안정 감, 무의식 표현에 의한 자기이해, 자아표현에 의한 자아존중감을 미술작업자 가 경험하기 때문에 미술이 심리치료로서 힘을 갖는다고 언급하고 있다(권준범, 2003). 특히 미술교육에서 미술치료적 접근을 시도한 연구들을 분석한 결과에 따 르면 미술교육에는 필연적으로 미술의 치유적인 성격이 내재되어 있다고 보고 있다(김혜성, 2012).

심리학에서는 실험미학 이론, 정신분석 이론, 뇌신경생리학적 접근으로 예술
심리학적 관점에서 미술이 왜 치유적 효과를 보이는지에 대해 논의하였다(이모
영, 2013).

이상의 타 학문 분야에서 수행된 선행 연구들은 예술가들의 미술작업에서 일궈
낸 성과를 통한 치유, 미술교육의 미술활동 과정에서 확인되는 미술의 치유적 힘에
대한 설명 혹은 미술치료에서 사용하는 심리학적 이론들의 적절성을 논하고 있다.

미술치료에서 미술이라는 영역이 미술치료를 다른 심리치료와 구분짓게 하
는 중요한 핵심 부분임은 확실한데(Rubin, 2008), 그렇다면 미술치료에서는 미술
을 어떻게 바라보고 있는가? 미술치료의 관점에서 미술을 바라보는 시각들은 미
술치료 역사를 통해 살펴볼 때 여러 논점으로 다루어져 왔으나, 아직까지 적절한
합의가 이루어진 상태로 보이지 않는다. 미술사, 미학, 미술평론의 틀에 미술치
료의 미술을 끼워 맞추려는 시도들이 있었으나 미술치료의 특수성으로 인해 적
절한 지점을 찾고 있지 못한 상태이다(Moon, 2010).

미술치료는 미술과 치료의 단순한 결합이 아닌 미술과 치료가 통합된 새로운
형태의 독자적인 영역이라 할 수 있다(Malchiodi, 2004; Rubin, 2010; Wadeson,
2008). 미술치료의 요소가 미술, 내담자, 미술치료사라는 것을 고려할 때, 미술치
료에서의 미술은 무엇을 의미하는가에 대한 합의는 미술치료가 학문으로서의 정
당성을 찾기 위해 중요하게 다루어야 할 기본적인 사항일 것이다. 미술치료 연구
에서 미술의 속성이나 본질에 대한 탐구는 핵심적인 부분이지만 지금까지 수행
된 선행 연구에서 이 같은 주제를 다룬 연구들은 미비한 실정이다.

이에 본 장에서는 미술치료 전공자의 관점에서, 미술치료에서의 미술과 예술
로서의 미술이 어떠한 차이가 있는지 탐색하고, 미술치료의 주언어인 이미지 언
어와 그 이미지 언어에 동반하는 구술언어를 통하여 미술치료에서 다루어지고
있는 미술을 논의하고자 한다.

1. 예술로서의 미술과 치유

미술과 삶은 따로 분리될 수 없으며 미술은 이 땅에 인류가 존재하면서부터 비롯되었다(Canaday, 1984). 선사시대의 미술은 삶의 일부이고 생존을 위한 주술적 역할이었던 반면(진중권, 2009), 근대 이후 예술가들에 의한 미술은 표현주의와 초현실주의를 시작으로 인간 중심의 내면 탐구에 주목해 왔다(정영인, 2015; Lynton, 1994). 내면에 있는 여러 감정을 어떻게 전달하는가 하는 것이 표현주의의 주제라면, 초현실주의는 Freud의 정신분석 이론을 배경으로 표현주의에서 더 나아가 내면의 무의식 세계를 표현하고자 하였다(김재원 외, 2002; 전영선, 2014).

표현주의의 선구자인 Edvard Munch는 죽음과 불안, 우울, 고독, 절망이라는 내면세계의 어둠을 반복적인 미술작업을 통해 자기치유의 방편으로 삼았고(김현혜, 2002; 박미진, 2013), 초현실주의 대표적인 화가인 René Magritte는 거부할 수 없는 어머니의 죽음에 대한 상처와 애도를 미술작품을 통해 표현하였다. 그는 이 과정에서 어머니의 죽음과 자신의 상처를 수용함으로써 삶의 의미를 재조명하였을 것이다(전순영, 2009).

인간의 내면에 대한 관심이 표현주의와 초현실주의를 시작으로 예술로서의 미술에서 본격적으로 다루어지기 시작하면서 현대 미술에서도 다수의 예술가들이 스스로의 치유를 미술작업으로 표현하고 있는 것을 살펴볼 수 있다. 소아마비, 전차 사고, 사고 후유증으로 평생을 죽음, 통증, 병마, 상실감으로 인한 정신적, 육체적 고통에 시달렸던 Frida Kahlo는 언어로는 표현할 수 없는 내면의 고통을 그림으로 형상화하여 의식의 세계에서 통제함으로써 자신의 삶을 위협하는 트라우마에서 벗어날 수 있었다(강미화, 2007).

예술가들은 자신이 직접 겪은 다양한 트라우마를 미술작업으로 표현하고 경감시키는 경험을 하는데, Niki de Saint-Phalle은 창작 활동을 통해 유년기의 심리적 외상을 극복하였고, Keith Haring은 그래피티 아트(Graffiti art)를 구사하여 성 소수자로서의 갈등을 사회적 소통으로 대체하였으며, Jean Michel Basquiat는 인종차별적 갈등과 실존적 고민을 작품으로 표현함으로써 그 감정을 해소하였다. 이들은 창조적인 미술작업을 통한 내적 치유와 승화의 과정을 보여주고 있다(전영선, 2014).

특히 작가의 자전적 이야기와 정신적 외상을 다루는 새로운 미술 개념인 '자기고백 미술(self confessional art)'은 작가가 심리적 외상의 고백적 표현으로 감정을 해소하는 카타르시스를 미술작업 과정에서 경험한다고 설명하고 있다. 현대 미술가인 Louise Bourgeois나 Tracey Emin은 미술작업 과정에서 자신의 삶, 심리적 외상, 일상 등의 지극히 자전적인 내용을 미술작업의 주제로 삼아 고백적 양식으로 자신의 상처를 표현하고 있다. 그들은 상처를 반복적으로 재현하면서 무의식에 억압되어 있는 심리적 외상을 의식 밖으로 끌어올려 과거의 상처를 재구성하고 스스로를 치유할 수 있도록 하는 것에서 치유적인 미술의 힘을 경험하였다(정영인, 2015).

이상에서 언급된 예술가 외에도 수많은 예술가들이 개인이 겪은 심리적 외상을 미술이라는 형식을 통해 표현하고 치유를 경험하였다. 예술가들의 작업은 구조화된 미술치료 현장의 임상 사례는 아니지만, 외적 현실에서 받아들이기 어려운 개개인의 내적 현실들이 미술작업이라는, 사회적으로 공인된 예술 형식을 통해 어떻게 치유될 수 있는지를 보여주고 있다(하세경, 2003). 예술가들이 견딜 수 없는 마음의 긴장을 회복시키고 평형상태를 이루는 경험은 미술작업을 통해 가능했으며, 그들에게 미술작업은 출구 또는 안전판으로 작용하였다(Read, 2013).

미술이라는 범주는 광범위해서 무엇이라고 간단하게 답을 구할 수는 없으나(Langer, 2009) 예술가들의 아픔과 고통이 미술작업 과정에서 전환되어 새로운 의미로 바뀌어 가는 것을 그들의 미술작품을 통해 살펴볼 수 있다. 우리는 예술가들의 미술작업에서 미술이라는 영역에 내재한 치유적인 속성을 확인할 수 있다.

2. 미술치료에서 다루어지는 미술

미술치료에서의 미술을 무엇으로 보아야 할 것인지에 관한 모색은 미술치료 역사의 초창기부터 이루어졌다. 미술치료의 접근은 Naumberg에 따른 미술심리치료(Art Psychotherapy)와 Kramer에 따른 치료미술이라는 큰 두 가지의 흐름으로 나뉘는데(Malchiodi, 2004; Rubin, 2010; Wadeson, 2008), 이 같은 접근이 의미하는 바는 미술치료학계 내부에서도 미술을 바라보는 시각이 상이하다는 것이다.

미술을 상징적인 의사소통의 도구로 바라보는 측은 '미술심리치료'라는 용어를 사용하는 반면, 미술활동의 창작 과정에 내재하는 치유력에 대한 믿음을 추구하는 측은 '치료미술'이라는 용어를 사용하였다(Malchiodi, 2004). 이들 용어에서 알 수 있듯이 미술치료에 대한 정의는 미술과 치료의 관계 내에서 무엇을 강조점으로 하는지에 따라 각기 명칭을 달리한다.

미술심리치료와 치료미술로 용어가 나뉘면서 이들이 명확히 구분될 것 같은 인상을 주지만, 실제로 대부분의 미술치료사들은 미술심리치료와 치료미술 두 가지의 입장을 공유하고 있다(Malchiodi, 2004). 가로로 한 줄을 긋는다면 가장 왼편은 예술이 위치해 있는 자리이고, 중간에는 치료미술이 있으며, 가장 오른쪽에는 미술심리치료가 자리해 있다고 가정해 볼 수 있다. 그 선상에서 내담자가 경험하고 있는 미술치료의 지점은 내담자와 미술치료사가 함께 위치를 선정하는 것으로, 미술치료 회기는 미술심리치료에 가까울 수도 있고 아니면 치료미술에 가까울 수도 있다.

미술심리치료라고 하여 내담자의 작업에서 몰입을 통한 승화를 미술치료사가 저지할 이유가 없으며, 치료미술이라 하여 내담자가 묵묵히 승화를 목표로 미술작업만 하도록 미술치료사가 환경을 조성하지도 않는다. 예술가들의 미술작업을 통한 치유를 설명하기 위해 Kramer의 치료미술에 따른 미술의 치유성을 언급하지만, 미술치료에서의 치료미술은 내담자 혼자만의 미술작업을 통한 치유가 아니다. 미술치료에서의 치료미술은 미술치료사와 함께하는 관계 속에서의 미술작업을 말한다(Moon, 2010; Wadeson, 2008).

미술치료에서의 미술은 자신과 세상을 발견하고 그 둘 사이의 관계를 확립하는 수단이라 할 수 있는데(Rubin, 2010), 이 수단을 통해 미술치료사와 내담자는 이미지를 함께 나누면서 발전시켜 가는 매우 특별한 유형의 관계를 경험한다

(Malchiodi, 2004; Moon, 2010; Wadeson, 2008). 미술치료에서의 미술작업은 자기돌봄 미술작업(self help art making)과는 다르다. 미술치료가 가능하기 위해서는 미술치료사와 내담자의 관계 경험이 있어야 하고 미술작업을 통해 미술치료사라는 전문가로부터 도움을 받는다는 부분이 포함되어야 한다. 미술치료사를 포함하지 않는 자기돌봄 미술작업은 작업자 중심의 미술작업(art making)이 이루어지는 것을 말하는 반면, 미술치료사와 함께하는 미술치료는 치료(treatment)의 측면이라 할 수 있다(Malchiodi, 2013). 미술작업 자체는 개인 삶의 경험을 선명하게 하고, 강하게 하며, 확대시키고 삶을 풍부하게 만드는 능력을 가지고 있지만(Canaday, 1984), 미술에 대한 이러한 경험이 미술치료인 것은 아니다.

미술치료에서는 결과물로서의 미술작품뿐 아니라 작업 과정, 미술치료사와의 관계 등 회기 안에서 내담자가 자신을 탐색하고 표현하며 스스로를 통합하는 과정 동안 발생한 모든 세부적인 일들이 유기적으로 작용하여 미술치료에서의 미술로 의미를 갖게 된다.

3. 미술치료에서의 이미지 언어

미술치료의 본질은 '미술을 매개로 내담자를 치료하는 것'이다. 미술치료에서는 미술이 목적이 아니라 매개가 되는데, 매개로서의 미술은 내담자의 미술작품을 가리키기도 하고 그 작품을 창작하는 과정 및 창작 후 과정을 지칭하기도 한다(주리애, 2002). 즉 미술치료에서는 미술작업을 하는 신체적 행위와 더불어 미술작업이라는 과정이 있고 그 과정에서 미술작품이라는 결과물이 만들어지며 결과물의 이미지를 미술치료사와 함께 나누는 특별한 유형의 관계까지를 미술이라는 이름에 포함시킨다. 미술치료에서 미술작업은 외부세계에 대한 것보다는 개인의 느낌, 생각, 상상 같은 내면적 경험에 우선적으로 중점을 두고 내면에서 나오는 이미지를 표현하고 발달시키는 데 초점을 맞춘다(Malchiodi, 2004). 내담자는 미술작업에서 무의식적 사고와 감정을 그림으로 표현하는데, 미술작업은 내담자 자신의 내적 상태를 표현하는 상징적인 말(Symbolic speech)이므로(Naumberg, 1955) 이를 통해 내담자 자신의 이야기와 의미를 전달할 수 있다(Malchiodi, 2004). Jung은 이성적 환원으로 파악이 불가능한 상징적인 이미지를 표현하는 경험이 개인에게 치유와 성장을 가능하게 한다고 하였다(Scotton et al., 2012). 내담자는 다른 방법으로는 불가능했던 직관력을 미술작업으로 갖게 되고, 자신에 대한 이해를 넓히는 경험을 하게 된다(Malchiodi, 2004).

이미지는 인간 의식의 발전에서 언제나 사상보다 앞섰으나(Read, 2002), 이미지에 담긴 정보는 최근까지 간과되어 왔다(Nucho, 2003; Tyson, 2013). 언어와 논리에 중독된 우리는 이미지를 보더라도 텍스트처럼 읽으려 한다. 모든 것은 읽을 수 있으며, 읽을 수 없는 것은 마치 아무런 뜻이 없는 것처럼 취급하는데 급기야 읽을 수 없는 이미지는 무의미한 것, 더 나아가 아무것도 아닌 것으로까지 여기기도 한다(김용희, 2012).

그러나 이미지들이 활용될 수 있는 힘을 가지고 있다는 신호들이 있다. 이미지는 감각의 특성을 지닌 사고의 표현으로, 외부 자극이 없을 때에도 감각의 양상을 막론하고 감각, 지각과 유사한 경험을 가능하게 한다(Kaplan, 2013; Nucho, 2003; Riley, 2004). 특히 시각적 수단인 이미지는 언어로는 적절히 표현할 수 없는 미묘하고 깊이 있는 개인적 경험을 표현할 수 있다(Ganim, Fox, 2007; Malchiodi, 2004; Nucho, 2003). 미술치료 과정에서 이루어지는 무의식적인 미술작업을 통해 나타나는 이미지는 의식의 검열을 받지 않는 상징적 의사소통과 진실한 표현을 촉진한다(Malchiodi, 2004). 미술작업이라는 시각적 언어는 구술 언어로 생각하는 것보다 더 가까이 무의식 과정에 접근할 수 있으며(Read, 2002) 의사소통 수단으로 익숙하지 않은 방법으로서, 자신을 쉽게 숨길 수 없다는 특성을 가지고 있다(Malchiodi, 2004; Wadeson, 2013).

이미지에 함축되어 있는 상징은 단순히 대상의 내용물이 아니라, 대상의 개념을 전달하는 매개체이다(Langer, 2009). 내담자의 미술작업에서 생성된 이미지가 시각적 언어가 된다는 것은 미술작업을 상징적인 의사소통의 도구(Malchiodi, 2004)라고 생각하는 미술심리치료 측면에서 강하게 나타난다. 치료미술에서는 미술활동의 창작 과정에 내재하는 치유력에 대한 믿음으로 미술활동 과정이 치유적이라고 정의하는 반면, 미술심리치료에서는 미술표현 전체가 상징성을 가지고 갈등이나 감정, 주제를 전달하는 데 효과적이라는 점을 강조한다(Malchiodi, 2004).

미술심리치료 측면에서 미술치료사의 역할은 상징에 대한 내담자의 이해를 촉진하는 것이다. 미술치료사의 개입으로 내담자는 미술작업에서 생성된 이미지를 이해하는 데 도움을 받는데, 내담자가 작업한 이미지를 바라보는 방식은 두 가지로 설명할 수 있는데, 그것은 노모메틱(nomomatic)[2] 방식과 입소메틱(ipsomatic)[3] 방식이다(Nucho, 2003).

미술치료사가 이론적 입장이나 경험적 연구에 근거한 원리를 바탕으로 노모메틱 방식을 따르는 경우에는 내담자에게 통상적인 설명을 제공할 수 있다. 그림이 메시지가 되는 경우로, 코드에 대한 지식에 따라 일정한 해석이 이루어진다(Jean, 1999). 가령 HTP(집-나무-사람)에서 집의 창문이 없거나 나무가 힘없는 선으로 왜소하게 그려져 있는 그림 KFD(동적 가족화)에서 따로따로 각자의 일을 하고 있는 가족을 표현한 그림이 의미하는 바가 어떠하다는 식으로 여러 임상 연구들을 통한 일반적인 기준이 있다(Burns, 1994; Burns, 1995). 미술치료사들은 창문이 없는 집이나 힘없이 그려진 왜소한 나무, 혹은 한 공간에서 흩어져 있는 가족을 보고서 비슷하게 그림의 이미지를 읽을 것이다. 반면 입소메틱 방식을 따를 때에는 내담자 개인이 지니고 있는 시각적 이미지에 대한 개념과 가정을 다루므로, 미술치료사는 내담자 개인에게 의미 있고 유용한 정보를 중요하게 여기고 파악해낼 수 있게 된다(Nucho, 2003).

내담자의 미술작업은 내담자에게 또 하나의 자아이면서도 내담자와 다른 존재 가치를 갖는, 어떤 객체로서의 대상이다. 그 대상은 내담자에게 자존감을 높여 줄 수도 있고 내담자를 압도할 수도 있다. 내담자의 의식 아래에 있던 부분들

---

(2) 노모메틱(nomomatic)이라는 용어는 '법칙(law)'을 뜻하는 그리스어 'nomos'와 '사고(thinking)'를 뜻하는 'mntos'가 합쳐진 것에서 유래하였다. 이 방식에서는 미술치료사가 이론적 입장이나 경험적 연구에 근거한 원리를 바탕으로 내담자에게 설명을 제공할 수 있다(Nucho, 2003).

(3) 입소메틱(ipsomatic)이라는 용어는 '자신(self)'을 의미하는 라틴어 'ipse'와 '사고(thinking)'를 뜻하는 'mntos'가 결합되어 만들어졌다. 이 방식에서는 내담자 개인이 지니고 있는 의미 있고 유용한 정보를 파악해낼 수 있다(Nucho, 2003).

이 이미지를 매개로 미술치료사와의 상호작용을 통해 더욱 명료하게 의식 위로 떠오르게 되고, 이때 내담자는 인지적인 깨달음과 정서적인 카타르시스를 경험하면서 자기 자신과 만나게 된다(주리애, 2002). 우리는 이미지 언어로 삶의 문제나 경험에 대한 느낌을 인식하는 것뿐 아니라 이성적·논리적·의식적 사고보다 더 깊은 곳으로 접근할 수 있다(Ganim, Fox, 2007).

미술치료사는 이미지가 어떤 역할을 하는가에 대해 진지하게 한 번 생각해 볼 필요가 있다. 이미지는 그 자체로도 훌륭한 언어가 될 수 있지만 미술치료사 자신이 미술작업을 통한 이미지와의 직접적인 깊은 만남이 없다면 미술작업은 단지 구술언어를 돕는 하나의 보조적인 수단이 되는 것에 그치고 말 것이다.

4. 미술치료에서 이미지 언어를 돕는 구술언어

현대사회에서는 언어가 사고의 유일한 수단인 것처럼 여겨지지만, 언어는 우리가 생각하고 느끼는 것을 표현하는 데 적절하지 않다고 느껴질 때도 있고(van Manen, 1997), 가끔은 언어로 감정을 표현한다는 것이 어렵기도 하고 불가능할 때도 있다(Ganim, Fox, 2007; Malchiodi, 2004). 우리가 평상시에 사용하는 관습적인 언어적 표현 수단은 시각적 표현 형식보다 애매하고 얼버무리는 말을 더 많이 허용한다(Nucho, 2003). 따라서 언어 표현이 복잡한 개인의 감정을 선명하게 드러내지 못하고 퇴색하게 만들었던 경험이 누구나 있을 것이다.

미술치료사들은 언어가 자신의 감정을 기술하기에 충분한 도구가 아니라는 것을 미술작업을 통한 경험에 비추어 더 선명하게 알고 있다(김현미, 장연집, 2013). 언어는 우리의 마음을 담아 표현하기에는 불완전하고 제한된 그릇이라 할 수 있다(주리애, 2002). 우리의 마음에 있는 매우 중요한 진실의 어떤 부분은 언어로 표현하기 어려운데, 특히 '내면의 경험', 즉 느낌과 감정의 영역은 언어로 충분히 설명할 수가 없다(Langer, 2009).

이에 반해 이미지는 언어보다 인간의 인지를 더 많이 반영하고, 언어 표현보다 더 많은 것을 보여줄 수 있다. 예컨대 '사람이 달린다'라는 문장은 달리는 사람에 대한 성별, 키, 나이, 달리는 속도, 주변 상황 등에 대해 아무것도 정보를 제공하지 않는다. 그러나 사람이 달린다는 것을 그려서 보여주게 되면 단박에 연령과 성별, 달리는 속도감, 달리는 장소 등을 확인할 수 있다(Nucho, 2003). 달리는 사람에 대한 사실적인 정보뿐만 아니라 달리는 사람과 그 주변 배경에서 느껴지는 느낌까지 이미지를 통해서 느낄 수 있다. 이미지는 동시적이고 병렬적인 표현과 전달이 가능하며, 이러할 때 미술의 주된 기능은 이미지에서 느껴지는 감정을 구체화해 우리가 그것을 관찰하고 이해할 수 있도록 하는 것이다(Wadeson, 2012).

인간의 정서가 단순한 감정 표시를 넘어 심리적 경험이 되는 것은 의식적 · 무의식적 기억이나 생각이 정서 행동 반응과 연결되면서 일어난다. 일단 생각이 느낌과 연결되면, 결국 말로 표현할 수 있게 된다. 그렇게 되면 자아가 그것을 더 쉽게 인식하고, 조절하고, 방어하고, 통제할 수 있게 되며 따라서 강제적이거나 위압적인 요구로부터 자유롭지 못했던 정신 활동이 해방된다(Rubin, 2008; Tyson, 2013). 미술작업이 인간의 느낌과 감정 표현을 가능하게 하고 거기에 언어를 통한 표현을 거치는 과정에서 억압되었던 개인의 심리가 해방될 수 있다.

미술치료 회기에서 내담자의 미술작업은 미술작업대로 하나의 과제이고, 내담자가 언어로 표현하는 것은 그것대로 하나의 과제인 2개의 독립된 영역이 아니다. 갈등이 되는 하나의 근원을 의식화하고 표현하기 위한 수단으로 미술작업을 통한 표현이 이루어지고 그 이미지에 대해 언어적인 표현이 더해졌을 때 무의식의 영역에 속해 있던 것이 의식화되는 것이다.

Freud의 설명을 통해 미술치료에서 이미지가 언어와 연결되어야 하는 이유를 찾을 수 있는데, Freud는 인간의 사고를 일차 과정 사고(primary process)와 이차 과정 사고(secondary process)로 설명한다. 일차 과정 사고는 무의식적으로 일어나며 내면의 주관적 세계를 표현하기 위한 도구로 미술작업과 같은 예술적이거나 창조적인 활동을 통하여 표현 가능하다. 반면 이차 과정이 지배하는 사고는 합리성, 질서, 논리가 특징이며 언어적 상징을 많이 사용하고 주로 현실에 적응할 때 작용한다(Corey, 2004). 그림으로 생각하는 것은 아주 불완전한 형태의 의식화이다(Read, 2002). 이때 그림에서 나타난 이미지에 상응하는 단어를 연결함으로써 인간은 일차 과정 뒤에 이차 과정으로 이어지는 더 높은 정신적 조직을 갖게 된다(Tyson, 2013). 이러한 원리에 따라 일차 과정의 사고들이 말할 만한 것이 된다. 인간은 느낌을 말로 표현함으로써 그것을 행동으로 옮길 필요가 적어지기 때문에, 통합 과정과 현실 검증이 쉬워지며 정동과 욕동을 더 잘 통제하게 된다. 생각과 느낌을 말로 표현한다는 것은 욕동의 통제와 정서의 조절을 도우며 인간의 내면세계와 외부 현실을 구별하는 것을 돕는다는 것이다(Katan, 1961; Tyson, 2013). 이 일을 가능하게 하는 조력자로 미술작업의 역할은 일차 과정 사고를 활성화하는 것이고 활성화된 이미지에 대한 언어적 표현은 모호함을 구체적으로 변화시킨다(Tyson, 2013).

    미술치료에서 미술작업에 대한 부분을 언어화하는 것은 요식적인 행위가 아니다. 우리의 경험이 아무리 강렬하다 하더라도 이름이 붙어 있지 않은 것의 관념을 형성하기란 어렵다(Langer, 2009). 가령 미술치료에서 '제목 짓기' 하는 장면을 생각해 보자. 내담자의 미술작업이 끝났을 때, 내담자는 자신의 그림에 대해 제목 짓기를 할 것을 치료사에게 권면받을 수 있는데, 제목 짓기는 내담자에게 자신의 그림에 대해 전체적으로 조망할 시간을 주고, 그림을 의식하게 하며, 그림 과정에 대해 요약하게 한다(주리애, 2002). 내담자가 그림으로 표현하는 동안 의식적이거나 의식적이지 않았던 부분이 '제목 짓기'라는 집약된 언어적 표현 과정을 통해 구체화되고 의식화될 수 있는 것이다.

5. 글을 마치며

미술치료라는 용어 자체가 지니는 함의가 다양하다는 것은(장연집, 2013) 미술치료가 무엇인지에 대해 여러 입장이 있다는 것을 뜻한다. 미술치료에서는 미술치료가 무엇인지 정의하는 데 오랜 시간과 노력을 들이고 있으나, 1960년대 Ulman이 Naumberg와 Kramer의 방향에 따른 미술치료를 정의한 이후로(Rubin, 2010)

미술치료에서 미술의 정체성에 대한 학문적인 탐색은 원활하지 않아 왔다.

이에 본 장에서는 미술치료에서 도구로 사용하는 미술에 대해 탐색하기 위해 미술치료에서 사용되는 이미지와 언어를 고찰하여, 미술치료에서의 미술이 지니고 있는 차별화된 측면을 조명하는 기회를 갖고자 하였다. 즉 미술치료를 담아낼 수 있는 고유의 틀을 찾아보고자 하였다.

예술가들의 미술작업은 미술이 지닌 치유의 속성을 잘 보여준다. 그런데 예술가들의 미술작업은 미술치료의 본질 그 자체로 볼 수 없는(Malchiodi, 2004) 부분이 있다. 단지 미술작업을 한다고 하여 내담자가 치유와 100% 직결되는 것이 아니다. 창조 활동 자체를 카타르시스적 경험(주리애, 2002)으로 연결하는 경향은 유의하여야 한다. 미술치료에서 미술작업은 중요하지만 미술치료에서의 미술작업이 무엇이든 뚝딱 해결하는 '마술봉'은 아닌 것이다(Malchiodi, 2004). 미술치료는 미술작업에 익숙한 대상을 전제로 이루어지는 것이 아니라 일반인 내담자를 포함하여 병리적인 진단을 받은 내담자까지 포함한다는 것을 고려할 때(Kaplan, 2013), 미술작업의 경험이 전혀 없을 수도 있는 이들에게 규칙적인 미술작업을 기대하는 것은 무리이다. 미술작업이 주는 치유적인 효과는 분명히 존재하나 자발적이며 규칙적으로 작업을 하는 예술가가 아닌 집단이 이를 경험하기는 어려운 일이라 할 수 있다.

관계라는 측면은 미술치료에서 미술에 대한 개념을 세울 수 있는 부분인데(Moon, 2010) 미술치료는 미술을 매개로 내담자와 미술치료사의 관계 속에서 이루어지는 치료이다. 미술치료에서는 미술치료사, 내담자, 미술의 삼각관계 속에서 이루어지는 역동이 중요시되는 반면, 예술로서의 미술은 미술작업과 예술가의 관계이며, 미술교육에서는 미술교사, 학생, 미술의 관계이다. 미술교육과 미술치료가 유사한 관계인 것으로 보일 수도 있으나, 미술치료사와 내담자의 관계는 미술교사와 학생의 관계와는 다른 치료적 관계(therapeutic relationship)를 의미한다. 미술치료에서 치료적 관계란 내담자가 내부로 향하는 길을 가거나 외부로 향하는 길을 가고자 할 때, 미술치료사가 동행하는 여행과 같은 것이라고 하였다(Wadeson, 2008).

미술치료에서의 미술은 내담자 개인의 미술작업이 아니라, 미술치료사와의 치료적 관계 속에서 이루어지는 미술을 지향한다. 감각적이고 정서적인 생명의 본질과 형식 등 언어로는 쉽사리 표현될 수 없는 것이 예술작품에 의해서 표현되는데(Langer, 2009) 미술작업은 무의식에 머물고 있던 일차 과정 사고의 무의식적인 것들을 의식으로 끌어올리는 데 도움을 준다(Tyson, 2013). 그런데 미술치료에서의 미술작업이 늘 승화로 이르는 편안함만 제공하지는 않는다(주리애, 2002). 미술치료 맥락 안에서 만들어진 미술작품은 보통 편안하기보다는 삐걱거리고 불편함을 제공한다(Moon, 2010). 그림에 나타난 표현이나 내용이 온전히 내담자의 의도 아래에만 있을 수 없기 때문에, 미술작품에 나타난 이미지는 내담자를 압도할 수 있고, 심할 경우에는 내담자에게 상처를 줄 수도 있다. 그렇기 때문에 미술치료사는 그러한 역동을 발견하고 조정하고 격려하며 촉진해야 한다(주리애, 2002; Moon, 2010). 미술치료사들은 대부분 어떤 방식으로든 미술작업과 그 작업의 이미지에 관해 이야기하도록 사람들을 격려하는 것이 중요하다고 생각하며(Malchiodi, 2004) 이를 돕기 위한 수단으로 치료 상황에서 구술언어를 사용한다. 내담자의 미술작업과 그 작업의 이미지에 대해 치료사와 이야기를 나누는 것은 미술작업과 구술언어의 조합이라 할 수 있는데, 이를 통해 일차 과정 사고와 이차 과정 사고의 만남이 이루어지고 모호함이 구체적인 개념으로 전환되어 치료적인 효과를 갖게 된다. 이로써 미술치료에서는 비언어적인 미술작업도 중요하지만, 미술작업에서 생성된 이미지를 치료사와의 관계 안에서 언어를 통하여 다루는 것이 왜 중요한지에 대해 모색해 보는 기회를 본 장에서 가졌다.

제 8 장

미술치료 환경과
미술 매체 및 기법

문리학, 한경아

미술치료가 심리치료 영역에서 갖고 있는 특수성은 미술을 매개로 하고 있다는 점이고, 또 미술을 다루고 있는 예술, 교육 등 다른 분야에서와의 차이는 미술이 치료로서 다루어진다는 것이다. 미술치료에서의 미술은 미술치료사와의 관계 속에서 내담자의 깊은 내적인 부분을 미술 매체를 사용하여 시각적인 이미지로 표현한 것이며, 이는 치료적으로 다루어지게 된다. 따라서 전문가로서 미술치료사는 미술을 사용하는 다른 분야와의 어떠한 차별성이 있는지, 또 심리치료 영역에서의 미술치료가 미술을 사용하며 갖는 특수성은 무엇인지를 정확히 알고 있어야 할 것이다. 이에 이 장에서는 미술치료에서의 미술이 창작되는 환경적인 부분과 내담자의 내면 부분, 그리고 이것을 시각적으로 표현하는 데 사용되는 미술 매체 및 기법에 관해 설명하고 이들에 관한 전공생들의 경험을 살펴보고자 한다.

1. 미술치료 환경

미술치료에서의 미술은 미술치료를 다른 유형의 심리치료와 구분해 주는 고유성이다. 미술치료사는 내담자와 함께 미술의 본질적 측면을 치료 안에서 극대화하기 위해 미술치료 환경과 미술매체 및 기법에 대한 이해를 하고 있어야 한다. 뿐만 아니라 미술치료사는 미술활동 과정에서 내담자에게 일어나는 창조성을 촉진하기 위해 미술과 관련하여 많은 것들을 고려하고 준비해야 한다.

미술치료에서 '미술'과 '치료'는 심리치료, 정신역동, 미술 매체, 창작 과정과 이해 등 핵심적인 방식으로 만나는데, 이를 위해 무대(즉 치료 장소인 미술치료실)가 설정되어야 한다(Rubin, 2008). 이것이 바로 미술을 다루는 다른 영역과 차별화된 부분의 하나이다.

Wadeson(2008)은 내담자가 미술치료에 적극적으로 참여하도록 격려하기 위해서는 미술 표현을 제한하는 방해적인 요인들을 제거하는 것뿐만 아니라, 미술 표현을 동기화하고 유도하는 자극도 함께 신경 써야 한다고 주장하며, 미술치료실의 환경과 매체 등의 중요성을 강조하고 있다. 미술치료 과정에서 미술을 치료적으로 다루기 위한 최적의 환경을 위해서는 물리적인 환경 조성뿐만 아니라 심리적인 환경을 함께 고려해야만 하는데, 이 둘은 따로 떨어뜨려 생각할 수 없다. 그 이유는 미술치료에서의 미술은 치료적 관계에서 일어나기 때문이다. 미술치료실을 잘 조성하고 내담자가 필요로 하는 미술 매체를 준비하는 것은 미술치료사가 내담자에게 관심을 갖고 있다는 메시지를 담고 있으며, 이는 결국 내담자와 치료사 사이의 신뢰 구축에도 영향을 준다. 즉 미술치료사는 미술치료실의 물리적 환경을 잘 갖추어 내담자가 미술 표현을 충분히 하도록 촉진하는 것을 넘어 그 환경이 치료적 관계에서의 신뢰성과 수용, 그리고 내담자가 심리적 안정감 등의 의미를 갖고 있다는 점을 숙지해야 할 것이다.

미술치료실은 미술작업을 하고 작품에 대한 토론을 하기에 충분한 공간에 가구(테이블, 의자, 재료장, 작품 보관함)를 구비해 두어야 하며, 청소가 용이한 바닥이어야 한다. 또한 그 공간에서 치료사와 내담자는 사생활과 안전이 보장되어야 한다. 이와 같은 환경은 기본적인 부분이며, 어떤 형태(개인, 집단)로 치료를 진행하는지, 어떤 내담자가 참여하는지에 따라서 미술치료 공간은 유연하게 변화되어야 할 것이다.

미술치료를 위한 '장소'를 어떻게 준비할 것인지를 결정할 때는 참여할 내담자의 발달 수준, 질병 정도 등 내담자의 능력과 치료 목표를 고려해야 한다. 치료 공간은 정돈되어 있으면서도 자극적이고, 안전하게 보이면서도 권유하는 느낌이 드는 환경이 이상적이다(Rubin, 2008). 미술치료가 점차 자리매김해 감에 따라 이제는 과거에 비해 좋은 최적의 공간에서 내담자가 창조적 미술작업을 할 수 있도록 치료적 환경을 제공할 수 있게 되었다. 하지만 미술치료를 필요로 하는 모든 환경이 그런 것은 아니기 때문에, 미술치료사는 미술치료를 위한 좋은 공간에 대해 이해하고 노력해야 할 것이다. 이에 대해 Rubin(2008)은 최적의 것이 아니더라도 만족해야 하는 경우가 있는 것이 사실이지만, 이때 반드시 필요한 최소치에 대하여 미술치료사 자신의 생각을 분명히 갖는 것이 작업할 수 있는 준비를 하는 데 많은 도움이 된다고 하였다.

미술치료사는 내담자를 만나는 다양한 현장에서, 그리고 그 안의 장소에서 일하게 되므로, 앞에서 언급한 최적의 상황이 모든 임상 현장에서 보장되는 것은 아니다. 미술치료가 현재까지 발전해 온 과정에서 미술치료사들은 최적의 조건에서 작업하지 못한 경우가 많았지만, 그럼에도 불구하고 미술치료사들은 미술작업을 위한 공간을 마련하기 위해 창조적인 노력을 해 왔다. 즉 미술치료실이 갖추어져 있지 않은 치료기관에서 다른 용도로 활용되고 있는 공간이 미술치료실로 결정되면, 미술치료사는 창조성을 발휘하여 치료를 위한 최적의 공간으로 준비해야 한다는 것이다. 예를 들면 학교에서 실행되는 미술치료는 일반 교실이나 회의실과 같은 공간을 미술치료실로 세팅해야 하는 경우도 있고, 병원이나 기관에서 일하는 미술치료사는 미술치료를 위한 공간이 아닌 다목적 활동실 또는 보호자들의 휴식을 위한 넓은 방에서 회기를 진행하는 경우가 그것이다. 일부 의료미술치료 현장에서는 내담자의 거동상태에 따라 치료사가 병실로 찾아가 진행해야 하는 경우가 있기도 하다. 이런 경우 미술치료사는 미술활동에 차질이 없도록 주어진 환경 내에서 치료적 공간을 만들고 재료를 준비하고 내담자의 사생활이 침해받지 않고 보장될 수 있도록 힘써야 하며, 치료가 종료된 후에 관리도 철저히 되어야 한다. 내담자의 경우 치료 시간이 안전하지 않다고 느낀다면 결코 치료실에 오지 않을 것이며, 안정적으로 치료 과정에 참여하는 것이 불가능할 것이기 때문이다(박은선, 2010). 이와 같이 임상 현장이 최상의 조건을 갖추고 있지 않다고 할지라도, 미술치료사는 치료적 공간으로서의 장점을 갖도록 부족한 부분을 보완함으로써 내담자가 미술을 매개로 자신의 마음을 표현하고 다루는 데 집중할 수 있게 도와야 할 것이다.

그러기 위해서 미술치료사는 내담자를 위한 최적의 환경이라는 공동의 목표를 가지고 치료기관의 지원과 협력이 이루어지도록 많은 노력과 시간을 투자해야 할 것이다. Rubin(2008)은 그러한 변화가 전체 체제와 통합하는 데 훨씬 더 많은 시간이 필요하며, 미술치료사가 현재 이 체제가 어떻게 그리고 왜 기능하는지에 관한 명확한 이해를 하고 있어야 한다고 보았다. 미술치료사는 그 조직 체제가 미술치료에 대한 확신을 지니도록 협력하고 내담자와 환자가 있는 바로 그곳에서 시작하여 목표를 향해 차근차근 접근해 가야 한다.

Rubin(2008)은 다양한 환경에서 많은 미술치료를 경험하며 미술치료사가 작업하는 물리적 환경을 재창조하는 데 좀 더 많은 관심을 보여야 한다고 믿고 있고, '장소 준비'를 하는 것에는 미술치료사의 창조적 능력이 필요하며, 미술치료사가 준비하는 장소는 일반적으로 생각하는 것보다 치료 상황에서 발생하는 것들에 더 많은 영향을 미치고, 이것은 치료 후반보다는 초반에서 더욱 문제가 된다고 설명한다. 치료사가 적절한 환경을 제공하지 않았을 때 내담자들은 미술작업 과정에서 작업 공간에 대해 신경 쓰게 되며, 이것은 내담자들의 창조적 활동을 좌절시키거나, 치료에서의 창조적 활동에 사용되어야 할 정신적·육체적 에너지가 불필요하게 낭비되게 할 수 있다. 따라서 적절한 공간의 구성은 신뢰관계의 토대가 되고, 나아가 신뢰관계는 치료적 동맹의 구축을 통해 내담자의 창조적 미술활동을 돕는 밑바탕이 된다는 것임을 알 수 있다. 이와 같이 기관에서 일하는 미술치료사는 치료사 개인의 힘으로 환경을 구축하는 것이 아니라, 치료기관의 책임자들과 관계를 설정해 가면서 적절한 치료 환경을 만들어 가야 한다(Rubin, 2008).

다음의 미술치료 전공 석사 과정생의 경험 글을 통해서 미술치료 실습 현장이 항상 이상적인 환경을 갖고 있지 않음을 볼 수 있다.

실습으로 나가고 있는 3개의 미술치료 실습 현장 모두 각 기관에서의 여건에 의해 세팅에서 부족한 부분이 있다. 지역아동센터에서는 우선 재료 지원이 없고, 밖의 아동들이 언제든지 접근이 가능한, 방음이 전혀 안 되는 조그만 장소에서 미술치료를 해야 하는데 이것이 아동에게 안전한 느낌을 주지 못할 것 같아서, 아동이 자신을 표현하는 것에도 제한을 주도록 영향을 끼치고 있지 않을까 하는 걱정이 된다.

그리고 ○○구에 있는 정신병원에서는 층을 나누어서 한 주는 1~3층의 환자분들이, 다른 한 주는 4~6층의 환자분들이 미술치료에 참여할 수 있도록 했고 그래서 환자들의 입장에서 미술치료는 2주에 한 번씩 하는 것인데 그렇게 해도 참여하는 환자의 수가 너무 많아서 미술치료라기보다는 미술활동에 머무르게 되는 것 같다. 가장 많을 때는 20명이 넘는 환자분들이 내려오기도 하는데 병원 측에 이야기를 해도 내려오고자 하는 환자들을 막을 수는 없기에 이 인원을 모두 안고 회기를 운영하고 있다.

마지막으로 ○○병원에서의 집단 회기는 지역아동센터의 개인 회기와 마찬가지로 안정감이 있는 장소를 제공해 주지 못한다는 부족함이 있다. 병동 내에 활동실이 1개가 있는데 미술치료가 있는 시간에 활동실이 사용 중이어서 개방된 장소를 파티션으로 대충 막아 진행을 하고 있기에 지나가는 환자들이 가끔씩 와서 참견을 하기도 하는 일이 벌어진다. 지금 진행 중인 이 세 군데의 미술 회기뿐만 아니라, 앞으로도 현장실습을 하면서 미술치료에 완벽한 세팅을 하는 것은 무리일지도 모르겠다. 다만, 기관에서의 여건에 맞추어 그 안에서 어떤 부분은 개선이 가능한지, 어떤 부분은 내가 포기해야 하는지를 판단하고 기관 측에 잘 전달하여 진행을 하는 것도 미술치료 회기 운영 못지않게 중요한 일이 되어버린 것이 조금 아쉽다. (참여자 14)

미술치료에서 치료적 환경을 조성하는 것이 내담자들에게 중요하다는 것을 알고 있기에 미술치료사들은 치료적 환경으로서 부족한 부분이 무엇인지, 또 개선해 나가야 할 것이 무엇인지를 고민하며 치료적 환경을 조성하기 위해 노력한다. 그러나 이러한 치료사의 노력이 치료기관에 따라 현실적 한계에 부딪히는 경우가 있기도 하다. 이럴 때 미술치료사는 치료기관에 맞춰야 하는 입장으로 수동적으로 될 수도 있으며, 때로는 무력감을 느낄 수도 있을 것이다. 그렇지만 이런 어려움에도 불구하고 치료 초기에 미술치료 환경 구축에 많은 시간과 노력을 투자할 가치가 있다는 것은 분명한 사실이다.

필자가 일했던 학교에는 미술치료를 위한 별도의 공간이 보장되었지만, 학교의 운영방침으로 일반 교실과 마찬가지로 치료실 밖에서 안을 볼 수 있도록 치료실 문의 창을 투명창으로 바꾸어야만 했었다. 필자는 미술치료사로서 그 환경의 조건이 내담자의 사생활을 보장하지 못하며 이것이 치료의 과정에 어떤 영향을 미치는지를 학교 관계자와 몇 차례 회의를 통해 설명했고 치료실 문의 유리를 치료 시간 동안 가릴 수 있도록 협의하고 그 방법을 고심하여 치료적 환경을 조성하도록 하였다. 또 병원의 소아암 병동에서 치료적 장소로 제공했던 곳은 밝고 싱크대가 있어 물을 사용하기에 용이하였고, 큰 테이블과 대부분 휠체어를 타고 이동하는 데 여유 있는 공간이라는 점에서는 치료적 공간으로 적합하였지만, 그 공간은 다목적 공간으로 환자의 보호자들이 휴식하는 공간이었기 때문에 치료를 시작하기 전에 보호자들에게 양해를 구하고 입구에 안내문을 붙여 치료에 방해가 되지 않도록 매 회기마다 신경 써야만 했다. 그리고 병원에서의 치료적 공간을 준비할 때는 참여하는 환자들이 휠체어를 타고 이동한다는 점을 고려하지 않을 수 없다. 테이블이 휠체어를 탄 내담자의 높이와 적합한지도 고려해야 하며, 특수한 경우 테이블이 아닌 휠체어 위에 임시로 올려놓는 나무판(테이블을 대체하는 기능)이 필요한 경우도 있다. 이러한 것들은 내담자가 치료 장소를 편안하게 느끼며 내담자의 창조적 표현이 나올 수 있도록 하는 바탕이 된다.

다음은 대학원 전공 과정 중 현장실습에서의 경험과 졸업 이후 미술치료사로서의 경험을 통해 내담자와 치료사가 만나는 미술치료 환경의 중요성을 보여주는 체험의 글이다.

우리는 미술치료를 공부하면서 예술에 대한 전반적 사고와 지각을 달리하게 된다. 무엇보다 먼저 미술치료사 자신의 태도를 점검하면서 예술, 특히 미술을 접하는 총체적인 영역에 대해 깊이 고민해 볼 기회가 많다. 어떤 활동이 즐거움을 주는지에 관한 동기, 본다는 개념 자체가 주는 시각의 지각, 선과 형태 그리고 색이 만들어내는 공간적 차원의 의미가 무엇인지, 왜 이러한 표현이 현재의 효과를 나타내고 있는지 등. 뿐만 아니라 Wadeson이 말하는 대로 그림이 말하고자 하는 바를 알아내는 것은 치료 회기 동안의 내담자의 행동, 미술작업에 관한 언급, 회기 구조, 내담자의 과거력, 현재 문제, 치료자와의 관계, 다른 작업들 등이 포함되어 복잡하게 다루어지게 되므로 우리는 이것들을 엮어내는 어려운 과정을 수련하는 셈이다. 그리고 이러한 관계가 함께 어울려 발현하는 곳은 미술치료실이다. 그래서 나는 미술치료실이 꼭 은유적으로 미술치료사가 내담자와 만들어내는 내면의 방을 보여준다고 믿고 있다.

실제로 나는 미술치료 인턴 시절 동료들과 정신병원의 삭막한 집단치료실을 어떻게 하면 미술치료실로 꾸밀 수 있는지에 대해 많이 고민했고, 이를 얻기 위해서라면 병동 전체의 환경미화를 해 주거나, 병원의 포스터를 그려 주는 일도 했다. 솔직히 그 당시엔 이렇게까지 하는 것이 과연 미술치료사들의 역할인가에 대해 회의를 느끼기도 했지만 돌아보면 그것만큼 교육이 되는 경험도 없었던 것 같다. 예술이 자라기에 매우 삭막한 공간을 창의적인 교류가 흐르는 미술치료실로 만드는 노력은 미술치료가 불가능할 것 같은 정신과 환자들의 마음을 이미지로 피우도록 노력하는 치료사의 태도와 같은 것이다. 따라서 나는 있는 그대로의 미술치료실이 아니라 내담자와 소통하는 미술치료실을 만들려고 노력한다.

미술치료실은 미술치료사마다 다르겠고, 각 상황에 놓인 임상 세팅마다 다르겠으나 보통은 개인 미술치료실, 집단 미술치료실, 그리고 오픈 스튜디오 정도로 나뉘는 것 같다. 여기서 미술치료실이란 상주 미술치료사가 있고 내담자가 방문을 하여 미술치료 상황이 이루어지는 곳을 말한다. 개인과 집단을

나눌 필요도 있겠고 이 둘을 동시에 사용할 필요도 있지만, 개인 미술치료실
은 두 사람이 안전하게 느낄 공간이었으면 좋겠다. 너무 큰 공간을 개인 미술
치료실로 한다면 치료사는 물론 내담자도 불안할 수 있기 때문이다. 필요하다
면 집단, 즉 6명 이상의 작업이 필요한 곳은 따로 준비하는 것이 좋을 것 같다.
오픈 스튜디오란 말하자면 자유롭게 창의적인 작업을 할 수 있는 내담자들을
위한 공간을 말한다. 이 공간은 꼭 치료적인 관계가 아니더라도 치료적인 효
과를 위해 미술작업을 촉진할 수 있는 넓은 공간을 말한다. 내담자는 언제라
도 열려 있는 이 공간에 들어와 자신의 자유로운 표현을 마음껏 누리다 원하
는 시간에 돌아갈 수 있다. 여기서 미술치료사의 역할은 치료사라기보다 가이
드 정도로 생각할 수 있다. 치료실의 형태가 어떻든지 미술치료실의 가장 중
요한 역할은 내담자와 치료사, 그리고 미술작업 간의 원활한 소통을 돕는 안
전한 공간이다. 그것은 치료사와 내담자 간, 내담자와 미술작업 간 소통 혹은
치료사가 치료사 자신의 작업을 할 수 있도록 자신과 소통하는 환경이 될 수
있다. 정신분석치료에서는 카우치가 대표적인 상징이 된 것처럼 미술심리치
료도 다른 정신건강 전문 분야와 함께 일을 할 경우 그 고유성이 방에서부터
다르게 된다.

꼭 필요한 미술 재료는 기본적으로 쉽게 내담자가 이미지를 표현할 수 있는
기본 재료들이지만 미술치료사마다 각자 좋아하는 재료와 주로 상대하는 내
담자들의 특성에 맞추어 재료들을 구비해 놓는 것 같다. 나의 경우에는 초기
3~4년은 아동과 청소년이 대부분의 내담자들이었다. 따라서 아이들이 들어
왔을 때 자유롭고 즐거운 분위기를 만들어내고 자신의 작품이 자랑스럽게 걸
려 있도록 작품을 전시하는 것도 중요하게 생각했다. 재료들은 대부분 아이들
이 쉽게 사용할 수 있는 것들이었고, 특별히 좋아하는 반짝이 풀, 화려한 스티
커, 컬러 점토, 면도크림, 물감, 아주 넓은 도화지, 풍선들이 우리의 보물이었
다. 주로 성인, 특히 젊은 여성들이 많은 지금은 그것보다는 조금 더 예술가들
이 쓸 법한 재료들을 갖추고 있다. 크레파스보다는 오일파스텔, 수채 물감보
다는 유화 물감, 다양한 크기의 붓, 종이보다는 캔버스, 작은 찰흙보다는 도기

용 찰흙 같은 것들이다. 나는 특히 성인의 경우에는 작품을 전시할 때도 서로의 이미지에 영향을 받지 않도록 걸어두는 것을 좋아하지 않는다. 어떤 작품은 다른 내담자들에게 영향을 미칠 만큼 압도되는 경우도 있기 때문이다. 그래서 한 내담자가 끝나면 나는 다음에 그 내담자를 만날 때까지 그림을 보관함에 넣어 둔다.

소통 공간은 곧 안전의 문제와도 연결된다. 내담자를 위한 안전한 공간일 뿐만 아니라 치료사를 위한 안전한 공간이 필요하다. 이러한 생각을 확실히 새겨 두게 된 것은 초기에 주로 아동 내담자를 만나던 때의 경험 때문이었다. 미술치료사로 석사를 졸업하고 막 직업을 구한 뒤 1년째 되는 때쯤, 간질이 있는 청소년을 대상으로 미술치료를 진행하게 되었다. 배운 대로 병력을 최대한 알아둔 뒤 시작한 회기였지만 아직 경험보다는 지식이 더 앞섰을 초보였다! 회기 중에 그 청소년이 간질 발작을 일으켰다. 2~3분 정도로 짧은 시간이었지만 나에게는 30분도 더 된 것 같았다. 머리는 간질 발작에 대해 미리 알아둔 대처 방법들을 떠올리며 실행하라고 하는 것 같았지만 몸이 잘 따라 주질 않았다. 간신히 정신을 차리고 119를 부르고 담당 복지사 전화번호를 열심히 찾은 그 순간만이 기억에 남는다. 어찌나 손이 떨리던지, 그 후로 나는 복지사에게 건의해 내 방에 비상연락 전화를 놓았다. 당시 치료실은 지하 1층이었고 도움을 구할 수 있는 담당자 사무실은 1층이었다.

한번은 이런 일도 있었다. 초등학교 4학년 남학생이 미술치료를 받기 위해 왔는데, 그의 주요 문제점은 분노 조절이 되지 않는다는 것이었다. 학교 담임 선생님에게 화가 나서 의자를 집어던진 경력이 있는 이 아이는 미술치료실 안에서도 다분히 위험한 상황을 연출할 수 있었다. 외모에서 말투까지 아이는 나를 긴장시켰고 아이를 만날 때마다 어찌나 부담이 되었던지 한번은 아이의 이름을 잘못 부르게 되었다. 그날 아이는 마치 이럴 때를 기다렸다는 듯 화를 내기 시작했다. 나는 일단 일어서서 문 옆으로 가 나를 보호했다. 그리고 아이가 얼마만큼 화가 났는지를 인지하는 데 온통 정신을 집중했다. 도망가고 싶은 마음 반, 이 치료실 안에서 아이가 화를 건강하게 소화하는 방법을 알아내기를 바라는 마음이 반이었다. 분위기는 후자로 흘렀고 다행히 아이는 자신이 화가 나는 것을 치료실 바닥에 비닐을 깔고 찰흙을 던지는 놀이로 대체해 보자는 데 합의를 보았다. 결국 그 회기는 성공이었고 아이는 다시 치료실에서 화를 내지 않았다. 나는 마구 어질러도 상관없는 못생긴 시멘트 바닥이 그렇게 고마울 수가 없었다. 그리고 그 아동은 미술치료실에 뜻있는 미술실이라는 제목을 붙여 주었다.

초기 3~4년의 그 지하 1층 못생긴 미술치료실은 마치 누군가의 미술작업실처럼 마구 어질러도 상관없을 것 같은 모양을 하고 있었다. 한 아동과 회기가 끝나면 나는 언제나 청소도구를 들고 아동이 어질러 놓은 미술 재료들과 물, 찰흙들을 열심히 치웠다. 힘들었지만 그 치료실은 아이들에게는 자유로운 놀이장소요, 즐거운 실험을 할 수 있는 안전한 공간이었나 보다. 그 점에서 나는 그 미술치료실이 지금 어느 때보다 미숙하고 모자란 부분이 많지만 사랑스러웠다. 그리고 그 치료실을 사랑해 준 내담자(아동)들도 많았다. 지금 미술치료실에는 세련된 가구도 있고, 훌륭한 미술 재료들도 있다. 그리고 특별히 내가 자주 쓰는, 그래서 내담자들에게 자주 권하게 되는 재료들도 있다. 내담자들도 아동보다는 대부분 성인이다. 아마 내담자들은 지금 미술치료실에 오는 그 순간 나의 경력과 나의 특징, 선호 등을 직감적으로 느낄지도 모르겠다. 무엇보다 나는 내가 편안히 쉴 수 있는 공간과 내가 작업을 할 수 있는 공간도 그 속에 중요하게 포함시키고 있다. 마치 내가 내 치료실과 한 몸인 것처럼. 재료를 점검하고 작품을 선정해서 정리하고, 청소하고 가구를 다시 배치하는 것은 이미지를 그리는 것만큼이나 치료 환경 조성에 매우 큰 영향을 미친다고 믿고 있다. 나의 보이지 않는 마음을 보이는 치료실로 청소하고 배치하고 점검하는 것이다.   (참여자 47)

2. 미술 매체 및 기법

다양한 미술 매체를 통해 미술작품을 창작하는 미술치료의 특징은 다른 심리치료와 미술치료를 구분해 주는 고유성을 나타내준다. 미술치료 실행에서 가장 중요한 부분은 내담자가 선호하는 매체, 스타일, 주제를 발견하고 발전시켜 자신의 '진정한 자아'를 찾도록 해주는 것이다(Rubin, 2008). 이 중에서 매체는 치료환경에서 물리적 속성을 넘어 인식 · 감각적 인지 · 의사소통의 역할을 하여 내면과의 접촉을 촉진하므로, 현장에서 미술 매체의 선택과 활용이 매우 중요하다(Wadeson, 2008). 매체는 미술치료적 맥락에서 의미를 형성하고 의사소통을 촉진하는 구성요소이므로, 치료사가 매체에 대한 이해를 갖는 것은 전문적 정체성에서도 중요한 의미가 있다(Moon, 2010).

미술치료 영역의 발달 초기에는 주변에서 손쉽게 찾을 수 있는 휴지, 성냥, 옷걸이 등을 미술 매체로 사용하다가 시간이 지나면서 안전하고 휴대하기 편하며 자연스러운 표현을 촉진할 수 있는 드로잉 재료와 페인팅 재료를 중심으로 활용하였다(Moon, 2010). 이러한 전통적인 미술 매체의 이점이 오늘날까지 미술치료 분야에서 지배적인 패러다임으로 남아 있다고 할지라도, 시대적 흐름과 필요에 따라 매체의 경계는 점점 확장되고 있다.

미술치료에서 활용되는 매체는 시대별로 변화해 왔으며 그 범위가 다양하여 일정한 범주로 구분하기에는 어려움이 있지만, 미술치료사들은 매체를 구분하고 심리적 속성과 연결하여 설명하고 있다. Lusebrink(1990)는 정신역동적 모델에 기초하여 미술치료에 활용되는 전통 미술 매체의 특성들을 정신적 기능의 수준과 연관지어 인지적 기능을 지지하는 저항적인 매체부터 정동적 프로세스와 본능적 수준을 불러일으키는 유동적 매체까지 연속체로 구분하여 정의하고 있다. 구체적으로 살펴보면 저항적 성질이 강한 드로잉 매체는 생각과 사고에 접근하기 좋은 재료로, 섬세하고 예민한 표현이 가능하며 그리는 개인의 취향이나 기분 상태, 생각, 관심사를 가장 잘 드러내준다(주리애, 2010). 반면 유동적 성질이 강한 페인팅 재료는 감각적 특성을 나타낼 수 있는 재료로서 풍부한 생각과 감정이 표현되게 하고 정서적 이완을 촉진한다. 또한 촉각적인 재료인 점토는 원시적이고 감각적인 특성을 가지고 있어 감정을 환기시키는 역할을 할 뿐만 아니라 이완과 퇴행을 촉진하는 경향이 있다. 그렇지만 치료사들 간에 유동적 재료가 저항적 재료보다 감정적 반응을 더 잘 유발한다는 공통적 생각이 있다고 할지라도 이와 관련하여 입증할 연구는 없으므로(Malchiodi, 2012), 이러한 매체의 특성들을 유연하게 이해해야 한다.

최근에는 전통적인 미술 매체 외에도 사진, 영상과 같은 디지털 매체 사용이 증가하면서 미술치료에서도 다루는 매체의 확장과 함께 치료적 개입 방법의 변화를 일으키고 있다. Malchiodi(2012)는 디지털 매체가 이미지 생성, 변형, 전달 방법에 상당한 영향을 끼쳤고, 이런 전자시대에 미술치료가 어떻게 실시되고 어떻게 응용되는지에 대한 틀을 다시 짜게 한다고 설명하고 있다. 디지털 매체는 전통적인 미술 매체와 반대로 몇 가지 특이한 관계, 촉감·감각 경험을 제공하여 지각 능력 및 개념적 능력을 강화하는 치유적 특성이 있기 때문이다(Malchiodi, 2012).

미술치료의 치료 과정을 잘 수행하기 위해서는 앞에서 다룬 매체 선택과 동시에 기법의 고려도 포함되어야 한다. 치료적인 매체 및 기법은 대상, 상황, 시기에 따라 유연하고 창조적으로 활용되어야 하며, 치료 목표와 전략을 촉진할 수 있는 것이어야 한다. 미술활동을 위한 기법은 참여 대상, 사용 매체, 주제, 표현 방법, 치료 단계 등을 중심으로 접근할 수 있어 여러 관점으로 미술치료에서 다루는 미술활동을 위한 기법을 설명해 볼 수 있다. 이와 같이 광범위한 매체 및 기법의 치료적이고 효과적인 활용을 위해 치료사의 요인이 무엇보다 중요하므로 이에 대해 구체적으로 살펴보고자 한다.

첫째, 미술치료사는 내담자를 중심에 두고 매체 및 기법을 선택하고 계획할 수 있도록 지식적인 이해가 있어야 한다. 이는 내담자가 가지고 온 문제의 성질, 참여 동기, 이미지 생성 능력, 통찰 가능 여부, 기능 수준, 외부적인 상황을 고려해 매체와 기법을 적절하게 선택할 수 있는 치료사의 지적 능력을 의미한다(주리애, 2010). 치료 기간이 단기적이고 내담자의 자아가 미성숙한 경우 미술치료사는 매체와 기법을 선택하여 구조적 미술활동을 하지만, 특별한 이유가 없다면 미술치료사들은 비구조적인 미술활동을 선호한다. 비구조적 미술활동을 위한 매체와 기법의 선택은 내담자의 욕구를 반영하여 순간순간 이루어지는 것으로 치료사는 각 상황에 창조적이고 적극적으로 대응하는 것이 바람직하다(Wadeson, 2008). 예를 들어 집단이 상당히 크고 제한된 시간 동안 내담자들과 작업을 해야 한다면, 미술치료사는 단순한 매체들을 사용하는 것이 좋을 것이고, 신체적인 장애를 가진 사람들과 작업을 한다면, 신체적인 제약점들에 민감하게 반응하여 내담자들이 쉽게 사용할 수 있는 재료들을 준비하고 때로는 변형되고 보완된 방법들을 고안하여 사용해야 할 것이다(Wadeson, 2008).

둘째, 미술치료사는 다양한 범위의 매체, 도구, 기법에 대한 개인적이며 본질적인 경험을 통해서 치료에서 사용 가능한 각각의 매체 및 기법에 대한 특성 및 심리적 측면에 관한 지식에 정통하고, 이를 토대로 내담자의 자기표현을 촉진할 수 있는 창의성과 민감성을 갖추어야 한다(Rubin, 2008). 미술치료사가 어떤 매체를 사용하는지에 따라 볼 수 있는 효과는 무엇이 있는지, 다른 매체가 각각 어떤 이점과 한계를 가져다줄 수 있는지, 그리고 어떻게 다양한 표현을 격려할 수 있는지를 이해하고 있어야 몰입할 수 있는 분위기 조성, 시각적인 언어 발전, 창조성 촉진을 도울 수 있기 때문이다(Malchiodi, 2008; Wadeson, 2012). 이와 관련해 치료적 변화의 다양한 구성요소로서 미술 매체 및 기법의 효과 연구의 잠재적 가치에 대한 미술치료사들의 인식이 증가하고 있다(Moon, 2010). 특정 미술 매체가 특정 내담자와 치료 현장에 적합하다는 연구들이 지속적으로 수행되고 있으며, 이러한 미술치료 영역에서 일어나는 창조적 과정을 과학적 근거를 기반으로 증명해내려는 노력들은 고무적이라고 볼 수 있다. 나아가 미술치료사들이 현장 전문가로 활동하는 데 의미 있는 자료로 활용될 수 있을 것이다.

셋째, 미술치료사는 미술 매체 및 기법에 관해 자기인식이 있은 후에 활용해야 한다(Wadeson, 2008). 미술 매체에 대한 미술치료사의 개인 선호와 심리적 불편감 때문에 내담자의 매체 사용을 제한하거나 내담자 스스로 기법을 선택하고 창조할 수 있는 기회를 막아 매체를 충분히 사용하지 못하는 경우도 발생할 수 있다. 이러한 이유로 실제적 경험을 통한 미술매체의 심리적 반응에 대한 자기인식이 가능해야 한다. 임상적인 판단을 내릴 때 필요한 민감성과 자기인식을 정렬시키는 것과 같이 미술 매체 및 기법의 선택에서의 자기인식 역시 미술치료사가 지속적으로 발전시켜 나가야 할 부분이고(Wadeson, 2008), 이런 작업들이 이루어진 치료사는 내담자의 미술 활용을 더 다양하고 자유롭게 할 것이다.

이상으로 미술치료에서 활용하는 미술 매체 및 기법에는 어떠한 것들이 있는지, 그리고 다양한 범위의 미술 매체 및 기법을 현장에서 치료적으로 적용하기 위해 미술치료사에게 요구되는 측면들을 중심으로 살펴보았다. 다음은 미술치료 전공생들이 미술 매체 및 기법에 대한 지식적 이해와 경험을 확장해 가는 체험을 중심으로 보고자 한다.

미술치료를 공부하고 있는 미술치료 전공 대학원생의 이전 전공 분야와 상관없이 미술치료사가 되기 위해서는 넓고 다양한 매체와 기법을 능숙하게 다룰 필요가 있다. 미술에 대한 경험과 지식을 갖추지 않은 미술치료 전공 대학원생은 미술을 매개로 일어나는 창조적 프로세스를 이해하는 데, 그리고 현장에서 내담자에게 미술활동을 적용하는 데 어려움을 겪기도 하지만 새로운 매체에 대해 알아가면서 그것에 담긴 의미를 찾아가는 즐거움도 경험한다. 즉 현장실습 초기에는 자신에게 익숙한 전통 매체를 중심으로 제한적으로 내담자와의 치료 회기를 진행하지만, 교육과 연구를 통해 점차 매체 및 기법에 대한 이해의 폭을 확장하고 실습 현장에서 적용해 봄으로써 중요성을 깨닫게 된다.

다음은 미술 배경을 갖고 있지 않은 전공생들이 미술 매체 및 기법에 대한 이해를 확장해 나가는 과정에서 체험한 것을 기술한 글이다.

처음 현장실습을 했을 때는 모든 것이 너무나 막연하고 막막했다. 특히 매체를 준비할 때, 미술을 전공했던 나는 도화지, 수채화 물감, 아크릴 물감, 연필, 색연필밖에 생각이 나지 않았다. 늘 사용했던 매체만 친근하지 다른 재료들은 전혀 떠오르지가 않았다. 그래서 논문을 검색하기 시작했는데 내가 생각지도 못한 재료와 기법들이 너무 많았고, 정말 참신한 아이디어와 발상을 가지신

분들이 많다는 생각이 들었다.

매체 하나하나에 의미가 있었고, 목표하는 바가 정확히 있었으며, 대상이 어느 정도의 기능을 하는지, 얼마만큼 즐길 수 있을지를 계획하고 준비하는 과정들이 재미있으면서 도전의식을 갖게 했다. 다양한 매체와 기법은 내담자를 편안하게 미술치료에 참여하게 하고, 보다 쉽게 마음을 열게 하는 도구가 되는 것 같다. 매체는 무궁무진하며 찾기 나름, 노력하기 나름이라는 것을 현장실습을 하면서 더욱 실감하게 되었다.   (참여자 25)

미술과 거리가 멀었던 내게 미술치료의 재료는 신기하기도 하고 낯설기도 했다. 드로잉의 기초가 되는 종이조차도 8절, 4절, 2절지 정도만 알고 있던 나는 온갖 재질과 색의 다양함에 놀랐다. 전문가용 파스텔이 얼마나 비싼지를 알고 깜짝 놀랐고 동료가 갖고 있던 비싼 파스텔의 발색을 보고 나서 비싼 파스텔과 그냥 파스텔의 차이를 알게 되었다. 드로잉 재료만도 그 종류와 다양함이 벅찬데 판화 재료, 조소 재료 등의 기타 재료까지 아직 갈 길이 먼 것 같다. 점토도 그냥 점토, 지점토, 천사점토 등이 있고 색을 섞어 쓸 수도 있는 등 나의 기존 생각을 벗어난 다양한 사용법이 있음을 알게 되었다. 또한 전통적인 미술 재료를 넘어서 천, 나뭇가지나 낙엽, 나무젓가락, 각종 통, 기타 다양한 사물들이 미술치료의 재료가 될 수 있음을 발견하면서, 사용하지 못할 재료가 거의 없을 만큼의 다양한 재료를 가졌다는 것에서부터 미술치료가 시작되는 것이란 생각이 들었다. 다양한 재료만큼 다양한 기법이 존재하는데, 나는 아직 많은 기법을 익히지 못했고 여전히 배우는 중이다. 새로운 기법을 하나 알게 될 때마다 신기하고 새롭고 재미있다. 요즘 미술치료 기법만 가지고 미술치료를 학문이 아닌 기술 정도로 여기는 풍조도 있어 많은 우려가 되지만, 기법 또한 중요한 요소임은 틀림이 없는 것 같다. 병원 폐쇄 병동에서 지루하고 반복되는 일상을 보내는 정신과 환자에게 미술치료 시간에도 같은 기법만 활용하지 않고 다양한 기법과 재료를 통해 접근하면 좀 더 환자가 긍정적 반응

을 보이는 모습을 실제로 보았기에 미술치료의 재료와 기법의 다양함 또한 미
술치료의 긍정적 요소임에 틀림이 없다는 생각을 갖게 되었다. 미술 매체와
기법 연구에도 좀 더 노력을 해야겠다.   (참여자 10)

미술을 전공하고 미술 매체 경험이 다양한 전공생은 비록 치료적 환경에서의
경험은 아니라고 할지라도, 그것이 자신에게 큰 자신이 될 것이라는 믿음을 갖고
있다. 반면 미술 배경을 가진 전공생들은 초기에는 미술매체를 다루는 데 자신감
을 갖고 있었지만, 점차 미술치료에서 변화하는 시대에 적용 가능한 다양한 범
위의 매체 및 기법을 모두 숙지하고 있지는 못한 자신을 발견하며 자신이 얼마나
협소한 시각으로 접근했는지를 깨닫는 경험을 하기도 한다. 다음은 미술 배경을
가진 전공생들이 미술치료 전공 이전의 미술 경험이 자원으로 활용되기도 하는
한편 스스로를 가두는 제한점이 되기도 했던 경험을 나눈 체험 글이다.

미술에서는 모든 것이 매체가 될 수 있다는 것이 내가 미술을 전공하면서 항상
했던 생각이었다. 심지어 쓰레기라고 생각했던 것들도 내담자의 특성을 잘 고
려한다면 훌륭한 재료가 될 수도 있다. (중략) 기법도 그리기 말고도 얼마나 많
은지! 치료사는 예술가이기도 해야 한다. 치료사가 아무것도 알지 못하면 내담
자도 알 리가 없을 테니까 말이다. 재료의 다양함은 무척 중요한 부분이다. 나
의 고등학교 미술 시간에는 한 공간이 다 미술 재료로 가득했었고 내가 만들
고 싶고 하고 싶은 것을 정하면 무엇이든 가져다 쓸 수가 있었다. 심지어 "나무
를 이렇게 잘라주세요"라고 말하면 테크니션이 내가 주문한 그대로 나무를 잘
라서 가져다주었다. 이것은 나에게 말로 표현할 수 없이 감격스러운 경험이었
는데 마치 금 나와라 뚝딱 하면 금이 나오는 것 같았다. 창고에 있는 재료를 한
번씩 다 써보고 싶은 생각이 들자 이 재료로 이렇게도 해보고 저렇게도 써보는
기법 탐색이 자연스럽게 이루어졌었다. 물론 환자군에 따라 다르지만 우리 예
비 치료사라도 그런 경험이 있는 것이 중요하지 않을까?   (참여자 22)

처음엔 나도 일반인들만큼 미술치료에 대한 생각이 편협했다. 재료라고는 크레파스, 스케치북, 색연필, 연필, 찰흙이 다인 줄 알았고, 기법도 미대 학부 시절에 배운 마블링, 콜라주 같은 전문 용어에 대한 지식만으로 '나는 준비된 미술치료사'라고 여겼다. 2학기가 되고 실습을 한참 동안 나가 보면서도 깨닫지를 못했다. 기법도 책에서 본 것이 다가 아니며, 내 눈에 보이는 실생활의, 자연의 모든 것들이 다 유용한 재료라는 것을 알지 못했다. 그러다가 교수님의 말 한마디에 뒤통수를 한 대 맞은 기분이었다. 학창 시절을 미대 입시로 보내고 미술 학부를 졸업한 것이 오히려 나를 자만하게 만들고, '내가 본 것이 다야'라는 생각으로 우물 안에 있도록 만들었구나 하고 깨달았다. 미술치료사의 시각이 좁으면 정말 내담자들의 시각은 그보다 더 좁을 수밖에 없고, 회기의 내용은 한정적일 수밖에 없다.　　　　　　　　　　　　　　　　(참여자 21)

　다음은 미술치료 전공생이 미술 매체 및 기법에 관한 경험적 지식과 자기인식이 내담자의 미술활동과 자기표현을 자유롭게 경험하도록 허용하는 데 얼마나 중요한지에 대한 경험을 나눈 체험 글이다.

이번 9월에 시작하게 된 개인 회기에서, '미술치료에서의 재료의 힘'을 느끼게 된 경험이 있었다. ADHD 진단을 받은 긴장이 높은 아동에 대한 개인 미술치료가 진행 중이었다. 실습지의 경제 사정상 4회기까지는 종이에 크레파스, 연필, 사인펜 등 통제성이 높은 기초 재료만 구비되어 있었다. 슈퍼비전 수업 시간에 이 부분에 대해 교수님께 조언을 얻고, 5회기부터는 파스넷, 천사점토, 물감 등 이완 매체를 사용하기 시작했다. 천사점토를 사용했던 회기에서 내담 아동이 처음으로 적극적으로 임하며 자기 의견을 내는 모습을 보였다. 회기가 더해 감에 따라 라포 형성을 통해 적응된 측면도 있지만 점토를 통한 긍정적 퇴행이 아동에게 편안함을 더해 줬다는 느낌을 강하게 받았다. 또 내담 아동이 매체 사용에 있어서 색이 섞이는 것을 허용하지 않고, 배경인 흰 종이가 남는 것을 매우 싫어하는 모습을 관찰할 수 있었다. 아동의 저조한 학업 성적과는 대조적으로 완벽하고자 하는 소망사항을 관찰함으로써 아동이 어려워하는 부분들을 이해하게 되었다. 치료 시간에 혼합이 필요한 습식화, 파스텔 그림 등 매체를 통해 의도적 좌절을 통해 자연스러운 수용을 시도할 수 있었다. 이처럼 언어 상담과는 차별화되는 재료와 기법을 통한 자연스러운 아동의 성장 가능성 제시는 미술치료만의 강력한 힘이라고 생각한다.   (참여자 17)

❖→⋯❖⋯←❖

청소년들과 낙서, 핑거페인팅, 나무그림, 가면, 심장 등을 주제로 작업하며 이야기하는 시간도 흥미로웠는데, 신체적으로는 성숙해 보이지만, 자기인식이나 통찰력이 얕고 의외로 언어적 표현을 어려워하는 청소년들 혹은 지나치게 현학적이고 화려한 말솜씨로 자신을 보여주는 청소년들 모두에게 이러한 비언어적 작업은 무의식 이면에 가라앉아 숨겨져 있던 자아를 자극한다. 늘 스스로를 통제하고 채찍질하지만, 사회적으로는 위축되어 있는 청소년과 핑거페인팅 혹은 낙서화 기법을 적용하면서 오히려 내적으로 억압되어 있는 폭발적인 에너지들이 느껴지기도 하며, 무기력하고 우울한 청소년과 심장을 주제로 한 작업에서는 여전히 뛰고 있는 심장을 통해 소중한 열정을 발견하며 스스로에 대한 애정과 삶에 대한 욕구가 있음을 알게 되기도 한다. 청소년과 미술치료를 하다 보면, 그들에게 현재 나타나고 있는 문제 행동들과 호소하고 있는 자신의 부정적인 모습 뒤에 숨어 있던 중요한 감정을 찾게 되고, 그러한 작업을 통해 각자의 내면에 작지만 분명하게 존재하고 있는 긍정적인 자원들과 무한한 가능성을 발견할 수 있다.   (참여자 48)

❖→⋯❖⋯←❖

내가 가장 자신 있는 것은 흙이다. 천사점토, 아이클레이를 편의상 많이 쓰지만, 물기가 닿은 흙의 느낌은 점토가 대용할 수 없다. 흙을 만질 때면 치료사인 나도 같이 이완됨을 느낀다. 안 그러려고 해도 분석하려고 하고 어떻게든 치료해 주려는 내 마음이 이완되면 좀 더 편안한 환경 속에서 내담자가 작업을 하고 내담자의 작업 속에 둘이서 푹 빠질 때가 있다. 다른 대화가 오고 가지 않는 그 시간에 상호작용 속에서는 신뢰라는 것이 쌓였다. 이렇게 할 수 있었던 이유는 도자라는 학사 전공으로 인해 흙이라는 성질을 알고 잘 다룰 줄 알기 때문이었다. 그래서 내담자가 작업을 하면서 어려움을 느끼기 전에 도구든 기법이든 필요한 것들을 완벽하게 제공해 줄 수 있었고, 회기 초기에 작업으로 신뢰가 쌓이는 경험을 하였다.

(참여자 2)

◆─··─◆─··─◆

학부에서 미술을 전공하지 않은 나는 미술치료 석사 과정에서 점토(도자기점토)를 다루는 것이 낯설었다. 어린 시절 손바닥 크기의 찰흙 덩어리로 만들기를 해보긴 했지만 사실 그 기억들은 선명하게 남아 있지 않다. 대학원 석사 과정에서 처음 점토를 만진 날의 경험은 몇 년이 지난 지금까지도 기억에 생생하게 남아 있다. 테이블 위에 큰 점토 덩어리를 올려놓고 원하는 만큼 떼어 자유롭게 점토로 놀아 보고 무엇이든 형태를 만들어 보는 시간이었다. 점토와 함께하는 그 시간 동안 불편감을 느꼈다. 어떻게 다루어야 할지, 무엇을 만들어야 할지도 모르겠는데 점토가 손에 덕지덕지 묻어 떨어지지 않았다. 같이 수업에 참여한 학생들은 점점 물을 섞기 시작했고, 곧 질퍽질퍽한 점토는 테이블을 점령했으며, 나의 불편감은 더 커졌다. 앞치마를 했음에도 옷에 튀지는 않을까, 얼굴에 묻지는 않을까 신경이 쓰여 활동에 집중할 수 없었고, 잠시 점토에서 손을 떼고 있으니 손에 묻은 점토가 점점 말라 갈라졌다. 개수대에서 손을 씻고 잠시 시간을 두고 다시 점토를 만지작거렸고, 의도하고 만든 것이 아닌 흘러가는 대로 만들어진 미술작품을 보니 점토 활동으로 너덜너덜해진 나를 보는 듯했다. 그 후에도 몇 번의 비슷한 경험을 하였다(그림 8.1).

성인이 된 후 처음 접한 점토의 느낌은 불편감이었다. 석사 과정 초기에 내가 주로 다룬 매체를 보면 비통제적이고 유동적인 매체들과는 거리가 있었다.

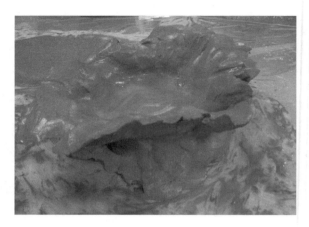

▲ **그림 8.1** 마음(참여자 32), 점토

내가 통제할 수 있는 매체가 편안했고, 당시 임상실습할 때 질퍽한 점토나 쉐이빙 폼과 같은 비통제적인 매체를 다뤘던 시간에는 긴장했다. 그러다 보니 나의 미술치료 실습 회기에서는 흙점토를 다루는 시간들이 적었다. 결국 점토와 같은 매체에 대한 불편감은 미술치료사 개인의 통제력에 관한 이슈에만 머문 것이 아니라 내담자들에게 이 매체를 사용할 기회를 제공하는 것을 방해한 것이었다.

시간은 흘렀고 몇 년 동안 자기작업, 슈퍼비전, 교육 분석 등을 꾸준히 받았다. 어느 날 점토 작업 시간에 도자기점토를 만지며 편안해하는 나 자신을 우연히 발견했다. 점토를 만지는 동안 긴장하지 않고 미술작업에 몰입하고 있는 순간을 알아차렸을 때 미술치료사로서의 나는 기뻤다. 그것이 무엇을 의미하는지 알고 있기에 뿌듯하기까지 했다.

치료실에 새 점토덩어리를 가져다 놓았고, 이전보다 좀 더 적극적으로 내담자들에게도 점토를 소개하고, 점토가 있는 곳을 알려주어 내담자들이 자유로이 점토를 선택할 수 있는 기회를 주었다. 내담자들 중 이전의 나와 같은 내담자들을 만날 때 점토를 대하는 그들의 불편감을 나는 충분히 이해한다. 그리고 나는 그들이 점토를 다루는 시간을 즐기며 몰입할 수 있을 때를 기다리며, 점토를 통해 갖는 감각적 경험과 표현의 세계를 안내하였다. 미술치료 현장에서 만났던 어떤 내담 아동은 처음 점토가 손에 묻자 나에게 화를 내고 바로 손을 씻겠다고 하며 흙점토를 거부하였고, 몇 회기 동안 손에 잘 묻지 않는 컬러 점토를 사용하였다. 치료가 진행되면서 아동에게 다시 점토 사용의 기회를 마련했고, 아동은 이전과 다른 태도로 점토를 다루었다. 점토가 손에 묻지 않도록 도구들을 사용하다가 시간이 흐를수록 도구가 아닌 손으로 직접 점토를 만지며 미술활동에 몰입하는 모습을 보였다. 그 아동은 활동을 하며 혼잣말로 "손에 묻어도 괜찮네~"라고 중얼거리기도 했다. 미술 매체를 대하는 태도가 변한다는 것은 분명 치료적인 의미로 해석할 수 있기에 아동의 태도 변화는 치료사로서 너무나도 반가웠다. 내가 만약 점토에 불편감을 계속 갖고 있었다면 이 경험은 결코 갖지 못했을 것이다. 미술 매체는 고유한 특성이 있는데, 특히 점토는 감각적인 매체로 치료적 의미가 있다는 것을 이론을 통해 머리로만 받아들인 것이 아니라, 내 자신의 경험과 내담자와의 경험을 통해 이해하게 된 소중한 경험들이다.

(참여자 33)

제9장

미술치료사의 자기이해를 위한 미술작업

최호정

1. 미술치료사와 자기이해

미술치료사에게는 기본적으로 '인간에 대한 이해와 관심'이라는 기본적인 태도가 요구되기도 하지만 미술치료사 개인적으로도 그러한 욕구가 있다. 타인과 자신에 대한 이해와 깊은 관심이 중요하다는 방증이다.

미술치료는 미술치료사의 학문적 지식 외에도 개인적인 삶의 이야기, 욕구, 갈망, 강점, 약점, 성공, 좌절, 가치, 두려움 등이 직업적 정체성에 영향을 미친다 (Moon, 2011). Moon(2011)은 미술치료사의 자기인식의 중요성에 대해서 강조하면서 "미술치료사는 자신의 교육을 위한 준비 요소로, 또는 현재 활동하는 미술치료사인 경우 근무하는 동안에 개인적인 미술치료나 심리치료를 받아야 하는가?"라는 질문을 던지기도 하였다.

국외의 경우 미술치료 대학원의 수업 커리큘럼이나 입학 조건으로 심리치료를 받는 것을 필수요건으로 넣어야 하는가에 대해서 논의가 이루어지기도 하는데, 이런 논의가 이루어진다는 자체가 미술치료사의 자기이해가 그만큼 필요하기 때문일 것이다. 더욱이 미술치료사 Jones는 미술치료사가 지닌 가장 큰 무기는 미술과 자기 자신이라고 말하곤 했다(Moon, 2011). 다른 사람을 돕기 전에 자기 자신에 관해 잘 아는 것이 얼마나 중요한지 강조한 것이다.

1) '미술치료사'라는 도구

'미술치료에서 가장 소중한 도구는 무엇인가?'라는 질문을 이렇게 다시 바꿔 볼수 있겠다. 미술치료에서 가장 중요한 치료적 요인은 무엇인가?

많은 치료적 요인들이 있겠으나 미술치료사가 가장 중요한 치료적 요인이라고 답하고 싶다. 그리고 정답에 대한 주석을 이렇게 달고자 한다. 미술치료사가 갖춰야 할 무기, 즉 실질적 도구는 학위나 자격증이다. 심리학적 지식, 심리치료나 평가에 대한 이해, 미술치료학에 대한 전반적인 이해와 지식, 절대적인 임상 시간과 슈퍼비전 등이 학위나 자격증을 따기 위한 필수조건이라면 '미술치료사'라는 도구, 즉 무기는 학위나 자격증이 적재적소에서 잘 쓰일 수 있고 뿌리내릴 수 있도록 해 주는 토양에 해당된다.

미술치료가 효과적이며 효율적이라고 말할 때 과연 치료적 요인이 무엇이었는지에 대해서 설명하는 것은 어렵다. 미술치료뿐만 아니라 다른 심리치료 영역에서도 예외는 아닐 것이다. 그러나 치료 요인에 대한 다양한 가설 설정은 가능하지만 치료요인을 객관적 근거로 단정 지을 수 없는 것이 현실이다(이정섭, 김은경, 유민화, 양성윤, 2005; Garfield, 2002). 심리치료는 과학이기를 추구하지만 한편으로 측정될 수 없고 객관화할 수 없는 예술(art)로서의 측면을 갖는다 (Garfiled, 2002)고 하였다. 그럼에도 불구하고 치료 요인에 대한 분석을 살펴보면, 상담자가 내담자를 대하는 태도와 적절한 개입(장재홍, 권희경, 2002), 상담자의 '공감적 이해'(김영란, 연문희, 2002)라고 밝히고 있듯이 치료사의 태도와 공감이 치료의 성패를 이끌어내는 중요한 것으로 파악된다.

심리치료는 치료사와 내담자(환자) 사이의 치료관계라는 인위적으로 맺어진 관계 속에서 내담자의 내적 심리상태나 대인관계 패턴을 탐색해 나간다. 만약 정신분석적 치료 배경을 가진 치료사라면 철저하게 거리를 두며 내담자들과의 관계를 불투명한 형태로 유지하려고 애쓰며, 치료사의 역전이를 다루어야 한다. 내담자의 전이에 대해 치료사가 무의식적이고 신경증적으로 반응한 갈등이나 감정이 역전이기에 Freud는 치료사의 역전이를 '치료에 방해가 되므로 해결하여 제거해야 할 문제'로 보았다(최명식, 2005). 그 후, Kernberg(1995)에 의해서 내담자에 대해 치료사가 체험하는 전체적인 정서반응이 역전이로 규정되면서 내담자와 치료사와의 내적 대상관계를 이해하는 폭이 넓어지게 되었지만 치료사의 신경증적인 역전이 반응이나 성격적 문제는 경시하게 되거나 인식하지 못할 수 있고 오히려 치료사의 역전이 문제를 내담자의 문제로 왜곡하기 쉬운 위험성이 지적되기도 하였다.

Klein(1957)은 '투사적 동일시' 개념을 제시하면서 내담자를 향한 치료사의 모든 감정을 치료에 이용할 수 있음을 밝혔으며, Winnicott(1957) 또한 치료사에게 증오와 같은 강렬한 감정을 더 많이 불러일으키는 환자들의 부류가 있음을 지적하기도 하였다.

역전이에 대한 많은 논란과 관점들이 학자들에 따라 다르게 발전했지만 모든 치료관계에서 치료사의 역전이는 제거를 하든 치료에 이용을 하든 치료사가 스스로 깨어 있어야 하며 다루어야 할 절대적인 문제임에는 틀림없다.

미술치료사의 역전이를 다룬 해석학적 현상학 체험 연구 결과를 살펴보면 미술치료사는 임상미술치료 세팅에서 '회기 중 객관성을 잃고 적절한 치료적 개입을 못함', '나 자신에 대한 혼란스러움과 아동에 대한 죄책감을 느낌', '아동과의 관계에서 올라오는 감정과 나의 문제를 깨달음', '마음 깊은 곳에 있던 상처 입은 어린 나를 마주함' 등의 내적 경험을 하는 것으로 나타났다(하성주, 2012).

미술치료사 하성주(2012)는 아동 임상미술치료에서 미술치료사의 역전이 체험 연구의 글쓰기를 통해 생생한 역전이 경험을 들려준다. 자신의 어린 시절과 비슷한 양육 환경을 가진 어린 아동 내담자를 만나면서 '거절감'이라는 감정을 느끼게 되었고, 아동의 부모가 아이에게 무표정한 얼굴을 보이는 것을 보며 이해가 되지 않는 경험을 하게 된다. 그러나 이런 혼란스러운 감정을 통해 치료 과정 중 미술치료사는 아동 내담자로부터 거절당하지 않고 인정받기 위해 애쓰는 자신을 발견한다. 그런데 만약 자신의 이런 이슈를 알아차리지 못하고 치료관계가 계속되었다면 어땠을까?

미술치료사의 역전이가 긍정적으로 평가되고 잘 기능하려면 치료사의 이해는 필수 조건임을 알 수 있다. 이는 치료사 요인의 중요성과 함께 치료사라는 도구의 연마가 필요함을 잘 말해주고 있다. 더군다나 인본주의적·관계 중심적 접근 방식을 가진 치료사라면 치료사가 자기공개를 탄력적으로 할 수 있으므로 치료사 요인은 치료적 개입에 더욱 크게 작용한다. 실존주의 철학에 바탕을 둔 심리치료에서는 치료사와 내담자의 '지금-여기'의 경험을 중요한다. 지금-여기에서의 경험이 치료 안에서 잘 활용된다면 내담자가 가지고 있는 대인관계 패턴이나 근본적인 문제를 탐색해 나갈 수 있다고 주장한다. 왜냐하면, 내담자가 치료 장면에서 풀어놓는 과거의 '그때-거기'보다 실제 치료 장면에서 치료사와 내담자 사이에서 경험하는 그 순간만큼 생생하고 검증 가능한 것은 없기 때문이다.

Wadeson(2008)은 미술치료를 논할 때 가장 먼저 다루어야 할 것은 미술이나 치료가 아니라 미술치료사에 대한 논의라고 주장하면서 미술심리치료학 책의 첫 장을 열고 있다. 미술치료를 실시할 때 미술 재료, 장소, 작업 상황, 내담자 요인 등은 다양해질 수 있는 반면 치료적 상호작용을 결정짓는 미술치료사만은 상대적으로 안정적 요인이라고 하였다. 또한 3/4, 2/4, 또는 1/2 같은 분수에서처럼 미술치료사는 분모의 역할과 같다고 하였다(Wadeson, 2008). 분모의 크기에 따라서 전혀 다른 분수 공식이 세워지는 것처럼 그만큼 치료사 요인이 크다는 것이다. 물론 Wadeson은 분모의 '크기가 커야 된다, 작아야 된다'라는 의미로 분수의 예를 든 것은 아니다. 같은 미술치료실, 같은 미술 매체, 같은 내담자라는 환경적 조건일 때, J 치료사와 함께하는 미술치료와 M 치료사와 함께하는 미술치료는 완전히 다른 치료 세계가 펼쳐진다고 볼 수 있다. 치료사 역량의 좋고 나쁨의 의미로 해석할 것은 아니다. 어느 치료사와 함께 하더라도 도착하는 종착역은 같겠지만 치료 여행의 질과 수준, 경험은 아주 다를 것이다.

2) 미술치료사의 자기이해

Corey, Corey와 Callanan(1998)은 미술치료사가 자기인식이 부족하면 치료의 초점이 내담자의 욕구에서 자신의 욕구로 옮겨질 수 있다고 했다. Moon(2011) 역시 미술치료사가 자신의 취약점, 채워지지 않은 욕구, 갈등의 요인을 인식하고 이런 특징들이 어떻게 내담자와의 치료 과정에 방해가 될 수 있는지를 아는 것이 중요하며, 미술치료사가 자신의 욕구에 민감하지 않을 때는 내담자와의 치료관계에서 그 욕구를 표현하고 얻으려고 시도하기가 쉽다고 한다. 미술치료사는 인간이며 개인적인 욕구를 가지고 있지만 내담자와의 관계를 보호하기 위해 그런 욕구는 치료관계 밖에서 해결해야 한다. 미술치료사는 자신의 감정을 잘 다루어야 하고 그렇지 않으면 감정이 치료사를 통제한다고 주장한다. 치료사로서의 길에 들어섰다면 전문성을 유지하기 위한 보수 교육이나 자격증 갱신 등 지속적으로 이론이 무뎌지지 않도록 날선 검을 가지기 위하여 연마하라고 주문한다.

그러나 보수 교육이나 자격증 갱신 등도 치료사의 자기이해를 바탕으로 이루어지지 않는다면 오히려 전문성을 갖추기 위한 노력이 마치 '주지화'나 '회피'라는 방어기제의 한 방편일 수 있다는 것을 명심해야 한다. 미술치료 영역에서의 특수성을 고려하여 특히 미술치료사의 자기이해가 필요한 배경을 살펴보겠다. 미술치료의 질적 서비스 향상을 위해서는 물론이고, 격한 감정을 가지고 오는 내담자로부터 받게 되는 2차 대리 외상(vicarious trauma)으로부터 자신을 보호할 줄 알아야 한다. 그런데 2차 대리 외상이 미술치료사에게는 미술치료 과정에서 내담자가 만들어낸 미술작업인 이미지로부터 오는 경우도 있다. 이를 두고 이미지 살인(Imagenocide)이란 개념이 생겨나기도 했다. 내담자가 남기고 간 미술작업은 그 과정을 지켜본 미술치료사에게 여운을 남길 수 있고 미술치료실 밖을 나선 후에도 오래 남을 수 있다. 이 역시 치료사 개인을 돌보면서도 다음 미술치료 회기에, 그리고 치료사의 사생활에 방해가 되지 않도록 잘 훈련된 치료사의 능력에 달려 있다. 그렇다면 미술치료사의 자기이해를 하기 위한 방법으로 무엇이 있겠는가? 다른 심리치료사들처럼 미술치료사 그룹을 형성하여 피어비전에 참여하여 자신의 임상에 대한 이해뿐만 아니라 서로의 피드백을 통하여 자신을 들여다볼 기회를 얻을 수 있을 것이다. 그러나 미술치료사라면 역시 미술작업에 익숙해야 하며 미술을 포함한 글쓰기와 같은 예술작업이 자기 자신을 이해하는 통로가 되어야 한다. 특히 젊은 치료사들은 자기 자신의 신경증적인 문제를 다루어야 하고 피드백을 수용하거나 그들 자신의 맹점을 발견하고 타인이 자신을 보는 것처럼 자기 자신을 보는 법을 배워야 한다(Yalom, 2010). 여기에 하나를 더하자면, 미술치료사는 이미지와 미술작품에 자신이 어떻게 반응하고 있는지, 자신의 이미지와 내담자의 이미지를 보는 법까지 배워야 한다. 이와 관련하여 미술치료사의 자기이해를 위한 미술작업이 필수적이어야 하는 이론적 배경에 대해서 미술 매체와 전이, 미술 매체와 역전이와 관련하여 살펴보고자 한다.

(1) 미술 매체 관련 전이와 미술치료사의 자기이해

정신분석에 뿌리를 둔 미술치료사 Rubin(1984)에 의하면 미술치료 장면에서 미술 매체와 미술작업이 이루어지는 과정에서 미술치료사는 마치 아이에게 먹을 것을 주는 엄마의 역할을 한다고 설명하고 있다.

이때 내담자는 그 미술 매체가 좋고 충분하다고 느낄 수도 있고 나쁘고 부족하다고 느낄 수도 있다. 내담자가 미술 매체들을 사용하여 창작품을 만들 것이라는 치료자의 기대는 내담자에 대한 터무니없는 요구처럼 보일 수도 있고 내담자의 기능성과 창조력을 확신하고 있는 것처럼 보일 수도 있다. 주변을 지저분하게 만들 수 있는 미술 매체들을 제공하는 치료사는 감각놀이를 허용하는 따뜻한 부모처럼 받아들여지기도 하고 내담자들로 하여금 금지된 쾌락을 추구하게 하는 유혹자로 받아들여지기도 한다. 재료를 파괴적으로 사용하지 못하도록 제한하는 치료사는 구속하는 경찰 혹은 위험한 충동을 조절해 주는 보호자로 느껴지기도 한다. 미술 매체나 작업 과정에 대해 가르쳐 줄 때는 너그러워 보이거나 방해하는 것처럼 느껴질 수 있다(Rubin, 1984). 내담자가 미술 매체와 미술치료사에 대해서 품을 수 있는 무의식적 반응들을 알고 있어야 하며, 미술치료사 역시 자신이 선호하는 미술 매체가 무엇인지, 불편하게 느껴지는 미술 매체가 무엇인지, 그 호불호가 자신의 어린 시절 기억과 관련이 있는지, 자신의 양육자와의 갈등과 심리성적 탐색이 이루어져야 적절한 치료적 개입을 할 수 있다.

Rubin(1984)은 미술 매체와 관련하여 내담자의 전이 현상에 대해서도 다음과 같이 설명하고 있다.

"점토나 핑거페인트와 같은 미술 매체는 즐거움은 물론이고 불쾌한 감정을 일으킬 수 있다. 나무에 못을 박는 과정은 치료사가 자신의 잠재력을 느낄 수 있게 하며 못을 박는 행위의 공격성이 지나치게 위협적으로 느껴지면 공격성 표출이 불안감에 의해 억압될 수 있다. 미술은 구체적 때로는 창의적 방법을 사용하기 때문에 내담자가 치료사에게 전이를 표현할 수 있게 한다.

생각을 말로 바꾸고 몸짓이나 형태로 바꾸는 방법은 사랑 혹은 적대적인 충동이 직접 행동으로 나오려고 하는 압력을 감소시킨다. 점토를 애정을 가지고 쓰다듬을 수도 있고 적대감을 가지고 마구 칠 수도 있다. 내담자는 치료사나 다른 권위적인 인물을 아름답거나 혹은 못생기게 표현할 수 있다. 또는 물감을 모두 가지고 싶은 강한 충동을 부정하기 위해 불충분한 양의 물감만을 사용할 수 있다. 내담자는 예쁘고 스스로가 의식할 수 있을 정도로 표현적인 창작품을 만들어 내담자 자신이 이상화한 미술치료사를 기쁘게 하려고 노력할 수 있다. 이런 행동을 통해 내면의 대립되고 불안감을 가져다주는 충동들을 인식하는 것을 내담자는 거부할 수 있다. 여기서 전이 반응을 좀 더 직접적으로 객관화하는 것과 더불어 미술치료사는 내담자의 숨겨진 주제를 파악하는 것이 중요하다. 미술치료사 개인에 대한 반응으로 받아들이지 않아야 할 것이다."

(2) 미술 매체 관련 역전이와 미술치료사의 자기이해

다른 영역의 심리치료사와는 달리 미술치료사는 자신이 해결하지 못한 갈등으로 인해 내담자나 내담자의 창작품에 대하여 부적절하게 반응하는 것, 말하자면 미술작품을 대하는 역전이에 대한 인식도 필요하다. 미술치료사는 예술가로서의 자세도 갖고 있기 때문에 미술 매체의 양이나 질에 대한, 자신 자신이 갖고 있는 미술에 대한 열정이 내담자에게 부당하게 영향을 미치지 않도록 주의해야 한다. 가령, 미술치료실에 예술가의 화집을 준비해 놓아 내담자가 창조적 미술작업에 대한 감동이나 시각적 자극을 받도록 할 수 있다. 이럴 경우 미술치료사가 선호하는 작가의 화집만을 준비해 놓아 내담자에게 영향을 미칠 수 있는 가능성을 제한할 수도 있다. 미술치료사가 조심해야 할 또 다른 점은 치료사가 선호하는 매체, 내용, 형식을 묘하게 장려하여 내담자 자신의 고유한 표현 방법을 방해해서는 안 된다는 것이다. 종종 미술치료사는 자신이 사용하지 못하는 표현 매체를 타인에게 제공하기도 하는데 이는 치료사에게 좌절과 심지어 부러움의 감정을 생기게 할 수 있다(Rubin, 1984). 가령, 파스텔이라는 미술 매체를 좋아하지 않는 미술치료사가 가루가 날려서 책상이 지저분해지는 것이 부담스럽고 손이 더러워지고 심지어 얼굴에 묻는 것이 불편하게 느껴진다면 내담자의 사용을 제한할 수도 있고 반대로 장려하여 치료사의 불편감을 해소할 수도 있다. 이처럼 미술치료사가 자신의 욕구와 무의식적인 갈등에 깨어 있지 않다면 미술 매체 제공에 있어서 부적절한 치료적 개입이 부지불식간에 일어날 수 있다.

2. 미술치료사의 자기이해를 위한 미술작업

미술치료사들에게 있어 미술과 심리치료라는 상이한 두 부분에 대한 지식을 통합하기 위해 지속적인 지도와 끊임없는 자기탐구는 미술치료학 학위 과정에서부터 시작되어 평생 요구되는 과업이다(장연집, 2009). Moon(2011)은 미술치료사의 자기인식 중요성을 강조하면서 미술치료사가 미술작업을 하지 않는 것은 무용동작치료사가 춤을 추지 않는 것과 같다고 하였다. 미술치료에서 미술작업은 심리치료와 함께 미술치료를 지탱하는 한 축이기에(Rubin, 2010), 미술치료사의 자기이해를 위한 방법으로서도 미술작업은 필수적이다. 미술치료사 Allen(1995)은 미술은 인식을 위한 길이라고 하였다. 인간에게는 언어와 같이 형체 있는 것으로는 접근할 수 없는 중요한 부분이 있는데 이른바 그것을 감정과 정서의 세계인 '내적 경험'이라고 할 수 있다. 미술의 주된 기능은 우리가 그것을 이해하고 바라볼 수 있도록 감정을 객관화하는 것이다. 이렇듯 미술치료사에게 미술작업은 자기 연마의 도구이며 큰 이점을 줄 수 있을 것이다. 미술치료사가 미술작업을 통하여 자신을 살필 수 있는 점을 크게 두 가지 측면으로 나누고자 한다. 첫째, 미술치료사가 되기 전 돌아봐야 할 자신의 모습이다. 미술치료에 관심을 가지고 미술치료사의 길에 접어들기 위한 첫 관문인 대학원 진학에 대한 동기를 살펴보고, 자신의 삶을 전반적으로 이해하는 능력이 있어야 한다. 이 작업은 미술치료사로서의 정체성이 확실하게 설 수 있도록 하고 미술치료사라는 직업이 자신의 미해결된 욕구를 풀기 위한 수단이 되지 않기 위함이다. 둘째, 미술치료사가 되어 내담자들을 치료관계 안에서 만나면서 들여다봐야 하는 모습이 있다. 그리고 다른 심리치료사들과는 달리 자신이 예술가인지, 치료사인지, 또는 미술교육자인지에 대한 역할 정리가 필요하다. 앞에서 제시한 미술치료사가 되기 전과 후, 자기이해를 위하여 살펴봐야 할 주제를 세분화시켜 해 볼 수 있는 미술작업을 다음과 같이 추천하고자 한다.

1) 미술치료사의 길로 들어서기 전 자기이해를 위한 미술작업

(1) 왜 미술치료 대학원에 들어왔는가?

미술치료사에게 왜 미술치료사가 되었는지 묻곤 한다. 남을 돕고 싶다, 미술치료가 재미있을 것 같다, 가족 중 아픈 구성원이 있어서 치료에 관심이 많았다, 내가 누군지 알고 싶었다, 어릴 적부터 사람이 왜 그런 행동을 하는지 궁금했었다, 어린 시절 신체적 질병으로 인해 미술작업 또는 미술치료를 경험한 적이 있었는데 매우 수혜를 받았다 등등 다양한 대답들이 나온다. 미술치료 전공 대학원에 입학한 학생들에게도 이 물음은 흥미롭다. 즐겁게 웃으며 이야기하면서 간단하게 한 대답 안에는 미술치료사 또는 미술치료 전공의 대학원생들이 미처 의식하지 못한 개인의 취약점, 채워지지 않은 욕구, 갈등의 요인이 숨어 있을 수 있다. Moon(2011)은 '나는 왜 미술을 하는가? 미술치료사가 되면 나는 무엇을 얻는가? 나에게 미술치료사가 되기 위한 적절한 기술과 능력이 있는가?'라는 질문을 해 보기를 권유하였다.

이런 여러 가지 질문과 관련하여 다음의 제목을 가지고 미술작업을 해 보기를 추천한다. 그리고 당신의 슈퍼바이저나 동료 또는 의미 있는 사람과 그림을 공유하며 그리기, 만들기, 콜라주 등 자신이 원하는 미술 매체를 사용하여 미술작업을 해 보는 것이 좋다. '내가 생각하는 미술치료란?', '내가 원하는 미술치료사의 모습은?', '미술치료사가 되기 위해 필요한 것은?' 등의 주제로 생각해 보고 미술작업을 해 볼 것을 권유한다.

(2) 나의 히스토리는?

자신의 개인사를 조망해 보는 것은 미술치료사가 아니더라도 누구에게나 새로운 통찰력을 줄 것이다. 아프고 얼룩진 시기가 있어서 다시 꺼내 보고 직면한다는 것은 쉽지 않을 수도 있지만 여기에 안전한 용기(container)로서의 미술작업이 있으니 용기를 내볼 수 있다. 어쩌면 나의 개인사를 훑어보는 일은 나의 갈등, 미해결 과제, 결핍, 욕구, 역전이를 탐색해 볼 수 있는 밑바탕이 될 것이다. 미술치료사가 심리적으로 멈춰져 있는 시기를 발견하게 된다면 자신이 심리적으로 멈춰져 맞물려 있는 그 시기에 찾아온 내담자를 만날 때 욕구가 아닌 공감으로 대할 수 있을 것이다. 또는 충만했던 시기를 떠올린다면 미술치료사로서 충전이 되고 자신의 장점을 찾아 적절한 치료적 개입을 할 수 있는 자양분이 될 것이다.

다음의 제목을 가지고 미술작업을 해 보기를 추천한다. 그리고 당신의 슈퍼바이저나 동료 또는 의미 있는 사람과 그림을 공유하며 그리기, 만들기, 콜라주 등 자신이 원하는 미술 매체를 사용하여 미술작업을 해 보는 것이 좋다. '내 인생'이라는 제목으로 작은 책을 만들어 본다고 가정할 때, 목차를 써 보고 책의 표지를 디자인해 보는 작업을 권유한다. 또는 '내 인생의 첫 기억은?', '나의 아동기는?', '나의 청소년기는?', '현재의 내 모습은?' 등의 주제로 생각해 보고 미술작업을 해 볼 것을 권유한다.

2) 미술치료사로서 자기이해를 위한 미술작업

(1) 예술가인가? 미술치료사인가?

미술치료사의 전문성을 갖추는 일 외에 미술치료를 직업으로 할 때는 그 특수성을 감안하여 예술가로서의 정체성을 가져야 하는가, 치료사로서의 정체성을 가

져야 하는가, 아니면 미술치료사로서의 정체성을 가져야 하는가를 고려해야 한
다(Wadeson, 2008).

미술을 전공한 후 미술치료학으로 전공을 바꾼 이들은 이제는 자신은 예술가
가 아니라는 점에 대해서 아쉬워하기도 하고, 반면 미술이 아닌 화학이나 수학,
어문학 등 타 학문을 전공한 후 미술치료학으로 전공을 바꾼 이들은 미술 매체나
기술적인 능력에 익숙하지 않아 주눅이 들기도 한다. 미술치료사 Kaplan은 화학
도였지만 화학 실험에서 화학 약품들이 서로 반응을 하면서 색이 변하는 것을 보
면서 황홀한 경험을 했던 것을 떠올리며, 자신이 미술과 전혀 다른 전공을 했다
고는 생각하지 않는다고 하였다. 전자든 후자든, 미술치료사는 미술치료의 관계
또는 삶의 영역에서 예술의 가치를 인정하고 사랑하는 마음을 잃지 않아야 한다.
그러나 미술작업을 할 때 미적 경험을 하고 창조성의 기제에 따라 치료적 이득을
보기에 미술치료사로서 미술을 사용하지만 예술성을 추구하지는 않는다.

Elizabeth Layton의 경우는 노년기에 30년 동안 그녀를 힘들게 했던 조울증을
스스로 극복하기 위하여 이전의 어떤 훈련이나 경험이 없는 상태에서 그림을 그
리기 시작했다. 언니의 제안으로 가까운 대학의 그림 수업에 등록하고 당시에 그
녀가 들을 수 있었던 수업은 그림을 그리는 종이를 바라보지 않고 물체의 선을
그리는 기법인 윤곽 그리기가 유일하였다. 이 그림들을 완성하면서 노인에 대한
사회적 대우에 관한 걱정, 나이 드는 것에 맞서는 자신의 몸부림, 우울, 슬픔과
상실에 대한 그녀의 경험 등 다양한 생각이 작품에 나타났고 그녀의 기분이 변화
되고 증상이 사라지는 것을 느끼기 시작했다. 그녀의 경우, 미술치료를 직접적으
로 경험한 것은 아니지만 분명 미술작업을 하면서 치료적 이득을 보았다. 그녀는
1,000점 이상이나 되는 그림을 그린 예술가가 되었다. 그녀는 잠재적 예술가였던
것이다.

미술치료사는 내담자가 예술가가 되도록 독려하고 지지한다. 그러려면 미술치
료사 자신도 학부의 전공과는 상관없이 미술을 좋아하고 익숙해야 하고, 미적 경
험을 충분히 해야 한다. 아이러니하게도 미술치료사 중에는 임상 일지를 기록하
고 사례개념화 같은 문서 작업을 하느라 미술작업을 할 물리적 시간을 낼 수 없

어 미술작업을 하지 못하는 경우도 있다. 어떤 경우에는 치료 회기 안에서 내담자가 거부하거나, 아니면 내담자가 미술에 별 흥미를 못 느끼기도 해서 미술작업이 활발하게 일어나지 않을 때도 있다. 이럴 때 미술치료사는 자신이 미술치료사인지, 언어로 하는 심리치료사인지 혼란스러워할 때도 있다. 예술가로서의 신념과 자부심이 강한 미술치료사의 경우 심각한 정서장애나 정신장애를 가진 내담자를 만나게 될 때 예술가로서의 정체성을 허용하다 보면 치료적 개입이 소홀해질 수도 있다. 미술작업에 익숙지 않아 미술작업을 못하고 있는 미술치료사라면 오히려 내담자의 미술작업을 무의식적으로 방해할 수도 있다.

내담자에 따라 미술표현에 기술적으로 도움을 주는 역할을 해야 할 때도 있다. 이때에 미술 교사가 되어야 하는 것인지 혼란스러워할 때가 있다. 치료적으로 내담자에게 심리적 건강에 도움이 된다면 기꺼이 교육적 입장도 취해야 한다.

이처럼, 미술치료사는 미술치료라는 큰 틀 안에서 예술가, 미술치료사, 미술교사로서의 역할에 대한 정체성을 확고히 가지고 있어야 미술치료사로서의 치료적 개입에 혼란을 피할 수 있다.

다음의 제목을 가지고 미술작업을 해 보기를 추천한다. 그리고 당신의 슈퍼바이저나 동료 또는 의미 있는 사람과 그림을 공유하며 그리기, 만들기, 콜라주 등 자신이 원하는 미술 매체를 사용하여 미술작업을 해 보는 것이 좋다. '예술가로서의 나', '미술치료사로서의 나', '미술 교사로서의 나' 등의 주제로 생각해 보고 미술작업을 해볼 것을 권유한다.

(2) 역전이를 이해하고 있는가?

미술치료사의 역전이에 대해서는 앞부분에서 많이 다루었다. 미술치료 내에서 내담자와의 관계를 탐색해 보는 것이 미술치료사의 역전이를 바라볼 수 있는 지름길이다. Moon(2011)은 대체로 전능한 마법사로서의 미술치료사, 완벽한 역할 모델로서의 미술치료사, 끝없는 우물로서의 미술치료사, 못된 계모로서의 미술치료사라는 역전이가 존재한다고 하였다. 미술치료사가 자신의 역전이를 잘 이해하고 있다면 치료 내에서 좋은 치료적 개입으로 이어질 것이고, 자기이해를 통해 개인적 성장이 될 수 있을 것이다.

다음의 제목을 가지고 미술작업을 해보기를 추천한다. 그리고 당신의 슈퍼바이저나 동료 또는 의미 있는 사람과 그림을 공유하며 그리기, 만들기, 콜라주 등 자신이 원하는 미술 매체를 사용하여 미술작업을 해보는 것이 좋다. '나는 필요하다'(Moon, 2011), '나의 욕구', '미술치료 안에서 만나는 내담자와 나의 관계', '봉착되었다고 느끼는 치료관계', '잘 되어 가고 있다고 느껴지는 치료관계' 등의 주제로 생각해 보고 미술작업을 해 볼 것을 권유한다.

(3) 나의 내담자를 공감하고 있는가? 동정하고 있는가?

미술치료사로서 내담자를 공감하는 것은 필수적이다. 그러나 적기에, 적절한 공감의 표현은 내담자에게 큰 힘이 되고 위로와 에너지를 제공할 수 있지만 동정은 치명적인 독이 된다. 공감과 동정이 한 끗 차이여서 미술치료사 자신도 속을 때가 있다. 미술작업을 통해서 내담자를 공감하는 능력을 키우고 공감과 동정을 구분해 볼 것을 제안한다.

다음의 제목을 가지고 미술작업을 해 보기를 추천한다. 그리고 당신의 슈퍼바이저나 동료 또는 의미 있는 사람과 그림을 공유하며 그리기, 만들기, 콜라주 등 자신이 원하는 미술 매체를 사용하여 미술작업을 해 보는 것이 좋다. '내가 만나고 있는 내담자, 또는 내담자 이미지 그리기', '내담자의 작품 따라 그리기' 등의 주제로 생각해 보고 미술작업을 해 볼 것을 권유한다.

(4) 반응작업은 어떠한가?

미술치료사들은 반응작업이라는 용어가 사용되기 이전부터 전문가로서 자신의 치료 장면을 이해하기 위해 미술을 이용해 자기반영을 해 왔으며 많은 미술치료사들은 자신의 역전이를 다루거나 회기 안에서의 관계적인 측면, 대화를 위해 미술작업을 하거나 회기 이후의 경험들을 반영하기 위해 미술작업을 활용하는 것에 대해 언급해 왔다. 미술치료 장면에 대한 미술치료사의 미술작업은 내담자들의 삶을 심층적으로 이해하고 기리는 데 매우 효과적이었음을 고백하며 '반응작업(responsive art)'이라는 용어를 사용했다(Robbins, 1982). 미술치료사는 자신이 창조하는 반응작업 과정을 통해 치료사로서의 전문성을 탐구하고 자기통찰의 과정을 겪으며 이를 재조명할 수 있게 된다.

반응작업의 형태는 치료 시간에 내담자와 치료사가 같이 만드는 것이기도 하고 치료사가 치료 시간 이외에 내담자의 작품이나 해당 회기에 대한 하나의 반응으로서 제작한 작품일 수도 있다.

미술치료학 전공 석사학위 과정생의 임상실습 후 자발적으로 실시한 반응작업에 관한 박가람(2014)의 연구를 보면 반응작업의 이점을 생생하게 볼 수 있다. 몇 가지 예를 들면 '언어보다 더욱 즉각적이고 차원 깊은 해소 과정을 경험함', '반응작업을 하며 스스로 자기돌봄의 기능을 경험함', '내담자가 쓰던 미술 재료로 반응작업을 하고 내담자를 이해하는 폭이 넓어짐', '미술치료 임상실습 전반에 대한 핵심적인 문제들이 함축적 기록으로 남게 됨' 등으로 반응작업에 대한 체험을 서술하고 있다. 반응작업은 셀프 슈퍼비전, 자기돌봄, 임상실습 기록의 기능까지도 하는 것을 알 수 있다.

다음의 제목을 가지고 미술작업을 해 보기를 추천한다. 그리고 당신의 슈퍼바이저나 동료 또는 의미 있는 사람과 그림을 공유하며 그리기, 만들기, 콜라주 등 자신이 원하는 미술 매체를 사용하여 미술작업을 해 보는 것이 좋다.

'내담자의 미술작업을 보고 언어적 반응 이외에 미술치료사 역시 미술작업으로 반응해 보기', '회기가 끝난 후 바로 느껴지는 감정' 등의 주제로 생각해 보고 미술작업을 해 볼 것을 권유한다.

3. 미술치료사의 미술작업

미술치료 전공 석·박사학위를 취득하고 각각 다른 미술치료 세팅에서 미술치료사로 일하고 있으며, 미술치료사 외에 각자의 삶의 현장에서 다른 역할을 수행하고 있는 이들의 생생하고 선명한 미술작업들을 소개한다. 실제로 미술치료사들이 미술작업을 통해 통찰, 이해, 몰입, 창작, 즐거움, 재미, 기쁨, 환희를 얻어 가는 과정을 눈으로 확인하고 감상하기 바란다. 각 미술치료사들은 특별하게 주어진 형식에 얽매이지 않고 자신들이 원하는 미술 매체를 가지고 미술작업을 하였다. 때로는 미술작업과 글쓰기 작업이 동시에 이루어지기도 하였다.

어느 미술치료사는 석사 과정의 대학원 입학부터 박사학위를 취득하기까지 10년의 세월이 흘렀는데 같은 주제를 가지고 했던 미술작업의 변화를 통하여 미술치료사로서 성장을 보여주었다. 미술치료를 받으며 미술치료에 관심이 생겨 미술치료 공부의 길에 접어든 미술치료사의 작업 또한 흥미롭다. 미술치료사의 에너지 소진을 다룬 미술작업은 미술치료사가 감정노동을 하지 않고 감정을 다루기까지 얼마나 심리적 싸움을 하는지 잘 보여준다. 미술치료사가 미술작업을 통해 자신의 아픈 기억을 드러내는 글도 접할 수 있다. 미술작업이라는 창작 과정에 몰입하며 즐거움을 찾고 미술의 치유 능력을 경험하는 미술치료사의 고백도 보게 될 것이다. 어린 시절의 아픈 기억을 직면하면서 자신을 바라보는 글도 울림을 준다.

1) 미술치료사의 성장

학부를 졸업할 때쯤 사회로 나가는 것에 긴장해 있던 나와 친구들에게 교수님은 '무언가에 미치는 것을 찾아라. 그러면 어느새 그 분야에서 전문가가 되어 있거나 적어도 행복하게 살 수 있을 것이다'라는 모호한 당부를 자주 하셨다. 내가 이 말을 최근 들어 상기하는 것은 현재 작품들이 10년 전에 표현했던 나의 작업들과 연관성이 있기 때문이다. 대학원 과정에 들어와서 현재까지 나는 10년의 세월 동안 무언가에 최선을 다해 몰두하고 있었는가? 학위를 취득하고, 임상 현장의 경력이 쌓이고, 결혼을 하고, 엄마가 되는 삶의 주요한 변화 시기에도 나는 드로잉을 통해, 이미지를 통해 나를 찾아가고 표현하는 일만큼은 일관되게 몰두하고 있었다. 삶에서 현재 떠오르는 주제가 무엇이든 간에 나는 이것을 나의 손으로 상징화하고 표현하며 그려내는 것에 몰두해 있었고, 그 몰두에는 삶을 즐겁게 만드는 에너지가 부상으로 지급된다. 10년의 삶

▲ **그림 9.1** 미술치료사로서의 정체성(참여자 47), 철사, 비닐, 모루 등 혼합 매체

을 통해 작품이 주는 의미에 대해 확신이 들고, 이를 표현하는 과정의 치유성
을 몸소 체험한 미술치료사의 경험은 나만의 미술치료 정체성을 만들고 전문
성을 키워 주는 원동력이 되지 않을까?

　10년이 지나 변한 것이 있다면, 매우 구체적이고 현실적이 된다는 것이다.
삶의 양식이 달라졌음에도 원인이 있겠지만, 이제는 이론과 추상성에서 오는
깨달음보다 삶의 사소함, 순간순간의 일상적인 의식에서 오는 통찰을 이해하
려고 노력한다.　　　　　　　　　　　　　　　　　　　　　　　(참여자 47)

◆〉‑◆‑〈◆

"훌륭한 치료사가 되고 싶은 소망이 있어요." 교육 분석 초기에 내가 했던 말
이다. 분석가 선생님은 그 말을 듣고는 웃으며, "야망이지!"라고 하셨다. 그때
는 나와 '야망'이라는 단어가 매우 멀게 느껴졌고, 그래서 그 말이 그리 실감
나게 다가오지 않았다.

　그 후로 10년이 지난 지금 나는 훌륭한 치료사가 되고 싶다는 소망이 얼마
나 대단한 야망인지를 온몸과 마음으로 절감할 수 있게 되었고, 이제는 그 야
망을 가슴 아프게 혹은 기꺼이 내려놓으려 한다.

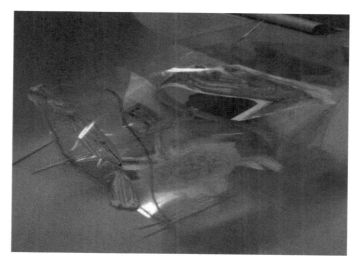

▲ **그림 9.2** 미술치료사로서의 정체성(참여자 47), 철사, OHP 필름, 혼합 매체

"치료사이기도 하고 한계를 가진 한 사람이기도 하지." 합리화나 체념을 하는 것이 아니라 겸손해지려고 한다. 내 능력 안에서 최선을 다하면서도 내 한계를 인정하는 것, 그리고 그 한계를 새로운 화두로 삼아 성장의 끈을 놓지 않는 것, 이것이 나의 겸손해진 야망이다.

작고 소박한 내 둥지 하나도 힘겹게 틀어 가면서 그들에게도 그들만의 소박한 둥지를 틀어 가도록 하는 일, 그 성공과 실패의 본이 되기도 하는 치료사의 역할은 여전히 만만치 않다. 달라진 것이 있다면, 이제는 그 만만치 않은 역할을 상대적으로 볼 수 있게 된 것이다. 나의 치료적인 역할은 그들의 삶에 하나의 간이역이 되어 주는 것, break와 reset 사이의 간이역…. (참여자 49)

나를 표현하는 도형은 원형이다. 나 자신의 무의식적인 생각과 감정으로 둘러싸여 표현되는 수많은 원형들이 나를 에워싸고 반복된다. 무심결에 반복한 원은 이전에 본 터키의 눈처럼 나에게는 안전하고 행운을 줄 수도 있을 것 같다. 하지만 반대로 원은 반복되고 겹겹이 싸여 있어서 벗어나기 어려운 답답함을 함께 준다. 무엇으로 나를 감추고 둘러싸고 있어서 안정감을 주지만, 뚫고 나갈 수 없는 그 견고함에 쉽게 나를 표현하고 드러내 보이기 어렵다.

오래전에 만났던 한 아이의 그림이 생각난다. 우울감과 무기력감을 가진 여섯 살 아이는 물감을 가지고 내 눈치를 보면서 그림을 그리기 시작했다. 그러나 턱턱 그려 놓은 그림은 내게는 너무도 충격적인 형태였다. 커다란 원 안에 그린 그림의 모양이 마치 무언가를 크게 알고 있는 성자의 그것처럼 자신감 있고 완전한 원의 모양이었다. 마음을 상징한다는 원. 그러면 나의 원은 무엇을 보여주고 있는가? 나의 원 안에는 무엇이 존재하는가?

사람들은 원형을 좋아한다. '공같이 둥근 마음으로'라면서 너그럽고 여유 있고 편안한 사람들에게 그런 표현을 한다. 완전함에 대한 갈구, 내가 그리고 내가 가지고 있는 많은 물건들 속에 있는 원의 모양. 그 모든 것이 완전하고 안정되고 싶은 내 마음의 방향이 아닐까 한다.

나의 원은 완전한 구형을 유지하고 있지 못하다. 조금 찌그러지고 조금 눌리고 조금 유연하고 유동적인 모양이다. 완전한 구형은 부담스럽다. 너무 완전하기에 조금 눌리고 깨지면 전체가 상처를 받고 영향을 받을까 부담스러운 것이다. 약간 찌그러진 원은 편안하다. 조금 더 깨어져도 괜찮고 조금 더 눌려도 크게 영향받지 않는다. 그러면서도 원이 가지는 편안함을 유지할 수 있다. 이 원은 여러 가지 모양으로 변형할 수 있다. 조금 더 부드러워질 수도, 딱딱

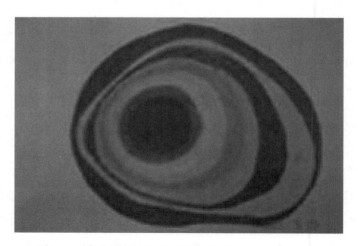

▲ **그림 9.3** 마음의 눈(참여자 50), 종이에 크레파스

해질 수도 있다. 그래서 원래의 형태를 지지하지 않아도 무리가 없다.

내가 가지고 있는 원은 변형을 전제로 한다. 언제나 변화할 수 있는 원형이다. 그 원은 자신의 형태를 고수하려고 애쓰지 않는다. 단지 자신이 원형임을 유지하고 다시 원래의 원으로 돌아갈 수 있다는 가능성을 가지고 있다. 이것은 모든 상황에 변화하고 적응하고자 하는 나의 마음과도 같은 공통된 의미이다. 구르는 공처럼 어디나 갈 수 있고 누구에게나 공평할 수도 있을 것이다.

그러나 내 안의 눈은 어디를 바라보고 있는가, 무엇을 보고 있는가, 미술치료사로서, 엄마로서, 아내로서 나는 무엇을 보고 싶은가, 끊임없이 형태를 바꾸어 가며 모양을 달리하는 원형으로 무엇을 바라보고 있는가를 늘 생각하게 된다. 나는 어디에 있으며, 무엇을 바라보고 있는가?   (참여자 50)

2) 미술치료사가 되기 전 미술치료 경험

학부를 졸업한 후 진로에 대해 방황을 하던 시기가 있었다. 적성에 맞지 않는 전공과 미래에 대한 막연한 두려움, 무엇보다 뚜렷한 목표도 없고 딱히 하고 싶은 것도 없었다. 그러다 우연히 교보문고에서 **영화로 배우는 미술치료 이야기** 책을 읽게 되었고 미술치료에 대해 호감을 갖게 되었다. 매력적인 치료사의 길 그리고 새로운 학문에 대한 기대감과 도전으로 치료사가 되기 위해 S전문대학원에 입학하게 되었다. 입학과 동시에 치료사가 되기 위해서는 내 자신부터 알고 문제점들을 점검해야 한다고 생각하여 약 1년 6개월 정도 집단 미술치료를 받았다. 집단에 참여하기 전에는 치료사가 토정비결을 보듯이 나에 대한 문제점이나 인생의 행로를 바꿔 줄 거라는 기대와 어떻게 치료가 진행되는지 궁금하였다. 미술치료 안에서 작업을 하면서 예전에 미처 깨닫지 못하던 부분도 우연히 작품 안에서 발견하기도 하고 개인적인 문제를 이야기하다 보니 마음이 한결 가벼워지기도 하였다. 때론 나 자신을 다 드러내 보인다는 두려움에 혼란스럽고 방어적인 태도를 취하며 1년 6개월 동안 수많을 일을 겪으며 좌절하고 사랑하고 짓누르고 보듬고 다시 찍고 꿰매는 과정을 경험하였다. 짧지만 길었던 시간 동안 체험한 미술치료는 내 인생에서 가장 깨달음이 컸던

잊을 수 없는 경험이었다.   (참여자 20)

◆━◆━◆━◆

첫 주제는 그림으로 나 자신을 소개하는 시간이었다. 8절지 노란 도화지에
'나'는 아주 작은 검은색 점으로 도화지 왼쪽 아랫부분에 있었다(그림 9.4). 나
보다는 조금 더 큰 3개의 점으로 둘러싸여 있어 빠져나오려 해도 나올 수 없
는 내가 있었다. 그 3개의 점은 나의 가족을 표현한 것이었다. 도화지 맨 위쪽
중앙에는 뚜렷이 무엇인지는 모르지만 나의 목표를 큰 별로 묘사하였다. 그
큰 별을 따기 위해 미로처럼 복잡하게 얽혀 있는 길을 바라보며 어디로 가야
할지 망설이고 있는 나는 한없이 작은 점에 불과했다. 그 당시에는 알 수 없
는 나의 미래에 대해 불안했고 무언가를 끊임없이 갈구하고 있었다. 나를 둘
러싼 모든 것이 못마땅하고 진저리 날 만큼 싫었다. 누군가가 나타나 나의 인
생을 바꿔 주기를 기다리는 수동적인 모습을 보이기도 했다. 틈만 나면 탈출

▲ 그림 9.4 미술치료 경험에 관한 이미지 작업
(참여자 20), 종이에 물감

구를 찾으려고 지나치게 집착했다. 첫 그룹을 마치고 나 홀로 다시 새로운 그룹에 들어가기로 마음먹었을 때 이번에는 반드시 파헤쳐 보리라 결심했다. 하지만 여전히 나를 들여다보는 과정이 괴로워 치료 시간에 빠지기도 하고 입을 꾹 다문 채 아무 생각 없이 앉아 있기만 한 날도 있었다. 내 자신이 너무 보잘 것없이 작고 초라해서 울기도 하고 짜증도 냈다. 그렇지만 처음 그룹에서와는 달리 두 번째 그룹에서는 치료가 나에게 어떤 의미를 부여하고 있는지, 내가 무엇을 하고 있는지, 예전에는 받아들이지 못하고 알지 못했던 부분들을 알아가는 과정이 소중했다. 두 번째 그룹의 모임 첫날 치료사는 나에게 "첫 번째 그림을 기억하고 있다"고 말했다. '큰 별이 있고 작은 점으로 묘사한 내가 있는 별 그림이 의미가 큰가?' 하고 치료사가 무엇을 의미하는지 처음에는 이해하지 못했었다. 그러던 어느 날 그 별이 내 인생의 목표가 아니라, 그 자체로 반짝이고 있는 '나'임을 발견했다. 그 후, 거울을 보기 싫어했던 나는 방에 큰 거울을 갖다 놓고 가까이서 나를 쳐다보며 중얼거렸다. "있는 그대로인 나를 사랑하고 다듬어주자. 두껍게 '칭칭' 감아 놓은 이 껍질에서 벗어날 것 같은 예감이 든다."

(참여자 20)

3) 미술치료사의 에너지 소진에 대한 미술작업

초등학교 6학년 여학생이라고 보기에는 너무나 성숙한 외모와 말투, 미래의 희망 직업이 확실한 내담자 Q와의 치료 작업에서 방향성을 상실하고 어디로 가야 할지, 어떻게 해야 할지 몰라 마음이 지쳐 있을 때 미술 잡지를 보다가 벽에 구멍이 뚫린 사진을 보고 '이거다' 싶었다. 설명도 필요 없이 '이거다' 싶은 거였다.

　나에게 오기 전에도 이미 너무나 많은 '심리치료'를 받아 왔고 '심리치료'에 익숙해져 버린 아이로 인해 만년 초보 미술치료사인 내가 휘둘리는 느낌이었을까, 아니면 '투사적 동일시'인가. 아니면 그 아이가 받았을 상처를 내가 대신 받은 걸까.

(참여자 51)

▲ **그림 9.5** 에너지 소진(참여자 51), 종이에 연필, 물감

4) 미술치료사의 미술작업 몰입 경험

몰입

거친 파도 뒤에 찾아온 잔잔해져 오는 물결

이미 그 물결이 나인지, 내가 물결인지 모르게 한 몸

빠져들어 있는 나와

그것을 보고 있는 나

모두 나

돌고 돌아 찾아가는 길

중심

깊고 깊고 깊어져

내가 어디쯤인지 알지도 못한 채

다시 새로운 파도로 모든 게 사라져도

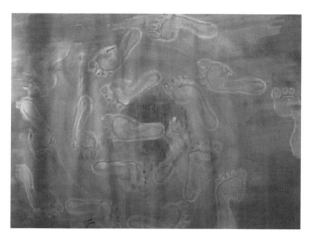

▲ **그림 9.6** 몰입(참여자 7), 종이에 크레파스, 물감

다시

다시 찾아 돌아 들어가는 그 중심

찾아가야 하는 중심

중심 잡기

고요

평안

우주

나

전체

부분

중심 잡기   (참여자 7)

얼마 전부터 새롭게 도자기를 배우기 시작했다. 공방으로 들어서면서 난 묘
한 분위기의 공기를 감지한다. 커피 만드는 소리와 그 진한 향기로 가득한 분
주한 카페를 통과해 공방으로 들어서면 장식 하나 없는 커다란 나무 테이블과

아직 작업 중에 있는 작품들을 얹어 놓은 철재 선반, 여기저기 흙이 묻은 앞치마들, 지금은 조용하지만 전원을 켜는 순간 맹렬히 돌아갈 준비가 되어 있는 물레들, 노란 불빛, 유약들…. 이 모든 것들 속에서 고향에 온 것 같은 편안함을 느낌과 동시에 가벼운 흥분이 섞여 있는 기운을 느낀다.

흙 한 덩이를 앞에 놓는다. 흙을 주무르고 매만져 고르게 펴면서 흙과 나는 하나가 되기 시작한다. 중심을 잡아 동그랗게 그릇의 바닥을 잘라내고 두껍고 얇고 들쑥날쑥하지 않도록 코일을 만든다. 그리고 하나하나 집중하여 쌓기 시작한다. 흙과 흙을 잘 붙이기 위해 빗금을 잘게 내고 물을 묻혀 꼭꼭 눌러준다. 그러면서 난 어느새 나의 삶을 다지고 있다. 고르게, 균형 있게, 그리고 잘 붙어 있게…. 방금 전까지도 흙덩이에 불과했던 것이 그릇의 형태를 가졌다. 손 물레에 얹고는 돌아가는 그릇을 두 손으로 감싸 쥔다. 내가 나의 삶을 감싸 쥐듯이 말이다. 돌아가는 그릇의 벽이 너무 두껍거나 너무 얇게 된 곳이 느껴진다. 일어서서 나의 온 신경을 손바닥의 감각에 집중한다. 너무 두껍게 된 곳은 손에 힘을 좀 더 주어 눌러 주고 너무 얇게 된 곳은 흙을 덧대어 보완한다. 균열이 생길 것 같은 곳은 좀 더 신경 써서 문질러 주고 매만져 준다. 계속해서 돌아가는 물레의 힘의 저항을 느끼며 그릇의 두께를 고르게 하기가 쉽지 않다. 더욱 집중한다. 이러한 모든 작업은 날 위로한다. 울퉁불퉁하고 균열이 생길 것 같은 나의 삶을 내가 달래 주며 어루만져 주고 있음을 느끼기 때문이

▲ **그림 9.7** 도자기(참여자 52), 점토

다. 그러면서 라일락 꽃잎처럼 연하디 연한 슬픔이 배어나옴을 느낀다. 그것
은 또한 나의 깊은 내면에서 올라오는 아련한 그리움이기도 하다. (참여자 52)

5) 미술치료사의 직면

집단 미술치료 시간은 미술치료 실기 수업으로 교수님은 치료사가 되시고 우
리들은 모두 내담자가 되어 각자 또는 같이 작업을 하는 시간, 내가 제일 좋아
하는 시간이다. 우리들은 모두 미술치료실에 모여 앉아 작업을 시작하였다.
오늘의 주제는 인생곡선으로 태어날 때부터 지금까지의 삶을 돌아보며 앞으
로의 자기 인생을 나름대로 표현해 보는 것이었다. 내가 태어났을 때 우리 부
모님은 어떤 기분이셨을까? 난 어떤 아가였을까? 이런저런 생각을 하다가 문
득 초등학교 4학년 때의 기억이 떠올랐다. 완전히 잊어버리고 있었는데 갑자
기 그 생각이 떠오르자 나는 너무 깜짝 놀랐고 얼굴이 빨개짐을 느꼈다. 그때
난 엄마 지갑에서 돈을 몰래 훔치는 버릇이 있었다. 처음엔 100원, 200원, '얼
마 되지 않는 돈이니까 괜찮겠지' 하면서 아무 생각 없이 훔쳐서 과자를 사먹
었다. 그러다가 점점 액수도 커지고 더 자주 돈을 훔치게 된 것이다. 꼬리가
길면 밟힌다고 어느 날 난 엄마에게 걸리고 말았다. 어디서 이런 버릇을 배웠
냐면서 엄마는 노발대발 화를 내시며 당장 가서 고해성사를 하고 오라고 하셨
다. 나는 너무나 무섭고 내가 정말 큰 죄를 지은 것 같아 성당엔 도저히 갈 수
가 없었다. 아무에게도 말도 못하고 난 혼자서 내가 지은 죄 때문에 너무 괴
로워하였다. 엄마는 그 이후로 지금까지 그 일에 대해서는 단 한 번도 말씀하
신 적이 없다. 너무나 차갑고 무서웠던 엄마… 그 싸늘한 눈빛이 아직도 날 혼
내고 있는 듯이 느껴졌다. 그리고 죄 지은 것이 무서워 예수님께도 가지 못하
였던 나… 나도 모르게 내 눈엔 눈물이 그렁그렁 맺혔다. 그때 이후로 입 밖
에 꺼내 본 적도 없었는데… 아무도 모르는 일인데… 주체할 수 없이 흐르는
눈물에 난 당황하기 시작했다. 그것뿐만 아니라 이모 집에 놀러가서도 볼펜
을 보이는 대로 다 주워 모아 집에 가져오곤 하던 기억도 같이 떠올랐다. 내
가 왜 그랬을까? 내가 왜 그렇게 물건이나 돈에 집착했을까? 다른 사람들은

모두 작업을 하고 있는데 나만 혼자 이렇게 눈물을 보이고 있으니 너무 창피한 생각이 들고 당황스럽다. 마음이 너무 허전한 것 같기도 하고 무언가 알 수 없는 슬픔이 가슴 한편에서 슬그머니 고개를 쳐드는 것 같았다. '도대체 왜 이런 감정이 드는 거야?' 나는 눈물을 훔쳐내고 작업을 시작하였다. 그러나 작업을 하는 내내 엄마 생각이 떠나질 않았다. 인생곡선 작업 도화지에 그 사건이 일어났던 초등학교 시절 부분에 엄마를 그렸다가 검은색 크레파스로 가위표를 했다. 그러나 이내 마음이 불편해졌고 내가 너무 드러나는 것이 싫었고 엄마에게도 미안한 마음이 들어 그냥 검은색 크레파스로 뭉개버리고 말았다. 엄마에겐 한 번도 말하지 못했지만 난 엄마가 날 사랑하지 않는다고 생각했었다. 엄마는 늘 차갑고 무서웠으며 멀게만 느껴졌었다. 마음이 괴롭다. 집으로 돌아오는 내내 기운이 없고 가라앉으며 엄마에 대한 원망스러운 마음이 들어 힘들었다.   (참여자 52)

제 10 장

미술치료사의 자기돌봄
체험 연구

홍혜정

미술치료사에게는 미술치료사의 전문적인 역량을 잘 유지하면서 지속적으로 충분히 기능할 수 있도록 자기돌봄의 노력을 기울이는 태도가 요구된다(홍혜정, 2015). 그러나 미술치료사로서 이러한 자기돌봄의 필요성에 대해 인식하기까지는 적지 않은 시간이 걸리는 것 같다. 필자의 박사학위청구논문은 질적연구방법의 하나인 해석학적 현상학 연구방법을 적용한 미술치료사의 미술작업을 통한 자기돌봄 체험에 대한 것이다(홍혜정, 2015). 이를 위해 많은 미술치료사들과 심층면담을 진행하였다. 그들이 공통적으로 이야기했던 것 중 하나는 미술치료 임상경력이 적었던 초보 미술치료사 시절에는 내담자를 위해 많은 에너지와 노력을 기울였지만 정작 자신을 위한 시간을 가지기는 어려웠다는 것이다. 아니, 미술치료사가 내담자보다 자신을 더 먼저 생각하고 돌봐야 한다는 것조차 인식하지 못했었다고 했다.

필자 역시 그들과 비슷한 경험을 가지고 있다. 자신을 잘 돌보지 못함으로 인한 여러 가지 어려움을 겪고 나서야 미술치료사가 자신을 잘 돌본다는 것이 결코 이기적인 일이 아니라는 것을 알게 되었다.

미술치료사들에게는 미술작업이 늘 곁에 있지만 그렇다고 그것을 자신을 위해 활용하기는 쉽지 않은 것 같다. 미술치료사 자신을 위한 미술작업을 할 수 있는 시간을 스스로에게 허락해야 한다. 그리고 그것은 결심하지 않으면 일어나지 않는 일이다.

미술치료 석사학위, 박사학위 과정을 밟아 오며, 그리고 수많은 내담자들과의 만남 속에서 필자는 미술작업을 통해 많은 도움을 받았다. 미술작업은 나에게 위안을 주고, 내면의 소리를 들려 주며, 자신과 더 가까워지도록 이끌어 주는 존재이다. 나 자신을 위한 미술작업은 심리적인 어려움에 처했을 때 사용할 수 있는 회복의 도구와도 같은 것이다.

본 글은 필자가 미술치료사의 미술작업을 통한 자기돌봄이라는 연구주제를 어떻게 선택하게 되었는지에 대한 연구 이전의 자기돌봄 체험에 대해 이야기하고 있다. 또한 긴 학문적 여정을 마치고 나서 홀가분한 마음으로 뒤를 돌아보며 동시에 한 인간으로서 스스로를 어떻게 돌보고 있는지 그 모습을 생생하게 다루고 있다.

1. 연구 이전의 연구자 체험[1]

적지 않은 나이에 미술심리치료로 전공을 바꾸어 새롭게 공부를 시작한 필자는 공부가 재미있기도 하고 너무 늦지 않은 나이에 박사학위를 끝내야 하겠다는 마음으로 석 · 박사학위 과정을 내리 공부하며 앞으로 달려만 왔다.

중년으로 접어드는 나이라는 것이 무색할 정도로 필자는 어린 시절 공부할 때보다도 더 공을 들이고 온 마음을 다 쏟아 넣었다. 그렇게 학문에 매달리고 내담자를 치료하면서 8년여의 세월이 흘러갔다. 박사학위 과정의 수료가 끝나갈 즈음, 지치고 껍데기만 남은 것 같은 공허함을 느끼는 자신과 만나야만 했다. 그동안 이루어낸 것들도 많았지만, 그 성과들 속에는 무언가 표현할 수 없는 답답함

---

[1] 홍혜정(2015). 미술치료사의 미술작업을 통한 자기돌봄 체험연구. 서울여자대학교 특수치료전문대학원 박사학위청구논문, pp. 42-49의 내용을 수정하였고, 본 내용에 들어가 있는 그림들도 논문에 수록된 것이다.

과 이젠 좀 쉬고 싶다는 마음도 함께 묻어 있었다. 어디서부터 무엇이 잘못되었는지 다시 자신을 점검해야 할 필요성을 느꼈고, 자신을 살려야만 했다. 3년의 박사학위 과정 수료의 마지막 학기를 보내던 겨울 내내, 사람들과의 만남을 거의 하지 않고 바깥 출입도 자제하였다.

필자는 자신과의 철저하면서도 고독한 만남을 시작하였으며, 그 결과로 박사학위논문 '미술치료사의 미술작업을 통한 자기돌봄 체험 연구'를 시작하게 되었다.

자기 자신을 잘 돌본다는 것은 무엇인지, 그것은 미술치료사들의 삶에 있어 어떠한 의미를 갖는 것인지 알고 싶었다. 그러면서 필자가 개인적으로 어려울 때나 치료 장면에서 도움이 필요할 때, 필자 자신의 미술작업으로 도움을 많이 받았던 체험들이 떠올랐다.

'그래, 그렇지.'

미술치료사들이 자신을 돌보는 여러 가지 방법 중에서도 특히 미술작업을 하면서 자신을 돌본다는 것이 무엇인지 더욱 깊게 이해하고 싶어졌다.

아동·청소년을 위한 미술치료기관에서 5년간 미술치료사로 근무하면서, 필자는 자신의 미술작업을 통하여 여러 가지 면에서 자기돌봄을 할 수 있게 되는 체험을 하게 되었다. 미술치료 회기에서 여러 가지 어려움과 마주 하게 될 때, 그리고 개인적인 생활을 해 나가면서 접하는 수많은 도전과 갈등들을 만나게 되었을 때, 미술작업으로 해결해 내고 스스로를 돌보았던 생생한 체험을 가지고 있었다.

필자가 선택적 함묵증 증상을 가지고 있는 A아동을 개인 미술치료하고 있을 당시, 이 A아동과 회기를 마치고 나면 자꾸 화가 나고 분노감이 강하게 올라옴을 느끼게 되었다. 어느 날 연구자는 A아동과의 회기를 종료한 후 내면에서 올라오는 분노감에 압도될 것 같은 두려움을 느꼈다. 그래서 A아동이 미술치료실을 나가자마자 거친 사포를 꺼내어 빨간 크레파스로 아무렇게나 낙서를 휘갈기고 나니 좀 마음이 후련해짐을 느꼈다(그림 10.1). 그리고 손이 가는 대로 파란색과 흰색을 사용하여 이리저리 선을 그어보았다. 파란색의 선들은 마치 A아동의 내리깔고 있는 눈썹같아 보였고, 흰색의 선은 연구자를 밀어내며 자신의 영역에 들어

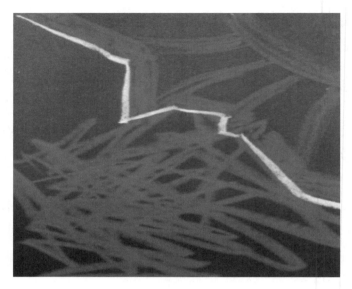

▲ **그림 10.1** 너도 그러니?(홍혜정), 사포에 파스넷

오지 못하게 하는 방패막처럼 보였다. 연구자는 작업을 마치고 나서는 한결 속이 가벼워짐을 체험했으며, 더불어 이러한 감정들이 A아동 스스로가 느끼는 감정일 지도 모르겠다는 생각이 들었다. 부모 역시 선택적 함묵증 증상이어서, 집에서조 차 말을 하지 않는 상황 속에서 자라면서 A아동이 받았을 상처가 바로 이런 거절 감과 분노였을 것 같다는 생각에 이르자, A아동에 대한 이해가 자연스럽게 깊어 지면서 필자의 마음을 짓누르던 분노가 슬며시 사라지는 것이었다. 그날 만일 미 술작업을 하지 않은 채 그대로 미술치료실을 나왔다면 집으로 돌아가는 내내, 아 니 어쩌면 계속해서 그 화나는 감정들이 필자를 괴롭혀 다른 일상생활에도 영향 을 미쳤을 것이다. 사포 위에 그러한 감정들을 내려놓고, 그 작업을 통해서 이루 어진 성찰을 통하여 연구자 자신은 스스로를 안전하게 돌보는 체험을 하였다.

또한 A아동에 대한 이미지 작업을 시도하면서(그림 10.2) 다시 한 번 미술작업 을 통하여 내담자에 대한 공감을 발전시키게 되었다. 이러한 체험은 연구자가 미 술치료사로서 자신감을 향상시키고, 미술치료사라는 직업에서 가질 수 있는 충 만함과 풍요로움을 체험할 수 있도록 도왔다. A아동의 이미지를 생각하자 가장 먼저 아동의 강렬한 눈빛, 이어서 마르고 연약한 체구의 이미지가 떠올랐다. 가

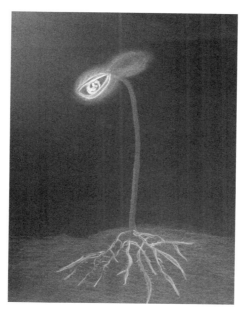

▲ **그림 10.2** 말 없는 소녀를 위하여(홍혜정), 종이에 색연필

늘고 기다란 줄기와 아직은 하얗고 생겨난 지 얼마 되지 않은 뿌리를 그리고 나서, 그 가느다란 줄기에 강렬한 A아동의 눈빛을 그려 넣었다.

이를 다 그리고 나자 연구자의 내면에서는 다음과 같이 '말 없는 소녀를 위하여'라는 시구가 그냥 자연스럽게 떠올랐다.

사람들은 모르지
연하디 연한 너의 줄기 속에
깊게 뿌리내리고자 하는 염원이 있다는 것을
너의 꼭 다문 입술이 그것을 말해주고 있는데도 말이지

사람들은 모르지
연하디 연한 너의 줄기 속에
언젠가는 아름답게 피어 날 비밀의 싹이 있다는 것을
너의 야문 손끝이 그것을 말해주고 있는데도 말이지
사람들은 모르지

연하디 연한 너의 줄기 속에

이 세상을 뚫고 나온 생명의 힘이 있다는 것을

너의 강인한 눈빛이 그것을 말해주고 있는데도 말이지

말 없는 소녀여

마음껏 웃어라

마음껏 외쳐라

마음껏 발을 굴러라

세상은 너의 것이니까   (홍혜정)

필자는 미술작업을 통하여 자신에 대한 건강을 돌봐야 한다는 강력한 메시지를 갖게 되었다.

박사학위 과정 6학기 때, 필자는 박사학위 과정을 마무리함과 동시에 미술치료 회기, 연구, 워크숍 등 그 어느 때보다도 많은 일을 동시에 하고 있었다. 몸이 너무도 많이 지쳐 있었지만, 그럴수록 더욱 정신을 바짝 차리고 긴장을 늦추지 않는 생활을 지속하고 있었다. 그러던 어느 날 몸에 이상을 느꼈고 병원을 찾은 후 대상포진이라는 진단을 받게 되었다. 필자는 어쩔 수 없이 미리 잡혀 있던 미술치료 스케줄을 모두 중단하고 집에서 쉴 수밖에 없게 되었다. 내담자들과의 회기를 갑자기 종결하거나 다른 미술치료사에게 소개해 주게 되었다.

필자는 그 모든 과정을 겪으며 불현듯 미술작업을 하고 싶다는 생각에 불긋불긋 성이 난 바이러스들을 그리기 시작하였다(그림 10.3). 빨간색 사인펜과 수채화 물감으로 그 바이러스들을 그리다 보니 저절로 대화가 일어나기 시작했다. "너희들은 왜 나에게로 왔니?"라고 필자가 묻자 그림 속 바이러스 이미지는 필자에게 많은 이야기를 해주었다. "그건 네가 쉬지 않기 때문이야. 널 쉬게 하려면 이 방법밖에는 없었어. 네게 그동안 여러 번 이야기를 했지만 내 말을 들으려 하지 않았어. 그래서 내가 찾아온 거야. 넌 기계가 아니란 말이야!" 그 목소리엔 필자를 위하고 안타까워하는 걱정 어린 마음이 역력했다. 그림 작업을 하면서 필자는 바이러스 이미지와의 대화를 통해 그러한 질병이 오히려 필자를 돌보기 위한 것이

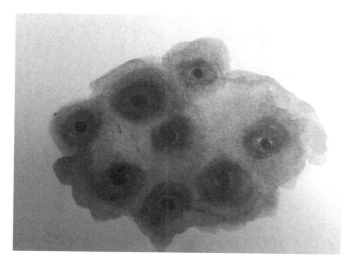

▲ **그림 10.3** 질병의 교훈(홍혜정), 종이에 사인펜, 수채화 물감

었음을 깨닫게 되었다. 또한 '넌 기계가 아니다'라는 말에 그동안의 필자의 생활 패턴에 대한 많은 반성을 하게 되었다. 필자 자신에게는 쉼이나 휴식을 허락하지 않았던 점, 내면의 소리를 듣지 않으면서 과도한 의식의 주도성으로 균형이 깨져 있었던 점을 알아차리게 되었다. 더불어 미술치료사인 자신을 잘 돌보지 못하게 되니 그 피해가 고스란히 내담자에게 돌아가게 됨을 절실하게 체험하게 되었다.

미술치료학의 역사는 아직 짧기에 미술치료에 대한 사람들의 인식, 근무 환경, 미술치료사에 대한 처우 등 여러 가지 현실적인 문제들에 대해 미술치료사 한 사람 한 사람이 자기의 몫을 개척하며 가야 하는 상황이 많이 있다. 필자는 미술치료사의 길을 간다는 것이 쉽지 않으리라는 것은 각오했지만, 편안하게 이미 다 마련되어 있고 길이 잘 닦인 그런 곳이 아닌, 필자 스스로 이 길을 헤쳐 나가야 하는 상황에 대해 지치고 맥이 빠졌다.

소진되어 가고 있는 필자에게 생명력을 느끼게 해줄 만한 무엇인가가 필요하다는 생각이 들자 어떤 이미지가 찾아왔다. 무언가 척박하고 단단한 것을 뚫고 나오는 어떤 것, 그런 힘을 가진 어떤 것, 그것이 무엇일까? 필자는 그런 이미지를 찾아 무작정 산책을 나섰다. 한두 시간을 보내면서 '그런 강인함을 가진 것이 무엇일까 하고 이런저런 생각도 하며 주위를 둘러보다가 드디어 시선이 집중되는 한 곳을 발견했다.

　눈에 띈 것은 다름 아닌 시멘트 틈에서 자라나는 작은 풀잎들이었다. 그 순간에 풀잎들이 가진 생명력에 경이감을 느꼈다. 화려하지도 않고 사람들이 좋아해 줄 만한 모양을 가지지도 않았지만 제 몫을 다하는 그 작은 풀잎이 너무 위대해 보였다. 사진을 찍고 또 조금 발걸음을 옮기고 나니 그런 작은 풀잎들이 사방에 많이 있음을 알았다. 늘 곁에 있었지만 무심히 지나칠 땐 존재조차 몰랐었는데, 내가 마음을 담아 눈길을 주자 풀잎들도 필자에게 마음을 열어주는 것 같았다. 풀잎 사진을 찍으며(그림 10.4), 필자는 다음과 같은 무제의 시를 지어 보았다.

　풀잎과 나
　생명엔 작고 큼이 없네
　생명은 생명이기에
　저 풀잎이 할 수 있다면 나도 할 수 있는 것
　풀잎과 난 같은 생명이기에　　　　　　　　　　　　　　　　　(홍혜정)

　이렇게 작은 풀잎이 시멘트 안에서 생명을 피울 수 있다면 필자 자신도 할 수 있을 것 같은 용기가 생겼다. 이러한 이미지 작업과 시 작업을 통하여 열악한 상황 속에서도 미술치료사의 길을 개척해 나가야겠다는 힘을 얻게 되었다. 그 이후 필자의 마음속에 새로운 하나의 이미지가 찾아왔고, 바로 미술작업을 하게 되었다(그림 10.5, 그림 10.6). 그런데 다 그리고 나니 전에 찍었던 그림 10.4의 작은 풀잎이 떠올랐다. 필자 스스로는 잘 느끼지 못하고 있었는데, 작업 속에서 그때의 작은 풀잎이 어느새 이렇게 성장해서 그림 10.5, 그림 10.6과 같이 활짝 꽃을 피운 모습을 보여주고 있었다.

　필자의 의식 속에서는 그때까지만 하더라도 자신이 아직도 척박한 땅에서 생명을 잃지 않으려고 애쓰고 있는 작은 풀잎같다고 생각했었는데, 어느새 이런 큰 꽃이 되어 있는 모습을 보면서 많은 위안을 얻게 되었다. 그리고 미술작업 속의 꽃이 필자에게 "이미 꽃을 피웠어. 지금 꽃이 피었음을 알아봐줘. 현재가 그리고 오늘이 제일 아름다운 날이야"라는 메시지를 전해 주었다.

▲ **그림 10.4** 사진(홍혜정)

또한 필자는 개인적으로 자유로움과 성장이라는 상징을 담고 있다고 생각하는 나비를 그려 넣고 싶었다. 그러나 나비가 한 곳에 고정되어 있지 않아야 하며 여기저기 가고 싶은 곳을 날아갈 수 있게 만드는 것이 중요했다. 생각 끝에 캔버스 뒷면에 철판을 대었다. 그리고 작은 나무 조각을 나비 모양으로 곱게 간 후 색칠을 하였고 나비 뒷면에는 작은 자석을 달아 주었다. 하루는 하늘을 날고, 하루는 꽃에 앉아 있는 나비를 보면서 필자는 재미와 자유로움을 만끽할 수 있었다(그림

▲ **그림 10.5** Here & Now(홍혜정), 캔버스에 유화물감

▲ **그림 10.6**   Here & Now(홍혜정), 캔버스에 유화물감

10.5, 그림 10.6). 이 작업은 필자로 하여금 한 개인으로서 그리고 미술치료사로
서 현재에 충실하고 지금 여기(here and now)의 아름다움을 알아차리도록 이끌
어 주었다. 미술치료사로서 앞날에 대한 걱정과 불안으로 힘들어하기보다는, 노
력하는 현재 자신의 모습에 대해 충분함과 만족감을 깨달았다. 필자는 자신의 성
장에 대한 인식을 새롭게 하며 미술치료사로서의 자존감, 자신감을 한층 더 향상
할 수 있는 체험을 하게 된 것이다.

2. 연구 이후의 연구자 체험

1) 연구를 마치고

연구자는 참으로 박사학위 논문 주제를 잘 정한 것 같다. 논문을 쓰는 내내 미술
치료사의 자기돌봄이란 주제에 대해 생각하면서 자연스럽게 연구자 자신을 더
잘 돌보게 되는 보너스까지 얻게 되었으니 말이다. 덕분에 힘들 법도 한 박사논
문 쓰는 시간들이 연구자에겐 소중하고 의미 있는 순간들로 가득 찼다. 하루하루
너무 힘들지 않게 장시간 연구하지 않도록 시간 배분을 잘 했으며, 일정한 연구

시간과 휴식의 균형을 잃지 않으려고 노력했다.

특히 논문 자료를 찾거나 글을 쓰다 지칠 때, 연구의 실마리가 잘 풀리지 않을 때, 무언가 새로운 아이디어가 필요할 때마다 집 근처 작은 숲속으로 가서 혼자 고요한 시간을 보내곤 했다. 아침마다 시를 읽었으며, 잠들기 전에는 Henry David Thoreau의 월든을 읽으며 잠을 청했다. 그 어느 시기보다도 자신과 더 가까이 있을 수 있는 축복받은 시간들을 보냈다. 그 과정에서 자연스럽게 균형 잡힌 생활습관들과 내면과 마주 할 줄 아는 힘을 기르게 된 것은 앞으로의 인생을 더욱 풍요롭게 해 줄 크나 큰 자원이 될 것이다.

박사학위청구논문을 위한 연구계획서(프로포절) 발표를 마치고 나서, 꽃잎이 하나 돋아난 이미지가 떠올랐다. 그리고 총 다섯 번의 논문 심사가 끝날 때마다 그 꽃에는 꽃잎이 하나씩 늘어갔다. 논문에 온 마음을 다 쏟고 있는 필자 자신, 도와주시고 이끌어주시는 지도교수님과 심사위원 교수님들은 태양과 바람과 공기와 물이 되어 그 꽃을 피워내는 자양분이 되어 주셨다. 이렇게 소박하지만 마음을 다한 한 편의 논문이 탄생하였다.

인간과학인 질적연구는 인간을 좀 더 잘 이해하고자 하는 깊은 열망에서 나왔다. 사람들 사이에 어떤 현상에 대해 서로 암묵적으로 공유하는 것이 있겠지만, 그것에 만족하지 않고 좀 더 깊은 체험의 의미를 이해하고자 한다(Van Manen, 1994). 석사학위청구논문에서는 미술치료사가 미술작업을 통해 자기인식을 하는 체험에 대한 질적연구를 하였다(홍혜정, 2010). 그때는 미술작업 속에서 보여지는 자신에 대한 밝음과 어두움, 빛과 그림자를 보는 것에 무척이나 매료되었다.

박사학위청구논문의 주제인 미술치료사의 미술작업을 통한 자기돌봄을 연구하면서 자기돌봄을 잘하기 위해 반드시 선행되어야 하는 것이 있다면 그것은 자기인식이라는 것을 알게 되었다. 철저한 자기인식을 바탕으로 해야 진정한 자기돌봄이 가능하다는 것도 알게 되었다. 의도하진 않았지만, 자연스럽게 석사학위청구논문의 주제보다 박사학위청구논문의 주제는 한 단계 더 성숙하고 깊이를 가진 내용을 다루게 된 것이다. 자신에 대해 알아가는 것뿐만 아니라, 자신의 여러 가지 모습을 수용하고 그런 자신을 돌보는 것은 좀 더 자신을 사랑할 수 있을 때 가능하다고 생각된다. 이러한 자기돌봄에는 병리적인 나르시시즘과는 질적으로 다른 자신에 대한 배려와 존중이 들어 있다. 건강하고 진솔한 방식으로 자신을 사랑하지 못하는 사람이 과연 타인을 돌보며 치료한다 말할 수 있을까?

필자 자신에게 묻는다. "박사학위 논문을 쓰면서 어떤 성장을 하였을까?" 박사학위 논문을 쓰는 동안, 필자의 연구에 애정을 가지고 마음을 다해 인터뷰를 해 준 연구 참여자들의 이야기를 많이 들었다. 서로 이야기를 나누며 그들이 미술치료사로서 미술작업을 통하여 얼마나 자신을 아끼고 잘 돌보려고 하는지에 대해 깊은 감명을 받곤 하였다.

만났던 참여자들의 체험, 그 안에는 자신의 몸과 마음, 심신을 돌보는 것뿐 아니라 가장 중요한 영혼을 돌보는 것에 대한 이야기도 들어 있었다. 자신의 영혼과의 연결, 즉 깊은 곳에 존재하는 삶의 원천과도 같은 존재로부터 세상을 살아나갈 힘을 얻는다고 말하던 어느 연구 참여자의 확신에 찬 목소리가 전율처럼 전해졌던 순간이 있었다. 그리고 그 내면 속 존재를 잘 돌보는 것이 진정한 자기돌봄인 것 같다고 진지하게 말하던 깊은 눈빛을 아직도 기억하고 있다. 연구자는 미술작업이 한 인간의 내면에 존재하는 근원의 단계로 내려갈 수 있도록 도와준다는 또 하나의 확장된 가치에 한 걸음 더 가까이 다가가게 되었다. 더불어 자기돌봄에 대한 연구는 연구자에게 온 우주와 연결되어 있는 존재의 고귀함을 인식하게 해 주고 생명의 존중이라는 가치를 더욱 확고하게 심어 주었다. 이제 박사학위 논문을 발판 삼아, 연구자는 인간이 가지는 영성이라는 것에 대해 끌리고 있다. 그것이 어떤 것인지 무척이나 궁금하게 여겨지게 되었다. 꼬리에 꼬리를 무는 연구들, 조금씩 성장해 가며 확장되고 차원이 높아지는 그런 주제들과 만나는 축복을 받고 있는 것 같다. 성장해 가는 과정, 그 한복판에 필자가 서 있다.

2) 자연 속에서 체험한 진정한 자기돌봄

미술치료사인 연구자는 내담자들에게 미술재료를 선택하여 자신의 마음을 표현해 보라고 권한다. 또한 내담자들이 미술작업을 비롯한 창작 활동을 통하여 그들의 내면세계를 조금씩 열어갈 수 있게 도우며 그러한 과정 안에서 자신을 스스로 돌볼 수 있도록 안내한다.

가만히 있는 벽을 발로 쳐대야 직성이 풀리는 분노에 찬 어린 내담 아동은 점토로 자신이 입버릇처럼 하는 욕을 쓰며 그제야 자신의 분노를 조금 조절하게 된다. 말썽을 부려서 주인 남자를 곤란하게 하는 강아지 그림을 그리며 자신을 함부로 대하는 아버지에게 복수하고 싶은 마음을 풀어내는 아동이 있다. 자신이 먹고 싶은 케이크를 만들며 그 달콤함과 부드러운 맛을 상상하는 즐거움에 빠지는 아동도 있다. 미술치료사로서 살아가는 세월이 더해질수록 이러한 창작작업이 어떻게 다친 그들의 마음을 어루만져 주고 삶을 지탱할 수 있도록 돕는지를 수없이 목격하고 증인이 되어 왔다.

그렇다면 정작 미술치료사인 필자는 필자 스스로를 어떻게 돌보는가? 내담자를 치료하는 데 지치거나 개인의 일상이 힘겨워질 때 필자는 어디에서 힘을 얻으며, 누가 필자를 위로해 주는가? 필자가 가진 답은 역시 미술작업이다.

작년 12월 어머니를 떠나보내고 혹독한 겨울을 보내며 겨우 맞이한 3월, 슬픈 마음을 채 다독이지도 못한 채 박사 논문을 마무리하며 8년간의 학생 생활을 정리하고 나서, 몸과 마음이 너덜너덜해진 채 하루하루를 살아가고 있던 때였다. 그때, 연구자의 눈길을 빼앗은 것이 있었다. 필자를 사로잡은 이미지는 필자가 오랜 세월 기르고 있는 화초에서 살며시 고개를 내민 아주 작은 붉은 꽃잎 한 장이었다(그림 10.7). 서로 경쟁하듯 자신의 잎을 넓게 펼치려고 안간힘들을 쓰는

▲ **그림 10.7** 사진(홍혜정)

가운데서 이 작고 여린 꽃잎이 어떻게 자신의 위치를 확보할 것인가! 위로 우거진 큰 잎들 사이로 보란 듯이 고개를 내민 저 꽃이 필자에게는 무척이나 당당해 보였고, 조용하지만 거침없는 시작을 하는 것 같아 보였다.

조용하게 거침없이. 문득 필자도 이제 그만 흐느적거리는 삶을 청산하고 이 작은 꽃잎처럼 그렇게 새롭게 시작하고 싶은 욕구가 일어났다(그림 10.8). 아니, 이 작은 꽃잎의 당찬 모습을 보며 용기가 생겼다고 해야 할 것이다.

그즈음 필자는 봄이 왔음을 스스로 자축하기 위한 히아신스 화분 몇 개를 샀다. 히아신스의 꽃망울이 꽃을 피워내는 모습을 본 적이 있는가? 아침까지만 해도 거의 녹색에 가깝던 꽃망울이 오후가 되면서 점점 분홍빛으로 자신의 꽃 색깔을 찾아가고 있었다. 자신을 찾아 변화해 가는 모습은 강력한 생명의 힘을 느낄 수 있는 경이로움 그 자체였다(그림 10.9). 연하디 연한 꽃잎이 뿜어내는 힘이 필자에게까지 전달되어 그 꽃을 그림으로 그리고 또 그리며 필자 안에 있는 힘과 다시 만나는 귀중한 시간을 가졌다(그림 10.10).

미술치료사의 미술작업을 통한 자기돌봄 연구에 의하면, 미술치료사의 미술작업은 깊은 내면에서 삶을 살아갈 힘을 발견하게 해 준다. 미술작업을 통해 삶의 의미를 발견하기도 하고 특히 자연에 대한 미술작업을 하면서 우주와 하나라는 일치감과 소속감을 가지게 된다고 하였다. 이렇듯 미술작업을 통해 발견한 내면의 힘은 삶을 살아갈 동력으로 그 몫을 충실히 해내고 있다(홍혜정, 2015). Jung 분석심리학자이자 특히 여성에 대한 신화와 민담을 연구한 Clasissa P. Estes는 자신이 자연에서 얼마나 많은 삶의 지혜를 얻었는가를 이야기한다.

내가 자연 속에서 자란 것은 그야말로 행운이었다. 번개를 보며 갑작스런 죽음의 실체와 인생의 허무를 배웠고… 땅에서 '인디언 구슬'이라고 불리는 삼엽충을 파냈을 때는 인류의 역사가 얼마나 유구한지 알게 되었다. 치명상을 입은 제 새끼를 죽이는 어미 늑대를 볼 때는 쓰라린 연민과 함께 죽음을 받아들여야만 할 때가 있음을 깨닫기도 했고, 나뭇가지에서 굴러 떨어졌다 다시 기어 올라가는 털북숭이 벌레를 보면서 한 우물을 파야 한다는 교훈을 얻었다…(Estes, 2013, 늑대와 함께 달리

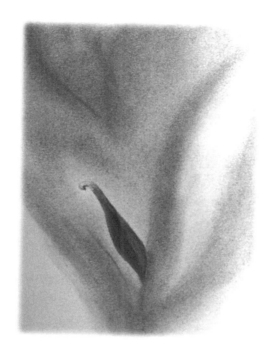

▲ **그림 10.8** 조용하게 거침없이(홍혜정), 파스텔, 색연필

▲ **그림 10.9** 사진(홍혜정)

▲ 그림 10.10   무제(홍혜정), 파스텔, 색연필

는 여인들, pp. 11-12).

또한 미술의 치유 능력을 발견하기 이전에 자연을 발견한 미술치료사이자 화가인 Mimi Farrely-Hansen은 그녀의 글 '자연 : 지구와 동반자 관계의 미술치료'에서 자연의 대상을 그리고 자연을 아는 것은 균형을 잡는 데 강력한 수단이라고 하였으며 자연, 영성, 그리고 미술치료는 명백히 동반자같이 보인다고 주장하였다. 그녀는 산에서 들에서 안식처를 추구하며 자신의 그림을 표현하는 주 대상으로 자연의 특정 부분뿐만 아니라 자연의 신비함과 힘을 그린다고 하였다.

나는 자연을 많이 그릴수록 자연을 더 사랑하고 연민을 느낄 수 있게 되었으며 말 그대로 사랑에 빠져 자발적으로 그림 모델이 되어 준 장미와 나뭇가지에게 감사하게 되었다. 그림을 그리고 나면 항상 좀 더 충만해지고 고요해지며 일상의 미묘하고 작은 기쁨에 더 감사함을 느끼게 되었다(Farrely-Hansen, 2014).

필자 역시 몸과 마음이 지칠 때면 늘 찾는 곳이 있다. 필자가 잘 가는 집 근처 도서관의 숲속이다. 세상살이가 번잡하거나 소란스러워 자기 자신을 잃어버릴 것 같은 위기감이 들면 필자는 숲으로 가곤 한다. 입구에 들어서 신선한 공기를 맡고 나무들을 바라보기 시작하면 그제야 깊은 숨을 들이쉬며 숨통이 트이는 필자 자신을 발견한다. 숲에서 고요히 홀로 앉아 새소리, 바람소리를 듣거나, 나무들에 이름을 붙여 주고, 사진을 찍고, 이야기를 나누곤 한다. 말없는 친구들… 그러나 그들은 그 어떤 존재보다도 부드럽게 나를 감싸안아 준다.

이곳에 오면
그제야 나는 막혔던 숨을 몰아쉰다.

비가 오면 비를 맞고
바람이 불면 바람을 맞는 나무 곁에 서면
그제야 나는 나를 어루만진다.
드러난 상처에도 아랑곳없는
그럼에도 불구하고 사는 나무를 보면
그제야 나는 내 깊은 속의 흐느낌과 만난다.

천겁의 세월을 돌아 지나온
바람과 닿으면
그제야 나는 홀로 걷게 된다.

이곳에 오면
이곳에 오면
그제야 나는 빛나는 내가 된다.

(홍혜정)

너무 많은 상처로 거의 속이 다 드러나도록 파였는데도(그림 10.11) 푸른 잎을 피운 나무에 가만히 손을 대 보며 울컥해 버렸다. 그러면서 나무에게서 배웠다. 산다는 건 어쩌면 고통 없이는 만나지 못하는 성장을 향해 가는 것, 그것을 찾는 일일지도 모르겠다고…. '이곳'은 필자에게 있어 영혼과 만나는 순간이며 신의 음성을 듣는 순간이기도 하다. 그런 고요한 순간과 마주 할 때 필자는 자신 안의

▲ **그림 10.11** 사진(홍혜정)

보석과도 같이 반짝이는 빛을 보게 된다. 북미 대륙의 성장 의식인 비전 퀘스트 (vision quest)[2]만큼은 아니어도 고요한 숲속에서 홀로 가만히 있다 보면, 어느새 자신의 내면 깊은 곳으로 들어가 지혜의 목소리가 전해 주는 메시지를 듣게 된 다. 그리고 그러한 메시지들이 필자는 작은 생명이 이 세상을 살아나갈 수 있도 록 인도해 주는 신의 돌봄임을 안다. 자신을 돌본다는 것은 자신이 소중한 생명 임을 인식하고, 자신의 내면에 있는 신성한 존재와의 연결을 잃어버리지 않는 것 이라고 생각한다.

어린 시절 필자는 이 세상에 나와 어디를 향해 가고 있는 것인지 알 수 없어 헤 매었던 나날들이 있었다. 그러나 자연에게서 그 답을 배웠다. 필자가 향해 가야 할 곳은 바깥세상이 아닌 필자의 내면이며, 필자는 어디로 가고 있는 것이 아닌 이곳에 머물러 있음을 말이다.

---

(2) 비전 퀘스트(vision quest)는 영적인 세계와 직접적인 연결을 맺는 북아메리카 원주민들의 치유 의 식으로 물과 음식을 끊고 4일 동안 산 위에 혼자 올라가서 명확한 비전을 기다린다. 비전이 나타 나면 그것이 삶을 안내하는 존재가 된다고 한다(Scotton, Chinen, Battista, 2008, pp. 205-206).

제**5**부

미술치료학과
질적연구

20세기 이후 생겨난 신생 학문인 미술치료가 경쟁력을 갖출 준비를 하기 위해서는 과학적 연구방법론을 적용하여 연구를 수행할 수 있는 연구자 양성이 중요하다. 미술치료학 대학원 석·박사학위 과정생은 전문가로 성장하기 위해 미술치료학에서 요구되는 연구들을 다루고 이해하며 자신이 원하는 연구 주제에 대하여 기본적인 연구를 수행할 수 있는 연구자로서의 역할을 잘 갖출 필요가 있다(장연집, 2013, 2014).

　제5부는 미술치료학에서의 연구의 필요성과 연구방법론을 다루고, 미술치료학에서 다루어진 질적연구들을 살펴본다.

　제11장에서는 20세기 이후 생겨난 신생 학문인 미술치료에 대한 이해를 높이고 전문성과 정체성 확립을 위한 연구의 필요성과 미술치료에서의 연구방법론을 살펴보고, 실제 미술치료학 석·박사 전공생들의 연구 체험들을 다룬다.

　제12장에서는 미술치료의 많은 연구들 중 미술치료학의 특수성을 다루어 줄 수 있는 질적연구를 소개하고자 하였고, 이에 미술치료에서의 학위 논문 및 학회지에 게재된 저널들 중 임상미술치료, 의료미술치료, 일반인을 위한 미술치료의 각각의 유형에 해당하는 질적연구들을 소개하였다.

미술치료학과 연구

최호정

1. 미술치료학 전공자의 정체성과 전문성

미술치료 회기 중에 경험하는 미술의 풍부한 주관적 표현은 인간의 내부와 무의식적 측면들, 대인관계 현상들을 보여주는 정보들의 모체가 된다. 미술치료 경험은 미술작업 과정에서 얻는 치유적인 힘을 체험하는 것이며, 미술치료사와의 관계 내의 창조 과정을 함께하면서 얻는 독특한 현상일 것이다. 그러나 미술치료에서 경험하는 과정과 결과물들은 단순히 경이롭거나 긍정적인 변화에 도움이 되는 것으로만 설명하기에는 부족하다. 미술의 기능, 매체의 치유적 속성, 기법으로 인해 미술치료는 매력적인 심리치료의 한 줄기로서 자리매김을 하며 몸집이 커졌으며, 이제 서서히 학문으로서의 정체성을 갖춰 가고 있다.

현재 많은 미술치료사들이 미술치료 현장에서 일하는 것과 동시에 연구에 관심을 가지고 다양한 연구방법론에 의해 연구된 연구물들을 학계에 발표하고 있다는 사실은 미술치료학의 초석을 다지기 위하여 고무적인 현상이다.

연구는 이전에 사유되지 않았던 것에 대해 새로운 이해를 낳고, 닫혀 있었던 마음을 열게 하고, 미래에 영향을 주고 전문 분야에 자양분이 되는 지식을 창출해낸다(Kapitan, 2012). 미술치료는 20세기 이후 생겨난 신생 학문이기에 새로운 이해를 필요로 하고, 전문 분야로서 지식을 창출하기 위하여 자양분이 되는 연구를 필요로 한다.

그렇기에 미술치료사로서 일하고 있는 이들은 미술치료 분야의 성장과 발전에 관심이 있으며, 미술치료의 학문적 연구에 대한 필요성을 인식하고 있다. 미술치료사 Wadeson(2012)은 확고하고 신뢰할 만한 연구를 함으로써 인간의 상태에 대한 이해를 넓히는 강력한 도구로서 미술 표현이라는 수단을 체계적으로 증명해 인지도를 높여야 한다고 주장하고 있다.

이제는 미술치료의 질적 성장이 이루어져야 한다. 이를 위해서 좋은 연구물의 축적을 함께 꾀하여 학문으로서의 미술치료학이 자리매김을 해야 할 시점이기에 미술치료사는 필자로서의 정체성도 확립해야 한다.

미술치료사는 미술치료라는 세계의 법칙을 탐구해 나가는 연구자로서 미술치료의 다양한 현상을 아우르는 현상을 학문적 소통 언어인 과학적인 방법으로 이끌어내어 이론화 작업을 해 나가야 한다. 맛있고 몸에 좋은 음식을 만들었어도 담아내는 용기가 없다면 소용이 없다. 연구는 진리를 담아내는 그릇이다. 효과적이며 경이롭기까지 한 미술치료를 학계에 연구를 통하여 담아내어 소개하고 전문적으로 전달해야 한다.

미술치료학을 전공한 미술치료사들에게 연구자로서의 역할이 부여되고, 미술치료 연구에 익숙해져야 하는 배경을 다음의 두 가지 측면에서 바라보고자 한다.

1) 미술치료사의 전문성 향상

미술치료는 미술작업을 통하여 긍정적인 변화와 성장을 증진하도록 미술치료사들을 훈련하는 인간을 위한 서비스 전문 분야다. 미술작업은 자기파괴적인 행동기제를 중단시키고 오래된 문제를 새로운 방식으로 생각하게 하고 자기를 발견하게 하는 촉매제로서 기능할 뿐 아니라 치료적 효과를 만들어낸다. 미술 과제와 매체는 미술작업 중에 일어나는 창조적 과정, 심리학적 발달 단계, 미술치료 이론과 기법에 대한 치료적 요인과 심리적 기제에 대한 학문적 이해를 바탕으로 주의 깊게 선택되어야 한다. 각 대상과 세팅에서 이루어진 연구 사례와 각 대상에게 이로운 매체들, 이론적 배경과 근거에 기반한 기법들을 적절히 제공하기 위하여 연구된 내용과 최신 동향에 귀를 기울이고 있어야 한다. 또한 미술치료사들이 연구방법론에도 이해를 가지고 있어야 좋은 연구물을 선택하여 자신이 몸담고 있는 현장에 응용할 수 있을 것이다.

뿐만 아니라, 미술치료사는 단독으로 환자나 내담자를 만나기도 하지만 다양한 세팅에서 일을 하게 된다. 따라서 다른 치료 팀과의 의사소통 능력도 갖추어야 한다. Wadeson은 '미술치료사는 심리치료사 그 이상이 되어야 한다'고 주장했으며, Wynne(2012)은 미술치료사는 단독으로 혹은 동료들과 함께 팀을 이루어 일할 수 있는 자질이 있어야 한다고 하였다. 미술치료사들은 미술치료가 이루어지는 임상 현장에서의 미술치료가 다양한 치료 시스템에서 어디까지 개입을 하는 것이 적절할 것이고 치료적으로 도움이 될 것인가를 이해해야 한다.

이제는 다학제적인 상호 간의 인정이 필요한 시대에 있기에 미술치료사들은 병원을 비롯한 여타 전문기관에서 일을 하며 자신이 속한 현장에서 일하는 스태프와 소통을 할 기회가 많아졌다. 내담자가 속한 임상 현장에서 미술치료만 단독으로 이루어지는 것이 아니라 다른 치료 시스템 속에서 같이 연계되어 내담자에게 치료 서비스가 제공되는 것이 바람직하기에 심리학, 심리치료학, 정신의학 등 인접 학문의 기초 위에서 치료적 목표를 설정해야 한다.

종합하면 전문성을 갖춘 미술치료사는 내담자 군에 대한 올바른 이해와 치료 팀과의 연계 및 소통을 위해서 최신 미술치료적 동향의 궤적을 따라갈 수 있어야 하겠다.

2) 미술치료사의 정체성 확립과 확신

미술치료사는 다른 여타 학문들에 비해 비교적 짧은 역사를 가지고 있지만 미술치료 회기 내에서 일어난 상황에 놀라고 변화를 가져오는 미술치료의 힘 앞에 경이로움까지 느낀다(Kapitan, 2012). 그러나 미술치료에 대하여 강한 의문점이 있다면, 미술치료의 성공적인 결과를 이끌어낸 요인이 무엇이고, 미술치료 경험을 하는 동안 무슨 또는 어떤 인지적, 심리적, 창조적 과정이 일어났는지 그리고 미술치료에서 만들어진 미술작품을 어떻게 이해할 것인지 정확하게 확신을 가지고 설명할 수가 없다는 것이다. 미술치료사가 이러한 모호함을 견뎌내야 하기도 하지만 보이지 않는 현상을 볼 수 있는 눈을 가지고 있어야 한다. 연구가 해답을 줄 수 있을 것이다(Deaver, 2002).

2. 미술치료학 전공에서의 연구

한국은 미술치료가 대학원 중심으로 학문으로서 접근하게 된 지 10년 정도의 역사를 지니고 있다. 미술과 치료라는 단어가 융합된 미술치료는 새로운 심리치료의 유형이며(장연집, 2013) 미술, 심리치료학, 심리학, 정신의학 등이 연계된 새로운 학문이다. 미국의 경우 Margaret Naumburg에 의해서 1950년대에 정신분석적 접근으로 미술이 자유연상을 통한 상징적 대화가 가능한 치료적 기능을 한다는 입장과 Edith Kramer의 승화의 기제와 더불어 치료로서의 미술의 기능이 강조된 입장으로 출발한 지 50여 년이 흘렀다. 그러나 한국은 아직도 신생 학문으로서 정체성의 혼란을 보이고 있으며 학문적 경쟁력이 부족한 상태이다.

학문이란 과학적 연구방법론을 사용한다는 의미를 함축하며 미술치료학으로서 학문적 목표 달성을 위해 그 과정에서 당연히 윤리의식과 책임의식이 수반되어야 한다(장연집, 2003).

연구방법론은 크게 양적연구방법론과 질적연구방법론으로 나누어 볼 수 있다. 연구에 대한 단일 시각으로는 우리가 하고 있는 임상에 대한 모든 면을 설명할 수는 없으므로 미술치료사의 연구 문제에 따라 방법론을 적절하게 선택, 적용하여 풀어내야 한다. 미술치료를 하고 연구를 하기 위한 모든 방법이 미적 대상, 창조적 경험, 치료사와 내담자와의 관계를 포함해서 미적 경험에 대한 물리적 현상을 어떻게 반영할 수 있는지를 관찰하는 것은 흥미로운 일이다. 우리의 이론적 방향이 다르고 치료에 대해서 이야기하는 것이 다르다고는 하지만 일종의 치료적 관계 안에서 물리적으로 보이는 이미지를 만들고 몰입한다는 것에 대해서는 공통적이다.

McNiff(1988)는 미술치료사는 학문적으로 이미지를 보여주고자 하고 치료적 효과를 반영하며 언급하려는 경향이 있다고 하였다. 그러나 미술치료학 연구를 살펴보면 연구방법론에 대한 체계가 부족하다. 미술치료학이 인간을 대상으로 하는 인간과학이므로 새로운 연구방법론에 대한 문제가 제기된다.

서구의 논리적 실증주의는 과학적인 학문의 패러다임을 물리학에서 찾는 철학적 입장을 취한다. 따라서 자연과학, 사회과학, 인문과학은 학문적 추구의 내용이나 방법이 자연과학과 같은 원칙에 입각해야 한다고 보므로 심리학에서는 물리학이나 화학에서 사용되는 기계적 인과법칙에 의한 설명 방법을 적용해야 한다고 본다. 서구의 경우 심리학이 과학적 학문으로 자리 잡기 위해 물리학의 연구방법을 본받는 시도를 하게 되었고 이로 인해 심리학은 오랫동안 실증주의적인 자연과학적 양적연구방법론의 중요성을 강조해 왔다. 미술치료학의 경우에도 예외는 아니어서 자연과학적 양적연구방법론의 연구가 주를 이루고 있으나, 연구방법론 패러다임의 변화가 미술치료학에도 영향을 미쳐서 질적연구방법론의 필요성이 제기되었다. 미술치료사 사이에서도 다양한 질적연구들을 기술하고 추천하는 이들이 있으며(Bloomgarden & Netzer, 1998; Junge & Linesch, 1993), Gantt(1998) 같은 미술치료사는 두 가지 방법론 모두가 요구된다고 하는 관점을 취하는 것이 설득력 있다고 말한다.

질적연구는 깊이 있게 탐구하면서 이론을 구축하는 것이며, 양적연구는 이론을 정교화하기 위하여 가설 검증을 하며, 질적연구를 통해서는 발견할 수 없는 수준의 일반화 가능성을 제시하게 된다(Kaplan, 2013). 그러나 미술치료사의 연구 문제에 대한 정확한 인식에 따라 연구방법론도 달라질 것이기에 어느 방법론을 취하든지 연구 문제와 제대로 된 연구방법론을 적용해서 연구를 하는 것이 중요하다.

1) 미술치료학과 양적연구

모더니즘 이전의 시기에는 논리적 실증주의에 따른 객관화와 수량화를 통한 양적연구가 중시되었다. 양적연구는 이론적 가설을 지지하기 위한 노력으로 특정 가설에 대한 시험으로부터 일반적인 문제 영역에 이르기까지 절차와 연역적인 추론을 사용한다. 예를 들면 미술치료사 겸 연구자는 특정 그림의 특별한 특징과 진단적 범주 사이에 상관관계가 존재하는지 아닌지를 통계적으로 분석하면서 투사라는 일반적인 이론을 탐색한다. 만약 연구자가 과학의 규칙에 부응하여, 충분히 방대하게 수행되어서 중요한 상관관계를 획득하여 "규칙과 패턴을 찾고 원인과 결과의 관계, 변인을 통제하고 측정하는 것"을 일반적으로 고려한 방법론은 양적인 것으로 간주한다(Kapitan, 2012).

미술치료학의 발전과 연구방법론의 발전은 맥을 같이 하는데, 미술치료학이 초기 태동되는 시점에서는 미술치료의 효과성과 효율성을 가시적으로 보여야 했다. 미술치료 개입을 받은 대상군과 미술치료 개입을 받지 않은 대조군 사이에 비교를 하여 효과성을 입증하였다. 또한 미술치료의 개입 전과 후를 비교하여 미술치료 개입이 개인의 우울, 불안, 분노 등의 부정적인 감정을 감소시키는 데 효율적이고 낮은 자존감과 자기표현력을 높이는 데 있어서 매우 효과적이라는 것이 양적연구방법론에 바탕을 두고 입증되었다. 즉 정량적 연구물이 많이 축적된 것과 더불어 미술치료의 양적 성장도 이루어졌다고 볼 수 있다.

또한 미술치료 평가의 타당도와 신뢰도를 높이기 위하여 양적연구방법론은 지대한 공헌을 하였다. 예를 들어 미술치료사이면서 미술교육자인 Silver에 의해서 고안된 DAS(Draw A Story, 이야기 그림 검사)의 경우, DAS 그림의 내용과 우울 간의 상관관계를 밝혀 임상적으로 우울을 판별하기 위한 검사로 입증되었다.

미술치료사 Gantt(1998)는 미술치료사들이 연구에서 통계를 회피하면 잘못된 방향으로 나아갈 수 있음을 지적한다. PPAT(Person Picking an Apple from a Tree, 사과 나무에서 사과 따는 사람 그리기) 그림 검사는 Gantt(1998)에 의해 FEATS(Formal Elements Art Therapy Scale, 형식적 요소 미술치료 척도)를 통해 14개 형식적 척도와 13개 내용적 척도를 바탕으로 점수를 매기도록 되어 있다. 미술치료의 평가가 주관적인 해석이라는 비판을 피하기 위함이다. 수량화 작업을 통하여 PPAT 평가를 여러 대상군, 이를테면 정신분열증 환자, 알츠하이머 환자, 지적장애 아동 등 다양한 이들에게 실시하여 반응 특성을 밝히려는 연구는 현재도 양적연구방법론에 의해서 진행되고 있다.

또는 특정한 정신질환과 관련된 시각적 징후들을 감지해내고자 하는 경우도 양적연구방법론이 쓰여야 한다. 이처럼 양적연구방법론은 미술치료의 평가와 효과성 입증의 영역을 세우는 데 도움이 될 것이다.

2) 미술치료학과 질적연구

궁극적으로 과학은 지식을 추구하지만 모든 지식이 실험을 통해서만 나오는 것은 아니다. 연구란 새로운 발견과 재발견을 하고 기존 지식을 확인하거나 반증을 하는 것이다. 여러 사건을 통제하고 예측하며, 이론의 발전 내지는 수정의 수단으로 사회 내에서 결정적으로 중요한 역할을 한다.

그러나 인간은 '의식'이 있는 대상이므로 물리학과 동일한 접근을 사용하여 연구하는 것은 충분하지 않으며, 주관적인 의미를 받아들여야 그 사람의 현상에 대해 제대로 알 수 있다.

장연집(2005)은 질적연구에서는 주관적 의미를 객관적으로 이해하는 것이 가능하다고 보았다. 정량학적인 자연과학의 논리가 아니라 현상 자체, 마음을 다루는 미술치료학은 문맥상에서 암시적인 것을 찾아내서 명시적으로 명확하게 드러냄으로써 더욱 확실하게 이해할 수 있다. 근래에 와서 관심을 기울이게 된 질적연구 접근법은 심리학에서 커다란 변화가 생겼듯이(장연집, 2005), 미술치료학도 예외는 아닐 것이다.

질적연구에서는 전통적인 방식대로 지식을 모으거나 원인이 될 만한 것을 설명하는 것보다는 이전의 인간과학 분야에서 잘 다루려 하지 않았던, 인간이 경험한 삶의 단면이나 행동의 일면에 놓여 있는 의미를 탐색하고 이해를 증진하는 데 관심을 두고 있다. 참여 관찰, 인터뷰 기법, 연구 참여자 관련 일대기, 일지, 사건 등을 이용하여 자료를 수집하고 자료의 지속적인 비교를 통해 경험의 본질적 의미를 해석하는 데 초점을 두며 이론의 개발에 중점을 둔다.

질적연구방법론 중 현상학적 연구는 인간의 경험을 설명하거나 예측하는 데는 관심이 없지만 세계를 직접 접촉함으로써 갖게 되는 실제적인 통찰에 관심이 있다. 미술치료에서 현상학적 연구는 내담자들이 자신들의 생생한 경험과 접촉할 수 있도록 그들 자신의 행동, 사고, 감정, 반응, 통찰 그리고 창조된 의미 있는 미술적 표현을 살피도록 내담자를 안내하는 미술치료와 닮아 있다고 볼 수 있다. 미술치료의 영역에서 미술치료사가 미술치료 회기 중 경험하는 것은 미술치료의 다양한 현상을 생생하게 보고하는 것이며, 이러한 체험이 쌓일 때 미술치료의 이론이 될 수 있다. 기존의 양적연구에서 다루어질 수 없었던 미술치료의 연구 문제들, 즉 슈퍼비전, 미술치료사의 치료 회기 내 경험, 내담자의 미술치료 체험, 미술치료 교과목 이수 경험 등은 질적연구방법론을 통해 다루어질 수 있다.

국내의 경우, 이미 2000년 초부터 미술치료에서 질적연구가 S전문대학원의 석·박사 전공생들의 학위 논문을 중심으로 이루어졌다. 당시만 해도 양적연구에 젖어 있던 실정이어서 학술지 발표에도 질적연구는 연구로서 부적합 판정을 받는 경우도 있었다. 그럼에도 불구하고, 간호학계를 중심으로 질적연구방법론이 토양을 다지는 가운데 미술치료계에서도 질적연구가 이루어지고 있었던 것이다. 당시 질적연구의 선봉에 서 계셨던 지도교수님으로부터 수업을 듣는 중에 "양적연구에서 말하는 일반화가 질적연구의 방법론 중 하나인 인터뷰를 통해서 사람들의 경험을 일반화하는 건가요?"라는 질문을 했던 것이 기억난다.

질적연구를 처음 접했던 때의 느낌은 지금도 선명하다. '연구자가 주관적으로 결과를 만들어내는 것은 아닌가?', '이것을 과연 연구라고 할 수 있는가?'라며 의문에 가득 차 있는 상태로 수업을 듣고 학회에 참석했었다.

질적연구 월례회에서의 경험을 나누고자 한다. 연구자가 자신의 연구 문제에 맞는 연구 참여자를 선정할 수 있다는 교수님의 말씀에 더더욱 이해할 수 없었다. 무작위로 연구 대상을 선정하는 양적연구와는 다른 표본 추출법이어서 다시 질문을 했다. "어떤 연구 참여자를 선정해야 하나요?" 돌아온 대답은 이랬다. "자신의 경험을 잘 말해 줄 수 있는 사람입니다."

연구 참여자를 한 사람, 한 사람 만날 때마다 그들이 들려 주는 이야기에는 실제 경험하는 '현상'이 담겨 있었다. 연구자의 선입견을 '판단 중지'하는 과정은 훈련의 연속이기도 했다. 연구자의 선이해로 다시 돌아가서 점검하고 다시 질문으로 들어가고, 그들의 이야기를 해석할 때에도 이러한 연구 과정은 계속된다.

성과 중심의 양적연구에서 벗어나 과정 중심의 질적연구를 수행하기 위해 연구자는 기존의 측정에서 이해로, 원인 규명에서 의미 추구로, 그리고 통계적 분석에서 의미 해석으로, 연구 대상자에 관한 것과 함께 연구 참여자를 위한 것으로, 관심의 초점을 달리해야 한다(장연집, 2005).

질적연구의 연구 과정은 마치 수도자의 과정과도 흡사하며, 냉철한 머리와 따뜻한 가슴을 동시에 유지해야 한다. 질적연구를 수행한 연구자들이나 참여자들은 연구 경험 기간이 성숙과 통찰의 기회가 되었다는 보고를 많이 한다. 질적연구방법론은 미술치료학의 질적 성장을 이루는 데 역할을 할 것이다.

3. 미술치료학 전공 석 · 박사 학위청구논문 작성의 체험

미술치료 대학원 전공생들로서 학위 논문을 쓰는 과정을 나누고자 한다. 이들은 석사 · 박사 과정생으로서 미술치료사 자격을 갖추기 위하여 필요한 인접 학문과 관련된 교과목들을 이수하고 연구자로서 학위 논문을 작성하였다. 미술치료사를 준비하는 과정 중에 학위 논문을 쓰는 연구자로서의 역할을 감당하는 석 · 박사 과정생으로서의 연구 경험은 전문가로서의 면모를 갖추는 과정을 볼 수 있게 해 준다. 앞으로 이 길을 가는 이들에게 길을 제시해 줄 것으로 기대한다.

1) 석 · 박사 학위논문 준비 기간 체험

미술치료학 전공의 석 · 박사 과정생들은 학위 논문을 쓰기까지 학점 이수, 임상 실습과 더불어 논문을 쓸 자격을 얻는 종합시험을 치러야 하며, 그 밖에 지도교수가 이끄는 연구회를 통한 경험을 하게 된다.

(1) 학위 논문 작성 자격을 얻기 위한 종합시험

미술치료 전공 대학원생들은 학위 논문을 쓰기 전에 학기 중에 이수했던 과목들 중 3과목의 시험을 통과해야 한다. 그 시험은 종합시험이라고 불리는데, 학위 논문 작성을 할 수 있는 자격이 주어지는 시험이다. 종합시험의 준비에서부터 학위 논문 작성의 서막이 올라가는 것과 같다. 다음 글은 석사학위 과정 졸업생의 종합시험에 관한 경험 글이다.

석사 2학기부터 연구방법에 대해 배우고 공부하며 석사 논문에 대한 준비를 나름 했었다. 석사 논문 주제를 정하고 쓰는 것에 대한 막연한 설렘과 기대감도 갖고 있었던 것 같다. '내가 연구라는 것을 드디어 해 보는구나. 내가 석사 논문을 쓰게 되다니.' 올림픽에서의 마지막 결승전에 올라가는 떨리는 마음으로 마지막 학기를 맞이했다. 먼저 논문을 쓴 선배들의 이야기를 들었을 때 혼자 논문을 써야 하는 상황이 외롭고 어려웠다고 말했던 것을 느끼지 못하게 나는 지도교수님의 논문 지도 수업을 통하여 세밀한 지도를 받으며 논문을 쓰기 시작했다. 매주 지도교수님을 뵙는 것이 긴장이 되기도 했지만 힘이 더 많이 되었고 깊은 감사의 마음과 보살핌이 논문에 대한 열의로 이어졌던 것 같다. 교수님의 은혜에 보답하고 싶은 마음과 현 학기에 논문을 쓰고 싶다는 욕심이 커져서 열심히 논문 주제에 대해 파고들었다.

그러던 내게 계획하지도 않았던 브레이크가 걸렸다. 석사학위 과정생들에게 졸업을 위한 의례적인 절차처럼 여겨졌던 종합시험의 한 과목에서 과락을 하게 된 것이다. 논문심사청구 신청서를 제출하기 일주일 전에 알게 된 종합시험의 결과는 정말 나를 멘붕!에 빠지게 만들었다. 인터넷에서 결과를 보고 한동안 아무 말도 하지 못하고 멍하니 있었던 것 같다. 떨리는 마음이 진정이 되지 않았다. 동료들 사이에서 농담처럼 주고받던 '종합시험에 떨어지는 사람이 의외로 많대'라는 말이 주마등처럼 스치며 내가 그 대상이 되었다는 것이 믿기지 않았다. 가장 먼저 지도교수님과 부모님의 얼굴이 스쳤다. 나를 응원하고 도와주는 분들에게 실망감을 안겨드릴 것을 생각하니 덜컹 가슴이 내려앉았고 이런 내 자신이 너무 화가 나고 부끄러웠다. 교수님께 결과에 대해 말씀드리는 메일을 쓰며 하염없이 울었던 것 같다. 이제는 진정이 되어 내 자신에 대해 다시 되돌아보고 있다. 자기관리가 미흡했던 점들을 반성하며 연구자의 자세에 대해 다시 한 번 깊게 생각해 보는 시간이 되는 것 같다. 지금은 새로운 마음과 새로운 자세로 내가 쓰고자 하는 연구 주제에 대해 다시 바라보며 쓰려고 한다. 연구 참여자들의 인터뷰 내용들이 새롭게 다가오며 진정성 있는 논문을 쓰려고 노력하고 있다.

내게는 트라우마와 같은 종합시험이지만, 전화위복의 기회가 되어 진정성을 가진 연구자로 다져지고 더욱 성장하기를 소망한다.   (참여자 54)

(2) 연구회 참여

미술치료학 전공 대학원생들은 학위 논문을 준비하고 연구자의 자세를 갖추기 위하여 연구회에 자발적으로 참여하게 된다. 지도교수가 이끌지만 학생들의 열정으로 유지된다고도 할 수 있는데, 이 연구회를 통하여 예비 논문들이 계속 발표되고 지도교수와 동료들의 피드백이 오고 가면서 자연스럽게 논문을 쓰기 위한 준비 과정이 된다. 물론 모든 미술치료 대학원에 연구회가 있는 것은 아니다. 다음 글은 이러한 연구회 참여 경험에 관한 것이다.

논문에 대해 자문하고 배우며 나눌 수 있는 선배들과 동기들을 한 팀으로 묶어 준 시스템은 굉장히 유익하고 아무것도 모르는 우리 후배로서는 그나마 한 줄기 빛과 같은 다행스럽고 감사한 일이다. 월 1회 모임 외에도 연구방법 교육 및 논문을 쓰기 위한 시작점을 찾는 데 실질적인 도움을 주신 분들은 같은 팀 선배들이었다. 질적연구 수업을 듣고 있는 지금도 무엇부터 어떻게 시작하는 것인지 막연하기만 하다. 우리보다 앞서 논문을 써 내려가는 과정 중에 있었던 선배, 강의 및 슈퍼비전 형식으로 질적연구방법에 대해 시간을 내어 가르쳐 주신 박사 선생님, 막막했던 실마리를 조금씩 풀어 나가는 과정에 함께 있어 준 동기들이 심적으로도 큰 위안이 되었다. 팀장님은 어떤 연구 방향을 잡을지, 어떤 주제가 적합한 것인지, 관련 자료를 어디서 모을 수 있는지 등에 관한 정보를 여쭐 때마다 좋은 방향을 알려 주셨다. 이러한 과정이 앞으로의 연구회 모임 발표를 이해하기 위한 거름이 되어 주었고, 선배들보다 좀 더 빨리 논문 주제에 대해 고심해 볼 수 있는 기회와 시간을 얻은 느낌이 든다.

(참여자 21)

(3) 관심 연구 주제 찾아가기

미술치료 전공의 석 · 박사 학위 과정생들은 학위논문을 작성하기 위해 자신의 관심사가 무엇인지 끊임없이 묻고 대답하는 시간들을 갖는다. 관심 있는 영역을 추려 나가며 연구 주제에 도달하기까지 이들의 사고의 흐름을 따라가 본다.

학위 과정 중 관심 주제를 찾는다는 것은 어쩌면 아주 힘든 일인지도 모르겠다. 내가 무엇에 관심이 있고 무엇을 연구하고 싶은지는 곧 나의 정체성과 연결되기 때문이다.

석사 과정을 이수하는 것과 졸업하는 것이 구분되어 있는 이유도 아마 여기에 있는 듯하다. 공부를 하고 임상실습을 하고 나를 만나고 성장하는 과정을 통해 석사 과정을 이수했다면 연구 주제를 만나서 어떤 미술치료사로 나아갈 것인지 첫발을 떼는 연구물이 나왔을 때 비로소 석사 졸업생이 되는 것이라는 생각이 든다. 하지만 그런 일련의 과정을 2년이라는 시간 동안 하는 것은 나에게 힘든 일이었다. 어쩌면 실패를 경험할 시간이 없었다는 것이 더 맞는 말인지도 모른다. 나의 석사 시절을 돌아보면 한 번 주제가 엎어지면 다시는 쓸 수 없을 것 같은 두려움이 있었다. 하지만 주제가 수정되기도 하고 변경되기도 하고 엎어지기도 하는 과정을 통해 배우는 것도 많았다.

또한 관심을 가진 주제를 만나고 그것을 연구와 연관 지어 연구자의 눈으로 바라보고 사고하는 과정이 하나로 흘러갈 때 연구물이 나오게 되는데, 지금 와서 생각해 보면 내가 관심 가는 주제가 과연 연구로 연결될 수 있는지에 대한 기준이나 판단 자체가 석사 과정에서 미흡했던 것 같기도 하다. 석사 논문은 첫 논문을 발간했다는 것 자체가 큰 의미를 갖는다고들 하는데 그 뜻을 되새기게 된다. 써 봐야 알게 되는 것들이 분명히 존재하기 때문이다.

관심 연구 주제를 떠올리기 전에 나는 내가 어떤 사람이고 어떤 경험을 가지고 있으며 어떤 사람이 되고 싶은지를 먼저 생각해야 했다. 그것이 나의 지도교수님이 연구 주제를 만나게 인도해 주신 방법이었던 것 같은데 어쩌면 가장 쉽고도 진솔하고 간결하며 명확하게 나의 관심 주제를 만나는 방법이었던 것 같다. 이 과정에서 무엇보다 중요한 것은 단순한 호기심과 정말 내가 관심이 있는 주제를 구분하는 것이었다. 뭐 어렵나 싶지만 이것을 구분해 낼 수 있는 필터는 오로지 나에게 있기 때문에 오랫동안 고민하고 동료나 지도교수님과 심층적인 대화를 통해서 스스로 발견해야 했다.

연구 과정은 너무나 힘들고 외로웠다. 그렇기 때문에 내가 관심 있고 궁금해하는 주제가 아니면 쉽게 지치고 포기해 버리고 싶었을지도 모른다. 그렇지만 운명의 짝과 같은 주제를 만났을 때 척박한 연구 과정에서 소소한 재미와 즐거움을 발견할 수 있다는 생각이 든다. 결과적으로 내가 석사 학위를 받을 수 있었던 것은 이 과정에서 운이 좋게도 관심이 있는 주제를 만났기 때문이다. 그리고 박사 과정을 하고 있는 지금, 많은 연구물과 만나고 임상을 하며 또 다른 운명의 짝을 만나려 한다. 이상형이 바뀌듯 관심 주제가 변하기도 하지만 깨어 있고 살아 있는 나와 잘 맞는 주제를 만날 것이라 믿고 있다.　　　　(참여자 5)

◆◆◆◆◆

처음에 대학원에 들어올 때 관심 연구 주제는 아동·청소년이었다. 우울 아동, 따돌림을 경험했던 아동, 가출 및 품행장애 청소년들에게 관심과 마음이 가서 미술치료를 배워 보고 싶고 그런 쪽으로 일하고 싶다는 생각으로 지원을 했었다.

대학원 공부를 하면서, 또 실습을 하게 되면서 연구 주제가 처음 대학원을 지원했을 때와는 다르게 바뀌었다. 아무래도 현재 나가고 있는 실습지와 그 내담자 쪽으로 연구 주제를 정하게 되는 것 같다. 3학기 때 연구 주제를 결정하기는 하지만 2, 3학기 때 실습지의 경험으로 정하게 되는 것 같아서 처음 실습지를 정하는 것이 중요하다는 생각을 하고 있다.

지금은 현재 나가고 있는 실습지 중에서 연구 주제를 찾고 있다. 소아암 병동 쪽으로 생각을 하고 있어서 겨울방학 동안 소아암 병동, 어린이 병원학교 미술치료에 관한 논문들을 읽고 있다. (참여자 56)

◆+·◆·+◆

청소년기를 질풍노도의 시기라고 일컫는다면 중년의 시기에는 '위기'라는 말을 붙인다. 실제로 건강보험심사평가원에서 우울증을 호소하며 치료받은 40~50대는 2008년 18만 7,037명에서 2010년에는 19만 8,880명으로, 2013년에는 22만 3,537명으로 매년 증가했다는 통계가 있다.

중년기는 삶의 주기에서 많은 변화들이 생기는 때인데, 신체적인 변화로는 행복 호르몬이라 불리는 세로토닌이 감소하기 시작하며, 더불어 사회적 지위의 변화, 자녀들의 독립으로 인해 가정의 구조도 변하기 시작하면서 점점 중년들은 자신의 가정에서의, 그리고 사회에서의 지위, 삶의 가치관 등 다양한 부분을 뒤돌아보게 된다.

실습지를 구하면서 청소년센터, 노인센터, 아동센터는 봤지만 중년층을 위한 상담센터는 찾는 것이 쉽지 않았다. 하지만 노년기에 접어들기 전, 중년기는 노년기를 준비하는 시기로 매우 중요한 시기라고 생각한다. 특히 한국의 어머니들은 외국의 어머니들과는 다른 특이점이 있고, 이러한 특이점으로 인해 한국의 어머니들은 자신보다는 자녀, 가족을 더 많이 챙기며 지내셨다. 서양의 어머니와 한국의 어머니를 관찰했을 때 그 차이점은 명확히 드러난다.

우리가 자녀의 문제에 빠져서 헤어나지 못하고 자신의 문제와 자녀의 문제를 구별하지 못할 때, 서양의 어머니들은 자녀의 문제를 냉철하게 파악하려고 거리를 두려고 한다는 것이다. 고3 자녀를 둔 한국 어머니들의 우울증이 서양의 어머니들에 비해 많은데, 이 또한 자녀의 문제와 자신의 문제를 구별하지 않기 때문이라고 한다. 한국의 어머니들이 나쁘다는 것이 아니다. 문화가 다르기 때문에 이러한 현상이 생긴 것인데, 한국 여성의 심리 구조라는 책에서는 이를 개인 단위가 아닌 포함 단위라고 설명하기도 한다. 서양은 개인주의가 더 발달해 있지만 우리나라는 공동체성이 더 강조된 문화이며 어머니 개인보다는 어머니라는 공동체적 위치가 더 많이 강조된다.

특히 현재 중년의 시기를 겪고 있는 세대들은 새마을 운동과 경제적 성장, 민주화, 그리고 IMF라는 경제적 위기를 겪으면서 자신의 자아실현 및 스스로를 돌보기보다는 사회의 변화에 맞추어서 그리고 자녀들의 꿈을 위해 희생하며 살아왔다. 그렇게 달려오던 중년들이 자아와 대면하는 것은 어려운 일이다.

그리고 자녀가 독립을 하면서 자녀에게 쏟았던 애정만큼 쓸쓸하고 공허함이 많이 들 수도 있다는 생각도 든다. 그리고 이런 신체적 · 사회적 변화로 우울증을 겪을 수 있으며, 이러한 시기에 이젠 중년기라는 시기가 쇠퇴하는 시기이기보다는 또 다른 자아실현의 기회임을 알려줄 수 있으면 좋겠다.

(참여자 26)

2) 석 · 박사 학위논문으로서의 질적연구 수행 체험

미술치료학 전공의 석사학위청구논문에서 활용되는 연구방법론은 크게 양적연구와 질적연구로 나누어 볼 수 있다. 다음 글들 중 일부는 질적연구방법론을 선택하여 학위논문을 제출하고 학위를 수여받은 졸업생이 작성한 것이다.

(1) 석사학위 논문 작성의 전 과정에 관한 체험

지도교수로부터 석사학위청구논문의 지도를 받은 졸업생이 논문 지도의 체험을 다음과 같이 적고 있다.

나에게 석사학위청구논문을 작성하는 일은 정말 고되고도 험난한 여정이다.
특히 내가 현재 수행하고 있는 질적연구방법은 끊임없이 생각하고 그 생각을 곱씹고 분류해내야 하는 과정을 요구하기 때문에 초보 연구자에게 가혹할 만큼 무리한 작업이라는 생각마저 든다. 그래서일까? 힘들다고 투정을 부렸었다. '아, 지금의 나한테는 무리야. 수료 후 5학기나 6학기에 쓰고 싶다' 하면서 연구계획서를 재촉하시는 교수님을 피해 다니기 일쑤였다. 하지만 한편으로는 이런 생각이 들었다. '교수님은 왜 그렇게 우리 논문에 신경을 쓰시는 거지? 사실 교수님이 우리를 꼭 논문을 쓰게 해야 되는 것도 아니고… 우리가 논문 안 쓰면 지도 안 해도 돼서 더 편하실 텐데…' 하지만 이렇게 의문을 느끼면서도 논문을 써야 한다는 부담감에만 압도되어 더 깊은 생각을 할 여유가 없었다.

그러던 중 연구에 대한 강의를 들을 기회가 있었다. 강의 내용 중 초보 연구자를 가장 힘들게 하는 것은 '내가 올바른 길로 가고 있는지에 대한 불안감이다'라는 내용이 있었는데, 이 말이 갑자기 가슴에 확 꽂혔다. 논문을 쓰면서 연구 주제를 정하는 게 힘들고, 연구 참여자가 없고, 참고할 자료가 없고… 이런 면들이 힘들다고는 느꼈지만 '불안감' 때문에 힘든 적은 없었다. 우리가 이래서 힘들고 저래서 힘들다 할 때는 언제나 옆에서 조언해 주시는 지도교수님이 계셨기 때문일 것이다. 이런 생각에까지 다다르자 복에 겨운 줄 모르고 투정만 부리며 감사할 줄 몰랐던 자신이 한없이 부끄러워졌다.

아직도 논문을 쓰는 과정 중에 있기 때문에 한숨을 돌릴 여유도 없지만, 철없는 제자들을 올바른 길로 인도해 주려고 노력하시는 열정 가득한 지도교수님 덕분에 차근차근 논문을 준비 중에 있다. 숨이 차 헐떡이면서도 잘 그려진 레일을 따라 조심스레 달려가며 결승선을 눈앞에 두고 있다.　　(참여자 53)

❖⋯❖⋯❖

미술치료학 석사학위 과정에 입학하던 순간부터 학위 논문에 대한 중요성을 배워 왔다. 신학기의 학생이었던 나에게 학위 논문은 먼 이야기처럼 들렸지만 어느덧 마지막 학기가 되었고 매주 지도교수님의 곁에서 논문 지도를 받는 예비 졸업생이 되었다.

신학기 때 배정받은 '지도교수님'에 대한 개념을 처음에는 알지 못했다. 논문 학기가 시작되고 매주 만나 뵙고 논의하는 논문 지도가 시작되었다. 처음에는 나에게는 너무 멀고 커다랗게 느껴졌던 분과 가까이서 마주한다는 것이 두렵고 쑥스러웠고 어려웠다. 논문 진행 현황에 대해 보고하고 피드백을 받을 때면 마치 숙제 검사를 받는 어린아이가 된 듯한 느낌이 들었다. 이러한 부담감은 초반 논문 지도 과정을 '검사 받기'로 전락시켰다. 그러나 논문 지도 시간이 거듭되고 부담감이 줄어들면서 논문 지도 과정은 나에게 유익한 시간으로 다가오기 시작했다.

질적연구 논문을 쓰다 보면 연구 참여자로서 타 대학원의 미술치료학 전공 석사학위 과정생들을 만날 기회가 많다. 대부분의 타 대학원 연구 참여자들은 질적연구에 관심이 있고 논문을 쓰고자 하는 이들이었고, 나의 논문 지도 현황에 대한 궁금증들을 질문하였다. 논문 지도에 대한 이야기를 나누다 보면 대학원마다 상이한 광경이 놀라웠다. 그러면서도 나는 매우 안전한 틀 안에서 논문을 완성해 가고 있다는 생각을 하게 되었다.

마지막 학기의 중반에 접어든 지금, 논문 지도 기회가 얼마나 값지고 소중한가를 절감한다. 논문 지도 시간에 조금이라도 더 묻고, 더 얻고자 지도교수님께 매달리는 나를 본다. 나에게 남은 시간을 계산하며 바쁘게 달리다가도, 문득 논문 지도에 대한 지도교수님의 성의와 열정에 감사하게 된다. 처음에는 부담을 주었던 논문 지도 시간은 나에게 더 잘하고 싶은 마음을 샘솟게 하는 원동력이자, 안정감을 주는 소중한 기회가 되었다.   (참여자 55)

(2) 박사학위 논문 작성의 전 과정에 관한 체험

미술치료학 전공 박사 졸업생이 박사학위 과정에 입학한 이후로 논문을 쓰며 학위를 받기까지의 전 과정을 그림과 이에 관한 글을 통해 표현하고 있다.

❖➤➤•◆•◀◀

박사학위 논문을 써야 할 시기가 점점 다가왔다. 얼음처럼 얼어붙다가도 그동

▲ **그림 11.1** 논문 쓰기 과정 첫 번째 단계 : 아, 뭘 어떻게 해야 하지?(참여자 51), 종이에 연필

안 학위 과정 중에 공부한 것을 이것저것 들었다 놨다 하며 마음만 분주했다(그림 11.1).

처음 박사 과정에 입학할 당시만 해도 미술치료학에 대한 개념도 잡히기 전에 이미 소위 말하는 '훌륭한 논문', '멋있는 논문', '번드르르한 논문'을 쓰고 싶었다. 논문을 쓰기도 전에 마음만 앞섰다. 내 마음은 이미 왕관을 쓰고 띠를

▲ **그림 11.2** 논문 쓰기 과정 두 번째 단계 : 정말 최고의 논문을 쓸 거야!(참여자 51), 종이에 연필

▲ **그림 11.3** 논문 쓰기 과정 세 번째 단계 : 자료를 찾아서(참여자 51), 종이에 연필, 포스트잇

두르고 노벨상 같은 상을 받은 것처럼 미술치료학계의 저명한 학자가 되어 있었다(그림 11.2).

연구에 대한 개념도 부족하고 연구방법론에 대한 이해도 부족하고 미술치료의 학문적 배경도 부족하지만 일단 책상에 앉았다. 자료를 모으고, 모으고, 또 모았다. 노트북도 컴퓨터도 2개씩이나 켜 놓았다. 자료 모은 것만으로 마음이 부자가 된 것 같았다(그림 11.3).

자료 수집을 어느 정도 하니 다 할 수 있을 것 같았는데, 연구 참여자들과의 인터뷰와 전사가 끝나고 나니 벌써 지쳤다. 철퍼덕 누워버렸다.

포기하고 싶었고 다음 해로 미룰까 고민한다. 못 하겠다. 글발도 약하고, 자료 수집도 다시 해야 할 것 같고, 필요없는 자료만 가득한 것 같고, 자료를 쓰려니 내 논문에 필요한 자료들이 아니라 내가 평소에 궁금했던 것들뿐이다. 논리력도 부족하다. 멍하다. 안 하고 싶다. 그만두고 싶다(그림 11.4).

한 줄 한 줄 써 내려가자니 마치 거대한 돌을 한 점씩 정으로 쪼아내는 조각가의 심정이 되었다. '팅, 팅' 정과 망치가 부딪치는 소리가 맑고 청명하다. 손에 감이 올 때가 있다. 그때는 돌이 잘 떨어져 나간다. 잘못 맞을 때도 있다. 그러면 큰일이다. 쩍 하고 돌이 갈라지기라도 하면 처음부터 다시 해야 한다.

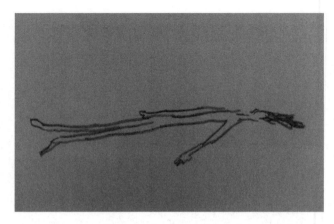

▲ **그림 11.4** 논문 쓰기 과정 네 번째 단계 : 포기하고 싶어(참여자 51), 종이에 연필

논문 글쓰기도 마찬가지. 실컷 썼는데 어떤 문장은 잘 써진 것 같다. 논리가 맞는 것 같다. 어떤 문장은 실컷 써 놓고도 다 삭제해야 할 때가 있다. 반복. 반복. 잘 쓸 것 같다가도, 그로기 상태가 되고, 잘 쓰다가도 엉뚱한 방향으로 가기도 하고, 다시 자료를 모으다가, 만리장성을 쌓기도 하고, 다시 허물다 보면 어느새 논문이 길을 잡아 간다. 겸손이란 걸 배우게 된다. 감사하다(그림 11.5).

(참여자 51)

▲ **그림 11.5** 논문 쓰기 과정 다섯 번째 단계 : 돌을 깎는 심정으로 (참여자 51), 종이에 연필

제12장

미술치료학에서 다루어진 질적연구

김시내, 장연집, 이지윤, 최호정

1. 임상미술치료 전문가가 되기 위한 준비 과정 체험 연구[1]

1) 서론

국내 미술치료 영역은 정신건강에 대해 관심이 높아지면서 수요가 급증하게 되고 빠른 속도로 성장하고 있지만 학문적 기반이 확립되고 성장하기에는 그 역사가 짧다. 그러므로 최근 들어 미술치료사의 전문성에 대해 구분해내고자 하는 노력들이 생기고 미술치료사들도 자신의 전문성 확보를 위해 힘쓰고 있음에도 불구하고, 여전히 배출되고 있는 미술치료사의 전문성은 혼재되어 있다.

전문성을 갖추려면 미술치료사는 미술 표현의 심오함을 다룰 수 있어야 하고, 본질적으로 타인에 대한 돌봄과 민감성과 관련된 능력, 인간 조건에 대한 지식을 통한 깊이 등이 요구되며, 충분한 슈퍼비전 아래 현장실습과 인턴십 또한 필요하다(장연집 외 역, 2012). 이러한 과정을 통해 미술치료사는 자신의 회기를 책임지고 미술치료사인 자신과 환자를 보호할 수 있는 능력을 갖추어 간다. 이는 임상

---

[1] 이 글은 '임상미술치료 전문가가 되기 위한 준비 과정 체험 연구'(김시내, 장연집, 2013, 한국심리치료학회지. Vol. 5, No. 2, 13-34)의 일부 내용이며, 한국심리치료학회로부터 출판 허가를 받았다.

미술치료에서도 마찬가지이며, 많은 변수가 일어나는 임상미술치료 현장에서는 미술치료사의 요인이 더욱 강조되어야 한다.

현재 미술치료 교육은 대학원 석사 과정에서 이루어지지만, 미술치료 전공이 현장의 치료사나 치료 전문가를 교육시키는 데 목적을 두고 교과과정을 운영하는 전문대학원에 설치되어 있는 경우를 제외하고는 국내의 경우 대부분의 미술치료 전공은 특수대학원에 개설되어 있기 때문에(장연집, 2009) 학문적인 경쟁력이 강하지 않다(김시내, 2010). 특히 임상미술치료는 미술치료를 받기 원하는 대상자를 중심으로 나눈 네 가지 미술치료 영역 중, 정신과 환자를 위해 실시하는 것으로 오늘날 다루어지고 있는 다양한 미술치료의 효시이다. 이는 치료자 중심이고 구조화된 접근을 실시하는 임상미술치료는 심리학과 심리치료에 철저한 학문적 기반을 요구하며, 훈련은 다른 유형에 비해 가장 강도 있게 이루어지게 된다(김시내, 2011; 장연집, 2009). 그러므로 임상미술치료의 전문가 양성은 국내 미술치료의 중요한 과제이다. 하지만 전문대학원만이 유일하게 정신과 임상실습의 과정을 한 학기 이상 포함하고 있다.

뿐만 아니라 미술치료 자격이 학회나 협회 등 사설 기관을 통해서도 주어지므로 철저하게 공부해 온 사람과 그렇지 않은 사람들이 혼재되어 배출된다. 2009년 보건복지부에서 인정하는 미술치료 자격 기관은 총 9개로 그중 미술치료 전문가 과정은 (사)한국미술심리치료협회의 미술심리치료 전문가, 한국임상치유예술학회의 예술치료 전문가와 명예 예술치료 전문가 등이 있다. 하지만 시간이나 기간이 명확하지 않으며, 대상을 중심으로 한 미술치료의 네 가지 영역의 전문가를 구분해 놓고 있지 않다. 그러므로 이러한 기관의 자격증이 철저한 학문적 기반을 바탕으로 한 경험의 축적이 요구되는 임상미술치료의 전문가 자격을 확인해 주기는 어렵다.

이처럼 국내 임상미술치료 전문가 양성에는 어려움이 있으며 그 기준이 명확하지 않고 각각의 대학원과 사설 기관마다 임상미술에 대한 정의를 다르게 하고 있어서 임상미술치료사의 정의 또한 모호하다.

미국은 미술치료학회(AATA)에서 수년에 걸쳐 교육과 미술치료 전문 자격 등에 관한 기준을 다듬어 왔다. 최근에 등록된 미술치료사(ATR)가 주요한 자격이 되었고, 슈퍼비전 아래 미술치료 석사 과정이 요구되며 (1,500시간 이상의) 미술 치료 실습이 필요하다. 미술치료사들은 ATR 자격증을 받은 후 현장 경험을 쌓고 시험을 거쳐 공인된 자격(ATR-BC)을 얻는다(장연집 외 역, 2012). 미국의 경우에 는 미술치료학회가 미술치료 전문가를 발굴하고 있으며 그 기준도 명확하다. 하 지만 아직 국내에서는 이들을 전문가로 양성하기 위한 기반이 약할 뿐 아니라 자 격에 대한 인증기관도 없다.

임상미술치료를 하게 되는 시기는 미술치료사마다 각각 다를 수 있고 하게 되 지 않을 수도 있다. 하지만 Wadeson(2012)은 미술치료가 가장 많이 사용되는 곳 은 병원의 정신과 병동과 외래 환자를 위한 세팅일 것이라고 말하고 있으며, 국 내에서도 점차 그 수요가 늘어나고 있다. 여전히 종합병원에서는 임상실습생과 자원봉사자가 주를 이루고 있지만, 1 · 2차 신경정신병원에서는 정규직의 미술치 료사를 두거나 유급 미술치료사를 고용하고 있는 추세이다. 그렇기 때문에 임상 미술치료에 대한 올바른 이해와 임상미술치료사의 정체성 확립을 위해서는 미술 치료를 하고 있는 미술치료사를 비롯하여 교수진, 학회나 협회의 미술치료 전문 가, 정신건강 전문가들이 임상미술치료에 대해 인식할 수 있는 다양한 기회를 제 공하는 것이 요망된다.

최근 들어 임상미술치료와 미술치료사를 연구하는 움직임이 일어나고 있지만, 아직 미흡한 실정이다. 학위를 가진 미술치료사들이 임상 현장에서 전문가로 자 리를 잡아 가는 가운데 임상미술치료의 중요성을 인식하고 정신질환자를 대상으 로 이루어지는 임상미술치료의 현실과 미술치료사들의 체험에 관한 연구가 계속 이루어져야 할 필요가 있다(방아람 외, 2012).

본 연구는 임상미술치료에서 전문가가 되고자 하는 미술치료사의 체험을 기술 함으로써 체험한 것들을 생생하고 심도 있게 다루어 그들의 경험을 보다 잘 전달 하고자 한다. 이는 정신과에서 진단을 받은 환자를 만나서 임상미술치료를 하게 될 때, 사전 지식을 습득하여 준비도를 갖고 임할 수 있도록 도움을 주기 위한 목 적을 가지고 수행되었다. 그리고 임상미술치료사가 임상 현장에서 자리매김하는

데 역할을 할 것이며, 나아가서는 임상미술치료 전문가 과정을 구축하는 데 초석이 될 수 있다.

또한 학문적 역사가 짧고 성장 과정에 놓여 있는 임상미술치료에 관한 기초적인 체험적 자료가 필요하며, 이 같은 자료는 임상미술치료사뿐 아니라 임상미술치료 현장과 관련한 정신건강 전문가들에게 전문가가 되고자 하는 임상미술치료사의 체험을 알리는 유용한 정보 제공을 할 수 있고, 임상미술치료 현장의 환경 개선을 촉구할 수 있다.

본 연구의 연구 문제는 '임상미술치료 전문가가 되기 위해 준비하는 과정에 있는 미술치료사가 임상 현장에서 하는 체험의 본질과 그 의미는 무엇인가?'이다.

본 연구에서는 미술치료사가 임상미술치료 전문가가 되기 위해 준비해 가는 과정에 대한 체험의 의미와 본질을 이해하기 위해 Max van Manen의 해석학적 현상학 질적연구방법을 적용하였다.

(1) 조작적 정의

본 연구에서 다루고 있는 임상미술치료(Clinical Art Therapy, CAT)는 미술치료의 네 가지 유형 중 하나이다. 미술심리치료라고도 불리는 임상미술치료는 정신과에서 정신질환 진단 및 통계 편람을 기준으로 진단을 받은 환자들을 대상으로 실시하는 개인 미술치료를 말한다. 특히 본 연구에서는 유급 미술치료사가 정신과에서 진단받은 아동, 청소년, 성인을 대상으로 실시한 개인 미술치료 체험을 중심으로 다루고 있다.

2) 연구 결과

현상학적 반성 단계에서 임상미술치료 전문가가 되고자 하는 미술치료사들의 체험에 대한 진술을 분석한 결과는 다음과 같이 총 8개의 본질적 주제와 20개의 하위주제들로 도출되었다.

미술치료사로서 주체적인 역할을 하면서 정신과 치료진과 환자 사이의 다리가 됨

- 환자가 의사에게 하지 못하는 말들을 내게 하게 됨
- 의사의 비서가 되어서 환자와 대화하게 됨
- 미술치료사의 시각으로 환자를 바라보고 치료진에게 이야기해 줄 수 있음을 알게 됨

보호자 상담과 교육의 중요성을 느낌

- 보호자들이 병리와 약에 대한 이해가 부족해 실수를 하게 됨
- 보호자들이 환자보다 더 환자같아 황당함을 느낌
- 가족이 변화할 때 환자의 변화도 촉진됨을 알 수 있었음

정신과 임상실습을 초석으로 성장하고 있음을 깨닫게 됨

- 정신과 임상실습 때의 실수를 인정하게 됨
- 임상미술치료사가 되기 위해서는 정신과 임상실습이 중요하다는 것을 알게 됨

환자를 고유한 특성을 가진 한 인간으로 깊이 있게 바라보게 됨

- 병명은 환자를 구분하기 위한 이름일 뿐, 환자의 내면을 들여다보게 됨
- 주변 사람이나 가족의 역동 탐색으로 환자에게 더 가까이 가고자 함

심리적 소진이 일어남

- 나는 죽겠다고 이야기하는 환자에게 핫라인이 되어 주어야 함
- 나에게 주어진 '구원자' 역할이 때때로 부담스러움
- 미술치료사로서 나의 한계를 느끼게 되고 자책을 하게 됨

환자들이 동반자가 되어 미술치료사인 나를 단련시켜 줌

- 유능감과 좌절감을 동시에 느끼게 해 줌

- 환자들과 손잡고 함께 걸어감

새삼 미술이 가진 힘을 알게 됨
- 나의 주 무기인 미술의 힘을 느끼게 해 줌
- 자기 작업에 대한 필요성을 느끼고 작업을 하게 됨

임상미술치료 전문가가 되고자 하는 희망을 가지게 됨
- 더 공부하고 싶은 생각이 듦
- 나를 돌아보게 되고 탐색하고자 하는 욕구가 생김
- 임상미술치료를 할 때 내가 미술치료사로 살아 있음을 느끼게 됨

현상학적 연구의 마지막 단계에서 실시되는 글쓰기는 드러난 현상의 본질을 바탕으로 의미 있는 체험의 핵심을 있는 그대로 볼 수 있도록 해 주는 중요한 단계이다. 본 연구자는 Max van Manen(1994)이 제시한 글의 전개 방식 중에서 1인칭 시점의 고백적 이야기 방식으로 현상학적 글쓰기를 시도하였다.

나는 임상미술치료 전문가로 거듭나기를 꿈꿔 본다!

대학원을 졸업하고 미술치료사로 일하기 시작한 게 벌써 2년이 넘어가고 있다. 석사 시절부터 정신질환자들에게 관심이 많았고 지금까지도 그들을 만나고 있다. 달라진 것이 있다면 예전에는 대학병원에서 임상실습생의 신분으로 정신과 환자들을 만났지만, 지금은 당당히 미술치료사라는 신분으로 그들을 만난다는 것과 대학병원이 아닌 개인 병원에 소속된 미술치료실에서 일을 하고 있다는 것이다. 그리고 그들을 바라보는 나의 눈, 그들과 함께할 때의 내 역할이 달라졌다.

나는 가끔 '내가 정신과에서 임상실습을 하지 않았다면 어땠을까?'라는 생각을 해 본다. 그랬다면 나는 더 많은 시행착오를 하고 있을 것이고 정신과 환

자를 보는 것을 여전히 두려워할지도 모르며, 아예 만날 생각을 하지 않았을 지도 모르겠다. 그리고 미술치료사로서 깊이 있고 생생한 임상미술치료 세팅을 경험하지 못했을지도 모른다. 이런 생각이 들자, 새삼 정신과에서 했던 임상실습 시간들의 소중함을 느끼게 된다.

석사 졸업 후 병원에서 파트타임으로 일을 하면서 만나 지금까지 만나고 있는 명희는 나의 첫 환자이자 가장 오래된 환자로 나에게 좀 특별한 의미이다. 그녀는 초심자인 나를 무척 힘들게 했다. 명희라는 이름과 우울증이라는 병명을 가진 중학교 3학년인 이 아이는 '도대체 왜 이러는 건지, 뭐가 문제인지' 나를 혼란스럽게 했었고, '내가 잘하고 있는 건지, 내가 감당할 수 있는 아이인지' 나를 한없이 좌절하게 만들었다. 회기 밖에서도 내 머리를 지배하는 대부분이 명희였다. 치료실 밖으로 회기를 가져와서 내 삶이 지배된다는 것은 옳지 않은 것이라고 수십 번을 외쳐 봐도 명희는 내 곁을 떠나지 않았다. 그도 그럴 것이 무기력함으로 지속하다가 에너지가 조금이라도 올라오면 죽겠다고 난리를 피우기 때문에 담당의와 상의해서 나는 핫라인이 되어 주어야 했고, 그렇게 열흘에 한 번은 문자나 전화가 오고 있었다.

명희에게 연락을 받고 새벽에 잠에서 깬 후, 쉽게 잠이 들지 않았다. 나는 작업을 해야겠다는 생각을 했고, '소녀'를 그리게 되었다. 소녀를 그리면서 나는 명희를 떠올렸지만 막상 완성된 후 나는 그림에서 내 모습을 발견했다. 그 아이의 표정에서 많이 지쳐 있고 힘들어하고 있는 나를 만난 것이다. 거칠게 칠해진 빨간 배경이 '사실 나도 죽을 지경이야!'라고 외치는 것 같았다. 나는 소녀를 안아주고 싶어서 예전에 만들어 놓은 손 석고에 솜을 쥐게 하고 소녀를 오려서 올려놓고 잠이 들었다. 임상미술치료를 시작할 때 이런 일을 예상하지 못한 것은 아니었지만 생각보다 많이 힘들어하는 나를 발견하였다.

그러기를 2개월… 명희만의 문제가 아니었다. 왜 좋아지지 않느냐고 나를 원망하는 명희의 어머니를 대할 때면 정말 나도 싫고 그 어머니도 싫어져서 그냥 사라지고 싶다는 생각을 한 것이 한두 번이 아니었다. 담당의가 나에게 명희가 치료실에서는 이야기를 좀 하냐고 물어봐서 별로 이야기하지 않는다고 했을 때 "미술치료가 안 맞나?"라고 하는데, 그때의 좌절감과 이상한 분노감은 나를 울컥하게 만들었다. '왜 다들 나한테만 그러는 거지?' 온몸에 힘이 빠진다. '도대체 명희와 만나지지 않는 이유가 뭘까?' 나는 그 분노가 담당의와 아이의 어머니를 향한 것인지 나 자신을 향한 것인지 생각해 보게 되었고, 그 분노가 회기에 영향을 주고 있는 것이 아닌지 생각해 보게 되었다. 사실 나 자신에게 화가 났던 것이다. 회기가 잘 풀리지 않는 것에 대한 절망, 그리고 그것을 담당의와 어머니가 탓한다고 느낀 내 마음을 알게 되면서 명희에 대해 좀 더 객관적으로 생각을 해 보는 계기가 되었다.

사실 기존에 만났던 우울증 환자들은 자신의 우울한 감정을 벗어버리고 싶은데 잘 되지 않음을 호소했고 그렇게 때문에 작은 목소리지만 자신의 정서를 이야기했으며 작업에 대한 거부가 많지 않았다. 수행에 대한 불안과 적은 에너지로 다이내믹한 작업이 나오지는 않았고 작업까지 도달하는 데 힘이 들긴 하지만, 작업에 몰입하고 직면하는 과정을 회기 내에서 이끄는 것에 대해 큰 어려움을 겪지 않았던 터라 내가 우울증 환자들과 잘 소통하고 있다는 착각을 하기도 했다. 이제껏 내가 만난 우울증 환자들은 스스로 우울함에서 벗어나고자 했던 환자들이었던 것이다.

하지만 명희는 달랐다. 달라도 너무 다르고 그렇기 때문에 내겐 무척 어려운 환자였던 것이다. 명희는 어떠한 감정이나 정서를 느끼지 못하는 것처럼 보였고 언어로 표현하지 못했으며, 작업으로의 전환도 이루어지지 않았다. 심지어 우울한 감정조차 못 느끼는 듯했다. 나는 '명희'를 보고 있었던 것이 아니라 '우울증을 가지고 있는 중3 여학생'을 만나고 있었음을 알게 되었다. 나를 지속적으로 괴롭혔던 생각 중 하나가 '우울증이라며? 근데 왜 이래?'라는 것이었다. 나는 내가 여태 만난 환자들만을 생각하고 명희를 봤던 것이다. 그러기엔 너무 짧은 경험이었고 나는 오만했던 것이다. 나는 '진짜 명희'를 만나기로 했다. 그리고 힘들어도 힘들다고 소리 내지도 못하는 아이의 엄마. 아이의 엄마는 '2개월 동안 무엇이 변하기를 원했을까? 8번 만난 건데…'라는 생각을 하며 아이의 어머니를 투명하게 봐야겠다는 결심을 했다.

그에 앞서 치료사가 투명해야 내담자를 바로 비출 수 있고, 치료사가 올바른 생각을 가지고 있어야 올바른 치료를 할 수 있다고 생각하게 되었다. 명희를 만나러 가기 전, 슈퍼바이저를 찾아가서 내가 가진 생각들을 함께 나누었고, 슈퍼바이저는 나에게 항상 스스로를 점검해야 하고 나 자신을 갈고 닦아야 한다는 말과 함께 다시 시작할 수 있는 용기도 주었다. 그리고 나는 임상 미술치료사에게 슈퍼비전은 당연한 것이고, 거기서 더 나아가 분석에 대한 욕심도 가지게 되었다.

새롭게 시작할 결심을 하고 명희를 본 첫날, 명희는 아주 작고 예쁜 한 마리 새의 모습으로 내 앞에 앉아 있었다. 큰 눈망울에 하얀 얼굴, 도톰히 나와 있는 입술! 하고 싶은 것이 있는지 묻자, 가만히 있고 싶단다. 서두르지 않기로 했다. 명희의 침묵을 읽어 주며 침묵 속에 함께 있기를 10여 분, 명희는 "악몽을 꿔요"라는 말로 스스로 침묵을 깨고 나왔다.

"악몽? 어떤 악몽인지 물어봐도 되니?"

"……."

"그래, 말하고 싶지 않으면 하지 않아도 돼."

"…… 그냥 말하고 싶지 않은 건 아닌데 말해 봤자 달라지는 건 없잖아요!"

"그렇게 생각할 수도 있지만 선생님은 네 꿈이 궁금해. 그럼 명희 곁에 좀 더 가까이 갈 수 있을 것 같은 생각이 들기도 하고 명희를 이해하는 데 도움이 될 것 같거든. 그리고 그게 우리의 시작이라고 생각해."

"어쩌면 악몽 아닐지도 모르는데, 어린 제가 나와요. 그런데 캄캄한 방에 혼자 있고 저한테 나쁜 아이라고 죽으라고 누군가 계속 말을 해요. 엄마를 부르고 싶은데 아무리 불러도 목소리가 안 나와서 소리 없이 울다가 깨요."

"무서웠겠다~! 근데 왜 악몽이 아닐지도 모른다고 생각했니?"

"그냥요. 그런 생각이 들어요. 죽으면 편해지니까 그냥 죽는 게 나을지도 모르니까 해답을 주는 꿈일지도 모르잖아요."

내 가슴은 '철렁'하고 내려앉았다. 그래서 그토록 죽으려고 했나 싶으니까 안쓰럽고 답답하고 뭉클했다. 그리고 무엇이 이 아이를 이렇게 몰고 갔는지 궁금해졌다. 아이에게 이미지로 표현할 수 있는지 묻자 간단하게 해도 되는지 되물어 왔다. 된다고 하자 A4 용지를 골라 연필로 선들을 긋기 시작했다. 점 점 선을 긋는 손이 빨라졌다. 어느새 종이 전체를 검게 채우고선 끝났다고 이야기했다.

"명희 꿈의 이미지가 이렇구나. 어떤 이미지인지 이야기해 줄래?"

"캄캄하고 어지럽고 답답한 느낌. 그런데 이렇게 보니까 슬퍼 보이기도 하네요."

명희가 처음으로 감정을 이야기했다. 슬퍼 보인다고! 자신의 감정을 이야기하지 못하더니 이미지로 나타난 것을 보고는 말을 한다. '그래, 이게 바로 미술의 힘이지!' 나는 명희를 통해 새삼 미술의 힘을 느끼게 되었다.

명희와의 회기를 마치고 명희 어머니에게 간략하게 '악몽'에 대한 이야기를 하였다. 명희의 어머니는 울면서 명희가 원하지 않던 아이라서 지우려고 했던 과거를 이야기하셨다. 아이의 아버지와 이혼 소송이 오가던 중 임신 사실을 알게 되었고 지우려고 했는데 시기를 놓쳐서 그럴 수 없었다고… 그리고 오랜 기간 동안 우울증 약을 복용했던 사실도 털어놓으셨다.

"내가 우울증이라서 애도 그렇다는 이야기를 들을까 봐 숨겼어요. 지금은 약을 안 먹어요. 자꾸 의존하게 되는 거 같아서! 명희도 약 먹이는 거 좀 그래요. 그래서 미술치료 하면서는 제가 두 번 안 먹이고 한 번만 먹이고 있어요."

"어머니도 많이 힘드셨겠네요. 오늘은 시간이 다 돼서 다음 회기에 다시 만나야 할 것 같아요. 그리고 오늘 제게 하신 이야기를 꼭 의사선생님께도 해 주세요. 특히 약물은 의사선생님과 꼭 상의하셔야 해요. 어머니 마음은 알겠지만 그러면 명희에게 더 안 좋은 결과가 올 수도 있어요."

아뿔싸! 정말 생각지도 못한 일이었다. 약 복용을 어머니가 임의로 조절하고 있었다니…! 그 당시에는 약물에 관한 것은 담당의가 알아서 할 것이라 생각했지만 지금 생각해 보면 현실적으로 불가능한 일이었다. 의사선생님은 두 달에 한 번씩 만나게 되어 있고 나는 매주 만나고 있는데 내가 체크해 주는 것이 좀 더 합리적이라는 생각이 들었다. 명희는 조금씩 작업을 통해 차차 회기 안으로 들어와 주었다. 회기 안에서 책상 하나만큼 거리가 유지되었을 때 나는 비로소 회기 밖에서 그녀를 떠올리지 않게 되었다. 회기 안에서의 거리가 줄어야 나와 환자 간의 거리를 안정적으로 유지할 수 있었고 내 일상에 회기가 영향 받지 않음을 알게 되었다.

어린 시절 명희는 자신의 어머니를 '누워 있는 사람'으로 기억한다. 이불을 머리끝까지 덮고 있는 이미지를 그리고는 본인의 어머니라고 이야기했다. 나는 그 이미지가 마치 무덤 같다는 생각을 했다.

"엄마는 맨날 자고 있었어요. 그래서 조용해야 했고… 가슴에 귀를 대어 보던 기억도 있어요. 너무 안 움직이니까… 그런데 내가 엄마한테 가려고 하면 외할머니는 엄마 그냥 놔두라고 그랬어요. 건드리지 말라고."

"그랬구나! 외할머니가 엄마 건드리지 말라고 했을 때 어린 명희는 어떤 마음이었을까?"

"글쎄요? 잘 모르겠어요… 그런데 여섯 살 때 어린이집에서 발표회를 하던 날 다른 아이들의 엄마들이 아이를 안아주고 뽀뽀해 주던 모습을 보고 놀란 적이 있긴 해요. 그때 나는 외할머니가 왔는데 엄마가 보고 싶어서 울었어요. 어린 시절 기억이 몇 개 없는데 그때는 기억이 나요."

명희는 자신의 어린 시절을 담담하게 이야기했다. 어쩌면 명희보다 명희의 어머니가 더 '환자'인 게 아닐까? 명희의 어머니는 지금도 정상적인 정서가 아닌 것으로 보였다. 명희가 어렸을 때 제대로 케어하지 못한 것을 후회하고 어머니의 역할을 하려고 노력하고 있지만 그녀조차 불안정한 감정상태로 일관된 양육을 하지 못하고 있고 어떻게 아이를 키워야 하는지 모르고 있었다. 부모 상담을 할 때 명희 어머니는 요즘 아침에 일어나기가 힘들고 명희만 겨우 학교에 보내 놓고 다시 잔다고 했다. 그리고 명희의 담당의에게 자신의 상황과 명희의 약을 임의로 조절한 것에 대해 말하기가 두렵다고 했으며 나에게 말해 줄 것을 요청하였다. 나는 명희의 담당의에게 현재까지의 명희와 명희 어머니의 상황에 대해 이야기하였고, 담당의와 나는 어머니도 함께 치료해야 한다는 것으로 의견을 모았다. 하지만 경제적인 여건으로 어머니의 상담이 실행될 수 없었고, 나는 내가 어떻게 해야 할지 고민되어 슈퍼바이저를 찾게 되었다. 나의 슈퍼바이저는 이런 경우 환자가 두 명이라 생각하고 치료를 할 수밖에 없음을 조언해 주었다. 명희와 함께 약물치료를 시작하는 조건으로 나는 10분이라는 짧은 시간 동안 어머니에게 때로는 상담자로 때로는 교육자로 존재해야 했다. 물론 어머니가 가지고 있는 갈증이 모두 해결되지는 않겠지만, 어머니가 변화할 때 명희의 변화가 더 빠르다는 것을 알고 있기 때문에 최선을 다해 노력하기로 했다. 나는 명희가 만들어내는 이미지와 어린 시절에 대한 이야기, 어머니와의 상담을 통해 명희에 대해 조금씩 알 수 있었다. 자신의 이야기를 하고 감정을 드러내도 아무런 반응을 얻지 못한 어린 명희는 스스로 그것들을 철수해 왔을 것이다. 감정을 표현해내고 그때마다 좌절을 느꼈다면 명희는 오히려 살아갈 수 없었을 것이라는 생각이 들었다. 명희는 살기 위해서 감정을 느끼지 않으며 살고 있었고 때로는 감정을 부정하고 있었다.

회기가 진행되면서 명희는 자신의 감정들을 미술작업을 통해 드러내었고 아직 완전히 좋아지지는 않았지만 1년 6개월이 더 지난 지금은 더 이상 죽겠다는 이야기를 하지 않는다. 그리고 나도 이제 명희와 그녀의 어머니를 만나는 것이 힘들지만은 않다. 명희를 회기 안으로 끌어들이려고 하지 않고, 명희가 있는 곳으로 다가가 기다려 주고 함께 있어 주며 명희의 호흡에 따라가자 명희는 스스로 회기 안으로 들어왔다. 그리고 우울증 환자가 아닌 '새를 닮은 명희'로 보기 시작하며, 다방면에서 심층적으로 그녀를 바라보려고 노력했을 때 우리는 함께 걸어갈 수 있었다.

한 사람이 한 사람을 이끌어 변화시키는 것이 아니라, 환자와 나는 함께 성장하는 관계였다. 그리고 회기 밖에서는 나를 돌보며 작업을 하고 슈퍼비전을 받고 분석을 받으며 균형을 유지할 때 비로소 임상미술치료사로 바로 설 수 있음을 알 수 있었다. 이후에도 많은 환자들을 만나며 나는 여전히 자책도 하고 스스로를 응원도 하며 환자들과 함께 울고 웃고 있다. 알기 때문에 후회나 자책을 할 일이 더 늘어난 것도 사실이다. 그래서 더 공부하고 더 갈고 닦고, 더 경험하여서 이 매력적인 일에서 좀 더 전문가가 되고 싶다는 생각을 한다.

여전히 큰 병원에서 유급 미술치료사를 구하는 곳을 찾기란 힘든 일이다. 병원에서 일하는 아는 분이 병원에서는 1억이 넘는 기계를 사는 일이 사람을 하나 더 쓰는 일보다 쉽다고 했던 말이 생각난다. 하지만 임상미술치료사의 역할과 미술의 이점을 알고 있는 나는 언젠가는 우리를 원하게 될 것이라는 것을 믿는다. 그리고 그날을 위해 나는 임상미술치료 전문가가 될 것을 꿈꾼다.

3) 결론 및 논의

본 연구는 임상미술 전문가가 되기 위해 준비해 가는 과정에 대한 미술치료사의 체험을 통해서 무엇을 경험하는지 알아보고자 하였다. 이를 이해하기 위해 Max van Manen의 해석학적 현상학 질적연구방법을 적용하였고, 연구 참여자들의 심층 면접을 통한 진술을 분석한 결과 도출된 8개의 본질적 주제와 20개의 하위주제를 토대로 본 연구자는 글쓰기를 진행하였다.

이를 토대로 본 연구에서는 임상미술치료 전문가가 되기 위해 준비해 가는 과정 중인 연구 참여자들을 통해 다음과 같은 네 가지 결론을 내려 볼 수 있다. 첫째, 임상미술치료사는 치료진과 환자들 사이에서 중간자 역할을 하게 되고, 환자의 보호자에게는 상담자 및 교육자 역할을 하게 된다. 둘째, 임상 현장에서 정신과 임상실습 때보다 실수가 줄었음을 알게 되고 그것을 바탕으로 성장한 본인의 모습을 발견하면서 임상실습의 중요성을 알게 되며, 환자가 가진 본연의 모습에 다가가기 위해서 환자의 가족, 환경, 기질 등 다각도로 접근하려는 시도를 한다. 셋째, 임상미술치료 현장에서 미술치료가 환자 스스로 탐색할 수 있게 하고 환자와 소통하는 데 중요한 접근이라는 것을 재인식하게 되며, 미술치료사로서 미술작업과 미술언어를 다루는 것에 대한 자부심을 갖게 되며 임상미술치료사의 정체성을 갖게 된다. 넷째, 임상미술치료를 자신 있게 다루는 임상미술치료 분야의 전문가가 되고자 하는 의지를 갖게 되고, 지식의 심화를 도모하며 내적인 자기성장의 욕구를 가지게 된다.

이와 같은 본 연구의 결론이 미술치료학의 학문적인 측면과 임상미술치료 현장에서 실제적 측면에 기여할 수 있다고 보는 측면은 다음과 같다. 첫째, 본 연구에서 다루어진 내용은 석사학위 과정 중에 정신과에서 최소 1년 이상의 임상실습을 하고, 1년 6개월 이상 3년 미만 동안 1, 2차 신경정신과 병원 혹은 일반 센터에서 임상미술치료를 하고 있는 연구 참여자의 체험을 생생하게 기술하였다. 이는 임상미술치료를 시작하고자 하는 미술치료사들로 하여금 준비도를 갖도록 해주고 임상에 임할 수 있도록 도움을 줄 수 있을 것이다. 또한 미술치료사를 교육함에 있어 정신과 임상실습의 중요도를 알리는 데도 도움을 줄 뿐 아니라, 임상미술치료 전문가 과정을 구축하는 초석이 될 수 있을 것이다. 둘째, 본 연구는 임상미술치료 전문가가 되기 위한 과정 중에 있는 미술치료사가 정신질환자들과 미술을 매체로 만나면서 그들을 이해하는 과정을 서술하고 있다. 이 과정에서 미술치료사는 언어로는 표현하기 힘든 것을 환자 스스로가 미술작업으로 표현해 내고 탐색하며 직면하는 것을 체험하였다. 이는 미술이 갖고 있는 특수성과 임상미술치료사들의 전문성을 알리고 정신과 현장에서 그들이 고유한 정체성을 가지고 자리매김할 수 있도록 하는 데 도움을 주는 자료를 제공하고 있다. 셋째, 본 연구는 임상미술치료사들이 정신질환자를 만나면서 그들을 이해하기 위해 노력하고 미술작업을 통해 환자와 소통하며 긍정적 역할을 하고 있음을 기록하고 있다. 이는 정신과의 의료진과 정신보건 전문의들에게 임상미술치료사의 활동과 역할에 대해 이해시키는 데 도움이 되며, 임상미술치료의 필요성을 알릴 수 있다. 또한 임상미술치료에 대한 인식을 높이고 정신과에서 임상을 하는 데 있어 환경적 개선에 영향을 줄 것이다.

이상의 본 연구의 후속 연구에 대한 제한점과 제언은 다음과 같다. 첫째, 본 연구의 참여자는 아동, 청소년, 성인을 대상으로 개인 미술치료를 한 임상미술치료사들로 다양한 증상의 환자들과 일대일로 만나면서 환자에게 집중하고 소통하는 과정에 대한 경험을 말하였다. 이때 연구 참여자들은 대상의 연령과 병리에 따라 조금씩 다른 경험들을 하고 있었다. 따라서 아동, 청소년, 성인의 다양한 연령을 세분화한 후속 연구를 제안한다. 또한 정신장애 진단 및 통계 편람(DSM)에 따라 구분된 동질 환자군에 대한 후속 연구의 진행은 정신과에서 임상미술치료의 자리매김을 위해 필요하다고 본다. 둘째, 본 연구에서는 석사 과정 중 정신과 임상실습을 1년 이상 하고 석사학위 취득 후 임상미술치료를 하면서 겪게 되는 경험에 대해 심층적 탐구를 하였다. 정신과에서 임상실습 경험이 없는 참여자가 석사학위 과정을 마치고 임상미술치료를 할 때 겪게 되는 혼란과 현재 연구 참여자들의 경험이 다를 수 있다. 그러므로 연구 참여자들의 임상실습 배경과 정신과 이전에 어떠한 현장 경험이 있었는지에 따른 후속 연구를 제안한다. 셋째, 본 연구에서 임상미술치료 전문가가 되고자 하는 미술치료사들은 미술치료사에게도 작업이 중요하다는 것을 깨닫고 스스로 작업을 하고 있었으며, 심층 면접 당시 작업을 보여주기도 하였다. 따라서 미술언어에 익숙한 미술치료사들에 대한 후속연구에서 그들의 작업을 통한 심층 면접은 그들을 심도 있게 이해하는 데 도움이될 것이라 본다.

2. 소아 의료미술치료로서 어린이병원학교 미술치료 체험 연구[2]

1) 서론

오늘날 현대사회는 예술과 과학이 경계를 자유롭게 오가며 서로의 영역을 풍요롭게 하고 생산적인 통찰력을 만들어내는 것이 중시되고 있다. 미국의 국립보건원(National Institute of Health, NIH)은 대체의학기관(National Institute of Health Office of Alternative Medicine)을 산하에 두고 미술치료가 '정신과 신체 간의 중재' 역할을 한다고 선언하였다(National Institute of Health, 1994). 미술치료도 예술이 정신건강 분야에 접목되어 연구되기 시작한 학제들 간의 통합 결과이다.

이제는 질병환자들에 대한 신체적 치료 제공뿐만 아니라 심리·사회적인 치료도 중요하며 이를 위해 병원에서는 환자의 신체적, 심리·사회적 요구를 충족시킬 다학제적 전문가를 필요로 한다(Child Life Council & Committee on Hospital Care, 2006). 정신건강 전문가로서 미술치료사는 환자의 대변자이며 직접적인 의

---

(2) 이 글은 '소아 의료미술치료로서 어린이병원학교 미술치료 체험 연구'(이지윤, 2012, 서울여자대학교 박사학위청구논문)의 일부 내용을 정리한 것이다.

료 팀과 함께 일하는 동료라 할 수 있다(Appleton, 1993). 미술치료사는 미술작품을 통해 환자의 아픈 부위만이 아닌 환자 개인의 전반적인 심리상태를 관찰하므로 환자를 더 잘 이해할 수 있으며 환자의 치료 과정에 더 깊이 관여할 수도 있다(Baron, 1989)는 관점에 따라, 미술치료는 환자의 삶의 질을 향상하기 위한 효과적인 치료라는 인식이 확산되어 의료적 처치를 보완할 수 있는 미술치료에 대한 관심이 함께 증가하였다(Malchiodi, 1999).

미술치료 분야는 전통적으로 심리치료에서의 예술의 사용, 즉 임상미술치료에 중점을 두고 있음에도 불구하고, 최근 의료미술치료가 그의 특수성이 빠르게 부각되며 급성장하고 있다. 의료미술치료는 '육체적인 질병, 신체 외상의 경험 또는 수술이나 약물요법 같은 적극적인 의학적 치료를 겪는 사람들을 위한 미술작업과 이미지의 사용'으로 정의될 수 있다(Malchiodi, 1998a, p.13). 이러한 의료미술치료는 신체적 · 정신적 · 심리적 · 사회적 · 영적 측면을 모두 아울러 평가 · 관리할 수 있으므로 환자의 온전한 안녕(Well-Being)을 이루게 하려는 치료 방식의 중요한 일부로 부각된 것이다(Malchiodi, 1993a). 특히 미술의 창조적인 활동은 고통과 몸을 쇠약하게 하는 증상들과 대결할 수 있도록 도우며, 감정과 신체적 증상들의 정체를 밝혀 환자들이 의학적 치료에 능동적으로 참여하게 하는 효과도 존재한다(Malchiodi, 1999). 이에 따라, 외과적 치료에서도 의료미술치료가 보완책으로서 큰 잠재력이 있음을 보고한 바 있다(Somme, 2005). 이러한 의료미술치료 중에서도 자신의 신체적 질병으로 인한 정신적 스트레스 등을 효과적으로 의사표현 하기 힘든 아동의 경우에 그 효과와 필요성이 높다고 판단되어 환아에 대한 미술치료가 많은 관심의 대상이 되어 왔다. 그러면서 최근 건강 문제를 가지고 있는 아동에 대한 치료 중재의 방향은 신체적인 질병의 치료 외에도, 질병의 치료 후에 보다 건강하고 정상적인 발달을 도모하도록 도와주는 관점으로 변화되고 있다.

미술치료는 이런 아동들의 정신건강관리를 돕는 구체적인 방법 중 하나로서 입원한 아동이 정신적 외상을 잘 견딜 수 있도록 도와줄 수 있다. 미술활동을 통해 아동들은 충격적이고 스트레스적인 경험을 표현함으로써 불안을 감소시키고 미술활동에 의해 향상된 창조성, 통제감 및 숙달감을 통해 정신적 스트레스에 대처하는 능력을 개선할 수 있다. 또한 그림을 통해 자신의 심리적 상태를 효과적으로 전달함에 따라 이를 진단적으로 사용할 수 있어 응급한 시기, 회복 및 재활시기 등 병원생활에 있어 모든 시기에 적절하게 사용된다. 그리하여 발달상에 놓인 아동에게는 소아 병동에서 없어서는 안 될 필수적인 치료로 인정받고 있다(Malchiodi, 1998a).

현재 미국이나 캐나다, 영국 등에서는 심리사회적·영적인 요구에 귀 기울이고 충족시켜 주려는 방편으로서 병원 내 미술치료가 활발하게 이용되고 있다. 대다수의 크고 작은 아동·청소년 대상 병원에서는 '아동 생활 서비스(Child Life Service)'라는 명칭 아래 다학제적 전문팀을 이루어 환아들의 심리적인 어려움을 집중적으로 돕고 있다(Child Life Council, 2003; Child Life Council & Committee on Hospital Care, 2006). 이것은 아동 생활, 발달 전반에 관한 복지 프로그램으로서 미술, 무용, 음악 등 예술치료사와 아동 생활 전문가(Child Life Specialist)는 물론 상담심리 전문가, 사회복지사 등이 한 팀을 이뤄 아이들뿐만 아니라 환아 가족들에게 병으로 인해 야기될 수 있는 스트레스와 수반되는 모든 문제들을 돕는다. 이러한 의료 환경에서 시행되는 미술치료는 아동들의 신체적 결함이나 치명적인 병으로 야기될 수 있는 모든 정신적 스트레스를 치유하여 병의 회복을 도우며 입원 후 다시 사회나 학교에 복귀하는 데도 큰 영향을 준다(Child Life Council, 2003).

그러나 국내 어린이병원의 경우는 아직 이러한 인식의 부족과 문화적인 배경때문에 소아 환아를 위한 심리치료가 초기 단계에 머무르고 있다. 아동에 대한 높은 교육열을 지닌 한국 특유의 문화적인 배경으로 인해 병원에 오는 소아 환자에 대하여 교육 및 학습적인 어려움에 비중을 두는 '병원학교'라는 시스템이 발전하였다. 병원학교는 병원 내에 설치된 파견 학급 형태의 학교로서 장기 입원이나 지속적인 의료적 지원이 필요한 학생들에게 학업 기회를 부여하고 또래관계를 유지시켜 주며 학습 및 정서적 지원을 제공하려는 목적으로 운영되고 있다(국립특수교육원, 2009). 이 병원학교의 교과목 중 하나로서 현재 미술치료가 진행되고 있지만 병원학교에서도 아동들에게 실제로 필요한 개별적 지원이나 환아들과 그 가족들이 겪는 교육적 어려움 외에 심리적인 어려움에 대한 대처방안이 턱없이 부족한 상황이므로 이에 대한 인식과 임상의 기회를 확충하기 위해서는 이러한 연구가 시급하다.

이에 본 연구는 국내에서도 소아 환아를 돕는 병원에서 정신적 · 사회적 · 영적 건강의 중요성을 더욱 강조하여 의료미술치료를 정착시키고 독립적이고 전문적이며 심도 있는 심리사회적 관리 서비스가 정착되기 위해 현장에서 치료사로 일하고 있는 미술치료 실습생들을 연구 참여자로 선정하여 의미를 탐색해 보고자 한다.

연구자의 개인적인 경험을 바탕으로 시작된 본 연구는 미국 석사 시절 소아 병동에서 의료미술치료를 실시한 개인적인 경험으로부터 시작되었다. 특히 석사 졸업 후 박사 과정을 통해 병원학교에서 일하면서 국내의 의료미술치료 현황을 실제로 접하였고 더욱 연구의 필요성에 주목하게 되었다. 그러면서 한국의 의료미술치료를 어떻게 하면 보다 발전적인 방향으로 이끌어 나갈 수 있을지에 대한 고민을 하게 되었다. 의료 환경이 개선되면서 국내에도 어린이병원에 미술치료가 점차 확산되어 의료미술치료가 행해지고 있지만 아직은 여러 부분에서 많이 부족하고 미흡한 실정이다. 현재 국내 어린이병원에서는 의료미술치료가 지닌 잠재력에 비해 전문성이 제한되고 낙후되어 있는 것이 현실이다. 신체적 질병을 앓고 있는 아동과 작업할 때 발생하는 임상 기술에 대한 관심과 요구에 따라 미술치료 과정, 아동 생활 그리고 상담 훈련 프로그램 개발 등 좀 더 세분화되고 전문화된 응용에 관한 연구가 필요한 것으로 판단된다. 따라서 국내 어린이병원에서 의료 서비스의 질과 환자의 삶의 질을 향상시킬 수 있는 새로운 의료미술치료 시스템 도입에 기여할 수 있는 연구가 시급하다 판단하였다.

이러한 고민 아래 본 연구는 국내 어린이병원학교에서 소아 환아를 대상으로 의료미술치료를 실시하고 있는 미술치료 실습생들을 면담하고 질적연구방법 중 Max van Manen의 해석학적 현상학을 적용하여 실습 체험에 대한 인터뷰를 통해 자료를 수집하고 연구를 진행하였다. '소아 환자를 의료 환경에서 미술치료하면서 무엇을 체험하고, 그것의 의미와 본질은 무엇인지를 파악하며, 그것이 어떻게 활용되는지'에 대한 연구는 미술치료 분야에 중요한 자료를 제공할 것이며 관련 전문가들의 구체적인 이해를 돕는 귀중한 자료가 될 것이다. 나아가 국내 종합병원 내 의료미술치료를 정착시키고 미술치료의 특수성을 고려한 최적의 환경을 조성하는 데 중요한 기초 자료가 될 것으로 기대한다.

연구 문제는 '소아 의료미술치료로서 어린이병원학교에서의 미술치료 실습 경험의 의미와 본질은 무엇인가'이다. 본 연구에서는 미술치료 실습생의 어린이병원학교 체험 현상을 구체적으로 드러내고 그 본질과 의미를 깊이 이해하기 위해 현상학적 관점과 태도를 따르고자 한다.

소아 환자를 포함한 아동의 미술 표현을 이해하고자 할 때는 현상학적 관점으로 바라보는 것이 맥락의 중요성을 찾는 데 도움이 되는 것처럼(Betensky, 1995) 미술치료에서 현상학적 관점으로 치료사의 체험을 들여다보는 것은 다양한 의미에 대한 개방성을 강조하고, 다양한 의미를 형성하는 맥락 그리고 치료사의 세계를 바라보는 방식을 중시하게 한다. 이를 통해 미술치료를 보다 통합적인 관점에서 이해하도록 도울 것이다. 특히 이 관점은 치료 과정의 내부자인 치료사의 체험을 통해 힘든 의료 치료 과정을 진행 중인 아동, 의료진, 병원 의료제도 모두를 통합적으로 이해할 수 있는 계기가 될 것이다. 그리하여 본 연구는 Max van Manen의 해석학적 현상학 연구방법으로 진행하였다.

2) 연구 결과

수집된 자료를 분석한 결과 도출된 소아 의료미술치료로서 어린이병원학교에서 미술치료 실습 경험의 본질적 주제는 '부푼 기대와 부담을 안고 실습을 시작함', '아직은 한없이 모자란 나를 발견함', '의료 환경의 현실에서 좌충우돌함', '더 나은 미술치료를 위해 고군분투함', '의료진 및 환아 가족과의 소통을 위한 리더십을 발휘함', '그림으로 교감하며 환아의 건강 회복을 도움', '한 걸음 나아간 나를 보게 됨'으로 나타났다. 도출된 7개의 본질적 주제와 28개의 하위주제, 그리고 연구 참여자들의 진술 내용을 제시하면 다음과 같다.

부푼 기대와 부담을 안고 실습을 시작함

- 동경했던 병원 실습으로 흥분과 기대에 부픔   아직은 뭐가 뭔지 잘 알지는 못하지만 어쨌든 여기(실습) 하고 나면 내가 짠하고 멋지고 실력 있는 미술치료사로 변해 있을 것 같은… 뭐 그런 기대랄까?
- 의료 현장실습이 부담스럽고 걱정됨   그냥 병원이란 데는 어렸을 때부터 무섭고 권위적이고 그러면서도 멋있고… 그런 곳에서 일하게 된다니까 갑자기 부담스러워지고 해서….

아직은 한없이 모자란 나를 발견함

- '병원'과 '학교'라는 환경에 대한 어색함과 낯섦   한마디로, 헷갈렸어요. 병원인지 학교인지, 치료를 하는 곳인지. 내가 이곳에서 뭘 해야 하나….
- 대학원에서 의료미술치료 관련 이론 교육이 모자람을 깨달음   기본적으로 이 병원에 어떤 애들이 오는지, 왜 왔는지, 병명은 뭔지, 얘네들한테 미술치료사로서 뭘 해 줘야 하는지… 내가 너무 모르고 있구나….
- 죽음에 직면한 환아를 만나 당황스러움   너무너무 슬픈 거야. 진짜 내 주위에서 죽은 사람은 처음이었거든. 더욱이 내가 치료하는 환자가 죽은 건 정말 처음이니까.
- 실습 전 병원의 오리엔테이션이 필수적임을 실감함   오리엔테이션 같은 게 있으면 우리가 좀 덜 당황하고 공부도 되고 애들도 더 도울 수 있고 그럴 건데….

의료 환경의 현실에서 좌충우돌함

- 실습생으로서의 고달픔   찬밥? 그 표현이 딱 맞는 거 같네요. (중략) 애들 아픈 거 치료하고 수술 먼저 해 놓고 미술치료는 해도 되고 안 해도 되는 옵션이랄까?
- 타 미술활동과의 혼란스러움 ― '미술 시간이 아니에요!' "그림 많이 배우고 와~" 하면서 가시거든요. 그러면 울컥하는 거예요, 혼자. 여기 그림 가르쳐 주는 데 아닌데… 하면서.

- 한정된 치료 시간과 공간 부족에 대한 안타까움　언제까지 병원학교에서 일주일에 고작 한 시간… 없는 거보다야 낫지만. 감사하지. 그렇지만 이건 아니잖아.
- 전담 슈퍼바이저가 없어 불안하고 답답함　슈퍼바이저가 있어야 내가 알아차리지 못하는 것도 짚어 주시고 하는 건데… 너무 아쉬웠어요.

더 나은 미술치료를 위해 고군분투함

- 행복한 책임감과 의무감　환아들 보면서 이젠 아픈 애들 병 치료만 하는 시대는 아니구나… 심리적으로 뒷받침해 줘야 되겠다는 느낌을 받았어요.
- 그림과 마음으로 마주하려 애씀　미술교육이랑 우리랑은 많이 다른데 대부분 같은 줄 아니까…. 어떻게 하면 다르게 할까 고민 많이 했어요.
- 다양한 치료 방안을 모색하여 치료사가 되어 감　그 아이들이(다른 연령의 환아들이) 한 번에 다 같이 와서 회기를 하면 도대체 어디에 수준을 맞춰야 하나… 처음엔 정말 힘들었어요. (중략) 그래서 고민 끝에 한 교실에서 테이블을 2개로 나눠서….
- 치료 대상을 보는 눈이 달라짐　환자 가족들을 위한 미술치료 프로그램이 있으면 좋겠다고 생각했어요.
- 지지와 교류를 통해 갖게 된 안도감　같이 병원학교에서 일하는 동기들과 얘기를 많이 하게 됐어요.

의료진 및 환아 가족과의 소통을 위한 리더십을 발휘함

- 환아의 치료 과정을 알기 위해 힘씀　걔가 수술에 대한 마음의 준비가 돼야 하잖아요. 정보 공유 같은 게 되면 좋겠어요.
- 열린 마음으로 의료진과 가족들에게 다가감　내가 항상 웃고 인사 열심히 하고 그러니까…. 웃는 얼굴에 침 못뱉잖아. 이제는 항상 웃어 주시고.
- 진정한 한 팀으로 자리매김　그러니까 이제야 내가 병원에 좀 소속되었구나 그런 느낌도 들고요.

그림으로 교감하며 환아의 건강 회복을 도움

- 감정을 표출하며 행복해하는 환아를 보며 뿌듯함 이유 없이 짜증이 난대요. 전 그럴 땐 점토를 많이 이용하는데. 특별하게 뭘 만들지 않더라도 쿡쿡 찔러 보고 누르고 찌그러트리고 던져도 보고 하다 보면 금세 기분이 풀리고….
- 서로 소통하며 즐거워하는 환아들을 지켜보며 흐뭇함 같은 병실에 누워서도 서 먹서먹 한마디도 안 하던 녀석들이 회기에 와서 같이 그림 그리며 서로의 그림을 보고 재잘재잘 떠들고….
- 창조적 활동으로 환아 스스로 힘을 찾는 과정을 함께 함 그림 못 그린다고 자신 없다고 잔뜩 움츠려 가지고 끄적대다가 보니까 그럴듯한 게 나오고 그러니까 자기도 내심 놀라면서 재미있어 하더라고요.
- 의료 재료로 미술활동과 놀이를 하며 환아의 두려움을 줄여 감 맨날 (바늘에) 찔리던 애들이 자기도 찔러 보니까… 스트레스도 풀리고 복수했다고 좋아하고, 희열도 느낀다고 그러던데….
- 환아의 그림 속에서 진단적 메시지와 의미를 찾아감 그 그림이 자살을 암시하는 그림이었던 거야. 맨날 몸이 아프니까 체구도 작고 가끔씩 학교에 나가면 애들한테 왕따당하고 그랬었나 보더라고.

한 걸음 나아간 나를 보게 됨

- 뿌듯함과 보람을 느낌 – '내 노력은 헛된 것이 아니었어!' 육체적인 아픔으로 인해 무기력해 있던 아이들이 미술치료 시간에 자신이 뭔가를 만들어내고 그 결과물을 보는 과정도 감동적인 순간들이었던 것 같아요.
- 개인 저널을 통해 마음을 다스림 – '저널은 나의 동반자' 이 그림은 그런 걸(병원학교에서 느낀 걸) 새롭게 느끼고 알아 가면서 그 아이들을 지켜 주고 싶고 안아 주고 싶은 마음이 더 커졌고.
- 실습 경험이 쌓일수록 자신감이 생김 – '성장을 위한 자양분' 정말 실습은 중요해요. 계속 해 보니까 느는 것 같아요. 그래서 경험이란 게 중요한 거겠죠?
- 진지한 자세로 미술치료에 매진함 여기 실습하면서 내가 아직 많이 부족하다

싶으니까 미술치료 철학이나 상담 윤리나 (중략) … 그런 부분들을 찾아서
새롭게 이해하고 학문적으로도 나의 역량을 더 키울 수 있었던 것 같아요.

- 가치관이 변화함 – '삶은 소중해!' 한 번 사는 인생인데 좀 더 가치 있게 살아
봐야겠다는 생각이 들더라구요. 진짜 내 자신부터 건강하게. 꼭 몸만 그런
게 아니라 마음도 같이. (중략) 내가 건강하게 살아야 치료도 계속할 수 있는
거고 베풀 수도 있는 거고….

본 연구의 7개의 본질적 주제와 28개의 하위주제를 바탕으로 한 해석학적 현상
학의 글쓰기 내용은 다음과 같다.

사랑에 빠진 작은 씨앗의 기대와 설렘

그토록 원하던 미술치료를 이제부터 대학원에서 공부할 수 있게 된다. 학기가
높아지면서 이론 수업과 함께 임상실습이 병행된다. 미술치료의 다양한 영역
중에서 '의료미술치료'가 나의 가슴을 뛰게 한다. 의료미술치료야말로 내가
그동안 열심히 배우고 경험해 온 미술치료사로서의 꿈을 펼칠 수 있는 바로
그 분야라는 생각에 가슴이 벅차다. 그렇지만 실습할 병원을 찾는 게 쉬운 일
이 아니다. 그러던 어느 날, 학교 선배로부터 제안을 받았다. 선배가 실습하던
병원에 후임으로 들어가기로 했다. 새로운 출발을 앞두고 기대와 걱정이 교차
한다. 여러 생각과 감정이 뒤섞인 채 초보 치료사는 부담감을 가지고 실습을
시작한다.

시작, 척박한 땅을 뚫고 세상 밖으로 나오려는 새순처럼

기대와 설렘도 잠시뿐, 병원에 오는 순간 숨이 막힌다. 어렸을 때 엄마 손에
이끌려 병원에 왔을 때 가졌던 막연한 두려움이 밀려오면서 갑자기 현기증이
난다. 병원 도구나 의료 장비, 외국어로 점철된 의료 용어들, 병원 특유의 알
코올 냄새, 때로는 적막하고 무거운 병실의 분위기는 아직도 낯설다. 이런 생

소한 분위기 속에서 막상 환아들을 만나 미술치료 회기를 진행하려니 갑자기 두려움이 앞선다.

두려움으로 시작한 의료미술치료 인턴 생활… 나를 힘들게 하는 것이 한두 가지가 아니다. 병원에서 죽음은 빈번히 일어날 수 있는 일이다. 그럼에도 불구하고 내가 치료하던 아이가 죽음을 맞이하던 날, 나는 미처 마음의 준비를 하지 못한 채 충격과 슬픔에 잠겼다. 몇 번 만나진 못했지만 그 아이가 세상을 떠났다는 사실을 받아들이기 어렵다. 얼마 전까지만 해도 나와 함께 즐겁게 그림을 그렸던 아이, 다시 건강해지면 하고 싶은 게 많았던 그 아이. 아이들 앞에서 나는 한없이 작고 무능한 사람이 된다. 아이들의 아픔과 고민, 기쁨, 상처를 담아내기에 내 그릇이 작고 부족한 것 같기만 하다. 그 외에도 병원학교 시스템 내에서 빠듯하게 돌아가는 미술치료 시간, 미술 시간과 미술치료 시간의 모호한 경계 등 이런 답답함을 어디선가 해소하고 싶고, 실습생으로서 내가 미술치료 회기를 제대로 진행하고는 있는 건지 객관적으로 평가도 받아 보고 싶다. 현장 슈퍼바이저가 절실히 필요한 순간이 한두 번이 아니다.

수많은 의료진들 속에서 찬밥 신세를 면치 못하는 병원 현장에서 지침서나 내 후원자가 있어 준다면 얼마나 든든할까…

성장통을 이기고 움트는 새싹

나는 실습 현장에서 겪은 좌절을 해결하고 극복하고자 치열하게 고민한다. 그리고 동료, 선배와 마음과 지혜를 공유하며 힘든 시간을 이겨 나간다. 그들의 격려와 지지, 조언이 나에게 얼마나 버팀목이 되어 주는지 모른다. 실습 진행에도 변화가 있었다. 더 이상 가만히 앉아 불평만 늘어놓지 않고 새롭고 다양한 아이디어로 진행해 나간다. 환아들이 미술 재료를 충분히 탐색하고 그 재료로 새로운 작품을 만들고 생각과 감정을 마음껏 표현할 수 있는 분위기를 조성한다. 다행히 아이들의 반응이 좋다. 호기심 어린 눈으로 수업에 참여하는 아이들이 사랑스럽다. 그동안의 노력이 헛된 것이 아니었음에 보람을 느낀다. 환아들을 제대로 치료하기 위해서는 의료진은 물론 환아 가족들과의 공감과 소통이 매우 중요하다는 것도 깨닫는다. 나는 아이들에게 좀 더 다가가기 위해 의료진들과 환아 가족들에게 적극적으로 다가가기 시작했다. 미술치료 회기가 시작되기 전에 직접 병동을 돌며 아이들을 모으고 부모님들께 인사를 전한다. 미술치료를 소개하면서 더 많은 아이들이 참여할 수 있도록 북돋는다. 내가 먼저 마음을 열고 적극적으로 다가가니 병원에서의 모든 관계가 한결 편해지고 수월해진다.

곧 활짝 피울 꽃망울

내가 미술치료사의 길을 걷게 되면서 경험하는 행복한 순간이나 힘든 순간을 함께하는 동반자들이 생긴다. 동료, 선배, 교수님뿐만 아니라 개인 저널이다. 그림일기 같은 비주얼 저널을 작성하면서 나 스스로를 돌아볼 수 있는 성찰의 시간을 가진다. 미술의 힘을 새삼 느끼며 살아간다.

내가 병원학교 실습을 통해 얻는 큰 의미 중 하나는 삶과 죽음의 경계를 넘나들면서도 삶의 끈을 놓지 않으려는 아이들과의 만남을 통해 개인의 생과 사, 그리고 삶의 가치관에 대해 성찰하는 기회를 갖는 것이다. 그들을 보며 나는 희망과 절망 사이를 오간다. 아이들을 만나기 전에 나는 병마와 싸우는 고통과 죽음에 대한 공포로 아이들 속에는 어두움과 무거움만 가득할 것이라 생각했다. 그러나 그들에게서 본 것은 긍정과 희망의 모습이다. 아이들은 삭막한 병원 안에서도 미술치료를 통해 즐거움을 되찾고 용기를 잃지 않는다. 삶에 대한 의지와 용기를 잃지 않고 씩씩하게 살아가는 아이들을 통해 나는 소박한 삶의 진실을 깨닫는다. 그 깨달음은 바로 '여기, 지금'에 충실하라는 것. 내가 미술치료사로 살아가는 동안 나에게 주어진 삶을 누리며, 다른 사람을 사랑하고 보살피며 돌보면서 마음을 나누는 인간적인 삶이 바로 그것이다. 막연한 동경으로 시작한 병원 실습은 나에게 변화와 성장이라는 큰 선물을 안겨주었다. 내 삶의 철학과 태도가 점점 달라지고 있음을 느낀다.

잘 익은 열매를 맺은 의료미술치료사

여러 해가 지났다. 나는 어느새 병원에서 풍부한 경험을 가진 미술치료사가 되어 있다. 우리 병원에 있는 아이들은 미술치료를 통해 잠시나마 그 아픔을 잊고 자신의 고통을 표현할 수 있다. 그런 아이들을 보면서 나 또한 성취감과 행복감에 젖어 더 열심히 아이들을 위해 노력한다. 내가 미술치료사의 길에 서 있음에 감사한다. 실습생 시절에는 아이들을 돕고 싶은 마음만 앞서 여러 시행착오들을 겪었다. 그런 시간들을 통해 나는 많은 것을 깨달았다. 아픈 마음은 어떤 식으로든 표현해야 치유될 수 있다. 미술치료사들은 고통을 긍정적이고 창의적으로 표현할 수 있도록 돕는다. 고통을 표현할 수 있는 용기, 치료사들은 그 용기를 북돋기 위해 최선을 다한다. 병든 아이들이 건강을 되찾아서 다시 행복해질 수 있도록 말이다. 이 세상의 모든 아이들이 건강하게 성장할 수 있도록, 행복한 어른의 모습을 꿈꿀 수 있도록 아이들의 손을 잡고 함께 나아가고 싶다.

3) 결론 및 논의

본 연구는 Max van Manen의 해석학적 현상학 연구방법을 적용하여 소아 의료미술치료로서 어린이병원학교 미술치료 실습 체험의 의미와 본질을 발견하고자 시도하였다.

연구 참여자는 국내 어린이병원학교에서 현재 미술치료 실습 중이거나 1년 이상의 경험이 있는 석·박사 과정생들을 대상으로 총 12명을 목적적 표본 추출을 통해 선정하였다. 동의한 참여자들을 대상으로 수집된 자료들을 van Manen(1990)의 분석 과정에 따라 분석을 실시하였다. 결과 부분에서 제시한 본질적 주제를 통해 미술치료 실습생들은 어린이병원학교에서 체험한 의료미술치료가 낯설고 생소한 의료 환경 속에서 초기에는 위축되어 수동적이고 소극적이었다. 그러나 병원학교라는 환경에 점차 익숙해지면서 미술치료 실습생들의 실습 활동이 점차 안정감을 찾으며 적극적이고 자율적인 과정으로 변화하였다. 실습 중반에는 실습이 잘 이루어지기 위해서는 의료진과 환아 가족과의 이해와 소통이 요구된다는 것을 깨닫고 그들과의 관계에 주력하게 된다. 또한 환아들은 신체적으로는 질병 상태지만 미술치료 시간에는 즐거운 체험을 하게 된다는 것을 발견한다. 실습 후반에는 의료미술치료의 정체성을 찾아가는 기회이자 개인적인 성장의 체험을 하였다. 이러한 경험들은 미술치료 실습생들이 앞으로 의료미술치료사로 전문성을 다지며 개인적으로 성장하는 데 뒷받침이 될 것으로 기대하고 있었다.

본 연구의 결과가 미술치료학 연구에 주는 의의와 기여는 다음과 같다.

첫째, 본 연구는 학문적 측면에서 과도기적인 소아 의료미술치료 분야에 대한 연구를 축적하여 미술치료학 분야에 중요한 자료를 제공하고 실제적 측면에서 관련 전문가들의 구체적인 이해와 훈련을 돕는 기초 자료가 될 것이다.

둘째, 본 연구에서는 소아 의료미술치료 분야에서 어린이병원학교 미술치료 실습에 대한 생생한 체험적 이해를 높이기 위해 현상학적인 질적연구방법이라는 연구방법론을 적용해 보았다는 데서도 의의를 찾을 수 있겠다.

셋째, 어린이병원학교 미술치료 실습생의 역할과 자질에 대해 구체화하여 활성화하는 계기를 마련하여 향후 미래의 실습생들에게 소중한 사전 안내서 역할을 할 것으로 사료된다.

본 연구 결과를 기반으로 후속 연구를 위해 다음과 같은 제언을 하고자 한다.

첫째, 어린이가 대상이 아닌 성인이나 노인을 대상으로 한 의료미술치료 경험에 따른 후속 연구가 필요하다고 본다.

둘째, 어린이병원학교가 아닌 다른 의료 환경 속에서 이루어지는 다양한 소아 의료미술치료 연구가 요망된다.

셋째, 의료미술치료에 대한 다른 연구방법론의 다양한 연구가 필요한 것으로 판단된다.

3. 용서 중재 미술치료 이론 개발을 위한 여성의 부모 용서 과정에 관한 질적연구[3]

1) 서론

부모는 자녀에게 있어서 신체적·심리적·환경적 모체가 됨과 동시에 부모-자녀 간 상호작용을 통하여 자녀의 정신건강 및 인간관계의 밑거름이 된다. 어린 시절에 부당한 대우를 받은 사람들에게는 그 상처로 인한 분노가 80대가 되어도 여전히 존재한다고(Enright & Fitzibbons, 2002) 보고하고 있을 정도로 부모-자녀 간 역기능은 매우 부정적인 영향을 끼치고 있다. 용서 심리학자 Enright(2012)는 부모와의 갈등에 기인한 자녀들의 분노 감정은 전체 집단에 전파될 뿐만 아니라 한 세대에서 다음 세대로 대물림되는 비극에 처하게 될 수 있다고 주장하며 용서를 대안으로 제시하였다. Enright(2012)에 의하면, 용서한다는 것은 자신이 부당하게 대우받았다는 것을 이해하는 것이며, 가해한 사람에 대한 분노 감정을 줄이고 궁극적으로 그에게 자비를 베푸는 것이라고 정의하였고, 더 나아가 용서하는 삶이란 사랑의 유산을 만들고 분노를 극복하기 위한 길이라고 하였다.

어머니와의 관계에서 오랫동안 어려움을 경험했던 신학자 Smedes(1984) 역시 용서를 '마법의 눈'이라고 표현하며 자신이 경험한 용서의 힘에 대해서 언급하고 있다.

이제 용서는 양적연구로 인해 효과성이 입증되었으며(오영희, 2005; Osterndorf, 1999; Murray, 2002; Worthington, 2006), 이 밖에도 미국, 태국, 프랑스, 한국 등 나라별로 용서의 개념 및 모델의 인지적 차이를 문화적·사회적 맥락 내에서 파악하기까지(Enright & Fitzgibbons, 2002) 심리학에서 용서를 다루는 범위가 넓어졌다. 우리나라에서도 오영희(1990)의 용서 발달 연구로 시작되어 박종효(2006, 2007)에 의해서 Enright의 용서 심리검사의 타당화 연구가 이루어진 후, 용서 구

---

[3] 이 글은 '용서 중재 미술치료 이론 개발을 위한 여성의 부모 용서 과정에 관한 질적연구(최호정, 2015, 예술심리치료연구, Vol. 11, No. 3, pp. 175-198)의 일부 내용이며, 한국예술심리치료학회로부터 출판 허락을 받았다.

인, 변인 등을 밝히는 연구(박종효, 2012a; 박종효, 2012b)와 용서의 신체적·정신적 건강의 관계성(박종효, 2003) 등을 통해 용서의 이론적 토대가 깊어지고 있다. 다양한 대상으로 용서 개입을 적용한 연구도 활발하게 이루어지고 있다. 예컨대 여대생의 부모-자녀 간 갈등과 용서(Kim, 2010), 여성 노인의 용서 프로그램 적용 연구(장우심, 2010), 범죄 피해자의 용서 체험(김현경, 2011)을 비롯하여 정신 건강과 트라우마 극복을 위한 용서(Finch, 2012) 등이 있다. 상담 현장뿐 아니라 교육계에서도 용서 교육의 중요성이 강조되고 있어서(김광수, 하요상 2006; 김광수 외, 2013), 예방적 차원에서도 용서는 널리 활용되고 있다. 용서를 심층적으로 이해하려는 시도로 질적연구가 국내에서 시작되었으며(이경순, 2008; Moffet, 2005), 성폭력을 경험한 여성의 용서 과정(최혜정, 2015), 과거 상처 경험에 대한 노년기 용서 과정 연구(위경선, 윤가현, 2011) 등 서서히 그 대상을 넓혀 가고 있으나 가족 내 갈등 경험으로 심각한 폐해를 낳고 있음에도 불구하고 부모를 용서하는 과정에 관한 질적연구는 없다.

본 연구자는 미술치료사로서 10년 이상 미술치료 임상 장면에서 다양한 문제로 힘들어하는 내담자들을 통해 그들의 정서적인 고통과 타인과의 파괴적인 관계의 근원이 부모로부터 받은 상처와 갈등에 있는 사례를 적지 않게 접하게 되었다. 일부 내담자들은 심리적 문제의 근간이 부모와의 갈등 및 심리적 상처였다는 것을 발견하면서 부모를 용서해야 하는 상황임에도 불구하고, 부모에 대해서는 아름다운 추억만을 가지고 싶은 욕망(Smedes, 1996)으로 인하여 치유를 향한 갈망과 충돌하기도 하였다. 이 밖에도 죄책감을 느끼기도 하고(Smedes, 1996) 그 대상이 부모라는 점에서 용서를 제시했을 때 용서에 저항하는 사례가 많았다. 그러나 최근 Enright(2012)가 저술한 *Forgiving Life*에서, 부모나 배우자와 같이 가족 내에서의 용서를 많이 소개하고 있다는 점을 볼 때 가족 간의 용서는 어려우면서도 중요함을 의미한다. Fischer(1999)와 Freedman과 Knupp(2003) 등은 부모의 이혼으로 상처 받은 자녀들을 돕기 위한 용서의 활용에 대한 연구 결과를 내놓았다. Enright(2012) 역시 부모의 사랑을 받지 못한 대학생들을 대상으로 용서의 이점을 논하였다. 오영희(2004, 2005)의 부모-자녀 간 갈등과 용서를 비롯하여, 부모 용서를 직접 다루지는 않았어도 성인기에 아버지와 사별한 미혼 딸을 연구 대상으로 한 연구(김현진, 장연집, 2013)에서는 아버지와의 부정적인 관계가 딸에게 낮은 자존감 및 대인관계에 심각한 영향을 미치므로, 용서의 필요성을 피력하고 있다.

본 연구의 연구 참여자는 여성으로 제한한다. 여성을 대상으로 한 심리치료적 개입의 필요성이 부각된 이래(장연집, 1996), 여성을 대상으로 한 용서 연구가 많이 이루어지고 있으며(태영숙, 2006; 신종수 외, 2012; Freedman, 2008), 이는 또한 용서 프로그램을 실시한 집단에서 여성이 남성에 비해 더욱 효과적이었다는 결과(Root, B. & Exline, J., 2011)의 방증이라고 볼 수 있기 때문이다.

Enright(2012)는 용서 치료를 분노를 다루는 과정이라고 하였다. 김광수(2007)가 개발한 용서 프로그램에서는 분노, 수치심 등 부정적 감정을 다루는 것에 많은 비중을 둔다. 이 점은 용서 상황을 직면할 때 우울 및 분노와 같은 부정적인 정서를 다루는 것이 용서를 위한 심리치료 작업에서 핵심이라고 볼 수 있다. 미술치료는 이러한 감정을 표현하는 데 안전한 장소를 제공하고, 언어적 소통의 제한성을 넘어선 미술언어(Wadeson, 2008)가 용서 중재를 위한 치료적 개입의 가능성을 지닌다.

따라서 임상 장면에서 용서심리학의 미술치료적 적용을 위하여 심리적 갈등의 근원이 되는 부모로부터의 상처 경험을 한 이들의 용서 과정이 어떠한지에 대한 심층적인 이해와 실체 이론 생성을 위한 연구가 필요하다.

본 연구의 연구 문제는 '여성의 부모 용서 경험의 심리적 과정은 어떠한가'로 설정하였다. 본 연구에서는 용서 경험뿐만 아니라 과정을 이해하고 이를 통하여 용서 중재 미술치료의 이론적 근거와 실제에 도움을 주는 학문적 배경을 마련하는 것이 목적이므로 질적연구 중 과정을 탐색하여 이론 구축을 위한 Strauss와 Corbin(1998)의 근거 이론 방법론을 적용하였다.

2) 연구 결과

(1) 개방 코딩과 축코딩 결과

본 연구 결과 참여자들의 인터뷰 내용과 그림에 대한 설명을 근거로 개념을 명명하고 개념들을 범주화하고 범주의 속성과 차원을 규명해 나가는 과정에서 72개의 개념과 29개의 하위범주, 14개의 범주가 표 12.1과 같이 나타났다.

▼ **표 12.1** 범주와 패러다임 요소

범주	하위범주	개념
가정의 해체	심리적 고아	차라리 날 버렸으면 좋겠음 남보다 못한 관계임 내 인생에 참여하지 않음 외도로 부재 중인 아버지
	부부 역할 상실	부부간 불화
	부모 역할 상실	나를 보호해 주지 않음 부모로서 하지 않아야 할 말을 함 내가 원하는 부모가 아님 배우자에게 화난 것을 자녀에게 품
	폭력	아버지가 폭력을 행사함
뒤섞여 버린 감정과 기억에서 벗어날 수 없음	감정의 포로	싫지만 사랑함 분노와 연민이 섞여 있음 감정 통제 불능 한 맺힘
	멈출 수 없는 기억	한 번 생각나면 헤어나지 못함 어린 시절에서 벗어나지 못함
가계에 흐르는 부정적 대물림	관계 맺기 실패	남자와 관계 맺기 힘듦 결혼 실패 부모와 단절됨
	대물림	내가 못한 것을 시킴 내가 당한 대로 하고 있음 엄마의 열등감으로 양육함
부모로부터 받은 상처를 나에게 되갚음	복수심	아빠에게 벌을 줌 엄마가 원하는 대로 해 주지 않음
	방황	일부러 삐뚤게 나감 나를 봐줬으면 좋겠음

▼ 표 12.1 범주와 패러다임 요소(계속)

범주	하위 범주	개념
자기 용서가 필요함	나를 용서할 수 없음	내 모습이 싫어짐 반복적으로 실수함 자존감 없음
용서 매개체	사랑	사랑받음
	조건적인 수용	공감받음
	상처의 노출	다른 사람에게 이야기하는 것이 도움이 됨 감정을 표출함
	더 심한 고통	벼랑 끝에 내몰림 일상생활이 파괴됨 미워하는 게 더 힘듦
	시간의 흐름	나이가 들어 감 주도권 이양
상처를 유지하려고 함	상처를 붙잡음	용서 안 할 것임 미안하다는 말을 듣고 싶음
	용서에 대한 무지	용서가 뭔지 모름 용서해도 변화는 없을 것임
용서와의 만남	우연히 찾아온 용서	남들 용서하다 엄마를 용서함 벗어나고 싶어 뭔가를 찾음
	적극적 용서	용서를 찾음 기도함 억지로 용서하지 않음
용서로의 여정	용서를 후회함	용서를 했다 안 했다 함 상대가 화나게 하면 다시 힘듦
	용서 스펙트럼	용서에 대한 감정의 편린 어느 순간 용서가 됨 서서히 용서가 됨 용서의 마지막은 축복하는 것임 용서는 계속해야 함
상처는 성숙의 통로	자기 모습의 객관화	다른 사람을 보며 내 모습을 보게 됨 사람에 대한 이미지를 재정리함 부모의 모습에서 내 모습 발견함 역지사지 해 봄
상처로부터 자유함	부정적 감정이 멈춤	더 이상 상처가 나를 잡지 않음 반복적으로 원인을 캐지 않음

▼ 표 12.1 범주와 패러다임 요소(계속)

범주	하위 범주	개념
나와 부모를 수용함	받아들임	부모님의 실망스러운 모습도 봐줄 수 있음 현실을 받아들임 일상생활이 잘 됨
	먼저 다가감	먼저 미안하다고 말함 먼저 말 걸음
상처의 긍정적 전환	긍정적 정서가 생김	자신감 이타심 착해짐
	감사함	감사가 나옴
대물림 끊기	부모님도 피해자	할머니와 할아버지의 불화 가정의 역기능을 끊고 싶음 부모님도 사랑받지 못하고 자람

(2) 인과적 조건

참여자들은 대부분 어린 시절 부모가 제공하는 심리적 · 물리적 환경 및 적절하지 않은 양육 태도 등으로 인하여 가정이 물리적, 정서적으로 해체됨을 경험하였다. 부모가 특별히 물리적으로 가한 부정적인 행동이 없음에도 불구하고 부부간의 역할이 제대로 이루어지지 않는 부부의 불화만으로도 가정이 해체되고 있다고 느꼈다. 인과적 조건인 '가정의 해체'가 중심 현상을 일으키게 하는 원인으로 도출되었다.

"내 마음이 어떤지, 내 생각이 어떤지, 내가 무슨 일이 있었는지 별로 알리고 싶지 않았어요. 알려서 내가 말하면 내 기분, 내 느낌 알아서 좀 … 말하면 내가 원하는 반응이 아닌 거야. 나는 들어 주는 것만으로도 격려가 되거든요. '니가 힘들겠다' 약간 이런. 그냥 묵묵히 들어 주고 이해해 주는 그런 제스처를 바라는 건데 그게 안 돼요, 우리 엄마는."

(부모 역할 상실, 연구 참여자 9)

(3) 중재적 조건

중심 현상과 관련하여 상호작용을 촉진하는 역할을 하는 요인들은 '뒤섞여 버린 감정과 기억에서 벗어날 수 없음', '부모로부터 받은 상처를 나에게 되갚음', '가계에 흐르는 부정적 대물림'으로 도출되었다. 가정의 해체로 인하여 부모로부터 받은 상처는 자녀에게 상처의 굴레가 되어 자신에게서 끝나지 않고 '그다음 세대로 전이가 되었다.

> "아빠에 대해서 생각하면 막 이런 마음이에요. 아마 이게(마커 : 드로잉 재료) 칼이라면 이렇게 막 찢어버렸을 것 같아요. (이 그림을 그리면서 감정에 북받쳐 울음) 그런데 여기 이렇게 아주 조그맣게 하트도 있어요…." (싫지만 사랑도 함, 연구 참여자 11)

이 연구 참여자는 부모에 대한 감정을 이야기할 때 눈물을 흘리며 말을 잇지 못하였고 그림으로 표현해 볼 것을 권유하자 그림 12.1을 그리게 되었다. 갈색 색지는 자신의 어두운 마음을 나타낸다고 하였으며 마커로 휘갈기는 듯한 필체와 강한 필압으로 빠른 속도로 종이 위가 찢어질 정도로 선을 그었다. 선을 긋는 동안 마커가 칼같다는 말을 하며 강하게 부정적인 감정을 나타냈으며 이 그림을 그

▲ **그림 12.1** 아빠에 대한 분노 감정(연구 참여자 11), 갈색 색지에 마커

리고 옆에 작은 하트 모양을 그린 후 크게 울음을 터뜨렸다.

(4) 작용/상호작용 전략

'자기 용서가 필요함'은 작용/상호작용 전략의 개념으로 연구 참여자들은 일상생활과 타인과의 관계에서 낮은 자존감으로 인해 건강하지 않은 행동 패턴을 반복하고 있었으며 그러한 자기 자신에게 분노 감정을 갖게 되면서 부모를 향한 분노와 뒤섞이게 되어 더 큰 분노를 가지고 자기 자신에 대한 용서의 국면에 처하게 되었다.

> "내가 너무 싫어요. 하도 인정을 못 받아서 그런지 관계에서도 자신이 없고 다 내 잘못인 것 같고 주눅 들고 그래요." (자존감 없음, 연구 참여자 4)

(5) 맥락적 조건

중심 현상에 대한 맥락으로 '용서 매개체', '상처를 유지하려고 함', '용서와의 만남'으로 나타났다. 연구 참여자들은 용서 여정을 통해서 외부와의 접촉 및 타인과의 교류를 하며 자신의 내면세계를 표출하였다. 또한 용서로의 여정은 고통스러운 상황과 직면하고 맞서 싸워 나가는 역동적인 과정인 것으로 나타났다.

> "다른 사람을 용서할 일이 생겼어요. 왜 그런가 생각하게 됐어요. 내가 남도 용서하는 판에 엄마를 용서하지 못하는 게 말이 안 되는 거예요. 엄마라서 더 화가 나는 건 있죠." (남들 용서하다 엄마를 용서함, 연구 참여자 8)

(6) 중심 현상

용서의 과정은 여행과 같았다. 참여자들은 순례자와 같은 모습을 하고 있었다. 상처와 싸우고 부모와 타인과의 관계에서의 어려움을 만나고 더 이상 물러설 곳이 없는 삶의 끝자락에서 용서를 경험하였다. 용서를 만났으면서도 또다시 상처로 돌아가기도 하고 나오기도 하는 반복된 작업 속에서 용서를 향한 여정을 충실히 수행하였다. 따라서 중심 현상으로 '용서로의 여정'이 도출되었다.

"질투, 미움, 좌절, 슬픔, 분노, 포기, 탐색, 다시 시작하려고 하는 마음, 정화, 희망 즐거움으로 바뀌어 갔어요." (용서에 대한 감정의 편린, 연구 참여자 4)

이 참여자는 부모님의 편애로 인한 상처를 가지고 있었으며 이로 인하여 가족들을 위하여 희생하며 가족들은 모르는 용서 여정 과정을 경험하였다. 용서 여정 중에 경험한 다양한 감정의 변화에 대해서 시각적으로 그림을 그리며 표현하였다.

(7) 결과

부모 용서 과정에서 참여자들은 부모로부터 받은 심리적 외상을 보는 시각이 변화됨을 진술하였다. 이들은 상처가 곧 용서와 성숙의 통로였음을 깨닫게 되었으며 자신을 둘러싼 상황에 대해서 객관적으로 바라보고 더 나아가서 부모님과 그 윗세대까지도 바라볼 수 있는 관점을 획득하였다. 따라서 결과로 '긍정적 관점으로의 변화', '상처는 성숙의 통로', '나와 부모를 수용함', '대물림 끊기'로 도출되었다.

"행복한 결혼생활을 하려고 시작했는데 너무 힘들었어요. 원만한 관계 또는 행복한 생활 이런 것들의 뿌리가 남편한테 있지 않고 아버지와의 관계에 있다는 것을 알게 되었어요. 아버지와는 화해할 것이 없죠. 제가 꼬여 있는 거죠. 그런 게 해결되지 않으면 남편과의 관계도 개선되지 않을 것이고 자신감도 없어질 것이라는 것, 저 자신의 행복한 삶을 위해서 아버지와의 관계를 개선할 수밖에 없다는 것을 알게 된 거죠." (상처는 용서의 통로, 연구 참여자 16)

"제가 되게 이기적이라는 걸 알게 된 건데 아빠한테 가장 바랐던 건 아빠한테 부성애를 원했다기보다 머리가 큰 다음에 아빠를 못 만나고 관계가 형성되지 않다 보니까 경제적인 걸 아빠를 통해서 되게 많이 얻고 싶었구나. 아빠 바람피운 건 포기해버리고 아빠를 통해서 내가 공부를 해야 되니까 내가 돈을 좀 받아 가지고 원하는 걸 이루고 싶다는 욕심이 있었던 거예요. 굉장히 관계가 사무적으로 된 거죠."

(다른 사람을 보면서 내 모습을 보게 됨, 연구 참여자 14)

(8) 축코딩

축코딩은 개방 코딩 동안 분해되었던 자료들을 재조합하는 과정으로 현상에 대하여 보다 정확하고 완벽에 가까운 설명을 해내기 위하여 범주의 속성과 차원을 계속 발달시킨다. 또한 범주를 속성과 차원에 따라 하위범주로 연결시키며 패러다임 모형을 이용하여 범주들이 어떻게 서로 교차되고 연결되는지를 보여준다 (Strauss & Corbin, 1998). 패러다임 모형에 근거한 인과적 조건, 현상, 맥락적 조건, 중재적 조건, 작용/상호작용 전략, 결과 간의 관련성은 그림 12.2와 같다.

(9) 과정 분석

본 연구에서는 연구 참여자의 부모 용서 경험을 통한 심리적 과정을 분석한 결과 상처 유지 단계, 용서와의 만남 단계, 용서로의 여정 단계, 상처와의 동행 단계의 4단계를 통해 시간의 흐름에 따라 작용/상호작용에 따른 행동 변화가 나타났다. 각 단계는 일방향적으로 나타나는 과정이 아니라 중재적 조건의 영향에 따라 순행과 역행을 그림 12.3과 같이 반복하였다.

상처 유지 단계는 부모로부터 받은 상처를 속에서 갈등하는 단계이다. 이 단계에서 참여자들은 부모로부터 물리적 · 심리적 거리감을 느끼고 가정의 해체로 인하여 분노, 우울, 한 등과 같은 부정적인 감정과 고통스러운 기억 속에서 힘겨운 일상을 보내는 상황이었다.

용서와의 만남 단계는 부모, 자기 자신, 타인과의 파괴적인 관계 속에서 이 상황을 벗어나고자 무언가를 찾아가는 과정이었다. 참여자들은 지금까지 부모로부터 받은 상처로 인한 고통보다 더 힘든 상황을 맞이하여 벼랑 끝에 서 있는 심정에 처해 있었으나 이 시점에서부터 종교, 심리치료, 신뢰할 수 있는 타인을 만나 공감과 수용 등과 같은 심리적인 지지를 얻으면서부터 용서를 위한 심리적 힘을 얻게 되었다.

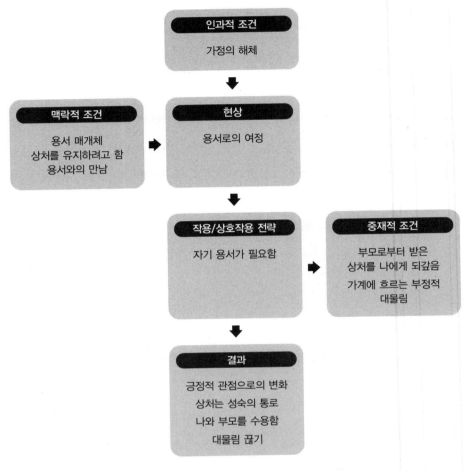

▲ **그림 12.2**　여성의 부모 용서 경험의 심리적 과정에 관한 패러다임 모형

　용서로의 여정 단계는 어느 한 순간 용서와의 만남의 단계 이후에 용서와 비용서(unforgiveness) 사이에서 갈등하지만 발전하는 단계를 말한다. 참여자들은 어느 시점이라고 말할 수는 없지만 어느 한 순간 감정적 해방과 함께 용서하게 되었다고 진술하였다. 그러나 다시 부모를 보거나 과거와 비슷한 상황을 맞이하게 되면 용서를 철회하거나 상처 경험을 재현하게 되지만 과거의 고통스러운 기억과는 다소 차이가 있는 미미한 변화를 경험하면서 다시 감정을 추스르게 되는 것을 경험하였다. 상처로 다시 되돌아가는 경험을 반복하면서도 감정이 회복되는 기간이 단축되거나 상처로 돌아가는 주기가 점점 길어지는 것을 통하여 용서를

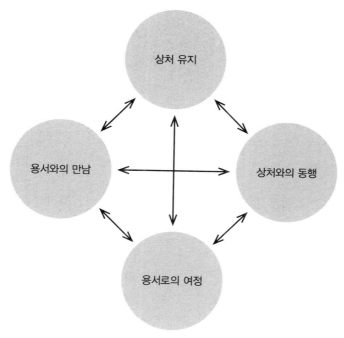

▲ **그림 12.3** 여성의 부모 용서 경험의 과정 분석

향한 여정은 진행되고 있음을 알 수 있다.

　상처와의 동행 단계는 용서 여정 후에 얻은 결과에 해당하는 상처는 성숙의 통로, 자기 모습의 객관화, 긍정적 관점으로의 변화를 획득하고 부모로부터 받은 상처에 기인한 낮은 자존감과 손상된 자아상을 회복하는 단계이다. 참여자들은 완전한 용서는 없다고 느꼈지만 용서를 향해 가고자 하는 강한 의지를 나타냈다. 상처와의 동행 단계에서는 용서 이전에 경험한 상처와는 다르게 상처를 조망할 수 있는 관점이 생겼다. 동시에 상처를 조절하고 통제하며 상처의 의미를 바꾸어 상처와 기꺼이 동행을 할 수 있는 심리적 힘을 획득하였다. 이 단계에서 참여자들은 자기 용서가 필요함을 통찰할 수 있게 되었다.

(10) 선택 코딩 결과

핵심 범주　핵심 범주는 Strauss와 Corbin(1998)이 제시한 핵심 범주의 여섯 가지 준거를 적용하여 자료에 자주 보이고, 자료의 변동을 잘 설명할 수 있으며, 다른 범주와 쉽게 연결되고, 이론을 함축하고, 이론이 단계적으로 진척될 수 있어야 하며, 분석에 있어서 최대한의 변동을 허용하는 것이어야 한다. 연구 참여자들은 부모로부터 받은 상처로 인하여 갈등이 촉발되었지만 대상이 모호해지거나 자기 자신에게 분노 감정을 품게 되기도 하고 과정을 힘겹게 지나면서 용서 여정을 통해 부모뿐만 아니라 자기 자신에게까지도 범위가 확대됨을 경험하였다. 따라서 '부모 용서 여정 중에 만난 자기 용서'라는 핵심 범주가 도출되었다.

'부모 용서 여정 중에 만난 자기 용서'의 유형 분석   유형(pattern) 분석은 이론을 구축하기 위해서 가설적 정형화 및 관계 진술문을 근거 자료와 지속적으로 비교하면서 각 범주 간에 반복적으로 나타나는 관계를 정형화하는 것이다(Strauss & Corbin, 1998). 따라서 '부모 용서 여정 중에 만난 자기 용서'의 유형 분석을 해보면 다음과 같다. 용서와의 싸움이 적극적, 소극적이냐 또는 용서 매개체의 정도가 강하냐, 약하냐에 따라 용서 개념과 깨달음의 정도와 깊이가 가늠이 된다. 그 과정 속에서 각자 부모 용서 여정 가운데 자기 용서를 해 나가며 '갈등 지속형', '현상 안주형', '성숙 추구형'의 세 가지 유형으로 분류되는 것으로 나타났다.

갈등 지속형의 참여자들은 강한 상처의 굴레가 진행되면서 심리적 고통과 갈등 및 관계의 어려움을 경험하였는데 이는 용서와의 싸움 정도가 약하고 용서와의 만남의 기회도 적으며 용서를 촉진하는 매개체의 경험이 약하였다. 이들은 날마다 상처를 곱씹으면서 부정적인 감정과 기억 속에서 고통을 반복하고 있었다. 또한 현재의 삶 속에서도 만족을 못 느끼며 현재의 잘못된 경험이 부모와의 갈등에서 비롯된다는 생각에서 벗어나지 못하고 있었다. 상처의 굴레 속에서 용서와 싸우고 있는 것이 아니라 상처를 더욱 강화하며 용서와의 만남을 향한 시도를 두려워하고 있었다.

현상 안주형의 참여자들은 용서와의 만남에서 한 순간 용서를 경험하고는 현실에 만족하며 더 이상의 발전적인 형태로 나아가지는 않았다. 이들은 용서 여정 가운데서 용서가 주는 이점의 폭을 넓히지 않고 극심한 고통에서 벗어난 것을 유지하기 위하여 노력하고, 더 이상 용서를 위한 적극적 노력의 정도는 약하였다.

성숙 추구형의 참여자들은 용서와의 만남에서 한 순간 용서를 경험하고 용서의 이점을 통하여 삶의 희열을 맛보며 더욱더 완전한 용서를 향하여 노력하는 모습을 보였다. 용서 여정 중에서 깨달음의 폭을 더욱 넓히며 상처의 에너지를 긍정적으로 변환시켜 적극적으로 용서를 추구하고 관계 회복을 위해서 노력하였다. 더군다나 이들은 부모 용서를 통하여 자기 용서를 경험하며 부모로부터 받은 갈등 및 상처 경험으로 손상된 자기 이미지에 대해서도 새롭게 정립해 나갔다.

3) 결론 및 논의

본 연구에서는 여성의 부모 용서 과정을 근거 이론 방법론을 적용하여 심층적 이해를 바탕으로 이론을 도출하였다.

본 연구에 대한 논의는 다음과 같다. 첫째, 개방 코딩 결과로 자녀들이 부모를 용서해야 할 정도로 심리적 갈등을 겪는 요인으로서 부모의 역할, 부부의 역할 부재로 인한 가정의 물리적 · 심리적 해체가 큰 것으로 나타났다. 대학생을 대상으로 부모 자녀 관계에서 오는 갈등의 요인들을 분석한 연구에 의하면 부모의 부당한 대우, 무시, 경제적 무책임, 언어적 폭력, 신체적 폭력, 형제간 차별, 부모의 이해 부족이 있다(오영희, 2004). Enright(2012)는 우리 모두는 사랑이 필요하며 특히 가장 가까운 사람에게 사랑을 받아야 한다고 주장한다. 부모로부터 받지 못한 사랑은 자녀에게 큰 상처로 남게 됨을 의미한다. 그러나 본 연구에서 도출된, 용서를 하지 못하는 원인 중 부부간 불화 역시 부모가 자녀에게 큰 잘못을 저지르지 않아도 자녀에게는 상처 경험이 되는 것임을 알 수 있었다.

둘째, 본 연구에서 도출된 용서 과정은 '상처 유지', '용서와의 만남', '용서로의 여정', '상처와의 동행'으로 나타났다. Enright와 Fitzibbons(2002)는 용서를 위한 4단계를 제시했는데, 상처를 개방하는 단계, 용서를 결심하는 단계, 용서를 위한 구체적인 작업을 하는 단계, 삶의 의미를 발견하는 심화 단계를 밟아 가도록 하였다. 용서 개입을 외부로부터 받지 않았음에도 개인이 스스로 이런저런 노력을 통해 얻는 용서를 경험하는 과정은 크게 다르지 않다는 것을 알 수 있다. 또한 용서 과정은 용서의 주체에 따라서도 크게 차이가 없음을 알 수 있다. 이경순(2008)

은 45세 이상의 건강한 남녀 10명을 대상으로 하여 용서를 경험하는 과정을 인터뷰한 결과 '가해로 입은 상처', '증오', '고투', '부정적 정서 표현', '사건의 자유로운 느낌', '감사하는 삶 살아가기'로 도출되었다. Mickley와 Cowley(2001)의 암환자를 대상으로 용서를 활용한 연구에서는 처음 단계에서 용서를 하지 않겠다는 부정적인 것에 머물러 있으려는 '사건 지속하기', 그 후로 부정적인 것과 개인의 가치 사이에서 맞이하게 되는 '긴장 고조', '용서에 대한 관점 획득' 그리고 용서를 사용하는 '해결'로 용서 과정을 밟아가는 것으로 밝혀졌다. 따라서 용서 과정은 용서의 주체와 용서 대상자에 따라 크게 다르지 않음을 알 수 있었다.

셋째, 본 연구에서 도출된 용서 과정 중 초기의 '상처 유지' 과정은 이후 '용서와의 만남' 과정에 큰 역할을 하는 것을 알 수 있었다. 부모로부터 상처를 경험한 이들은 초기에 상처를 붙들고 있으면서도 오히려 상처를 유지하려는 힘이 클수록 용서를 위하여 적극적인 자세를 취하는 것을 의미한다. Fromm(1977)은 사람의 내부에 있는 갈등 자체가 해결을 요구한다고 하였으며 인간은 자신의 삶 속에서 일어나는 사건을 설명하기 위해 의미 있는 이야기를 창조함으로써 삶의 경험을 해석하려는 경향이 있다고 주장한 바(최용성, 2001)를 뒷받침하는 결과라고 볼 수 있다.

넷째, 개인 내적 심리 과정(intra-personal psychology)으로서 피해자의 용서하기는 그 유용성이 제한적이라는 지적이 많음에도 불구하고(박종효, 2012b), 이들은 부모로부터 구체적인 사과를 받지 못했어도 용서 과정 중에서 개인의 성숙을 추구하는 노력을 지속하는 것으로 나타났다.

다섯째, 여성의 용서 경험과 과정에 관한 인터뷰 수집 과정 중 언어적 진술과 함께 이미지 표현에도 적극적이었음을 알 수 있었다. 비록 4명의 연구 참여자로부터의 수집이므로 제한점을 가지고 있지만 이 과정은 용서를 위한 심리치료적 개입을 위하여 비언어적 표현의 중요성을 나타낸다. 이들은 부모에 대한 분노를 표현하거나 용서 과정을 표현하고자 할 때 특히 이미지 사용을 하였다. 미술치료사인 Arrington(2001)은 정신적 외상의 화해와 치유를 위한 미술치료를 시도하는 과정에서 분노를 털어버리고 심연의 영혼에 도달할 수 있는 통로로 용서를 소개한 바 있다. Enright와 Fitzgibbons(2002)는 용서 치료가 분노 감정을 다루는 과정이라고 주장하며 자신의 감정을 글로 쓰도록 하는 과제를 하도록 한다. 감정을 직접적으로 다루는 미술 매체와 미술언어는 용서 개입을 위한 미술치료적 개입의 가능성을 시사한다. 이미지를 통해서 표출된 정서는 자신의 현재 생각과 감정, 가족관계 등을 탐색하는 데 도움이 되며, 이미지 표출 시 전달되는 형태, 색 등은 자신의 감정이 무엇이고 그 감정의 강도가 어떤지 가늠해 볼 수 있는 중요한 정보력을 가진다(최호정, 2013). 이미지를 표현했던 연구 참여자들은 이미지를 바라보며 구체적으로 이야기하는 것이 유용하며, 이미지 표현 후 오히려 자신의 감정과 생각이 정리되었음을 보고하기도 하였다. 용서 과정 중 상처를 유지하고자 하는 강한 방해 요소를 바라보고 분노를 다루며 용서 관점을 획득하는 데 미술이 가진 이미지의 힘이 중요한 역할을 할 수 있을 것으로 기대된다.

본 연구는 여성의 부모 용서 과정에 관한 근거 이론 연구이다. 본 연구의 참여자는 부모로부터 상처를 받고 용서 과정을 경험한 16명의 여성이었다.

연구 결과 첫째, 여성의 부모 용서 경험과 과정의 개방 코딩 결과에 대한 결론은 다음과 같다. 물리적·심리적으로 부모로부터 받은 상처는 가정의 해체로 인지되었으며, 상처 감정과 기억에서 벗어날 수 없게 되고, 부모에게서 받았던 상처 경험이 그대로 타인이나 자신의 자녀에게 부정적 영향을 끼친다. '용서'는 상처 경험과 이러한 부정적 영향으로부터 벗어나기 위한 해결책으로 주변의 도움이나 자신의 의지로 선택을 하게 된다. 그러나 상처를 유지하려고 하는 과정 속에서 또 다른 갈등을 경험하게 되지만 용서 여정을 떠나게 된다. 그 결과 상처로부터 자유를 얻게 되고 자신과 부모의 모습을 수용하게 되면서 그동안 부정적 경험으로 인지되었던 갈등 경험은 긍정적으로 방향을 전환할 수 있게 되는 성숙의 통로가 된다.

둘째, 여성의 부모 용서 경험과 과정의 축코딩 결과에 대한 결론은 다음과 같다. 용서 과정은 '상처 유지' 과정, '용서와의 만남' 과정, '용서로의 여정' 과정, '상처와의 동행' 과정을 거친다. 용서를 하지 않으려는 '상처 유지' 과정을 지나 '용서와의 만남' 과정을 밟게 된다. 더 이상 부정적인 영향으로부터 자신을 지킬 힘이 없어서 할 수 없이 용서를 받아들이게 되기도 하고 우연한 기회에 용서를 알게 되거나 용서를 해결책으로 선택하게 되는 '용서와의 만남' 과정을 통해 '용서 여정' 과정을 밟게 된다. 용서를 위하여 자신의 감정, 사고, 행동 등을 객관적으로 살피고 마치 순례자와 같은 긴 여정을 밟고 있는 것으로 경험된다. '상처와의 동행' 과정에서는 상처 경험이 완전히 없어지지는 않지만 이제 더 이상 상처로부터 부정적인 영향을 받지 않으며 오히려 직면하여 부모의 윗세대와 자신의 세대, 자신의 자녀 세대로 상처 경험이 대물림되지 않기 위한 노력을 한다. '상처 유지', '용서 만남', '용서 여정', '상처와의 동행' 과정은 직선적인 과정이 아니라 순환적인 과정을 거치게 된다.

셋째, 여성의 부모 용서 경험과 과정의 선택 코딩 결과의 결론은 다음과 같다. '부모 용서 여정 중에 만나 자기 용서'가 핵심 범주로 도출되었으며 '갈등 지속형', '현상 안주형', '성숙 추구형'으로 유형 분석이 이루어졌다. 용서 여정 가운데 부모의 모습에서 자신의 모습을 발견하게 되고, 부모가 상처를 줄 수밖에 없었던 것은 그 윗세대와의 갈등으로부터 내려오게 되었음을 발견하면서 입체적으로 부모와 자신, 그 윗세대, 자신의 아래 세대까지 바라볼 수 있는 통찰력을 얻게 된다. 그러나 용서 과정 중에 있으면서도 상처 갈등을 적극적으로 해결하지 못하는 '갈등 지속형', 자신이 감당할 수 있는 수준까지 상처 경험이 극복이 된 후에는 더 이상 적극적으로 다음 과정으로 나가지 않는 '현상 안주형', 용서 과정을 지속적으로 밟아 가며 더 나은 자신의 모습을 발전시키려는 '성숙 추구형'이 있다.

이러한 결과는 용서를 위한 개입 및 미술치료의 이론적 기초 자료가 될 수 있으며, 나아가 실제 임상 장면에서 용서 중재를 위한 미술치료 프로그램에 기여할 수 있다.

본 연구의 후속 연구를 위해 몇 가지 제언은 다음과 같다.

첫째, 본 연구에서는 여성 참여자들을 대상으로 부모 용서 경험을 본 것이다. 한국의 대학생을 대상으로 용서하기를 연구한 결과, 남학생이 여학생보다 더 용서를 잘하는 것(박종효, 2012b)으로 나타나기도 하였지만 성별의 차이가 어떠한 경험적 차이로 이어지는지에 대한 후속 연구가 필요하다. 둘째, 본 연구가 부모 용서의 경험을 중심으로 용서 과정을 다루고 있는데 어느 한쪽, 즉 아버지 용서와 어머니 용서의 경험은 무엇이며 자녀와 부모의 성별 차이에 따라 경험의 차이가 있는지 심층적인 의미 탐색을 위한 현상학적 연구가 필요하다. 셋째, 연구 결과를 통해 용서의 중요성과 함께 심리치료 기제로서 용서 중재의 필요성이 부각되었다. 용서를 하기 위해서 먼저 선행되는 부정적인 감정에 대한 표출 및 고통스러운 기억의 완화 및 재배열에 대한 이미지를 통한 비언어적 표출이 절대적이라는 결론에 따라 외상 및 상처로 인한 부정적 감정의 전달 매개체로서 미술을 통한 심리치료적 개입의 프로그램 개발에 대한 후속 연구가 요구된다.

부록 1 자료 제출 참여자[(1)] 명단

	졸업			
박사학위 과정	최호정 문리학 김시내	김태은 한경아 김현미	최재영 임하연 김현진	김소연 홍혜정
	수료			
	윤혜원	유혜신	이현령	문경아
석사학위 과정	**졸업**			
	김초롱 박가람 강한나 박지솔 이마리아 장한나 김지은 이성연 최예슬	이지연 김성희 고상미 송지선 이영도 강은진 노윤지 이정은 한유정	단정수 박주희 김미현 신혜윤 이혜진 고진실 서아름 전경진	방아람 김희연 김호연 이나래 임은혁 김국화 신희진 조민경
	수료			
	심종선			
	재학			
	김민주 박보람 이지열	김보라 박찬옥 황혜진	김지애 이영한	노지혜 이지민

---

(1) 자료 제출 참여자들은 본인의 그림과 글이 본 저서에 사용되는 것을 허락하며 자발적 참여에 동
의하였다. 석사학위 과정과 박사학위 과정 중복자는 최종학위로 표기하였고, 본문에는 모든 자료
제출 참여자들의 익명성 보장을 위해 '참여자'로 표기하고 무작위로 참여자 번호를 부여하였다.

부록 2 자료제출 참여자의 석·박사학위 논문 목록

■ 박사학위 논문

최호정(2009). 여성의 부모용서과정에 관한 근거이론 연구. 서울여자대학교 특수
　　치료전문대학원 박사학위 청구논문.

김태은(2009). 미술치료사의 수퍼비전 체험연구. 서울여자대학교 특수치료전문
　　대학원 박사학위 청구논문.

최재영(2011). 정신과 환아와 함께한 미술치료사의 체험연구. 서울여자대학교 특
　　수치료전문대학원 박사학위청구논문.

이지윤(2012). 소아 의료미술치료로서 어린이병원학교 미술치료 실습 체험 연구.
　　서울여자대학교 특수치료전문대학원 박사학위청구논문.

김소연(2013). 개인 미술작업을 하는 여성 미술치료사의 어머니 됨 체험연구. 서
　　울여자대학교 특수치료전문대학원 박사학위청구논문.

문리학(2014). 미술치료기반의 "미술작업 인터뷰"를 적용한 노인되어감의 해석
　　학적 현상학 연구. 서울여자대학교 특수치료전문대학원 박사학위청구논문.

한경아(2014). 미술치료학 전공 석사학위과정생의 '미술작업 중심 교과목' 내에서
　　미술작업 체험 연구. 서울여자대학교 특수치료전문대학원 박사학위청구논문.

김은진(2015). 소진을 보고하는 미술치료사의 미술관 체험연구. 서울여자대학교
　　특수치료전문대학원 박사학위청구논문.

임하연(2015). 주의력 결핍 과잉행동 장애 초등학생을 대상으로 집단미술치료를
　　수행한 미술치료사의 체험연구. 서울여자대학교 특수치료전문대학원 박사학
　　위청구논문.

홍혜정(2015). 미술치료사의 미술작업을 통한 자기돌봄 체험연구. 서울여자대학
　　교 특수치료전문대학원 박사학위청구논문.

김시내(2017). 미술치료에서 내담자의 창조성을 접한 미술치료사의 체험연구. 서
　　울여자대학교 특수치료전문대학원 박사학위청구논문.

김현미(2017). 미술치료학 전공 석사학위과정 교과목 수퍼비전에서 수강자인 수

퍼바이지의 부정적인 경험에 대한 해석학적 현상학적 연구. 서울여자대학교 특수치료전문대학원 박사학위청구논문.

김현진(2017). 성인여성의 부모용서를 시각언어로 표현하고 자기돌봄을 이끄는 집단미술치료 활동 체험 연구. 서울여자대학교 특수치료전문대학원 박사학위 청구논문.

■ 석사학위 논문

김태은(2003). 저소득층 한부모 가족아동의 집단미술치료활동 체험연구. 서울여 자대학교 특수치료전문대학원 석사학위청구논문.

윤혜원(2003). 발달장애아를 둔 초등학교 형제자매의 미술치료활동에 관한 경 험: 내러티브 탐구 방법론. 서울여자대학교 특수치료전문대학원 석사학위청 구논문.

김소연(2004). 직장내 성희롱을 보고한 미혼여성의 미술치료 활동을 통한 심리적 체험연구. 서울여자대학교 특수치료전문대학원 석사학위청구논문.

김현진(2004). 30대 불임여성의 미술치료활동 체험연구. 서울여자대학교 특수치 료전문대학원 석사학위청구논문.

홍혜정(2010). 미술치료사의 미술작업을 통한 자기인식 체험연구. 서울여자대학 교 특수치료전문대학원 석사학위청구논문.

김시내(2011). 미술치료 석사과정생의 정신과 임상실습 체험연구. 서울여자대학 교 특수치료전문대학원 석사학위청구논문.

김초롱(2011). 미술치료 석사과정생의 소아암 환아를 대상으로 한 병원학교 미술 치료 실습 체험연구. 서울여자대학교 특수치료전문대학원 석사학위청구논문.

김현미(2011). 미술교사 경험을 가진 미술치료 석사과정생의 정체성 확립 과정에 대한 체험연구. 서울여자대학교 특수치료전문대학원 석사학위청구논문.

이지연(2012). 초등학교 정서지원프로그램에서 실시한 학교미술치료의 체험연 구. 서울여자대학교 특수치료전문대학원 석사학위청구논문.

단정수(2013). 미술치료를 통한 호스피스 환자 보호자의 상실예감 체험연구. 서울여자대학교 특수치료전문대학원 석사학위청구논문.

방아람(2013). 미술치료사의 정신과 임상미술치료 체험연구. 서울여자대학교 특수치료전문대학원 석사학위청구논문.

박가람(2014). 미술치료전공 석사학위과정생의 임상실습 후 자발적으로 실시한 반응작업 체험연구. 서울여자대학교 특수치료전문대학원 석사학위청구논문.

김성희(2015). 노인복지시설 집단미술치료를 진행한 미술치료학 석사학위과정생의 현장실습 체험연구. 서울여자대학교 특수치료전문대학원 석사학위청구논문.

박주희(2015). 미술치료학 전공 석사학위과정생의 아동 미술치료 현장실습 종결 체험연구. 서울여자대학교 특수치료전문대학원 석사학위청구논문.

김희연(2015). 미술치료학 석사학위과정생의 임상실습을 위한 현장 수퍼비전 체험연구. 서울여자대학교 특수치료전문대학원 석사학위청구논문.

강한나(2016). 미술학사를 취득한 미술치료잔공 석사학위과정생의 미술에 대한 인식 체험연구. 서울여자대학교 특수치료전문대학원 석사학위청구논문.

고상미(2016). 정신과 집단미술치료를 공동으로 이끈 미술치료전공 석사학위과정실습생의 체험연구. 서울여자대학교 특수치료전문대학원 석사학위청구논문.

김미현(2016). 미술치료학 석사학위 과정 실습생의 지역아동센터 개인아동미술치료 체험연구. 서울여자대학교 특수치료전문대학원 석사학위청구논문.

김호연(2016). 미술치료학 석사학위과정 실습생의 기관미술치료에서의 조기종결 체험연구. 서울여자대학교 특수치료전문대학원 석사학위청구논문.

박지솔(2016). 미술치료학 석사학위과정의 선택 체험 연구. 서울여자대학교 특수치료전문대학원 석사학위청구논문.

송지선(2016). 미술치료학 석사학위과정 실습생의 우울증 진단을 받은 청소년 미술치료 현장실습 체험연구. 서울여자대학교 특수치료전문대학원 석사학위청구논문.

신혜윤(2016). 미술치료학 석사학위과정생의 한부모 가정 아동 현장실습 체험연구. 서울여자대학교 특수치료전문대학원 석사학위청구논문.

이나래(2016). 미술치료학 전공 석사학위 과정 실습생이 단독으로 수행한 집단미술치료 현장실습 체험연구. 서울여자대학교 특수치료전문대학원 석사학위청구논문.

이마리아(2016). 미술치료학 석사과정생의 정신과 개방 집단미술치료 체험연구. 서울여자대학교 특수치료전문대학원 석사학위청구논문.

이영도(2016). 미술치료학 석사학위과정 실습생의 기관중심 개인아동미술치료 체험연구. 서울여자대학교 특수치료전문대학원 석사학위청구논문.

이혜진(2016). 미술치료학 석사학위과정생의 정신과 집단미술치료 임상실습 체험연구. 서울여자대학교 특수치료전문대학원 석사학위청구논문.

임은혁(2016). 미술치료학 석사학위과정 실습생의 학교부적응 아동을 위한 기관중심 개인미술치료 체험 연구. 서울여자대학교 특수치료전문대학원 석사학위청구논문.

장한나(2016). 미술치료학 전공 석사과정생의 교과목 수퍼비전 체험연구. 서울여자대학교 특수치료전문대학원 석사학위청구논문.

강은진(2017). 미술치료 회기에서 다뤄진 내담자의 미술작업에 대한 미술치료사의 체험연구. 서울여자대학교 특수치료전문대학원 석사학위청구논문.

고진실(2017). 미술치료사의 시설보호아동 개인미술치료 체험연구. 서울여자대학교 특수치료전문대학원 석사학위청구논문.

김국화(2017). 미술치료학 전공 석사학위과정생이 실습현장에 제출하는 실습일지 작성 체험연구. 서울여자대학교 특수치료전문대학원 석사학위청구논문.

김지은(2017). 미술치료학 전공 석사학위과정생의 기관중심 아동 미술치료 실습 회기에서 수행한 부모상담 체험연구.

노윤지(2017). 미술치료 교양과목을 수강한 대학생의 체험연구. 서울여자대학교 특수치료전문대학원 석사학위청구논문.

서아름(2017). 자폐스펙트럼장애 아동을 대상으로 개인미술치료를 수행한 미술치료사의 체험연구. 서울여자대학교 특수치료전문대학원 석사학위청구논문.

신희진(2017). 미술학사를 취득한 미술치료학 전공 석사학위과정생의 교과목 내에서 수행한 미술작업 체험연구. 서울여자대학교 특수치료전문대학원 석사학위청구논문.

이성연(2017). 가정 내 학대받은 아동을 대상으로 미술치료를 수행한 미술치료사의 체험연구. 서울여자대학교 특수치료전문대학원 석사학위청구논문.

이정은(2017). 미술치료학 전공 석사학위과정생에 의해 수행된 알코올사용장애 환자의 집단미술치료활동 체험연구. 서울여자대학교 특수치료전문대학원 석사학위청구논문.

전경진(2017). 미술치료학 전공 석사학위과정 실습생의 기관미술치료 현장 수퍼비전 체험연구. 서울여자대학교 특수치료전문대학원 석사학위청구논문.

조민경(2017). 미술치료학 전공 석사학위과정생의 교과과정 체험연구. 서울여자대학교 특수치료전문대학원 석사학위청구논문.

최예슬(2017). 호스피스 완화의료 현장에서 암환자와 가족이 함께하는 미술치료를 수행한 미술치료사의 체험연구. 서울여자대학교 특수치료전문대학원 석사학위청구논문.

한유정(2017). 초등학교 방과 후 프로그램 중 학교미술치료를 수행한 미술치료사의 체험연구. 서울여자대학교 특수치료전문대학원 석사학위청구논문.

참고문헌

제1장

김대식 (2015.5.29). 뇌, 현실 그리고 인공지능의 미래. 연세대 강연.

김석진 (1999). 대산 주역강의 1, 상경. 서울 : 한길사.

김현아 외 (2013). 상담철학과 윤리. 서울 : 학지사.

레오 김 (2009). 신을 보여주는 21세기 과학. 서울 : 지와 사랑.

로앤비 (n.d.). 고등교육법 · 고등교육법시행령. 2013년 5월 5일 검색, http://www. lawnb.com/.

서울여자대학교 대학원요람 오늘의 모습 (2014/2015/2016). 서울여자대학교 출판부.

이두갑 (2015.7.4) 이두갑의 세상을 상상하는 과학. 조선일보 A17.

장연집 (1979). 한국 정상아동의 H-T-P 검사 반응연구. 이화여대 대학원 석사학위 청구 논문.

장연집 (1996). 동작성 가족화(K-F-D)검사를 통해서 본 유아의 성역할 반응. 아동연구, 1, 61-75.

장연집 (2006). 신경학적 표상체계와 유식에 의한 마음의 구조. 아동연구, 12, 93-113.

장연집 (2013). 국내 미술치료學 전공의 대학원 과정 발전현황과 가능성. 심리치료 : 다학 제적 접근, 13(1), 1-30.

장연집 (2014). 미술치료學 전공자의 전공관리를 위한 기본 사항의 고찰. 서울여대 여성 연구소. 여성연구, 29권, 15-41.

장연집 (2015). 한국 미술치료學의 과거와 현재 그리고 미술심리치료學. 한국심리치료학 회지, 7(2), 105-126.

장연집 (2017). 메타 미술심리치료학을 위한 기초 사항의 점검. 한국심리치료학회지, 9(1), 81-97.

한경아, 장연집 (2013). 미술치료학 전공 석사학위과정의 대학원 유형 분류와 교과과정 분석 연구. 한국심리치료학회지, 5(2), 143-167.

한동석 (2013). 우주변화의 원리. 서울 : 대원출판사.

황미연, 장연집 (1999). 아동의 부모 사별경험 유무에 따른 동작성 가족화 (KFD)검사의 인물상의 특징, 활동내용, 스타일 반응연구. 미술치료연구, 6(2), 103-122.

Burns, R. C. (1994). 아동이 그린 가족화 분석 : 동작성 가족화(K-F-D)에 나타난 활동내용, 스타일, 상징의 해석 (장연집 역). 교문사. (원저 출판 1972년)

Burns, R. C. (1995). 성인화의 분석 : 동작성 집-나무-사람(K-H-T-P) 그림검사의 해석지침

서 (장연집, 김중술 역). 학지사. (원저 출판 1978년)

Dalley, T., Rifkind, G. & Terry,K.(1993). *Three Voices of Art Therapy: image, client, therapist*. London: Routeledge.

Kapitan, L. (2012). 미술치료학연구법 (장연집 외 역). 서울 : 시그마프레스. (원저 출판 2010년)

Kaplan, F. (2013). 미술, 과학, 미술치료 (장연집 역). 서울 : 시그마프레스. (원저 출판 2000년)

Revel J.-F. & Ricard, M. (2003). 승려와 철학자 (이용철 역). 서울 : 이끌리오. (원저 출판 1997년)

van Manen, M. (1994). 체험연구 : 해석학적 현상학의 인간과학 연구방법론 (신경림, 안규남 역). 서울 : 동녘. (원저 출판 1990년)

Wadeson, H. (2008). 미술심리치료학 (장연집 역). 서울 : 시그마프레스. (원저 출판 1987년)

Wadeson, H. (2012). 임상미술치료학 (장연집 외 역). 서울 : 시그마프레스. (원저 출판 2010년)

Wilber, K. (2008). 통합비전 (정창영 역). 서울 : 물병자리. (원저 출판 2007년)

Wilber, K. (2015). 모든 것의 이론 (김명권, 민희준 공역). 서울 : 학지사. (원저 출판 2000년)

http://dic.naver.com 네이버 사전 지식백과.

http://www.hyungseul.co.kr.

http:// krdic.naver.com 네이버국어사전.

http://kess.kedi.re.kr/index 교육통계서비스.

제2장

김현미 (2011). 미술교사 경험을 가진 미술치료 석사과정생의 정체성 확립 과정에 대한 체험연구. 서울여자대학교 석사학위논문.

박승혜 (2012). 미술치료학 전공생의 석사학위 과정 체험 연구. 서울여자대학교 석사학위논문.

안성원 (2009). 미술학사 취득자의 미술치료 석사과정 경험 연구. 서울여자대학교 석사학위논문.

장연집 (2009). 한국 미술치료학의 현황 분석 : 미술치료의 유형 분석과 임상미술치료의 가능성. 한국심리치료학회지, 1(2), 1-35.

장연집 (2013). 국내 미술치료학 전공의 대학원 과정 발전현황과 가능성. 심리치료, 13(1), 11-30.

장연집 (2014). 미술치료학 전공자의 전공 관리를 위한 기본 사항의 고찰. 여성연구논총, 29, 15-41.

한경아, 장연집 (2013). 미술치료학 전공 석사학위과정의 대학원 유형 분류와 교과과정 분석 연구. 한국심리치료학회, 5(2), 143-166.

한경아 (2013). 미술치료학 전공 석사학위과정생의 '미술작업 교과목 내에서의 미술작업' 체험 연구. 서울여자대학교 박사학위논문.

Gerber, N. (2006). The essential components of doctoral-level education for art therapists. *The Arts in Psychotherapy, 33*(1), 98-112.

Kaiser, D. H., Patricia, St. John & Ball, B. (2006). Teaching Art Therapy Research: A Brief Report. *Art Therapy: Journal of the American Art Therapy Association*, 23(4), 186-190.

Kapitan, L. (2012). 미술치료학 연구법 (장연집 외 역). 서울 : 시그마프레스. (원저 출판 2010년)

Orr, P. P. & Gussak, D. E. (2005). Getting tangled in the web: A systems theory approach to supervision. *Art Therapy: Journal of the American Art Therapy Association*, 22(3), 161-163.

Wadeson, H. (2008). 미술심리치료학 (장연집 역). 서울 : 시그마프레스. (원저 출판 1987년)

Wadeson, H. (2012). 임상미술치료학 (장연집 외 역). 서울 : 시그마프레스. (원저 출판 2010년)

제3장

권석만 (2013). 현대 이상심리학. 서울 : 학지사.

김시내 (2011). 미술치료 석사과정생의 정신과 임상실습 체험연구. 서울여자대학교 석사학 위논문.

김호연 (2016). 미술치료학 석사학위과정 실습생의 기관미술치료에서의 조기종결체험연구. 서울여자대학교 석사학위논문.

박은선 (2010). 미술치료 임상실습 지침서. 서울 : 하나의학사.

옥금자 (2008). 학교미술치료의 실제. 서울 : 시그마프레스.

이지윤 (2013). 소아 의료미술치료로서 어린이병원학교 미술치료 실습 체험연구. 서울여자대 학교 박사학위논문.

이혜진 (2016). 정신과 집단미술치료 임상실습 체험연구. 서울여자대학교 석사학위논문.

장연집 (2009). 한국 미술치료학의 현황 분석 : 미술치료의 유형 분석과 임상미술치료의 가능성. 한국심리치료학회지, 1(2), 1-35.

장연집 (2014). 미술치료학 전공자의 전문 관리를 위한 기본 사항의 고찰. 여성연구논총, 29, 15-41.

장연집 (2015). 한국미술치료학의 과거 현재 그리고 미술심리치료학. 한국심리치료학회지, 7(2), 105-126.

Bush (2008). 학교미술치료 핸드북 (노용, 이경원 공역). 서울 : 학지사. (원저 출판 1997년)

Corey, G. (2006). 심리상담과 치료의 이론과 실제 (조현춘, 조현재 공역). 서울 : 시그마프레스. (원저 출판 2001년)

Hess, R. S., Magnuson, S., Beeler, L. (2012). 아동 및 청소년을 위한 학교상담 (오인수 역). 서울 : 시그마프레스. (원저 출판 2012년)

Malchiodi, C. A. (2012). 미술치료 입문 (임호찬 역). 서울 : 학지사. (원저 출판 2012년)

Malchiodi, C. A. (2013). *Art Therapy and Health Care*. The Guilford Press.

Rubin, J. A. (2008). 예술로서의 미술치료 (김진숙 역). 서울 : 학지사. (원저 출판 1984년)

Rubin, J. A. (2012). 이구동성 미술치료 (주리애 역). 서울 : 학지사. (원저 출판 2001년)

Vick, R. M. (1996). The dimensions of service: An Elemental model for the application of art therapy. *Art Therapy: Journal of the American Art Therapy Association*, *13*(2), 96-100.

Wadeson, H. (2008). 미술심리치료학 (장연집 역). 서울 : 시그마프레스. (원저 출판 1987년)

Wadeson, H. (2012). 임상미술치료학 (장연집 외 역). 서울 : 시그마프레스. (원저 출판 2010년)

제4장

이마리아 (2016). 미술치료학 석사과정생의 정신과 개방 집단미술치료 체험연구. 서울여자대학교 석사학위논문.

Naumberg, M. (2014). 역동적 미술치료 (전순영 역). 서울 : 하나의학사. (원저 출판 1987년)

Malchiodi, C. A. (2012). 미술치료 입문. 서울 : 학지사. (원저 출판 2012년)

Liebmann, M. (2004). *Art therapy for groups(2nd ed.)*. London and New York: Brunner-Routledge.

Liebmann, M. (2013). 집단미술치료-주제와 활동에 대한 안내서 (최외선 외 공역). 서울 : 학지사. (원저 출판 2004년)

Moon, B. (2011). 미술치료 윤리와 실제 (이윤희 외 역). 서울 : 학지사. (원저 출판 2006년)

Rieley, S. (2001). *Group Process Made Visible: Group Art Therapy*. New York and London: Routledge.

Rubin, J. A. (2007). Rubin의 통합적 예술치료 읽기 (최소영, 김혜정 역). 서울 : 시그마프레스. (원저 출판 2005년)

Rubin, J. A. (2008). 예술로서의 미술치료 (김진숙 역). 서울 : 학지사. (원저 출판 1984년)

Rubin, J. A. (2012). 이구동성 미술치료 (주리애 역). 서울 : 학지사. (원저 출판 2001년)

Wadeson, H. (2008). 미술심리치료학 (장연집 역). 서울 : 시그마프레스. (원저 출판 1987년)

Wadeson, H. (2012). 임상미술치료학 (장연집 외 역). 서울 : 시그마프레스. (원저 출판 2010년)

Waller, D. (1993). *Group Interactive Art Therpy: Its Use in Training and Treatment*. London: Routledge.

Yalom, I. D., Leszcz, M. (2008). 집단정신치료의 이론과 실제 (최해림, 장성숙 역). 서울 : 하나의학사. (원저 출판 2005년)

제5장

장연집 (2002). 미술치료학의 특수성과 연구방법론. 한국심리치료학회지, 4(2), 45-72.

장연집 (2009). 한국미술치료학의 현황 분석-미술치료의 유형 분석과 임상미술치료의 가능성. 심리치료, 1(2), 1-35.

장연집 (2013). 국내 미술치료학 전공의 대학원 과정 발전현황과 가능성. 심리치료 : 다학제적 접근, 13(1), 1-30.

장연집 (2014). 미술치료학 전공자의 전공관리를 위한 기본 사항의 고찰. 여성연구논총, 29, 15-41.

Orr, P. P. & Gussak, D. E. (2005). Getting tangled in the web: A systems theory approach to supervision. *Art Therapy: Journal of the American Art Therapy Association*, *22*(3), 161-163.

Wadeson, H. (2008). 미술심리치료학 (장연집 역). 서울 : 시그마프레스. (원저 출판 1987년)

제6장

김선희 (2014). 미술치료 슈퍼비전의 중요성과 임상 현장 슈퍼비전에 대한 고찰. 한국심리치료학회지, 6(1), 17-26.

김선희 (2015). 미술치료 임상실습 현장 슈퍼바이저의 역할과 훈련생 평가영역에 대한 고찰. 한국심리치료학회지, 7(1), 19-29.

김태은 (2009). 미술치료사의 슈퍼비전 체험연구. 미간행 박사학위 청구논문. 서울여자대학교 특수치료전문대학원.

김채연, 최외선 (2013). 미술치료사의 자의식과 자기효능감에 관한 연구. 예술심리치료연구, 9(3), 67-90.

김현미, 장연집 (2013). 박사 과정생 슈퍼바이지의 미술작업 체험연구. 한국심리치료학회지, 5(2), 51-67.

박은선, 홍윤선 (2013). 전반적인 미술치료 슈퍼비전과 미술을 기반으로 한 슈퍼비전 현황, 인식 및 만족도 연구. 예술심리치료연구, 9(2), 91-115.

장연집 (2009). 한국미술치료학의 현황 분석-미술치료의 유형 분석과 임상미술치료의 가능성. 심리치료, 1(2), 1-35.

장연집 (2013). 국내 미술치료學 전공의 대학원과정 발전현황과 가능성. 심리치료, 13(1), 1-29.

장연집 (2015). 미술치료學 전공자의 전공 관리를 위한 기본 사항의 고찰. 여성연구논총, 29, 15-41.

Case, C. (2007). Imagery in Supervision. Schaverien, J. & Case, C. (Ed), *Supervion of Art Psychotherapy*.

Driver, C. & Martin, E. (2002). Supervising Psychotherapy. London: Sage.Schaverien, Joy. (2007)(Ed). *Supervision in Art Psychotherapy*. Hove, East Sussex: Routledge: New York.

Killick, K. (2007). *Working with ambivalence in the clinical supervision of Art psychotherapy*. Routledge: London and New york.

제7장

강미화 (2007). 미술치료 관점에서 본 프리다 칼로(Frida Kahlo)의 작품세계. 미술치료연구, 14(2), 349-381.

권준범 (2003). 미술활동에 내재된 심리치료 요인에 대한 연구. 사향미술교육논총, 10, 21-42.

기정희, 이숙미, 김춘경, 정종진, 최웅용 (2011). 한국미술치료의 연구동향 : 한국미술치료학회지 게재 논문(1994~2010)을 중심으로. 미술치료연구, 18(2), 463-483.

김숙이 (2014). 한국미술치료의 연구동향에 관한 연구. 가야대학교 행정대학원 석사학위청구논문.

김옥경 (2003). 치유로서의 미술 : 순수미술의 치유적 속성과 방법론에 관한 연구. 기초조형학 연구, 4(1), 39-49.

김융희 (2012). 예술, 세계와의 주술적 소통. 서울 : 책세상.

김재원, 최인순, 윤민희, 박숙영 (2002). 현대미술 속으로. 서울 : 예경.

김현미, 장연집 (2013). 박사과정생 슈퍼바이지의 미술작업 체험연구. 한국심리치료학회지, 5(2), 51-67.

김현혜 (2002). 예술가의 작품에 나타난 미술치료적 표현 연구 : 뭉크, 고흐, 뒤뷔페를 중심으로. 세종대학교 교육대학원 석사학위청구논문.

김혜성 (2012). 미술교육에서 미술치료적 접근에 관한 연구 동향 분석 : 2000~2011년 동안의 국내 교육대학원 석사학위논문을 중심으로. 이화여자대학교 교육대학원 석사학위청구논문.

노현진 (2012). 미술치료로서의 '반복'의 자기치유적 특성 연구 : Kusama Yayoi의 작품을 중심으로. 고려대학교 교육대학원 석사학위청구논문.

박미진 (2013). 에드바르드 뭉크의 자화상에 나타난 미술 치료적 의미 연구. 광주여자대학교
　　사회개발대학원 석사학위청구논문.

이모영 (2009). 미술의 치료적 기능에 관한 탐색적 고찰－지각적 경험에 관한 논의를 중
　　심으로. 미술치료연구, 16(5), 829-848.

이모영 (2013). 임상미술치료의 기초학문으로서 예술심리학의 역할에 대한 비판적 고찰
　　과 전망. 임상미술치료학연구, 8(2), 27-37.

이수은 (2011). 국내 정규 미술치료 석사학위 청구논문의 연구동향. 원광대학교 동성보완의
　　학대학원 석사학위청구논문.

이수진, 김민, 김진숙 (2011). 고전-현대 정신분석 패러다임 고찰이 정신분석적 미술치
　　료에 주는 시사점 : 핵심 개념, 치료 목표, 치료자의 역할, 미술치료 적용 기법을 중심
　　으로. 미술치료연구, 18(4), 963-993.

장연집 (2013). 국내미술치료學 전공의 대학원 과정 발전현황과 가능성. 심리치료 : 다학
　　제적 접근, 13(1), 11-30.

장연집 (2014). 미술치료學 전공자의 전공 관리를 위한 기본 사항의 고찰. 여성연구논총,
　　29, 15-41.

전순영 (2009). 정신분석 관점에서 본 르네 마그리트의 작품에 나타난 아동기 트라우마
　　의 상징적 이미지 재현. 미술치료연구, 16(5), 861-881.

전영선 (2014). 현대미술이 갖는 치유적 특성에 관한 연구 : 현대 미술 작가 4人을 중심으로.
　　고려대학교 교육대학원 석사학위청구논문.

정영인 (2015). 미술치료 관점에서 본 자기고백미술의 치유성 : 루이스 부르주아와 트레
　　이시 에민의 작품을 중심으로. 미술치료연구, 22(2), 295-315.

조용태 (2014). 우리나라 미술치료(학)의 학문적 정체성 논고. 미술치료연구, 21(6), 1163
　　-1179.

주리애 (2002). 미술치료는 미술치료. 서울 : 학지사.

진중권 (2009). 미학 오디세이 1. 서울 : 휴머니스트.

하세경 (2003). 현대 미술에서 만나는 미술의 치유적 힘. 고려대학교 교육대학원 석사학위
　　청구논문.

Burns, R. C. (1994). 아동이 그린 가족화 분석 : 동작성 가족화(K-F-D)에 나타난 활동내용,
　　스타일, 상징의 해석. (장연집 역). 서울 : 교문사. (원저 출판 1972년)

Burns, R. C. (1995). 성인화의 분석 : 동작성 집-나무-사람(K-H-T-P) 그림검사의 해석지침
　　서. (장연집, 김중술 역). 서울 : 학지사. (원저 출판 1978년)

Canaday, J.(1984). 미술이란 무엇인가? (김영나 역). 서울 : 덕성여자대학 출판부. (원저
　　출판 1980년)

Corey, G. (2004). 심리상담과 치료의 이론과 실제. 서울 : 시그마프레스. (원저 출판 2001년)

Ganim, B. & Fox, S. (2007). 비주얼 저널을 통한 미술치료 (최재영, 윤혜원 역). 서울 : 시그마프레스. (원저 출판 1999년)

Jean, G. (1999). 기호의 언어. 서울 : 시공사. (원저 출판 1989년)

Kaplan, F. F. (2013). 미술, 과학, 미술치료 (장연집 역). 서울 : 시그마프레스. (원저 출판 2000년).

Katan, A. (1961). Some thoughts about the role of verbalization in early childhood. *Psychoanalytic Study of the Child*, *16*, 184-188.

Langer, S. K .(2009). 예술이란 무엇인가 (박용숙 역). 서울 : 문예출판사. (원저 출판 1957년)

Lynton, N. (1994). 20세기의 미술 (윤난지 역). 서울 : 도서출판 예경. (원저 출판 1980년)

Malchiodi, C. (2004). 미술치료 (최재영, 김진연 역). 서울 : 조형교육. (원저 출판 1998년)

Malchiodi, C. (2013). Defining Art Therapy in the 21st Century. Posted Apr 02, 2013, from http://www.psychologytoday.com.

Moon, B. L. (2011). 미술치료 윤리와 실제 (이윤희 외 역). 서울 : 학지사. (원저 출판 2006년)

Moon, C. H. (2010). 스튜디오 미술치료 (정은혜 역). 서울 : 시그마프레스. (원저 출판 2002년)

Nucho, A. O. (2003). *The Psychocybernetic Model of Art Therapy*. London: Chales C Thomas Publisher, LTD.

Naumberg, M. (1955). Art as Symbolic Speech. *The Journal of Aesthetics and Art Criticism*, *13*(4), 435-450.

Read, H. (2002). 도상과 사상 (김병익 역). 서울 : 열화당 미술책방. (원저 출판 1955년)

Read, H. (2013). 예술의 의미 (박용숙 역). 서울 : 문예출판사. (원저 출판 1931년)

Riley, S. (1996). An art therapy stress reduction group: For therapists dealing with a severely abused client population, *The Arts in Psychotherapy*, *23*(5), 407-415.

Riley, S. (2004). The Creative Mind, *Art Therapy: Journal of the American Art Therapy Association*, *21*(4), 184-190.

Rubin, J. A. (2008). 예술로서의 미술치료 (김진숙 역). 서울 : 학지사. (원저 출판 1984년)

Rubin, J. A. (2010). 미술치료학 개론 (김진숙 역). 서울 : 학지사. (원저 출판 2006년)

Scotton, B. W., Chinen, A. B. & Battista, J. R. (2012). 자아초월 심리학과 정신의학 (김명권 외 역). 서울 : 학지사. (원저 출판 2008년)

Tyson, P. & Tyson, R. (2013). 정신분석적 발달이론의 통합 (박영숙, 장대식 역). 부산 : 산지니. (원저 출판 1990년)

van Manen, M. (1997). 체험연구 : 해석학적 현상학의 인간과학 연구방법론 (신경림 역). 서울 : 현문사. (원저 출판 1990년)

Wadeson, H. (2008). 미술심리치료학 (장연집 역). 서울 : 시그마프레스. (원저 출판 1987년)

Wadeson, H. (2012). 임상미술치료학 (장연집 외 역). 서울 : 시그마프레스. (원저 출판 2010년)

제8장

박은선 (2010). 미술치료 임상실습 지침서. 서울 : 하나의학사.

주리애 (2010). 미술치료학. 서울 : 학지사.

Lusebrink, V. B. (1990). *Imagery and visual expression in therapy*. New York: Plenum Press.

Malchiodi, C. A. (2008). 미술치료. 서울 : 조형교육. (원저 출판 2007년)

Malchiodi, C. A. (2012). 미술치료 입문. 서울 : 학지사. (원저 출판 2010년)

Moon, C. H. (2010). *Material & Media in art therapy*. Taylor & Francis Group: New York.

Rubin, J. A.(2008). 예술로서의 미술치료 (김진숙 역). 서울 : 학지사. (원저 출판 1984년)

Wadeson, H. (2008). 미술심리치료학 (장연집 역). 서울 : 시그마프레스. (원저 출판 1987년)

Wadeson, H. (2012). 임상미술치료학 (장연집 역). 서울 : 시그마프레스. (원저 출판 2010년)

제9장

김영란, 연문희 (2002). 상담단계별 상담자 공감과 내담자 체험 및 상담성과와의 관계, 한국심리학회지 상담 및 심리치료, 14(1), 19-38.

박가람 (2014). 미술치료전공 석사학위과정생의 임상실습 후 자발적으로 실시한 반응작업 체험연구. 서울여자대학교 특수치료전문대학원 석사학위청구논문.

이정섭, 김은경, 유민화, 양성윤 (2005). 아동심리치료사가 경험하는 치료적 변인에 관한 연구. 질적연구, 6(1), 47-63.

장연집 (2009). 한국 미술치료학의 현황 분석 : 미술치료의 유형 분석과 임상미술치료의 가능성. 한국심리치료학회지, 1(2), 1-35.

장재홍, 권희경 (2002). 상담자 개입의 적절성과 상담자 태도가 상담과정 및 상담성과에 미치는 영향. 한국심리학회지 상담 및 심리치료, 14(3), 487-509.

최명식 (2003). 역전이와 상담자의 자기 문제. 한국동서정신과학회지, 6(2), 197-214.

하성주 (2012). 아동 임상미술치료에서 미술치료사의 역전이 체험연구. 서울여자대학교 특수치료전문대학원 석사학위청구논문.

Allen P. (1995). *Art is way of knowing*. Boston: Shambhala.

Corey, G., Corey, M. S., Callanan, P. (2005). An approach to teaching ethics courses in human service and counseling. *Counseling and values*, 49(3), 193-207.

Garfield S. (2002). 단기심리치료. (권석만, 김정욱, 문형춘, 신희천 역). 서울 : 학지사. (원저 출판 1998년)

Kaplan, F. (2013). 미술, 과학, 미술치료 (장연집 역). 서울 : 시그마프레스. (원저 출판 2000년)

Kernberg, O. (1995). Experiential approaches to clinician development: Discussion. *Evolution of Psychotherapy, 3*, 177-184.

Klein M. (1957). *Envy and gratitude: a study of unconscious sources*. New York: Basic Books.

Moon, B. (2011). 미술치료의 윤리와 실제 (이윤희, 오종은, 임나영, 홍윤선, 권민경 역). 서울 : 학지사.

Robbins, A. (1982). Integrating the art therapist identity. *The Arts in Psychotherapy, 9*, 1-9.

Rubin, J. (1984). *The art of art therapy*. New York: Brunner/Mazel.

Wadeson, H. (2008). 미술심리치료학 (장연집 역). 서울 : 시그마프레스.

Winnicott D. (1957). *Mother and child: a primer of first relationships*. New York: Basic Books. (원저 출판 1987년)

Yalom, I. (2010). 치료의 선물 (최웅용, 천성문, 김창대, 최한나 역). 서울 : 시그마프레스. (원저 출판 2002년)

제10장

홍혜정 (2010). 미술치료사의 미술작업을 통한 자기인식 체험연구. 서울여자대학교 특수치료전문대학원 석사학위청구논문.

홍혜정 (2015). 미술치료사의 미술작업을 통한 자기돌봄 체험연구. 서울여자대학교 특수치료 전문대학원 석사학위청구논문.

홍혜정 (2015). 미술치료사의 미술작업을 통한 자기돌봄 체험연구. 미술치료연구, 22(3), 777-798.

Estes, C. P. (2013). 늑대와 함께 달리는 여인들 (손영미 역). 서울 : 이루. (원저 출판 1992년)

Farrely-Hansen, M.(2014). 영성미술치료 (류정자, 심상욱 역). 서울 : 가나북스. (원저 출판 2001년)

Scott, B. W., Chinen, A. B., & Battista, J. R. (2008). 자아초월 심리학과 정신의학 (김명권 외 역). 서울 : 학지사. (원저 출판 1996년)

Van Manen, M. (1994). 체험연구 : 해석학적 현상학적 인간과학 연구방법론 (신경림 역). 서울 : 현문사. (원저 출판 1990년)

제11장

장연집 (1979). 한국정상아동의 H-T-P 검사 반응에 관한 연구. 인간이해, 1(2), 27-49.

장연집, 김중술 (1995). 성인화의 분석 : 동작성-집-나무-사람(K-H-T-P) 그림 검사의 해석 지침서. 서울 : 학지사.

장연집 (2003). 미술치료학의 특수성과 연구방법론. 심리치료, 2(1), 15-30.

장연집 (2005). 여성 건강문제를 다룬 미술치료에서의 체험연구 분석과 평가기준. 심리 치료, 5(2), 19-37.

장연집 (2009). 한국 미술치료학의 현황 분석 : 미술치료의 유형 분석과 임상미술치료의 가능성. 한국심리치료학회지, 1(2), 1-35.

장연집 (2013). 국내 미술치료학 전공의 대학원 과정 발전현황과 가능성. 심리치료, 13(1), 11-30.

Bloomgarden, J. & Netzer, D. (1998). Validating art therapists' tacit knowing: The Heuristic experience. *Art Therapy: Journal of the American Art Therapy Association 15*(1), 51-54.

Gantt, L. (1998). A discussion of art therapy as science. *Art Therapy: Journal of the American Art Therapy Associations, 15*(1), 3-12.

Junge, M. B. & Linesch, D. (1993). Our own voices; New paradigms for art therapy research. *The Arts in Psychotherapy, 21*(1), 61-67.

Kapitan, L. (2012). 미술치료학 연구법 (장연집, 손승아, 안경숙, 장윤정, 최호정 역). 서 울 : 시그마프레스. (원저 출판 2010년)

Kaplan, F. (2013). 미술, 과학, 미술치료 (장연집 역). 서울 : 시그마프레스. (원저 출판 2000년)

Kramer, E. (1993). *Art as therapy with children*. Chicago: Magnolia Street Publishers.

McNiff, S. (1998). *Art-based research*. London: Jessica Kingsley Publishers.

Naumburg, M. (1966). *Dynamically oriented art therapy*. NewYork: Grune and Stratton.

Wadeson, H. (2012). 임상미술치료학 (장연집 외 역). 서울 : 시그마프레스. (원저 출판 2010년)

제12장
【1】

강차연 (2008). 미술치료 현장경험과 미술치료사로서의 발달수준관계. 서울여자대학교 사회과학연구소 사회과학논총, 15, 189-204.

방아람, 장연집 (2012). 미술치료사의 정신과 임상실습 체험연구. 심리치료, 12(2), 31-54

신경림, 조명옥, 안진향 (2004). 질적연구방법론. 서울 : 이화여자대학교 출판부.

이지연 (2007). 만성정신분열병 환자의 자기표현을 위한 지지적 집단미술치료사례연구.

미술치료연구, 14(2), 319-348.

이후경 (2001). 집단정신치료의 역시와 전망. 신경정신의학, 40(2), 179-192.

이후경, 윤성철, 김선재, 백인석, 이연수 (2000). 우리나라 집단치료의 역사와 현황. 신경정신의학, 39, 142-155.

장연집 (2002). 미술치료학의 특수성과 연구방법론. 심리치료, 2(1), 15-30.

장연집, 강차연, 손승아, 안경숙 (2008). 정신건강. 서울 : 파란마음.

장연집, 박경, 최순영 (2008). 현대인의 정신건강. 서울 : 학지사.

장연집 (2009). 한국 미술치료학의 현황분석 : 미술치료의 유형과 임상미술치료의 가능성. 심리치료, 1(2), 1-35.

정여주 (2003). 미술치료의 이해. 서울 : 학지사.

주리애 (2000). 미술치료는 마술치료. 서울 : 학지사.

최호정 (2009). 여성의 부모 용서과정에 대한 근거이론 연구. 서울여자대학교 박사학위청구논문.

홍혜정 (2010). 미술치료사의 미술작업을 통한 자기 인식 체험연구. 서울여자대학교 석사학위청구논문.

Arrington, D. B. (2005). Global art therapy training — Now and before. *The Arts Psychotherapy, 32*, 193-203.

Betensky, M. (1977). The Phenomenology of Therapeutic Expression and Art Therapy. *Art Psychotherapy 4, 3*(4), 173-179.

Green, B. L., Wehling c. & Talsky, g. j. (1987), Group Art Therapy as an Adjust to Treatment for chronic Outpatients, *Hospital & Community psychiatry, 38*(9), 988-991.

Kvale, S. (1998). 인터뷰 : 내면을 보는 눈 (신경림 역). 서울 : 서울의학사. (원저 출판 1996년)

Levick M. F. (1995). The identity of the creatency in art therapy training. *The Arts in Psychotherapy, 22*(4), 283-295.

Lubosky, L. (1986). The nonspecific. hothesis of therapeutic effectiveness: A current assessment. *Americal Jurnal of Orthopsychochiatry, 56*, 501-512.

Malchiodi, C. A. (2000). 미술치료 (최재영, 김진연 역). 서울 : 조형교육. (원저 출판 1998년)

Marxen, E. (2009). Therapeutic thinking in contemporary art: Or psychotherapy in the arts. *Arts In Psychotherapy, 36*(3), 131-139.

Milenkovic, S. (2010). The Art of Art Psychotherapy: The Power of the Image. *International Journal of Psychotherapy, 14*(2), 67-79.

Oppegard, K. S., Elkins, David E., & Bangley, Beth B. (2005). Choosing Art Therapy as a Career. *Art Therapy: Journal of the American Art therapy Association, 23*(4), 191-

196.

Orr, P. P. (2006). Technology Training for Future Art Therapists : Is Therea Need?. *Art Therapy: Journal of the American Art Therapy Association, 23*(4), 191-196.

Rubin, Judith A. (2001b). 이구동성 미술치료 (주리애 역). 서울 : 학지사. (원저 출판 1987년)

Rubin, Judith A. (2006). 미술치료학 개론 (김진숙 역). 서울 : 학지사. (원저 출판 1999년)

Summers, Frank L. (2004). 대상관계이론과 정신병리 (이재훈 역) 서울 : 한국심리치료연구소. (원저 출판 1994년)

Van Manen, M. (1994). 체험연구 : 해석학적 현상학의 인간과학 연구방법론 (신경림, 안규남 역). 서울 : 동녘. (원저 출판 1990년)

Wadeson, H. (2008). 미술심리치료학 (장연집 역). 서울 : 시그마프레스. (원저 출판 1987년)

Wadeson, H. (2012). 임상미술치료학 (장연집 외 역). 서울 : 시그마프레스. (원저 출판 2010년)

【2 】

국립특수교육원 (2009). 특수교육학 용어사전. 도서출판 하우.

Appleton, V. (1993). An art therapy protocol for the medical trauma setting. *Art Therapy: Journal of the American Art Therapy Association, 10*(2), 71-11.

Baron, P. F. (1989). Lighting cancer with images. In H. Wadeson and J. Durkin (eds.). *Advances in Art Therapy*. New York: John Wiley.

Betensky (1995). *What do you see?: phenomenology of therapeutic art expression*. London: Bristol, Pa.: Jessica Kingsley.

Child Life Council (2003). *Directory of Child Life Program(12th ed)*. Rockville, MD: Child Life Council.

Child Life Council (2006). *Guidelines for the Development of Child Life Programs in Healthcare Settings*. Wilson. J, Palm. S, Skinner, L eds. 4th ed. Rockville, MD: Child Life Council.

Child Life Council & Committee on Hospital Care (2006). Child life service. *Journal of American Academy of Pediatrics, 118*(4), 1757-1763.

Malchiodi, C. A. (1993a). Introduction to special issue: art and medicine. *Art Therapy: Journal of the American Art Therapy Association, 10*(2), 66-69.

Malchiodi, C. A. (1998a). *Medical art therapy with children*. New York: The Guildford Press.

Malchiodi, C. A. (1999). *Medical art therapy with adult*. New York: The Guildford Press.

National Institute of Health (1994). *Alternative Medicine: Expanding Medical Horizons*. NIH publication #94-066, Washington, DC: Author.

Prager, A. (1995). Pediatric art therapy: strategies and application. *Art Therapy: Journal of the American Art Therapy Association, 12*(1), 32-38.

Somme, J. H. (2005). Medical Art Therapy: A useful supplement to classical medicine? *An International On-line Journal: Advances Relational Mental Health, 4*(2).

Van Manen, M. (1990). *Researching lived experience: Human science for an action sensitive pedagogy.* New York. Sunny Press.

【3】

김광수, 하요상 (2006). 용서상담 교육이 아동의 용서수준과 정서지능에 미치는 영향. 교육심리연구, 20(4), 909-930.

김광수 (2007). 용서의 심리와 교육프로그램. 파주 : 한국학술정보(주).

김광수, 이연경, 정태희, 정여주, 우홍련 (2007). 초등학생 정서 지능 향상을 위한 정서 교육 일 모형으로서 용서교육프로그램 개발. 초등교육연구 20(3), 297-323.

김현경 (2011). 범죄피해자의 심리적 외상 이후 용서체험. 한국사회복지질적연구, 5(1), 59-85.

김현진, 장연집 (2013). 성인기에 아버지와 사별한 미혼 딸의 이미지 작업 체험 연구. 한국심리치료학회지, 5(2), 69-90.

김효숙, 최외선 (2007). 정서불안정 모의 양육태도 개선과 아동 불안 감소를 위한 모녀 미술치료 효과. 예술심리치료연구, 3(1), 23-60.

박종효 (2003). 용서와 건강의 관련성 탐색. 한국심리학회지 : 건강, 8, 301-321.

박종효 (2006). Enright 용서심리검사(EFI-K)의 타당화 연구. 교육심리연구, 20, 265-282.

박종효 (2007). 아동, 청소년의 용서심리검사(EFI-C)의 타당화 연구. 한국교육심리학회, 13-24.

박종효 (2012a). 용서, 성격과 주관적 안녕감 간의 관련성 탐색. 교육심리연구 26(4), 927-949.

박종효 (2012b). 한국 대학생의 용서 빌기에 관한 탐색적 연구. 한국심리학회지 : 발달, 25(2), 67-83.

신경림, 조명옥, 양진향 외 (2010). 질적연구방법론. 서울 : 이화여자대학교출판부.

신종수, 김경순, 장정기, 변상해 (2012). 용서상담프로그램이 상황적 외적인 귀인성향자에게 미치는 영향 : 중년기 여성을 중심으로. 한국벤처창업학회학술대회, S, 41-44.

예술심리치료연구 (2011). 예술심리치료연구 연구윤리규정. 예술심리치료연구, 7(1). 238-252.

오영희 (1990). 용서의 발달 : 친구사이의 용서를 중심으로. 교육심리연구, 4, 247-273.

오영희 (2004). 대학생 부모-자녀 갈등경험, 용서, 정신건강의 관계. 교육심리연구, 18,

59-77.

오영희 (2005). 한국대학생들의 상처와 용서. 덕성여대논문집, 34, 87-111.

위경선, 윤가현 (2011). 과거 상처경험에 대한 노년기 용서과정. 한국노년학 연구, 20, 63-83.

이정희, 한승희, 강승희, 문경숙 (2014). 부모자녀관계향상을 위한 집단예술치료의 연구 동향. 예술심리치료연구, 10(2), 151-177.

이경순 (2008). 용서 과정에 대한 질적연구 : 근거이론을 중심으로. 한국심리학회 : 건강, 13(1), 237-252.

이슬비 (2008). 날마다 촉촉이 적셔주는 이슬비. 서울 : 큐티선교회.

장연집 (1996). 여성주의 상담과 심리치료. 여성연구논총, 11, 5-27.

장우심 (2010). 용서프로그램이 여성노인의 분노, 불안, 우울에 미치는 영향. 한국노년학, 30(1), 109-126.

정명선, 배내윤 (2013). 대상관계와 용서. 재활심리연구, 20(1), 1-18.

조규옥, 박성옥, 정광조 (2013). 중년여성의 한국화 미술치료 체험에 관한 현상학적 연구. 예술심리치료연구, 9(3), 205-234.

최용성 (2001). 도덕적 상상력과 창의성 발달을 위한 이야기교육 접근. 서사와 도덕교육, 16, 119.

최혜정 (2015). 성폭력 경험여성의 용서과정에 관한 연구. 가족과 가족치료, 23(1), 187-216.

최호정 (2013). 용서과정의 관점에서 본 루이스 부르주아의 작품 분석 — 주제와 매체의 변화를 중심으로. 미술치료연구, 20(3), 595-614.

태영숙, 윤수정 (2006). 용서간호 중재프로그램이 여성암환자의 희망과 삶의 질에 미치는 영향, 6(2), 111-120.

허영자 (2010). 외상피해자의 무력감 회복을 위한 용서프로그램의 상담적 개입. 한국기독교상담학회지 4, 329-361.

허혜리, 장현아 (2013). 외상 경험자를 위한 국내 예술치료 연구 동향분석. 예술심리치료연구, 9(4). 243-266.

Arrington, D. B. (2001). *Home is where the art is*. Springfield, IL: Charles C. Thomas.

Enright, R. D., Fitzgibbons, R. P. (2002). Helping clients forgive, *American Psychological Association*.

Enright. R. D. (2014). 용서하는 삶 (김광수, 박종효, 오영희, 정성진 역). 서울 : 시그마프레스. (원저 출판 2012년)

Finch, R. J. (2012). Trauma and forgiveness. *Journal of Spirituality in Mental Health*, 9(2), 27-42.

Fischer, R. L. (1999). Children in changing families: results of a pilot study of a program for children of separation and divorce. *Family and Conciliation Courts Review, 37*(2), 240-256.

Freedman, S., Knupp, A. (2003). The Impact of forgiveness on adolescent adjustment to parental divorce. *Journal of Divorce & Remarriage, 39*(1/2), 135-166.

Freedman S. (2008). A Voice of Forgiveness. *Journal of Family Psychotherapy, 10*(4).

Fromm, E. (1977). 인간의 마음 (황문수 역). 서울 : 문제.

Kim, E. (2010). Effectiveness of a self-administered forgiveness intervention for female college students with insecure attachment. *The Korean Journal of Educational Psychology, 24*(4), 1069-1088.

Lincoln, Y. S. & Guba, E. G. (1985). *Naturalistic inquiry*. CA: Beverly Hill.

Mickey, J. R. & Cowley, K. (2001). Amelioration the tension: Use of forgiveness for healing. *Oncology Nursing Forum, 28*(1), 31-37.

Moffet, J. (2005). *Forgiving, not forgiving, and revenge in clinical treatment and the resolution of relationships damaged by trauma: A qualitative study*. Doctoral dissertation, New York University.

Murray, R. J. (2002). The therapeutic use of forgiveness in healing inter generational pain. *Counseling-and-Values, 46*(3), 188-198.

Osterndorf, C. (1999). *Effects of a forgiveness intervention with adult children of alcoholics*. Doctoral dissertaion. University of Wisconsin-Madison.

Root, B. & Exline, J. J. (2011). Gender differences in response to experimental forgiveness. prompts: Do men show stronger responses than women?. *Basic and Applied Social Psychology, 33*(2), 182-193.

Satir, V. (1988). *The New Problem-making. Mountain View*. CA: Science and Behavior Books.

Smedes, L. B. (1984). *Forgive & forget: Healing the hurts wee don't deserve*. San Francisco: Harper and Row.

Smedes, L. B. (1996). *The art of forgiving: When you need to forgive and don't know how*. Toronto: Random House.

Strauss, A. L., & Corbin (1998). 근거이론의 단계 (신경림 역). 서울 : 현문사. (원저 출판 1998년)

Wadeson, H. (2008). 미술심리치료학 (장연집 역). 서울 : 시그마프레스. (원저 출판 1987년)

Worthington, E. (2006). 용서와 화해 (윤종석 역). 서울 : IVP.

찾아보기

편저자 소개

장연집

프랑스 스트라스부르 루이파스퇴르대학교 대학원 심리학 박사

서울여자대학교 사회과학대학장, 입학처장, 한국심리치료학회장 등 역임

현재 서울여자대학교 특수치료전문대학원 교수

문리학

서울여자대학교 특수치료전문대학원 표현예술치료학과 예술치료학 박사

현재 이화여자대학교 교육대학원 겸임교수, 서울여자대학교 강사,
     문리학 미술심리치료 연구소 소장

한경아

서울여자대학교 특수치료전문대학원 표현예술치료학과 예술심리치료학
  박사

현재 이화여자대학교 교육대학원 겸임교수, 서울여자대학교 강사,
     태솔 미술심리치료 연구소 소장